London auf einen Blick

© Reise Know-How 2023 0 3 km

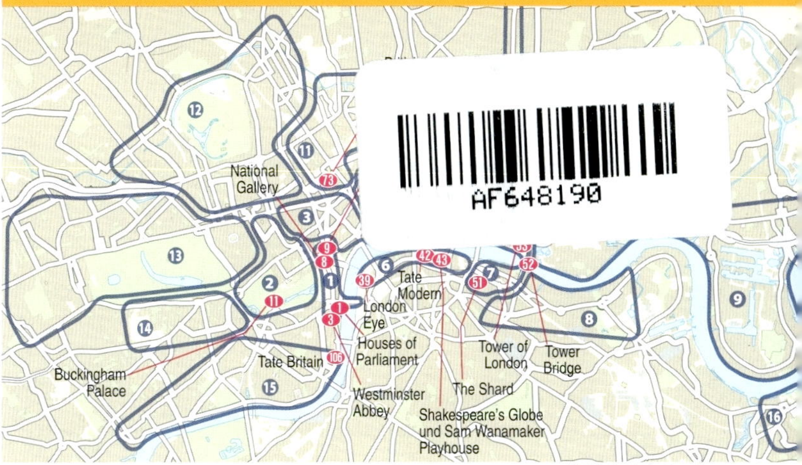

Ein Wahrzeichen Londons, das jeder kennt: Big Ben (Foto: 128lo©fazon, stock.adobe.com)

Stadtspaziergänge

Lilly Nielitz-Hart, Simon Hart

CITY|TRIP PLUS

LONDON

Nicht verpassen!

Karte S. 3

1 Houses of Parliament [I11]
Das Parlamentsgebäude mit dem berühmten Big Ben kann man besichtigen, wenn das Parlament nicht tagt (s. S. 23).

3 Westminster Abbey [I11]
Die Krönungskirche der britischen Monarchen birgt Tausende von Kunstschätzen und Grabstätten berühmter Persönlichkeiten (s. S. 27).

8 9 National Gallery [I10] und National Portrait Gallery [I9]
In der National Gallery können die Werke großer europäischer Meister des 14. bis 19. Jh. betrachtet werden. Die National Portrait Gallery hat auch zeitgenössischere Porträts zu bieten (s. S. 32).

11 Buckingham Palace und Queen's Gallery [H11]
Der Palast wird für offizielle Anlässe und Staatsempfänge genutzt. Davor findet „The Changing of the Guard", die berühmte Wachablösung, statt (s. S. 36).

31 St. Paul's Cathedral [L9]
Der Aufstieg in die Kuppel von Sir Christopher Wrens Kathedrale ist ein einmaliges Erlebnis (s. S. 65).

42 106 Tate Modern [L10] und Tate Britain [I12]
Die Tate-„Filialen" zeigen eine der größten Sammlungen zeitgenössischer und britischer Kunst (s. S. 77, 146).

43 Shakespeare's Globe und Sam Wanamaker Playhouse [L10]
Das Globe bietet Theateraufführungen wie zu Shakespeares Zeiten. Im Wanamaker Playhouse werden auch Stücke anderer Autoren gespielt (s. S. 78).

51 The Shard [M10]
Vom höchsten Hochhaus der Metropole hat man einen fantastischen Ausblick über die Stadt (s. S. 89).

52 Tower Bridge [N10]
Von den Verbindungsstegen der Tower Bridge hat man einen tollen Blick über die Themse und die Skyline (s. S. 91).

53 Tower of London [N9]
Die Kronjuwelen sind die kostbarsten Schätze im Tower, es gibt aber natürlich noch viel mehr zu sehen (s. S. 92).

73 British Museum [I8]
In diesem Museum kann man Exponate aus aller Welt und herausragende Architektur bestaunen (s. S. 116).

Leichte Orientierung mit dem cleveren Nummernsystem
Die Sehenswürdigkeiten sind im Text und im Kartenmaterial mit derselben **magentafarbenen ovalen Nummer** 1 markiert. Alle anderen Lokalitäten wie Geschäfte, Restaurants usw. tragen ein **Symbol und eine fortlaufende rote Nummer** (1). Die Liste aller Orte befindet sich auf Seite 301, die Zeichenerklärung auf Seite 307.

THAMES PATH
Hungerford Bridge

164lo©Pere Sanz, stock.adobe.com

Zeichenerklärung

★★★ nicht verpassen
★★ besonders sehenswert
★ wichtig für speziell interessierte Besucher

[A1] Planquadrat im Kartenmaterial. Orte ohne diese Angabe liegen außerhalb unserer Karten. Ihre Lage kann wie die von allen Ortsmarken mittels der Web-App angezeigt werden (s. S. 263).

Der Schmetterling ...

... zeigt an, wo man Angebote im Bereich des nachhaltigen Tourismus findet.

Updates zum Buch

www.reise-know-how.de/citytrip-plus/london23

Vorwahlen

Vorwahl für Großbritannien: 0044
Vorwahl für London: 020

Der beeindruckende Blick auf Londons Skyline

London von oben

Zur Skyline der Londoner City gesellen sich immer neue Hochhausriesen. Einige Glastürme sind für Besucher zugänglich: Im größten Hochhaus, The Shard (s. S. 89), kann man von der Aussichtsterrasse und drei Restaurants den Blick auf die Stadt genießen. Auch im Heron Tower (s. S. 73) gibt es hoch oben Restaurants und im Walkie Talkie (s. S. 73) lockt der Sky Garden, der als der „höchste Park in der Luft" beworben wird. Südwestlich des Zentrums bietet der Aussichtslift 109 in der restaurierten Battersea Power Station (s. S. 145) einen guten Blick über die Themse.

King's Cross

Nördlich des Bahnhofs King's Cross ist auf beiden Seiten des Regent's Canal ein neues Viertel entstanden. In den umgebauten Kohle- und Getreidespeichern rund um den Granary Square findet man Restaurants und das Einkaufsareal Coal Drops Yard (s. S. 190). Im Sommer kann man hier herrlich am Kanal entspannen. Dann gibt es auch Open-Air-Kino und Kleinkinder können in erfrischenden Wasserfontänen herumtollen.

Streetfood-Märkte

Die Londoner lieben Märkte und Streetfood ist in der britischen Hauptstadt im Trend. Streetfood-Stände mit ausgefallenen Gerichten sind ein fester Bestandteil von Märkten wie dem Borough Market (s. S. 82). Es gibt aber auch Food Halls, in denen wechselnde Anbieter unter einem festen Dach ihre Leckereien anbieten, zum Beispiel beim Seven Dials Market (s. S. 179).

002lo-kw

LONDON ENTDECKEN

Willkommen in London

London ist international eine der beliebtesten Städte für eine Kurzreise und seine Sehenswürdigkeiten lassen sich kaum alle bei nur einem Besuch entdecken. Das Zentrum in Westminster und am Südufer der Themse kann man gut zu Fuß erreichen. Mit zahlreichen Bus- und U-Bahnlinien lassen sich die Wege aber auch abkürzen.

Einen guten ersten Eindruck vom Flair der Millionenstadt erhält man am Themseufer, z. B. bei einer Fahrt mit dem Riesenrad **London Eye** 39, das sich bei der Westminster Bridge befindet. Am Nordufer der Brücke ragt die gut bekannte Ansicht der **Houses of Parliament** 1 mit dem Glockenturm **Big Ben** auf. Dahinter erhebt sich die **Westminster Abbey** 3. Die Straße Whitehall führt vorbei an den berittenen **Horse Guards** 5 zu einem der geschäftigsten Plätze der Stadt, dem **Trafalgar Square** 7. Die **National Gallery** 8 gehört hier zu den Besuchermagneten. Fast alle Buslinien fahren hier vorbei und man kann die Innenstadt in alle Himmelsrichtungen erkunden. Westlich befinden sich die Viertel **St. James's** und **Mayfair** 13 mit teuren Geschäften und Hotels und vorbei am **St. James's Park** erreicht man schnell den **Buckingham Palace** 11.

Über den Green Park [G/H10] gelangt man nach Westen zum **Hyde Park** 87, in dessen Süden man in Knightsbridge schicke Kaufhäuser wie **Harrods** 94, aber auch Museen wie das **Victoria and Albert Museum** 95 findet.

☐ *Vorseite: Blick von The Scoop (s. S. 91) auf die Tower Bridge* 52

Vom Green Park in Richtung Osten folgt man der Straße Picadilly durch das elegante Viertel Mayfair bis zum **Piccadilly Circus** 16. Von dort ist es nicht weit bis zum **Leicester Square** 19, um den sich Theater und Kinos reihen. Das angrenzende **Chinatown** 18 versprüht asiatisches Flair.

In den Bars und Clubs von **Soho** 17 ist nicht nur nachts viel los. Im Norden grenzt die hektische Haupteinkaufsstraße **Oxford Street** an das Viertel. In den abzweigenden Straßen **Regent und Bond Street** geht es gemächlicher zu und die Geschäfte sind teurer. Bummeln und rasten kann man auch in den östlich gelegenen, beliebten historischen Markthallen des **Covent Garden** 20.

Weiter in Richtung Osten gelangt man in die City of London mit der markanten **St. Paul's Cathedral** 31, einer der Hauptsehenswürdigkeiten der Stadt, und dem modernen Hochhauswald rund um Wolkenkratzer wie **The Gherkin** oder **Heron Tower** (s. S. 73). Gen Süden erreicht man am Themseufer die jahrhundertealte Wehrburg **Tower of London** 53, die von der neuen Skyline der Stadt umgeben ist.

Östlich der **Tower Bridge** 52 beginnen die Dockanlagen des East End, die von den **St. Katherine Docks** 59 über die **Canary Wharf** 61 bis zu den **Royal Docks** 64 reichen. Hier erschließt sich eine interessante Stadtlandschaft mit historischen Lagerhäusern und hypermoderner Architektur.

Überquert man die Tower Bridge, kann man entlang des verkehrsberuhigten Südufers der Themse, der **South Bank** (s. S. 74), flanieren und viele kulturelle Einrichtungen besuchen. Auffällig ist hier der höchste Wolkenkratzer Londons,

The Shard 51, mit seiner Aussichtsplattform in 242 Metern Höhe. Vorbei an der **London Bridge** 49 geht es in den Stadtteil Southwark, wo der **Borough Market** 48 die Herzen von Foodies höher schlagen lässt. **Shakespeare's Globe** 43 ist ein Nachbau des originalen Rundtheaters, in dem der Barde mit seiner Truppe Stücke aufführte. Nicht weit entfernt zeigt die herausragende Galerie **Tate Modern** 42 in einem ehemaligen Kraftwerk moderne Kunst. In Richtung Westminster Bridge passiert man auch die Kultureinrichtungen des **Southbank Centre** 40.

Wer sich weiter vom Zentrum und der Themse entfernt, findet im multikulturellen **East End** (s. S. 107) Märkte und alternative Läden. Es ist auch Anziehungspunkt für Nachtschwärmer. Märkte (s. S. 192), auf denen man ganze Tage mit Stöbern verbringen kann, finden sich auch in **Camden** 85 und **Notting Hill** 91.

Neue, angesagte Viertel mit Geschäften und Gastronomie sind nördlich des Bahnhofs **King's Cross** 79 und im Westen der Themse, bei der **Battersea Power Station** 104, entstanden.

Die grünen Vorstädte **Richmond** mit dem Ham House 114 und **Greenwich** (s. S. 147) mit seinen Museen erkundet man am besten mit den Ausflugsbooten, die die Themse befahren.

An der Themse kann man stundenlang spazieren und London entdecken

London an einem Tag

Eine erste Erkundung beginnt man am besten an der Themse, und zwar an der **Westminster Bridge** [J11]. Vom Südufer hat man gleich einen der besten Panoramablicke. Wer eine Rundfahrt mit dem Riesenrad **London Eye** 39 macht, kann die besondere Aussicht noch besser genießen.

Am nördlichen Themseufer blickt man auf die beeindruckende Fassade der **Houses of Parliament** 1, der Regierungsgebäude mit dem berühmten Big Ben (offiziell: Elizabeth Tower), die man beispielsweise über die Westminster Bridge erreicht. Gleich hinter den ausladenden Parlamentsgebäuden schließt sich die **Westminster Abbey** 3 an. Hier fanden viele Staatsereignisse wie königliche Hochzeiten oder Taufen statt. Die Straße Whitehall führt an den **Horse Guards** 5 vorbei, wo man die Wachablösung berittener Offiziere beobachten kann. Die Straße mündet in den **Trafalgar Square** 7, den beliebten Vorplatz der **National Gallery** 8, einem der bedeutendsten (und kostenfreien) Museen der Stadt.

In Richtung Westen gelangt man durch den Admirality Arch und über die Prachtallee The Mall, die am **St. James's Park** entlangführt, bis zum **Buckingham Palace** 11, dem offiziellen Amtssitz des Königs. Dieser zeremoniellen Route folgt die königliche Familie bei besonderen Anlässen mit ihren Kutschen und Limousinen. Auf der Ostseite des **Green Park** [G/H10] führt ein Spazierweg nördlich zur Straße Piccadilly in **Mayfair** 13. Hier kann man z. B. im Ritz Hotel stilvoll den Afternoon Tea genießen (s. S. 46) oder entlang der Schaufenster der edlen Boutiquen in der Old Bond Street bummeln. In Richtung Osten gelangt man zu Fuß (oder mit Bus Nr. 38) zum **Piccadilly Circus** 16. Von hier aus ist es nur ein kurzer Spaziergang bis zum **Leicester**

064lo-ws

Square 19, wo man vergünstigte Tickets für die großen Bühnen Londons und die neusten Musicals ergattern kann. Der Platz wird von Premierenkinos und Restaurants gesäumt. Vor dem Besuch einer Show kann man gut im benachbarten **Soho** 17 oder den Restaurants in **Chinatown** 18 essen gehen.

Vom Leicester Square sind es nur wenige Stationen mit der U-Bahn bis zur **St. Paul's Cathedral** 31 in der City of London. Von der Kathedrale spaziert man über die Millennium Bridge über die Themse und gelangt zur **Tate Modern** 42, die mit der größten Sammlung moderner Kunst in London aufwartet. Ganz in der Nähe (Richtung Osten) befindet sich auch das Theater **Shakespeare's Globe** 43. Entlang der Uferpromenade **South Bank** (s. S. 74) kann man dann zum Beispiel in Richtung Westen wieder zurück bis zur Westminster Bridge spazieren oder man gelangt in Richtung Osten vorbei an der London Bridge 49 zur **Tower Bridge** 52 und zum **Tower of London** 53. Diese Strecke kann man auch mit dem Wassertaxi (River Bus, s. S. 258) abkürzen und erhält dabei den besten Ausblick auf die moderne Skyline der Stadt, u. a. mit dem höchsten Hochhaus, **The Shard** 51.

◁ London aus der Vogelperspektive sieht man in einer Gondel des London Eye 39

London in zwei Tagen

1. Tag

Morgens

Zur South Bank, dem südlichen Ufer der Themse, gelangt man am besten von der U-Bahn-Station Waterloo [J10] aus. Durch die Jubilee Gardens wandert man auf das Riesenrad **London Eye** 39 zu, von dem man den Ausblick auf die Stadt genießen kann. Über die Westminster Bridge spaziert man danach zu den **Houses of Parliament** 1 und der sich anschließenden **Westminster Abbey** 3. Wer die Abtei besuchen möchte, sollte vorher online buchen, um Wartezeiten zu vermeiden. Nach Norden, die Straße Whitehall hinauf, gelangt man weiter ins Regierungsviertel mit der **Downing Street No. 10** 4, dem Amtssitz des Premierministers. An ihn schließen sich die **Horse Guards** 5 an, wo man bei der Wachablösung berittener Offiziere der königlichen Garde zuschauen kann. Die Straße mündet in den **Trafalgar Square** 7, den offiziellen Mittelpunkt der Stadt London. Von hier zweigen wichtige Straßenachsen ab und Busse fahren in alle Richtungen. An der Nordseite ragt die **National Gallery** 8 auf, gleich dahinter liegt die **National Portrait Gallery** 9. Rund um den Platz bieten sich Cafés und Restaurants für eine Pause an.

Mittags

Vom Trafalgar Square gelangt man zu Fuß (oder mit der Buslinie 9) durch den Admiral's Arch, über die Prachtstraße Pall Mall und vorbei an verschiedenen königlichen Residenzen zum **Buckingham Palace** 11, dem offiziellen Amtssitz des Königs. Wer durch den den **Green**

EXTRATIPP

Stadtrundfahrt mit dem Linienbus

Die Linienbusse 9, 11, 15, 38 und 159 fahren an den wichtigten Sehenswürdigkeiten im Stadtbereich vorbei. So bekommt man auf preiswerte Art eine Stadtrundfahrt – wenn auch ohne Erläuterungen. Die Linien werden von den neuen Modellen der berühmten „Routemaster"-Doppeldeckerbusse bedient.

› Buslinien und Routenplaner gibt es zum Download unter https://tfl.gov.uk/maps/bus?intcmp=40401.

062lo-ln

Park [G–H10] nach Norden spaziert, erreicht die Straße Picadilly im eleganten Viertel **Mayfair** 13, die sich bis zum **Piccadilly Circus** 16 zieht. Es lohnt sich, einen Abstecher in die **Dover Street** [H10] oder die **New Bond Street** [H10–G9] zu machen, wo die Schaufenster edler (und teurer) Boutiquen locken. Die **Royal Academy of Arts** 14 hingegen bietet Kunstgenuss.

Vom **Piccadilly Circus** 16 ist es nur ein kurzer Spaziergang bis zum **Leicester Square** 19 mit den umliegenden Straßen Haymarket und Shaftesbury Avenue. Im sogenannten „Theatreland" reihen sich viele namhafte Theater aneinander und an Kiosken rund um den Leicester Square erhält man vergünstigte Tickets für die neusten Shows.

Dann bietet sich ein Abstecher nach **Chinatown** 18 an, wo man z. B. in der Gerrard Street Dim Sum genießen kann. Überquert man die Shaftesbury Avenue, gelangt man weiter in das Straßengewirr des Stadtteils **Soho** 17 mit seinen vielen Cafés, die oft bis spät in die Nacht geöffnet haben.

Nach einem kurzen Spaziergang in Richtung Südosten kommt man zu den historischen Markthallen des **Covent Garden** 20 mit seinen Boutiquen, Antikmärkten, Straßenkünstlern und Restaurants. Die Straße Strand führt wieder zurück zum Trafalgar Square, wahlweise nimmt man die Busse Nr. 9 oder Nr. 15 (s. links).

Abends

Wer einen Restaurantbesuch plant, sollte vorher reservieren. Viele Restaurants rund um das Theatreland bieten ein günstiges **Pre-Theatre Menu** an, das auf die Anfangszeiten der Shows abgestimmt ist. Auch Comedy- oder Jazzclubs wie **Ronnie Scott's** (s. S. 185) bieten Essen vor der Show an.

Wer es lässig mag, findet beim **Seven Dials Market** (s. S. 179), einem überdachten Streetfood-Markt nahe Covent Garden, das Passende.

Vom höchsten Wolkenkratzer der Stadt, The Shard 51, kann man den Blick in die Ferne schweifen lassen

2. Tag

Morgens

Bei gutem Wetter bietet sich ein entspannter Bummel entlang des Südufers der Themse, der South Bank, an. Auf der Uferpromenade Jubilee Walkway gelangt man vom **London Eye** 39 in Richtung Osten zum **Southbank Centre** 40 mit der Royal Festival Hall und der Hayward Gallery, bevor man das **British Film Institute (BFI)** mit Bücherflohmarkt (s. S. 76) passiert. Die Promenade führt weiter bis zur **Tate Modern** 42, einer der bedeutendsten Galerien für moderne Kunst in London. Vor dem ehemaligen Kraftwerksbau überspannt die **Millennium Bridge** die Themse. Von der Brücke aus sieht man im Hintergrund die Kuppel der **St. Paul's Cathedral** 31 in der City aufragen. Bei einem kurzen Abstecher ans Nordufer kann man die Kathedrale gleich mitbesichtigen.

Mittags

Weiter geht es am Südufer der Themse, bis man den Bezirk Southwark mit **Shakespeare's Globe** 43 erreicht. Shakespeares Theater aus dem 16. Jh. wurde originalgetreu rekonstruiert. Beim St. Mary Overie Dock kann man dann den Nachbau des Seglers **Golden Hinde II** 46 von Sir Francis Drake aus dem Jahr 1577 besichtigen und ein paar Meter weiter steht die älteste gotische Kirche Londons, die **Southwark Cathedral** 47. Am Fuß der Kathedrale erstreckt sich der **Borough Market** 48. Hier findet man zur Mittagszeit an den Markt- und Imbissständen eine große Auswahl an leckerem Essen, in den Gässchen drumherum kann man gut Kaffeetrinken. Im Hintergrund erhebt sich **The Shard** 51, Londons höchstes Hochhaus (für den Besuch der Aussichtsplattform ist eine Reservierung nötig).

Weiter entlang der Themse erblickt man bald die **Tower Bridge** 52. In der Nähe findet man viele Restaurants, die die Gelegenheit zum Ausruhen bieten. Auf der Nordseite der Brücke wartet der berühmte **Tower of London** 53. Wer ihn nicht besichtigen möchte, kann von der DLR-Station Tower Gateway ins East End fahren und auf den **Märkten in Spitalfields** 68 oder in der **Brick Lane** 67 bummeln bzw. von Cafés aus das Geschehen beobachten.

170lo-ln

Abends

Wer eine der Vorstellungen im Shakespeare's Globe besucht, kann danach in eines der Restaurants an der **South Bank** einkehren. Mit Aussicht speisen kann man z. B. in den schicken Restaurants im **Shard** 51. In den Lokalen an den **St. Katherine Docks** 59 sitzt man am Wasser.

Wer das Nachtleben sucht, kann die East-End-Bezirke **Shoreditch, Hoxton und Dalston** 70 unsicher machen. Hier gibt es Lounge- und Cocktailbars, in denen DJs auflegen oder Bands spielen, sowie Clubs, in denen man die Nacht durchtanzen kann.

171lo-ln

115lo-ln

London in fünf Tagen

Für die Gestaltung der ersten zwei Tage siehe „London in zwei Tagen" (S. 15).

3. Tag

Morgens

Mit der U-Bahn gelangt man zur Station South Kensington. Von dort führt die Exhibition Road zum **Victoria & Albert Museum** 95, dem **Natural History Museum** 97 und dem **Science Museum** 96. (Wahlweise beginnt man den Rundgang bei der Station Knightsbridge und stattet zuerst dem **Kaufhaus Harrods** 94 einen Besuch ab.) Weiter in Richtung Norden erstreckt sich das große Gelände des **Hyde Park** 87 mit dem Serpentine Lake. Wer möchte, kann hier die **Serpentine Galleries** 88 besichtigen. An dem See befinden sich Cafés und Imbisse, an denen man sich ausruhen kann. Westlich schließen sich die **Kensington Gardens** mit dem **Kensington Palace** 89 an, dem offiziellen Wohnsitz des Prince und der Princess of Wales in London. Schon Queen Victoria wohnte hier, der auch eine Ausstellung im Palast gewidmet ist.

Mittags

In nordwestlicher Richtung liegt das Viertel **Notting Hill** 91 mit dem berühmten Markt entlang der **Portobello Road** (s. S. 193). Dort findet man Streetfood-

In den St Katherine Docks 59 gibt es viele Restaurants mit Blick auf den Jachthafen

In den Parkanlagen des Temple lässt es sich gut rasten

Stände, aber auch zahlreiche Cafés und Restaurants.

Von der Station High Street Kensington kann man die U-Bahn zum Sloane Square in **Chelsea** (s. S. 139) nehmen, der mit Geschäften und Restaurants aufwartet. Auch entlang der **King's Road** 100 kann man hier bummeln und shoppen oder man stattet der **Saatchi Gallery** (s. S. 165) einen Besuch ab.

Abends

Nach Süden in Richtung Themse könnte man zur Chelsea Bridge spazieren, die zur **Battersea Power Station** 104 hinüberführt. Außer Geschäften gibt es dort auch Restaurants, in denen man zu Abend essen kann. Danach bietet eine Fahrt mit dem **Lift 109** (s. S. 145) einen abendlichen Rundblick über die Stadt. Als schönen Abschluss nimmt man den **River Bus** (s. S. 258) zurück ins Zentrum.

4. Tag

Morgens

Mit der U-Bahn fährt man bis zur Station Embankment am Victoria Embankment. Entlang des Themseufers gelangt man in Richtung Osten bald zum **The Temple,** dem juristischen Zentrum Londons, wo in den ruhigen Gässchen der Inns of Court die **Temple Church** 23 und der **Middle Temple** besichtigt werden können. Nach einem Spaziergang durch das Gelände erreicht man nördlich die Fleet Street, einst der Sitz der Presse, mit dem Gebäude der **Royal Courts of Justice** 24. Spannend ist der Besuch des **Sir John Soane's Museum** 27. Man kann auch den Bus Nr. 4 zur **St. Paul's Cathedral** 31 nehmen und nach einer Besichtigung zum Beispiel im gegenüberliegenden Einkaufszentrum **One New Change** (https://onenewchange.com) bummeln gehen.

Mittags

Von der Station St. Paul's fährt die U-Bahn bis zum Bahnhof Liverpool Street. Entlang der Bishopsgate Street wandert man nun in Richtung Süden durch den modernen Teil der **City of London** mit **Heron Tower** (mit Aussichtsrestaurants), **Cheesegrater, The Gherkin** (s. S. 73) und **Lloyd's Building** 38. Kurz vor der **London Bridge** 49 erhebt sich in einer Seitengasse das **Monument** 37.

065lo-kw

Der alte Teeclipper Cutty Sark 107 *in Greenwich*

⌃ *Canary Wharf 61 ist ein modernes Viertel in den Docklands*

Das Denkmal erinnert an das Große Feuer im Jahr 1666, bei dem fast die gesamte mittelalterliche Altstadt abbrannte, und hat eine Aussichtsplattform. In der Nähe befindet sich auch das **Walkie Talkie** mit dem **Sky Garden** (s. S. 73), einem Palmengarten in luftiger Höhe mit Restaurants. Nun ist es nicht weit bis zum **Tower of London** 53, wo die Kronjuwelen aufbewahrt werden. Von dem vorgelagerten Tower Bridge Pier fahren Ausflugsboote in Richtung **Royal Greenwich** (s. S. 147). Dort kann man das **National Maritime Museum** 109, die **Cutty Sark** 107 und das **Royal Observatory** 110 besichtigen und unterwegs den Blick auf die Docklands genießen.

Abends

Von Greenwich gelangt man mit der DLR und der London Overground (s. S. 254) zurück zur **Canary Wharf** 61. Dort kann man am Wasser durch die futuristische Kulisse der Docklands spazieren und findet zahlreiche schicke Restaurants mit schönen Aussichtsterrassen.

5. Tag

Morgens

Mit der U-Bahn gelangt man zum Russell Square im Universitäts- und Literatenviertel **Bloomsbury.** Dort lockt das kostenfreie **British Museum** 73 mit historischen Exponaten aus der ganzen Welt.

Fans des berühmten Schriftstellers **Charles Dickens** können in seinem ehemaligen Wohnhaus 29 in das Londoner Leben im 19. Jahrhundert eintauchen.

In den Gässchen rund um die Museen und am Brunswick Square gibt es **Cafés und Pubs**, in denen man einen Zwischenstopp einlegen kann.

Mittags

In Richtung Norden gelangt man zu den Bahnhöfen **St. Pancras** und **King's Cross** 79. Ein Blick in die Hallen der restaurierten Bahnhöfe lohnt sich allein schon der Architektur wegen. Nördlich von King's Cross befindet sich der **Granary Square** (s. S. 122) am Regent's Canal. Die grünen Kanalufer oder auch der **Coal Drops Yard** (s. S. 190) mit Geschäften und Restaurants in einem alten Kohlenlager laden zu einem längeren Aufent-

Das gibt es nur in London

Einige der althergebrachten Rituale der britischen Monarchie geben Zuschauern die Gelegenheit, livrierte Gestalten, Kutschen und Prozessionen in Aktion zu beobachten. Ein wichtiges Spektakel ist die Truppenparade ***Trooping the Colour****, die während der offiziellen Geburtstagsfeier von König Charles III. im Juni stattfindet (s. S. 200). Tagtäglich kann man bei den* ***Horse Guards*** *5 außerdem die Wachablösung der berittenen Garde beobachten. Gardeoffiziere mit Bärenfellmützen stehen auch vor dem* ***St. James's Palace*** *10 auf der* ***Pall Mall*** *und beim* ***Buckingham Palace*** *11 Spalier.*

Ein akribisch geplantes Ritual ist das ***State Opening of Parliament*** *im Herbst. Der König fährt in einer Kutsche zu den* ***Houses of Parliament*** *1 – die Krone wird in einer separaten Kutsche befördert – und betritt das House of Lords beim Victoria Tower am Westende des Gebäudes, wo ihm die Krone aufgesetzt und eine Staatsrobe umgelegt wird. Beim* ***Tower of London*** *53 und im* ***Hyde Park*** *87 werden dann gleichzeitig 41 Kanonenschüsse Salut gefeuert.*

Seit dem Jahr 1642 ist es dem britischen Monarchen nicht mehr gestattet, das Unterhaus (House of Commons) zu betreten. Damals hatte Charles I. sich gewaltsam Eintritt verschafft, um mehrere Minister zu verhaften. Heute begibt sich daher der Bote des Königs („Black Rod") zum Unterhaus und beruft die Mitglieder ins House of Lords. Dort verliest der König vom Thron aus die Ansprache des Premierministers für die kommende Amtsperiode. Zuschauer können die Prozession der Kutsche an den Straßen Pall Mall und Whitehall beobachten.

Auch Abstimmungen verlaufen nach uraltem Muster: Die Abgeordneten müssen von einem Raum in den nächsten wandern und werden dabei gezählt.

Jedes Jahr muss sich der ***Lord Mayor****, der Bürgermeister des selbstständig verwalteten Bezirks der City of London, formell dem König präsentieren. Am zweiten Samstag im November verlässt er um 11 Uhr seinen Sitz, das* ***Mansion House****, und zieht in einer Prozession zu den* ***Royal Courts of Justice*** *24 und wieder zurück. Er reist in einer historischen Kutsche aus dem Jahr 1757 und wird von einer Parade begleitet (Lord Mayor's Show).*

Die uniformierten königlichen Garden sind immer ein beliebtes Fotomotiv

0681o©Bikeworldtravel, stock.adobe.com

halt ein. Das **London Canal Museum** 80 gibt Aufschluss über die bunten Narrow Boats, die den Kanal befahren.

Von King's Cross gelangt man mit der U-Bahn nach **Camden Town** 85. Rund um das Camden Lock findet man den berühmten, szenigen **Camden Market** (s. S. 129) mit seinem ausgefallenen Warenangebot. Vom Camden Lock verkehren **Ausflugsboote** (s. S. 124) auf dem Regent's Canal, die rund um den Regent's Park und vorbei am **London Zoo** 83 bis nach Little Venice und weiter bis zur Paddington Station fahren.

Abends

Wer möchte, kann am letzten Abend noch die legendären **Musikclubs Camdens** unsicher machen, in denen viele namhafte britische Rock- und Indie-Bands von Madness bis Coldplay ihre Karriere begannen, zum Beispiel den Electric Ballroom oder das Roundhouse (beide s. S. 185).

140lo-ln

Westminster und Trafalgar

Von der Westminster Bridge eröffnet sich der beste Blick auf die Houses of Parliament 1, die Regierungsgebäude mit dem berühmten Uhrenturm, der im Volksmund nach seiner schwersten Glocke Big Ben genannt wird (offiziell: Elizabeth Tower). Seit Mitte des 19. Jh. wird das Königreich von hier aus von den Kammern des Unterhauses (House of Commons) und des Oberhauses (House of Lords) regiert.

Bereits im 11. Jh. wählte Edward the Confessor (1042–1066), der letzte angelsächsische Monarch, den Platz an der Themse in der Nähe der Westminster Abbey 3 für den Bau seines Westminster Palace. Bis ins 16. Jh. hinein residierten hier die englischen Könige, dann zog das Parlament ein. Henry VIII. erbaute den mächtigen **Whitehall Palace**, der jedoch 1698 den Flammen zum Opfer fiel. Lediglich das Banqueting House 6 überlebte. Die Straße Whitehall erinnert noch an den Palast, der zu seiner Zeit einer der größten in Europa war. Entlang der Whitehall spaziert man durch das Regierungsviertel, wo der Premierminister seinen Sitz in der Downing Street No. 10 4 hat, und erreicht schließlich den Trafalgar Square 7.

Statue von Richard I. „Löwenherz" vor den Houses of Parliament

1 Houses of Parliament ★★★ [I11]

Die **Westminster Bridge** führt zum Osteingang des **Parlaments** mit dem House of Commons. Schon der Poet William Wordsworth (1770–1850) hielt in seinem Gedicht „Auf der Westminster Bridge" den erhabenen Anblick fest, der sich hier bietet: „... wer ginge dran vorbei und nicht gerührt, ein Anblick majestätisch; ungekürt ..." Charles Barry (1795–1860), der Architekt der Houses of Parliament, entwarf auch die Details der Brücke. Im House of Commons sind die Ledersitze der Abgeordneten grün, daher wurden auch die schmiedeeisernen, goldverzierten Laternenpfähle der Brücke grün angestrichen.

Das Parlament hatte bis 1834 in den verbliebenen Räumlichkeiten des mittelalterlichen Westminster Palace getagt. Nachdem diese fast vollständig niederbrannten, gewannen die Architekten Charles Barry und Augustus Pugin die Ausschreibung für den Neubau im neogotischen Stil.

Das Oberhaus, **House of Lords**, wurde 1847 fertiggestellt und das Unterhaus, **House of Commons**, 1852. Zwanzig Jahre später stellte man auch den weltberühmten Uhrenturm fertig, der im Volksmund **Big Ben** heißt. Bis dato offiziell als „Clock Tower" bekannt, wurde er zum Diamantenen Thronjubiläum von Queen Elizabeth II. 2012 in Elizabeth Tower umgetauft. Die weltbekannte Melodie,

⌃ Der neogotische Palast der Houses of Parliament entstand Mitte des 19. Jh.

Demokratische Geschichte von 1215 bis heute

Die Briten sind stolz auf den frühen Beginn ihrer demokratischen Geschichte: Bereits vor 800 Jahren, am 9. Mai 1215, erwirkten 25 Barone die Zustimmung zur ***Magna Carta*** *von König John. Sie beschnitt die Macht des Königs gegenüber den Bürgern und war die weltweit erste Niederschrift von Bürgerrechten. Unter Simon de Montfort setzten sich Adelige gegen hohe Besteuerung zur Wehr und man berief 1265 ein Parlament ohne Anwesenheit des Königs Henry III. ein. Der nachfolgende Herrscher Edward I. erkannte die Notwendigkeit für Reformen und etablierte eine ständige Ratsversammlung, den Great Council, der auch als* ***Model Parliament*** *(1295) bezeichnet wurde. Hier kamen Vertreter des Adels, des Klerus und der Bürger zusammen. Er gilt als Vorläufer des späteren Parlaments.*

Im 14. Jahrhundert zeichnete sich die Bildung der zwei Parlamentskammern, Oberhaus und Unterhaus, ab. ***Charles I.*** *(1625–1649) wollte absolutistisch regieren und versuchte 1642 sogar, im House of Commons aufrührerische Parlamentsmitglieder zu verhaften. Dies begünstigte den Ausbruch des* ***Englischen Bürgerkriegs,*** *in dem Charles von puritanischen Republikanern hingerichtet wurde. Seitdem ist es übrigens keinem Monarchen mehr gestattet, das Unterhaus persönlich zu betreten* *(s. S. 21)**.*

1688 kam es unter James II. zur ***Glorious Revolution,*** *in der das System der konstitutionellen Monarchie erstritten wurde. In der* ***Bill of Rights*** *wurden 1689 die Rechte und Pflichten des „King in Parliament" endgültig festgelegt.*

Ab dem 18. Jh. begann sich die Position des ***Prime Minister*** *abzuzeichnen, der nach und nach mehr Einfluss gewann und dann als Sprachrohr für das Parlament diente. Heute hat der Premierminister oder die Premierministerin eine wöchentliche Zusammenkunft mit dem König, der dabei über aktuelle Regierungsbelange informiert wird. Der König übt als „Head of State" lediglich eine repräsentative Funktion aus.*

Das System der einst erblichen Ämter ***(Peerage)*** *im House of Lords wurde 1997 unter der Labour-Regierung reformiert. Heute wird ein Großteil der Mitglieder aufgrund ihrer Verdienste ernannt und erhält den Titel nicht aufgrund von adliger Geburt. Dies garantiert eine breite Zusammensetzung aus verschiedenen Gesellschaftsschichten (lediglich 92 erbliche „Peers" sind verblieben), insgesamt gibt es 800 Lords.*

In den ***Houses of Parliament*** *überleben allerdings noch einige sehr* ***archaische Traditionen und Rituale.*** *Jede Parlamentssitzung beginnt noch heute mit einem Morgengebet. Beide Kammern besitzen einen sogenannten* ***Speaker,*** *der den Vorsitz über die Debatten hat und Mitglieder auch schon einmal zur Ordnung ruft, wenn es hoch hergeht. Bei jeder Parlamentssitzung betritt der Speaker das Haus in einer kleinen* ***Prozession,*** *bei der ein vergoldetes Zepter als Zeichen seiner Amtswürde vor ihm hergetragen wird.*

Wenn eine ***Abstimmung*** *stattfindet, werden die Mitglieder (Members of Parliament – MPs) auf komplizierte Weise gezählt: Je nachdem, ob sie mit Ja oder*

Nein abstimmen, müssen sie sich hierfür in zwei verschiedenen Räumen versammeln. Bei vollem Parlament entsteht so eine lange Prozession aus dem Parlament in einen dieser Räume. Beim Verlassen des Raums durch eine Tür am gegenüberliegenden Ende erfolgt die Zählung durch Türsteher. Wenn eine Abstimmung wiederholt werden muss, sind die Abgeordneten manchmal stundenlang auf den Beinen.

Traditionell sitzen sich im House of Commons die Mitglieder der ***Oppositionsparteien Tories*** *(Konservative) und* ***Labour*** *(Sozialdemokraten) auf Bänken gegenüber. Mit Abgeordneten im Parlament vertreten sind auch die linksliberalen* ***Liberal Democrats,*** *die* ***Green Party*** *(Grüne), die in Schottland regierende* ***Scottish National Party*** *(SNP), die walisische Partei* ***Plaid Cymru,*** *die irische Partei* ***Sinn Féin*** *und weitere kleinere Parteien.*

In dem viktorianischen Raum gibt es leider nicht genug Sitze für alle Abgeordneten, sodass bei vollem Haus viele MPs stehen müssen. Der Speaker, der die Sitzungen leitet, sitzt am Kopfende des Raums. Während der Debatten treten abwechselnd Vertreter der Regierungspartei und der Opposition ans Rednerpult in der Mitte, dabei darf eine Trennlinie nicht überschritten werden.

Die Vorträge werden von den Mitgliedern durch Ausrufe oder Raunen kommentiert, so zum Beispiel mit „hear, hear". Ganz in der britischen Tradition enthalten die Wortgefechte auch immer viel Humour.

die die Glocken im Turm viertelstündlich spielen, nennt sich „Westminster Quarters" und basiert auf Händels „Messias".

Der Parlamentskomplex zeigt deutliche Paralellen zum Whitehall Palace von Henry VIII.: Es gibt mehr als 1000 Räume, hunderte von Treppen und kilometerlange Gänge. Zudem gibt es acht verschiedene Bars bzw. Restaurants zu verzeichnen, in denen die Parlamentarier fein essen und in den Nächten langer Debatten auch das ein oder andere Glas trinken können – das kostet die Steuerzahler mehrere Millionen Pfund pro Jahr. Die Angehörigen der verschiedenen Parteien bleiben dabei streng voneinander getrennt. Der Parlamentsalltag folgt festgelegten, althergebrachten Ritualen (s. S. 21).

Bei einer Besichtigung der Houses of Parliament gelangt man auch in die **Westminster Hall**, die das Feuer von 1834 überlebte. Ursprünglich im Jahr 1097 erbaut, ist sie der älteste noch verbliebene Teil des historischen Westminster Palace. Sie besitzt den größten mittelalterlichen Dachstuhl mit Stichbalken in Nordeuropa (20,70 x 73,20 m). Das Dach wurde 1393 von Richard II. in Auftrag gegeben und vom Baumeister Henry Yevele gestaltet. Heute wird die Halle für viele offizielle Anlässe genutzt.

Im Rahmen einer Führung erfährt man auch, wo sich am 5. November 1605 der **Gunpowder Plot** ereignete. Vom Keller des Gebäudes aus versuchten katholische Verschwörer – darunter auch **Guy Fawkes** – König James I. mit Schwarzpulver in die Luft zu sprengen. Danach wollten die Rebellen einen katholischen Monarchen auf den Thron setzen. Fawkes und seine Mitverschwörer wurden jedoch ertappt und grausam hingerichtet. Bis heute werden die Keller des Hauses jedes Jahr vor der Parlamentseröffnung nach einem festgelegten Ritual durchsucht.

› **Parliament Square,** Victoria Embankment, U: Westminster (District/Circle/Jubilee Line), Vorausbuchung: Tel. 72194114, www.parliament.uk/visiting/visiting-and-tours. Es besteht die Möglichkeit zu eigenständigen Touren mit Multimediaguide (90 Min., auch in deutscher Sprache), man kann aber auch an einer geführten Tour (Englisch) teilnehmen. Die Führungen finden jeweils statt, wenn das Parlament nicht tagt (genaue Termine auf der Website, Vorausbuchung notwendig). Audiotouren bei Onlinebuchung: Erw. £ 25 (inkl. einem Kind als Begleitung), 16–24 Jahre £ 18, Kinder (5–15 Jahre) £ 8, geführte Touren: Erw. £ 32, 16–24 Jahre £ 26, Kinder (5–15 Jahre) £ 16.

2 Lambeth Palace und Garden Museum ★★ [J12]

Von der Südseite des Parlaments lohnt ein Abstecher über die Lambeth Bridge zum Lambeth Palace auf der anderen Seite der Themse. Im Gegensatz zur Westminster Bridge ist die **Lambeth Bridge,** die vom Palast zur Südseite der Houses of Parliament 1 führt, rot angestrichen – im Einklang mit den roten Ledersitzen des Oberhauses. Zudem ist Purpurrot von jeher die mit dem Bischofsamt verbundene Farbe und im **Lambeth Palace** residierte bereits im 13. Jh. der Erzbischof von Canterbury, der seit dem 16. Jh. neben dem Monarchen die zweithöchste Instanz der anglikanischen Kirche darstellt. Damals brach Henry VIII. mit dem katholischen Rom und machte sich selbst zum Oberhaupt der anglikanischen Kirche.

Der Palast besteht aus einer Mischung von architektonischen Stilen. Die **Langton's Chapel** und die Krypta gehen auf die Gründungszeit des Gebäudes zurück, das Eingangstor **Morton's Tower** entstand 1490. In der Gemäldegalerie des Guard Room kann man verfolgen, wie die Roben der Bischöfe sich über die Jahrhunderte hinweg veränderten. 1827 wurde der stark verfallene Gebäudekomplex von Edward Blore (1787–1897), der auch den Buckingham Palace 11 fertigstellte, restauriert und nach dem Zweiten Weltkrieg musste erneut repariert werden.

Neben dem Palast kann man dem **Garden Museum** einen Besuch abstatten. In der entweihten Kirche **St. Mary-at-Lambeth** erfährt man anhand von Objekten und Dokumenten, wie britisches Gartendesign sich vom 17. Jh. bis heute verändert hat. Ein romantischer Schaugarten wurde auf dem ehemaligen Friedhofsgelände rund um die Kirche eingerichtet. Hier findet sich noch das Grab von **John Tradescant** Senior (ca. 1570–1638), dem ersten großen Gärtner und Pflanzensammler Englands. Zudem kann man einen Aussichtsturm erklimmen.

› **Lambeth Palace,** Lambeth Palace Road, Lambeth, U: Vauxhall, Tel. 0844248513, www.archbishopofcanterbury.org/about/lambeth-palace/visit-lambeth-palace. **Wegen Renovierung ist der Palast bis Frühjahr 2024 geschlossen,** aktuelle Infos unter www.facebook.com/visitlampal.

› **Garden Museum,** Tel. 74018865, https://gardenmuseum.org.uk, Mo–So 10–17 Uhr, Erw. £ 14, erm. £ 11, Kinder 7–18 Jahre £ 8

Seit 1066 werden alle britischen Könige und Königinnen in der Westminster Abbey gekrönt

141lo©coward_lion, stock.adobe.com

3 Westminster Abbey ★★★ [I11]

Wieder zurück auf der anderen Themseseite steht nördlich der Houses of Parliament die Abtei, mit deren Bau bereits **Edward the Confessor** begann. 1042 ließ er auf den Fundamenten einer Benediktinerkirche aus dem 7./8. Jh. eine neue Kirche und ein Benediktinerkloster im normannisch-romanischen Stil errichten. Der Normanne William the Conqueror ließ sich 1066 nach seinem Sieg über die Angelsachsen hier krönen – wie auch alle englischen Monarchen nach ihm.

Unter Henry III. wurde das Gebäude im Stil der **frühen englischen Gotik** erweitert und für die Gebeine Edwards wurde ein Schrein errichtet. Erst um 1517 wurde der Bau von Henry Yevele fertiggestellt. Die gewaltige Abtei wurde zum größten Mausoleum Großbritanniens: 400 Grabdenkmäler und 3000 Gedenktafeln erinnern an Herrscher, Politiker und Künstler.

Nicht nur Krönungsfeierlichkeiten finden hier statt, sondern auch Hochzeiten, Taufen und Trauerfeiern. 2022 war die Abtei Schauplatz des **Gedenkgottesdienstes für die verstorbene Queen Elizabeth II.** Am 6. Mai 2023 wurde ihr Sohn zum **König Charles III.** gekrönt.

Eingänge gibt es am West- und am Nordportal. Betritt man die Abtei durch das prunkvolle Nordportal, passiert man die **Statesmen Aisle**, wo große Staatsmänner wie die Premierminister William Pitt der Jüngere (1759–1806), William Gladstone (1809–1898) und Benjamin Disraeli (1804–1881) beigesetzt sind. Dann passiert man auf der rechten Seite die Orgel und das Chorgestühl. Nördlich davon finden sich Gräber und Denkmäler britischer Komponisten wie Henry Purcell (1659–1695), der hier auch als Organist fungierte, und Edward Elgar (1857–1934), dessen Stück „Nimrod" aus dem Zyklus Enigma Variations bei der „Last Night of the Proms" (s. S. 201) zum Standard gehört.

Auf der linken Seite öffnet sich der Altarraum, der das Herz der Abtei bildet. Dahinter steht der Schrein für Edward the Confessor. Rundherum finden sich die Gräber der mittelalterlichen Herrscher Henry III., Edward I., Edward III. und Richard II. Als nächstes schließt sich die von Henry Yevele im englischen Perpendikularstil angefügte Kapelle Henrys VII. (auch **Lady's Chapel** genannt) an. Hier wurden die Tudorherrscher beigesetzt, darunter Elizabeth I. und ihre katholische Halbschwester Maria I., die auch „Bloody Mary" genannt wurde, da sie so viele „protestantische Ketzer" hinrichten ließ.

Die Tudormonarchen

Die ***Ära der Tudors*** *dauerte von 1485 bis 1603 und brachte einige der schillerndsten Monarchen hervor. Das Jahrhundert ihrer Herrscherperiode war durch umwälzende politische und gesellschaftliche Änderungen gekennzeichnet und regt noch heute die Fantasie der Menschen an.*

Der Beginn der Tudorherrschaft unter ***Henry VII.*** *(reg. 1485–1509) leitete das Ende des englischen Mittelalters ein. Er legte die Grundsteine des modernen britischen Staatswesens: eine zentralisierte Regierung in London und eine bürokratische Verwaltungsmaschine. Sein Sohn* ***Henry VIII.*** *(reg. 1509–1547) sah sich mit dem Problem der durch Martin Luther 1517 ausgelösten europäischen Reformation konfrontiert.*

Nachdem er sich mit dem Papst überworfen hatte, der nicht in die Scheidung von seiner spanisch-katholischen Ehefrau Catherine d'Aragon einwilligen wollte, brach er mit Rom und machte sich selbst zum Kirchenoberhaupt der anglikanischen, protestantisch orientierten Kirche. Dies spaltete das Land in zwei Fronten: Reformatoren der calvinistischen Ideale und überzeugte Katholiken, zu denen auch seine Tochter Mary aus der Ehe mit Catherine d'Aragon gehörte. Nach Henrys Tod trieb sein jugendlicher Sohn ***Edward VI.,*** *der von 1547 bis 1553 regierte, die Reformation weiter voran. Als* ***Mary I.*** *(reg. 1553–1558) ihm jedoch nach seinem frühen Tod auf den Thron folgte, entlud sich ihr religiöser Fanatismus gegenüber den Protestanten, von denen Hunderte auf dem Scheiterhaufen endeten, was ihr den Beinamen „Bloody Mary" einbrachte.*

Unter ***Elizabeth I.*** *(reg. 1558–1603), Henrys Tochter aus der Ehe mit Anne Boleyn, folgte eine wirtschaftliche Blüte und man ging siegreich aus dem Krieg gegen das mächtige Spanien hervor. Elizabeth I. etablierte die Church of England als einen Kompromiss aus der katholischen und protestantischen Glaubensrichtung und vereinte die Nation. Elizabeth förderte viele Seefahrer und Entdecker wie Francis Drake und Walter Raleigh, die die Neue Welt erkundeten und Reichtümer für die Krone erbeuteten. Ihre fähigen Seekapitäne schlugen 1588 einen Angriff der spanischen Armada nieder und garantierten eine Vormachtstellung Großbritanniens als Seemacht.*

Die schottische Königin Maria Stuart plante ein Komplott zur Ermordung von Elizabeth I. und wurde dafür 1587 von der Herrscherin zum Tode verurteilt. Ihr Grab befindet sich daher weiter entfernt auf der Südseite. Wendet man sich wieder in den Altarraum, befindet sich links die **Poet's Corner**, die dem Andenken an die Größen der englischen Literatur gewidmet ist: Von Geoffrey Chaucer über Dr. Samuel Johnson und Charles Dickens bis zu Rudyard Kipling sind hier viele Dichter begraben. Noch viele mehr werden mit einem Gedenkstein geehrt: Shakespeare, Jane Austen, Lord Byron, Thomas Hardy, Dylan Thomas, Lewis Caroll und Oscar Wilde sind nur einige der bekannten Namen. Zu den bekannten Persönlichkeiten aus neuerer Zeit, die hier geehrt werden bzw. begraben sind, gehören z.B. Martin Luther King und Stephen Hawking.

Vom südlichen Querschiff führt ein Gang nach Norden in den Kreuzgang der einstigen Klosteranlagen. Über einen Turmbau zwischen Chapter House und Lady Chapel, den sog. **Weston Tower**, erreicht man die **Queen's Diamond Jubilee Galleries**, die Besuchergalerien der Abtei. Viele Kirchenschätze, Gemälde, Bücher und Abbildungen mittelalterlicher Könige, die bisher zum großen Teil in Archiven lagerten, werden hier gezeigt und dokumentieren die lange Geschichte der Abtei von ihrem Bau bis heute.

› **The Chapter Office,** 20 Deans Yard, U: Westminster (District/Circle/Jubilee Line), Tel. 72225152, www.westminster-abbey.org, Abtei Mo–Fr 9.30–15.30, Sa 9.30–15 Uhr, Café Mo–Sa 8–16 Uhr, Eintritt (inkl. Audioguide) bei Onlinebuchung: Erw. £27, erm. £24, Kinder (6–17 Jahre) £12. Um lange Wartezeiten zu vermeiden, sollte man **unbedingt im Voraus buchen.** Geführte Touren: Mo–Sa 10.30, 11, 11.30 und 14 Uhr, £10 zuzüglich zum Eintritt, nur vor Ort buchbar. Ab und zu finden kostenlose Konzerte statt.

› **Queen's Diamond Jubilee Galleries:** Mo–Fr 10–15, Sa 9.30–15 Uhr, zeitgebundene Tickets: Erw. £5, unter 17 Jahren frei

4 Downing Street No. 10 ★ [I10]

Nach einem kurzen Spaziergang auf der Straße Whitehall sieht man auf der linken Seite ein schmiedeeisernes Gitter, das von Polizisten bewacht wird. Dahinter versteckt sich **Downing Street No. 10**, seit 1735 der Sitz des Premierministers bzw. der Premierministerin. Früher gelangte man bis direkt vor die Tür, aber seit einem Anschlag durch die IRA im Jahr 1991 ist die Straße abgesperrt. Im Erdgeschoss befindet sich der Sitzungssaal des Kabinetts, darüber liegen die Privatgemächer des Premiers. Im Haus Nr. 11 hat der Schatzkanzler, d.h. der Finanzminister (Chancellor of the Exchequer), sein offizielles Domizil. Hinter der Häuserfront verstecken sich zahlreiche Verbindungsgänge zu den Ministerien und den Parlamentsgebäuden.

› U: Westminster (District/Circle/Jubilee Line). Einen Einblick in die Räumlichkeiten des Hauses erhält man unter: www.gov.uk/government/history/10-downing-street.

5 Horse Guards ★★ [I10]

Vor den Horse Guards findet sich immer eine Menschentraube. Berittene Soldaten der königlichen Leibgarde (Household Cavalry) bewachen hier den Toreingang zum Exerzierplatz und sind ein beliebtes Fotomotiv. Die uniformierten Garden begleiten den König bei offiziellen Anlässen.

173lo-In

KURZ & KNAPP

Der Cenotaph

In der Mitte der Fahrbahn der Straße Whitehall ragt der **Cenotaph** auf. Er wurde 1919 von Sir Edwin Lutyens geschaffen, um an die Toten des Ersten Weltkriegs zu erinnern. Am **Remembrance Day,** dem Sonntag vor oder nach dem 11. November – der Tag, an dem 1918 der Erste Weltkrieg endete –, findet in London eine Parade zum Gedenken an die Gefallenen beider Weltkriege und aller nachfolgenden Kriege statt. Auch der König legt am Cenotaph einen Kranz nieder. In ganz Großbritannien und den Commonwealth-Ländern wird dann außerdem um genau 11.11 Uhr eine Schweigeminute abgehalten.

Unweit des Cenotaph erinnert das Denkmal **„The Women of World War II"** von John W. Mills an die Frauen, die im Zweiten Weltkrieg in verschiedenen Funktionen in der Armee dienten und im Dienst ihr Leben ließen.

Auf dem dahinterliegenden Exerzierplatz Horse Guards Parade findet jeden morgen um 11 Uhr (So 10 Uhr) die **Wachablösung** statt, wo man die exerzierenden Soldaten beobachten kann. Alljährlich im Juni inspiziert dort der Monarch beim sogenannten **Trooping the Colour** (s. S. 200) seine Truppen. Im **Household Cavalry Museum** kann man interessante historische Uniformen, Silberwaren und Waffen aus der langen Geschichte der Garde besichtigen.

› The Household Cavalry Museum, Horse Guards Parade, Whitehall, U: Charing Cross (Northern/Bakerloo Line), Tel. 79303070, https://householdcavalry.co.uk,, April–Okt. 10–18, Nov.–März Mi–So 10–17 Uhr, Erw. £ 10, erm. und Kinder (5–15 Jahre) £ 8

Auf dem Paradeplatz der Horse Guards **6** *marschieren bei der offiziellen Geburtstagsfeier des Monarchen die Garden auf*

6 Banqueting House ★ [I10]

Die Fassade des Banqueting House aus dem Jahr 1622 zieht zwar nicht sofort die Aufmerksamkeit auf sich, das Gebäude hat jedoch eine besondere Bedeutung. Es gehörte einst zum **Palace of Whitehall**, der 1698 abbrannte. Es ist außerdem eines der wenigen erhaltenen Bauwerke des Architekten **Inigo Jones** (s. S. 168). Dieser war der erste Architekt, der den palladianischen Stil, einen Vorreiter des Klassizismus, in England durchsetzte.

Der große Saal des Hauses wurde für Bankette und Audienzen genutzt und der absolutistische Monarch Charles I. gab die Deckengemälde bei **Peter Paul Rubens** in Auftrag. Sie zeigen Charles und seinen Vater als gottgleiche Herrscher. Das Gebäude mit der beeindruckenden Rubens-Decke kann besichtigt werden.

Die Politik des Königs, der das Parlament terrorisierte und auflöste, gipfelte schließlich im Bürgerkrieg und kostete ihn das Leben. Am 30. Januar 1649 wurde vor dem Banqueting House ein Schafott errichtet und Charles wurde geköpft. Sein Sohn, Charles II., der die Monarchie nach 11 Jahren der Republik wiederherstellte, ließ später am Trafalgar Square eine Statue seines Vaters aufstellen.

› Whitehall, U: Charing Cross (Northern/Bakerloo Line), Tel. 08707515178, www.hrp.org.uk, Besichtigung nur mit geführter Tour, Daten s. Website, Eintritt £ 12,50

7 Trafalgar Square ★★ [I10]

Die Straße Whitehall mündet in den Trafalgar Square. Er ist nicht nur einer der zentralsten Plätze der Stadt, sondern sogar das offizielle Zentrum von London. Von der Verkehrsinsel an der Ecke Strand/Charing Cross Road, auf der die berittene Statue von Charles I. steht, werden alle Entfernungen innerhalb der Stadt gemessen. Viele Straßen laufen hier zusammen und man gelangt schnell ins **Theatreland**, nach **Soho** 17 und nach **Covent Garden** 20.

Der Trafalgar Square ist immer von Menschen bevölkert. Londoner feiern hier traditionell die Silvesternacht und das ganze Jahr hindurch finden Veranstaltungen statt. Der Platz wurde gegen Ende des 19. Jh. nach einem Entwurf von Charles Barry angelegt. Bereits unter George IV. wurde John Nash damit beauftragt, die einstigen königlichen Stallungen, die Great Mews, abzureißen, wodurch die riesige Fläche entstand. Der große **Springbrunnen** in der Mitte aus dem Jahr 1939 stammt von Edwin Luytens, der auch den Cenotaph (s. S. 30) entwarf.

Überwacht wird der Trafalgar Square von der Statue von Admiral Lord Nelson, die sich auf der 56 m hohen **Nelson's Column** befindet. Horatio Nelson wird bis heute von den Briten verehrt, da er 1805 die britische Flotte in der Schlacht von Trafalgar zum Sieg gegen Napoleon führte. Danach konnte Großbritannien zur größten imperialen Seemacht in Europa aufsteigen. Die **Bronzelöwen** am Fuß der Säule sind ein beliebter Hintergrund für Selfies.

Statuen von George IV., General Napier und General Havelock zieren drei Ecken des Platzes. Der nordwestliche Sockel, genannt **Fourth Plinth**, blieb jedoch leer. Seit 1998 wird er zur Ausstellung von ungewöhnlichen Kunstobjekten genutzt. Alle zwei Jahre bekommt ein anderer Künstler die Chance, hier sein Werk zu präsentieren.

› U: Charing Cross (Northern/Bakerloo Line)

8 National Gallery ★★★ [I10]

Das Gebäude der National Gallery entstand von 1832 bis 1838 unter der Leitung des Architekten **William Wilkens** (1778–1839). Bereits bei der Fertigstellung bemängelten kritische Stimmen den Bau. Hinter der grandiosen Fassade verbargen sich eher beengte Räume, die schon bald nicht mehr ausreichten. Von 1837 bis 1868 hatte dort außerdem die Royal Academy of Arts 14 ihr Domizil. Das **Museum** hat im Laufe der Jahre viele **Anbauten** erhalten, nicht zuletzt im Jahr 1991 den Sainsbury Wing, der von Lord Sainsbury finanziert wurde. Dort sind heute vornehmlich die Werke aus der Periode der Renaissance untergebracht.

Die Sammlung der Gemäldegalerie wuchs über mehrere Jahrhunderte auf ihren heutigen Umfang von 2300 Werken an. Den Grundstock bildeten 38 Gemälde aus der Sammlung des Geschäftsmannes **John Julius Angerstein**, der diese 1824 an die britische Regierung verkaufte. Erweitert wurde die Galerie durch Schenkungen von Sir Robert Peel im Jahr 1871 und William Turner im Jahr 1865. Danach kauften die Direktoren Gemälde vieler historischer Perioden aus dem In- und Ausland ein, um eine große Bandbreite an Kunststilen zu präsentieren. Zu besichtigen sind heute Werke holländischer, flämischer, französischer, italienischer und spanischer Meister vom 13. bis zum frühen 20. Jh. Darunter befinden sich weltbekannte Gemälde wie van Goghs „Sonnenblumen" und Botticellis „Venus und Mars".

› Trafalgar Square, U: Charing Cross (Northern/Bakerloo Line), www.nationalgallery.org.uk, Tel. 77472885, tgl. 10–18, Fr bis 21 Uhr, Eintritt frei

Die Nelson-Säule bildet das Zentrum des Trafalgar Square 7

Die Kirche St. Martin-in-the-Fields entstand 1720

EXTRATIPP

St. Martin-in-the-Fields

An der Ostseite des Trafalgar Square erhebt sich St. Martin-in-the-Fields mit ihrem schlanken Turm und dem klassizistischen Eingangsportal. Sie ist eine der **„Queen-Anne-Kirchen"**, die im 18. Jh. von der damaligen Königin in Auftrag gegeben wurden. Die 1720 von James Gibbs (1682–1754) gestaltete Kirche diente später als Vorbild vieler Kirchen in Nordamerika. Gibbs' Bauwerk entstand auf den Grundmauern einer früheren Kirche, die Henry VIII. 1542 außerhalb der Grenzen des Whitehall Palace errichten ließ, damit Pestkranke nicht über seine Ländereien wanderten. In der Krypta befindet sich heute ein beliebtes **Café** und die Kirche veranstaltet regelmäßig **Konzerte** von Klassik bis Jazz. Für die Abendkonzerte muss man Tickets buchen, aber unter der Woche kann man z. B. Mo, Di und Fr zur Mittagszeit kostenfrei Musik hören.

★1 [I10] **St. Martin-in-the-Fields,** Trafalgar Square, www.stmartin-in-the-fields.org, Tel. 77661100, Café in the Crypt: Mo, Mi, So 11–17, Di 11–19.30, Fr, Sa 10–17 Uhr, freitags Lunchtime-Konzerte, Eintritt £ 10; mittwochs und freitags ab 19 Uhr zwanglose Abendkonzerte („Crypt Lates"), Do–Sa Klassikkonzerte (Termine s. Website)

010lo-ln

9 National Portrait Gallery ★★★ [I9]

In der National Portrait Gallery sind Hunderte von **Porträts bekannter Briten** vom späten 14. Jh. bis heute zu bewundern, darunter Monarchen, Wissenschaftler, Künstler, Literaten, Architekten und Politiker. Nach dem Besuch kann man vielen Namen, von denen man vielleicht schon einmal gehört hat, auch ein Gesicht zuordnen. Zu sehen sind viele Gemälde berühmter Maler, z. B. die von Hans Holbein (1497–1543), der lange Zeit Hofmaler der Tudors war. Holbein malte u. a. auch das Porträt der Deutschen Anne of Cleves, der dritten Frau von Henry VIII. Angeblich ließ sich der König von dem Porträt, das heute allerdings im Louvre hängt, zur Heirat mit Anne verleiten. Die Ehe mit der für damalige Geschmäcker eher nüchternen Schönheit ließ er allerdings kurz darauf wieder annullieren. Zu den Ausstellungsstücken aus der neueren Zeit gehört inzwischen auch eine Sammlung an **Fotografien.** Zudem werden **Wechselausstellungen** gezeigt.

› St. Martin's Place, U: Charing Cross (Northern/Bakerloo Line), Tel. 73060055, www.npg.org.uk, Mo–Do 10.30–18, Fr, Sa 10.30–21 Uhr, Eintritt frei, außer Sonderausstellungen

Kulinarisches

2 [I10] **Boyds Brasserie** £££, 8 Northumberland Avenue, Westminster, Tel. 78083344, www.boydsgrillandwinebar.co.uk, Mo–Mi, Fr 7–14.30, 17–21.30, Do 7–23, Sa 8–11.30, 17–23, So 8–11.30 Uhr. Stilvolle Restaurant-Weinbar, die Küche ist Modern British.

› **Kerridge's Bar & Grill** (s. S. 174). Sterne-Restaurant mit günstigem 3-Gänge-Lunch.

3 [I10] **The Clarence** ££, 53 Whitehall, Tel. 79304808, www.theclarencewhitehall.com. Pub mit Real Ale gleich um die Ecke vom Trafalgar Square. WLAN.

4 [J10] **The Tattershall Castle** £, Victoria Embankment, Whitehall, U: Embankment, Tel. 78396548, www.thetattershallcastle.co.uk. In diesem Bootsrestaurant an der Themse kann man beim Speisen auf den Wellen schaukeln.

› **The Vincent Rooms** (s. S. 175). Eine gute Empfehlung sind die beiden Restaurants der renommierten Kochschule des Westminster Kingsway College.

Shopping

5 [I10] **Waterstones Bookshop,** The Grand Building, Trafalgar Square, U: Charing Cross, Tel. 78394411, www.waterstones.com. Mo–Sa 9–20, So 12–18 Uhr. Hier kann man im Buchladen stöbern und in dem angegliederten Costa Coffee Shop verschnaufen.

St. James's und Mayfair

In den Vierteln St. James's und Mayfair geht es vornehm zu. Entlang der Prachtallee The Mall, die am St. James's Park vorbei zum Buckingham Palace **11** *führt, befinden sich mehrere Residenzen der königlichen Familie. Mayfair, bis heute eine der teuersten Adressen in London mit Luxushotels, Gourmettempeln und schicken Geschäften, besitzt auch einige altehrwürdige Einrichtungen wie die Royal Academy of Arts* **14** *und die Royal Institution* **15***. Hier sind auch die Maßschneider zu finden, die die Mitglieder des Königshauses und andere illustre Kunden einkleiden.*

10 St. James's Palace, Clarence House, Spencer House ★★ [H10]

Vom Trafalgar Square **7** gelangt man durch den Admirality Arch auf die Prachtallee The Mall, die sich nördlich des **St. James's Park** entlangzieht. Sie führt direkt zum Buckingham Palace **11** und ist Teil der zeremoniellen Route, die die Mitglieder der Königsfamilie für offizielle Anlässe benutzen. Wenn die historischen royalen Kutschen hier entlangfahren, säumen viele Zuschauer die Straße.

Der Park ging aus einem Jagdrevier Henrys VIII. hervor und wurde durch den Hofarchitekten der Regency-Periode, John Nash (1752–1853), in seine heutige Form gebracht. Der See des Parks ist der Überrest des Flusses Tyburn, der einst die Gegend überflutete. Hier gibt es heute zwei kleine Inseln, auf denen auch Vögel nisten. Seit 1664 befinden sich darunter auch Nachkommen von zwei Pelikanen, die Charles II. 1664 als Geschenk erhielt.

Privatclubs in London

Das Viertel St. James's war früher auch als „Clubland" bekannt. In den hiesigen Gentlemen's Clubs versammelten sich Aristokraten, Politiker und einflussreiche Größen aus dem Geschäftsleben. Einige dieser exklusiven Institutionen haben überlebt, aber es gibt auch etliche modernere Versionen.

Die Clubs hatten ihren Ursprung in den Coffeehouses des 17. und 18. Jh.: Der Grieche Pasqua Rosée kredenzte 1652 als erster in seinem Coffeehouse türkischen Mokka und schnell entwickelten sich die Etablissements als idealer Treffpunkt für Männer der gehobenen Schichten – Frauen waren nicht zugelassen.

Mitte des 18. Jh. begannen einige Clubs hohe Mitgliedsbeiträge zu verlangen, dort fanden dann nur noch die Reichsten Zutritt. Mitglied konnte außerdem nur werden, wer von einem anderen Mitglied empfohlen wurde. Die Clubs logierten in luxuriös ausgestatteten Herrenhäusern wie dem klassizistischen Bau des literarischen Athenaeum Club, der 1824 auf der Pall Mall Nr. 107 entstand. Winston Churchill, Charles Darwin, Charles Dickens und Arthur Conan Doyle gehörten ihm an. Gleich daneben (Nr. 106) steht der Traveller's Club aus dem Jahr 1819. Hier wurde nur zugelassen, wer sich bei einer damals unter Edelleuten üblichen Europarundreise („Grand Tour") weiter als 500 Meilen von London entfernt hatte. Jules Verne verewigte den Reform Club (104 Pall Mall) in seinem Roman „In 80 Tagen um die Welt".

In den Räumlichkeiten der Clubs konnten die Mitglieder sich auch länger einquartieren, wenn sie dem Leben daheim entfliehen wollten. Die Elite gab sich ein Stelldichein, Absolventen von Privatschulen und Top-Universitäten knüpften Verbindungen, die dann den Zugang zu den einflussreichsten Positionen ermöglichten. Im 20. Jh. gerieten die Clubs jedoch mehr und mehr in Verruf, vor allem weil sie lange rein männliche Institutionen blieben.

Der Athenaeum Club erlaubte ab dem Jahr 2002 Frauen die Mitgliedschaft. Der Carlton Club (69 St. James's Street) aus dem Jahr 1832 wird traditionell von Mitgliedern der konservativen Partei frequentiert. Als Margaret Thatcher 1975 Premierministerin wurde, machte man für sie „eine Ausnahme": Sie durfte Ehrenmitglied werden. Erst im Jahr 2008 wurde der Club offiziell auch für Frauen geöffnet. Der älteste Club, der Traveller's Club aus dem Jahr 1819, ist hingegen bis heute für Frauen unzugänglich.

Seit der Jahrtausendwende hat sich einiges in der Clublandschaft getan: Nicht nur Künstler, Literaten und Schauspieler bevorzugen heute moderne Privatclubs, die ihren Mitgliedern ebenfalls Exklusivität, aber auch eine zeitgemäße Atmosphäre bieten. Für die Mitgliedschaft gibt es viele flexible Modelle. Auch das Angebot ist vielseitig: Man kann sich erholen, arbeiten, die Freizeiteinrichtunges nutzen oder wie in einem Hotel übernachten.

Wachsender Beliebtheit erfreuen sich Soho House (www.sohohouse.com) mit Filialen weltweit (auch in Berlin), Home House (www.homehouse.co.uk), wo man sehr fein dinieren kann, The Arts Club (www.theartsclub.co.uk), wo Ausstellungen und Konzerte stattfinden, oder auch Cloud Twelve (www.cloudtwelve.co.uk), wo man gleich die ganze Familie mitbringen kann.

Auf dem Weg zum Buckingham Palace passiert man den **St. James's Palace.** Das Gebäude entstand zwischen 1531 und 1536 unter Heinrich VIII. und wurde durch Anbauten erweitert. Vielen Monarchen diente der Palast trotz seiner eher bescheidenen Größe als Residenz, später wurde er dann hauptsächlich für Staatsgeschäfte genutzt.

Bis heute beherbergt der Palast etliche Verwaltungsorgane der Monarchie und wird zudem für offizielle Anlässe genutzt. Er ist außerdem der Sitz von Princess Anne und wird permanent von Leibgardisten mit ihren Bärenfellmützen bewacht.

Von John Nash stammt das benachbarte **Clarence House** aus dem Jahr 1827. Hier lebte die amtierende Queen Elizabeth II. als junge Frau, danach zog ihre Mutter, die Queen Mother (1900–2002), dort ein. Momentan ist Clarence House die Residenz von König Charles III. und seiner Frau Camilla. Vor seiner Heirat wohnte auch Prince Harry hier.

Nördlich davon steht **Spencer House,** das 1766 für den ersten Earl of Spencer, einen Vorfahren der verstorbenen Prinzessin Diana, entstand. Der klassizistische Bau wurde von James Stuart entworfen, um 1783 brachte Henry Holland diesen Stil in Form von griechischen Säulen auch in die Innenräume.

› St. James's Park, U: Westminster (District/Circle/Jubilee Line) oder St. James's Park (District/Circle Line), www.royalparks.org.uk, tgl. 5–24 Uhr

› **Clarence House,** St. James's Palace, U: Green Park, www.rct.uk

› **Spencer House,** 27 St. James's Place, Tel. 75141958, www.spencerhouse.co.uk, nur mit geführter Tour: So (außer August) 10.30–16 Uhr, Erw. £ 18,50, erm. £ 15,50

11 Buckingham Palace und Queen's Gallery ★★★ [H11]

Am westlichen Ende von The Mall erhebt sich der Buckingham Palace, vor dem das 25 m hohe **Victoria Memorial** aufragt. Das Monument aus weißem Marmor mit goldenem Aufsatz entstand ebenso wie der Memorial Garden zum Gedenken an die 1901 verstorbene Königin. Während Victorias Regentschaft (1837–1901), die auch als viktorianisches Zeitalter bekannt ist, erlebte das Land eine ungeahnte wirtschaftliche Blüte und das britische Empire stieg zur dominierenden Weltmacht auf. Es war aber auch durch puritanische Moralvorstellungen und eine strenge Etikette gekennzeichnet, die sich auf den Lebensstil aller Bürger auswirkte.

Nachdem der Tudorpalast Whitehall abgebrannt war, dienten zunächst Kensington Palace 89 und der St. James's Palace 10 als Sitz der Regenten. Bereits unter George IV. hatte John Nash mit dem Ausbau des einstigen Buckingham House begonnen, doch wegen zu hoher Kosten ließ William IV. die Bauarbeiten von Edward Blore beenden.

Die nachfolgenden Monarchen machten um den zugigen und unkomfortablen Palast einen weiten Bogen. Erst als **Königin Victoria** 1837 mit 18 Jahren den Thron bestieg, zog sie in den Buckingham Palace, um ihrer dominanten Mutter zu entfliehen. Nach Victorias Heirat mit dem Deutschen Prinz Albert ließen beide den Palast von Thomas Cubitt gründlich modernisieren. Seitdem ist er der offizielle Amtssitz der amtierenden Monarchen – auch wenn die verstorbene Queen Elizabeth II. ihr Schloss in Windsor bevorzugte.

Der Palast soll erneut aufwendig restauriert werden. **König Charles III.** kündigte bei seinem Amtsantritt daher an, den Palast nicht zu beziehen, sondern weiterhin Clarence House als Wohnsitz zu nutzen. Seine Amtsgeschäfte und offiziellen Empfänge finden jedoch im Buckingham Palace statt.

Vom Balkon des Ostflügels zeigt sich die königliche Familie nur zu offiziellen Anlässen wie Hochzeiten, Taufen oder Krönungen. Dann versammeln sich Tausende von Zuschauern vor dem Zaun. Die Zeremonie der **Wachablösung (Changing of the Guard)** im Vorhof des Palastes findet täglich statt, meist um 11.30 Uhr (genaue Zeiten siehe www.changing-the-guard.com). Im Sommer haben Besucher Zutritt zu den **State Rooms** des Palastes. Mit dem Kombiticket „Royal Day Out" kann man zusätzlich noch die Stallungen **Royal Mews** und die beeindruckende Kunstsammlung in der **Queen's Gallery** besichtigen.

- www.rct.uk, U: Green Park (Jubilee/Piccadilly/Victoria Line), 14. Juli–31. Aug. Do–Mo 9.30–19.30 Uhr (letzter Eintritt 17.15 Uhr), 1.–24. Sept. Do–Mo 9.30–18.30 Uhr (letzter Eintritt 16.15 Uhr), Erw. £ 30, 18–24 Jahre £ 19,50, erm./Kinder £ 16,50. Im Winter und Frühjahr werden 90-minütige, geführte Touren angeboten (£ 90 pro Person, bei der Family Guided Tour 5–17 Jahre £ 49,50)
- **Royal Mews:** 2. März–30 Okt. Do–Mo 10–17 Uhr (letzter Eintritt 16 Uhr), Erw. £ 15, 18–24 Jahre £ 10, erm./Kinder £ 9
- **Queen's Gallery:** Do–Mo 10–17.30 Uhr (letzter Eintritt 16.15 Uhr), Erw. £ 17, 18–24 Jahre £ 11, erm./Kinder £ 9
- **Kombiticket „Royal Day Out":** Erw. £ 55,80, Kinder (5–17) £ 31, Young Person (18–24) £ 36,40

Vor dem Buckingham Palace versammeln sich vor allem bei der Wachablösung immer viele Touristen

12 London Library ★ [H10]

Nördlich des St. James's Palace 10 hat seit 1845 die London Library ihren Sitz. Als Motivation für die Gründung dieser Bibliothek im Jahr 1841 gab der Historiker **Thomas Carlyle** an, „dass die Hauptstadt Großbritanniens eine Leihbibliothek erhalten solle, deren Bücher man auch mit nach Hause nehmen konnte". Dies war nämlich in der British Library, die damals noch im Reading Room des British Museum 73 untergebracht war, nicht möglich.

Die London Library hat den Status einer **Stiftung** und finanziert sich ausschließlich aus Mitgliederbeiträgen. Zu den ca. 7500 Mitgliedern gehörten und gehören auch viele namhafte Politiker und Autoren: Das Amt der Präsidentin hat momentan die Schauspielerin Helena Bonham Carter inne. Vize-Schirmherrin ist niemand Geringeres als Queen Consort Camilla.

Wer die renommierte Institution nutzen möchte, kann eine **Mitgliedschaft beantragen.** Sie kostet allerdings pro Jahr immerhin £545 beziehungsweise £272,50, wenn man zwischen 16 und 29 Jahe alt ist. Dafür hat man dann aber Zugang zu ca. einer Mio. Dokumenten und Werken vom 16. Jahrhundert bis heute, darunter Bücher und Zeitschriften, vornehmlich aus dem Bereich der Geisteswissenschaften.

Mitglieder können auch die stetig wachsende E-Bibliothek von zu Hause aus nutzen. Für Akademiker und Studenten ist dies auf jeden Fall empfehlenswert.

› 14 St. James's Square, Tel. 77664700, www.londonlibrary.co.uk, U: Green Park (Piccadilly/Victoria/Jubilee Line)

13 Mayfair ★★ [H10]

Der Stadtteil Mayfair ist bis heute **eine der vornehmsten Adressen in London.** Im Nordwesten befinden sich Luxusherbergen wie das Ritz, die Auktionshäuser Christie's und Sotheby's sowie wie zahlreiche mit Michelin-Sternen ausgezeichnete Restaurants. Wer edel einkaufen möchte, findet in der Dover Street, der Conduit Street und der Bond Street Niederlassungen namhafter Modedesigner und entlang der Straße **Piccadilly** historische Marktarkaden. Die Maßschneider sind in der **Savile Row** ansässig – hier lässt auch das Königshaus nähen.

Im Norden begrenzt die immer belebte **Oxford Street** das Viertel: In der längsten und geschäftigsten Einkaufsstraße Londons sind die Preise erschwinglicher. Die **Regent Street**, ebenfalls mit bekannten Ketten und Boutiquen der gehobeneren Klasse, bildet eine Verbindungsachse zwischen der Oxford Street und Piccadilly. Von der Piccadilly zweigt die Old Bond Street mit Juwelierpalästen wie Tiffany & Co. ab.

14 Royal Academy of Arts ★★★ [H10]

Die Royal Academy of Arts, eine renommierte Kunstschule, hat ihren Sitz im **Burlington House.** Das Gebäude war einst das Stadtpalais des 3. Earl of Burlington, der es Anfang des 18. Jh. im palladianischen Stil umbauen ließ. Die Akademie wurde bereits 1768 von einer Gruppe aus Künstlern und Architekten gegründet. Das Ziel war es, Künstlern eine qualifizierte Ausbildung und die Möglichkeit zu bieten, ihre Werke in Ausstellungen zu präsentieren. Vie-

Händel und Hendrix in London

*Georg Friedrich Händel – oder George Frideric Handel, wie ihn die Briten nennen – lebte von 1712 bis zu seinem Tod 1759 in London. Er wohnte viele Jahre in 25 Brook Street in Mayfair und hier ist heute das Museum **Handel & Hendrix in London** untergebracht, denn kurioserweise lebte der Rockgitarrist Jimi Hendrix von 1968 bis 1969 in einer Wohnung im Nachbarhaus. Die Wohnungen der beiden Künstler sind heute in einem Museum zusammengefasst, sodass Besucher sich auf die Spuren von zwei sehr unterschiedlichen Musikgenies begeben können.*

Die Einrichtung von Hendrix' Wohnung wurde mit Hilfe seiner Freundin Kathy Etchingham rekonstruiert. Dort sind auch sein nach damaligen Standards großartiges Soundsystem und seine Lieblingsplatten zu finden. Im Museum finden unregelmäßig Konzerte statt, bei denen beide Musiker abwechselnd in den Fokus rücken.

Händel hatte schon vor seiner Auswanderung nach England Kontakte zum späteren britischen Herrscherpaar George I. und Caroline von Brandenburg-Ansbach. Ab 1709 war er Kapellmeister an Georges Hof in Hannover, als dieser noch Kurfürst war. Schon bald ließ er sich jedoch beurlauben und reiste zum ersten Mal nach England.

*In seinen ersten Jahren in London erhielt er verschiedene Auftragsarbeiten von Georges Vorgängerin Queen Anne. Im neuen **Queens Theatre** (heute: Her Majesty's Theatre) fand 1711 mit großem Erfolg die Uraufführung seiner Oper „Rinaldo" statt. 1720 gründete Händel dort die erste Opernkompanie Londons und unter seiner Leitung wurden in den darauffolgenden Jahren 25 Opern uraufgeführt. Nachdem George I. 1714 zum König gekrönt worden war, schrieb Händel für ihn unter anderem die **„Water Music"** („Wassermusik") anlässlich einer Prozession auf der Themse. Bevor George I. 1727 verstarb, machte er Händel für seine Verdienste zu einem britischen Staatsbürger. Seinen Platz in der britischen Geschichte sicherte sich der Musiker noch im selben Jahr mit der Krönungsmusik **„Coronation Anthems"** für den Thronnachfolger George II. Sie besteht aus vier verschiedenen Stücken, von denen **„Zadok the Priest"** sicher das bekannteste ist. Seit 1727 werden diese Stücke bei jeder Krönung eines neuen Monarchen in der Westminster Abbey gespielt, zuletzt für Charles III. Für George II. komponierte Händel außerdem die **„Music for the Royal Fireworks"** („Feuerwerksmusik").*

*In späteren Jahren war Händel karitativ tätig. Er wurde zu einem Stiftungsmitglied des **Foundling Hospital** 74. Sein 1742 entstandenes Oratorium **„Messiah"** („Messias") wurde jedes Jahr in dem Waisenhaus aufgeführt, wobei der Erlös der Stiftung zugute kam. Die Gerald Coke Handel Foundation im **Foundling Museum** 74 verwahrt heute die Forschungssammlung aus dem Handel Museum mit vielen Originalmanuskripten des Komponisten. Händel wurde in der **Westminster Abbey** 3 beerdigt.*

*M6 [G9] **Handel & Hendrix in London,** 25 Brook Street, Mayfair, U: Bond Street (Central oder Jubilee Line), Tel. 74951685, https://handelhendrix.org, Mi–So 10–17 Uhr, Erw. £14, erm. £10, Kinder unter 16 Jahre frei*

012lo-kw

Die Royal Academy of Arts im Burlington House

le bekannte Maler wie William Turner, John Constable oder Thomas Gainsborough studierten hier und stellten in der Sommerausstellung ihre Werke aus. Die **Summer Exhibition** findet noch heute jedes Jahr statt. Jeder, der möchte, darf ein Werk einreichen. Aus unzähligen Einsendungen wird dann eine Auswahl von 1000 Werken getroffen, die in der Ausstellung zu sehen sind. Die Absolventen der Akademie dürfen jeweils bis zu sechs ihrer Kunstwerke ausstellen. Hierdurch entsteht eine unglaubliche Vielfalt, die jedes Mal sehenswert ist.

Die Akademie finanziert sich durch **Wechselausstellungen**, die immer vielseitig und interessant gestaltet sind. Es gibt Retrospektiven bekannter Künstler oder Kunstrichtungen und thematische Ausstellungen, zum Beispiel zu Architektur. Die **Collection Gallery** mit einer Auswahl aus der permanenten Sammlung der Galerie kann man kostenfrei besichtigen.

› **Burlington House,** Piccadilly, U: Piccadilly Circus (Piccadilly/Bakerloo Line), Tel. 73008000, www.royalacademy.org.uk, Di–So 10–18, Fr 10–21 Uhr, der Eintritt variiert je nach Ausstellung

15 Royal Institution und Faraday Museum ★★ [H9]

Die **Royal Institution (RI)** ist eine wissenschaftliche Einrichtung, die auf das Jahr 1799 zurückgeht. Namhafte Wissenschaftler prägten die Institution und 14 Nobelpreisträger gingen daraus hervor (zuletzt 2012 Sir John Gurdon für die Erkenntnisse über die Stammzellentheorie).

Die Ausstellung zeigt Originale einiger bahnbrechender Erfindungen, z. B. die erste Batterie von Alessandro Volta. Zahlreiche Elemente wie Calcium, Chlor, Jod und Magnesium wurden von Humphry Davy während seiner Zeit an der RI entdeckt. Zwei Räume im Kellergeschoss des Gebäudes sind dem **Faraday Museum** gewidmet. Hier arbeitete der Experimentalphysiker Michael Faraday (1791–1867), der vor allem für seine Erkenntnisse auf dem Gebiet des Elektromagnetismus bekannt wurde. Er rief 1852 die **Christmas Lectures** (Weihnachtsvorlesungen) ins Leben, die noch heute von der BBC ausgestrahlt werden. Während dieser und anderer Veranstaltungen sollen wissenschaftliche Themen für alle Gesellschaftsschichten zugänglich gemacht und es soll Nachwuchs für die Forschung gewonnen werden.

› Royal Institution of Great Britain, 21 Albermarle Street, U: Piccadilly Circus (Piccadilly/ Bakerloo Line), Tel. 74092992, www.rigb.org, Mo–Fr 9–17 Uhr, Eintritt frei

⑯ Piccadilly Circus ★ [H9]

Die Straße Piccadilly mündet in den Piccadilly Circus, der von der berühmten riesigen **Leuchtreklame** dominiert wird. Auch hier wird heute mit moderner LED-Technik auf Stromsparen gesetzt.

Der einst vom Verkehr umtoste Platz wurde ab 2009 umgestaltet und ist nun in eine erweiterte Fußgängerzone eingebaut. Das Kernstück bildet der **Shaftesbury Memorial Fountain**. Er wird fälschlicherweise oft als „Eros-Brunnen" be-

Der Piccadilly Circus mit seinem Kernstück, dem Shaftesbury Memorial Fountain

013lo-kw

Spaziergang 1: St. James's und Mayfair

Der Spaziergang (reine Gehzeit ca. 2½ Stunden) führt durch zwei der renommiertesten Viertel Londons, St. James's und Mayfair, vorbei an königlichen Residenzen, Privatclubs, altehrwürdigen Einrichtungen bis hin zu exklusiven Hotels und Geschäften. Vom ***Trafalgar Square*** *(7) spaziert man durch den Admirality Arch auf die Prachtallee* ***The Mall,*** *einer zeremoniellen Route, die direkt zum* ***Buckingham Palace*** *(11) führt. Bei offiziellen Anlässen fahren Mitglieder der Königsfamilie von ihren Residenzen die Mall entlang. Linker Hand erstreckt sich der* ***St. James's Park.*** *Er wurde bereits 1532 von Henry VIII. genutzt und ist damit der älteste der städtischen Parks. Der Architekt John Nash veränderte die Anlage 1837 und gestaltete auch das heutige Herzstück, den See. Im* ***St. James's Café*** *(s. S. 46) kann man hier bei guter Aussicht entspannen.*

Von der Mall gelangt man über Treppen hinauf zum Waterloo Place, den die Straße Pall Mall kreuzt. Dort haben noch drei der alteingessen privaten ***Gentlemen's Clubs*** *ihren Sitz (s. S. 35). Bei der Hausnummer 107 findet man den Athenaeum Club, dem z. B. Charles Dickens und Winston Churchill angehörten. In der Nr. 106 hat der Traveller's Club seinen Sitz: Hier wurde nur aufgenommen, wer weitgereist war. Der Reform Club (Nr. 104) wurde von Jules Verne in seinem Roman „In 80 Tagen um die Welt" verewigt. Dem Club gehören viele Diplomaten an.*

Schräg gegenüber führt eine kleine Straße zum nördlich gelegenen ***St. James's Square.*** *Der im 18. Jahrhundert entstandene Platz war damals die angesehenste Adresse für Menschen der feinen Gesellschaft. In der Nordwestecke hat seit 1845 die* ***London Library*** *(12) ihren Sitz.*

Durch die Bögen des Admiralty Arch gelangt man auf die Allee The Mall

174lo-ln

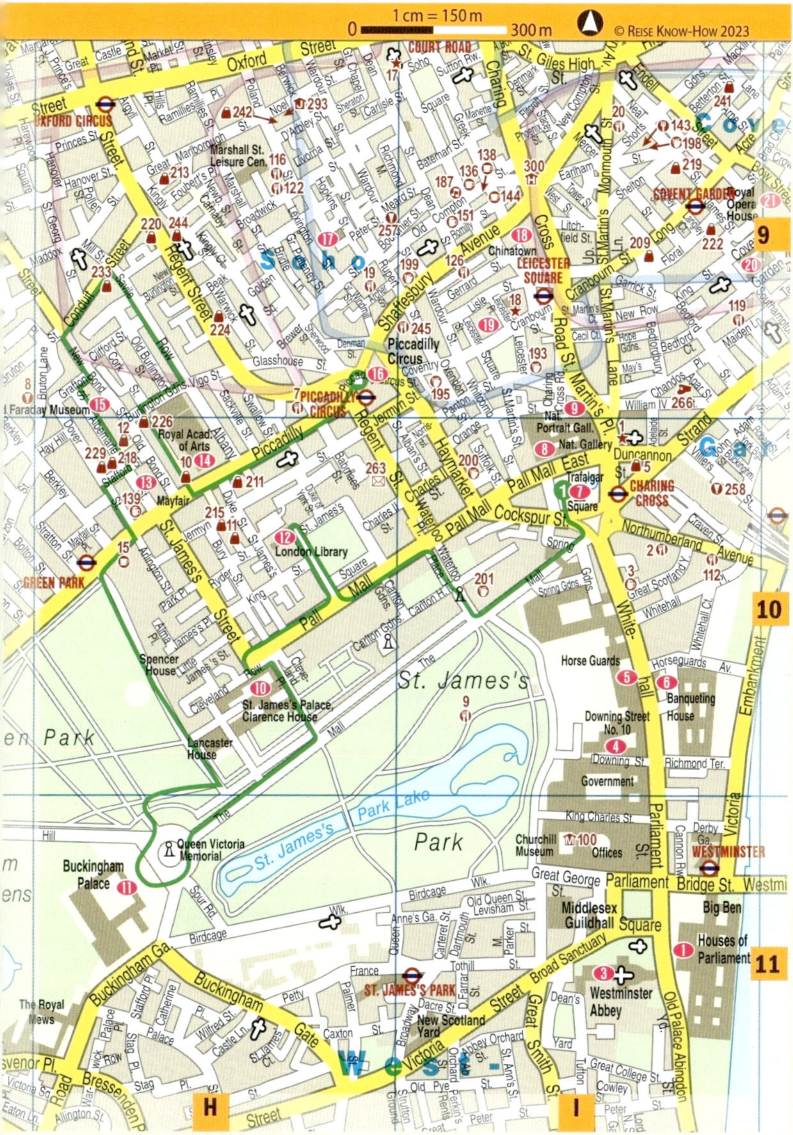
1 cm = 150 m
0
300 m
© Reise Know-How 2023
Oxford Street
Oxford Circus
Regent Street
Soho
Court Road
St. Giles High St.
Charing Cross Road
Covent Garden
Royal Opera House
Shaftesbury Avenue
Chinatown
Leicester Square
Piccadilly Circus
Piccadilly
Royal Acad. of Arts
Faraday Museum
Mayfair
Green Park
Jermyn St.
St. James's Street
London Library
St. James's Square
Pall Mall
Haymarket
Nat. Portrait Gall.
Nat. Gallery
Trafalgar Square
Charing Cross
Strand
Northumberland Avenue
Whitehall
Horse Guards
Banqueting House
Downing Street No. 10
Government
St. James's Park
St. James's Palace, Clarence House
Spencer House
Lancaster House
The Mall
St. James's Park Lake
Queen Victoria Memorial
Buckingham Palace
Churchill Museum
Offices
Parliament Square
Middlesex Guildhall
Westminster Abbey
Big Ben
Houses of Parliament
Westminster
Bridge St.
Victoria Embankment
Broad Sanctuary
Victoria Street
St. James's Park
New Scotland Yard
Buckingham Gate
The Royal Mews
Bressenden Pl.
Birdcage Wlk.
9
10
11
H
I

Wieder auf der Pall Mall, folgt man der Straße in Richtung Westen, bis man auf der linken Seite den ***St. James's Palace*** *⑩ sieht. Der Tudorpalast entstand unter Heinrich VIII. und diente vielen Monarchen als Wohnsitz. Heute lebt hier Princess Anne. Dahinter schließt sich der Regency-Palast* ***Clarence House*** *an, die Residenz von König Charles III. und seiner Frau, Queen Consort Camilla.*

Über die Marlborough Road gelangt man wieder auf die Mall und erreicht auch bald den ***Buckingham Palace*** *⑪. Im Sommer sind hier die State Rooms für Besucher geöffnet. Interessant ist auch die* ***Queen's Gallery*** *mit Kunstwerken aus der privaten Sammlung der königlichen Familie.*

Nördlich beginnt der Green Park, der einst zu den Ländereien des Palastes gehörte. Ein Spazierweg führt am Ostende des Parks am ***Spencer House*** *⑩ vorbei, Sitz der Earls of Spencer, der Familie der verstorbenen Prinzessin Diana. Es ist fast ganzjährig für Besichtigungen geöffnet.*

In Richtung Norden erreicht man die Straße Piccadilly [H10], ihr Name geht auf die einst modernen hohen Hemdkragen mit spitzen Ecken, die „piccadills" zurück. Nördlich von ihr erstreckt sich der renommierte Stadtteil ***Mayfair*** *⑬.*

Auf der rechten Seite passiert man das ***Ritz Hotel*** *aus dem Jahr 1906, in dem man einen Nachmittagstee einnehmen kann (s. S. 46). Linker Hand zweigt nun die Dover Street ab, hier befindet sich u. a. die Modeboutique von Victoria Beckham (s. S. 192).*

Geht man nach rechts durch die Stafford Street, gelangt man zur Albermarle Street und folgt ihr nach links. Schon bald befindet sich rechter Hand die Einkaufspassage ***Royal Arcade*** *(s. S. 46), durch die man zur* ***Old Bond Street****, einer weiteren eleganten Einkaufsstraßen mit Geschäften von Top-Designern und Juwelieren, gehen kann. Folgt man der Albermarle Street stattdessen nach Norden, passiert man die Royal Institution, wo man das Faraday Museum ⑮ besuchen kann.*

Weiter in nördlicher Richtung erreicht man über einen kleinen Schlenker nach rechts durch die Grafton Street die ***New Bond Street****, von der kurze Zeit später rechter Hand die* ***Conduit Street*** *abzweigt. Hier spaziert man nun weiter an den Schaufenstern exklusiver Boutiquen entlang bis zur* ***Savile Row*** *[H9]. Folgt man dem Sträßchen in südlicher Richtung, geht es vorbei an Maßschneidern wie Huntsman & Son bzw. Gieves and Hawkes, dem Lieblingsschneider der 2022 verstorbenen Queen Elizabeth II. Etliche Mitglieder der königlichen Familie lassen hier ihre Kleidung entwerfen und nähen. Der eher unscheinbare Eingang zur Hausnummer 3 führte einst zum Produktionsstudio der Beatles,* ***Apple Records.*** *Auf dem Dach des Hauses spielte die Band am 30. Januar 1969 ihr letztes Konzert, das im Film „Let it Be" verewigt wurde.*

Die Savile Row erreicht die Straße Burlington Gardens. Biegt man dort rechts ein, gelangt man zum Hintereingang der ***Royal Academy of Arts*** *⑭ mit sehenswerten Kunstausstellungen. Direkt daneben führt die Einkaufspassage* ***Burlington Arcade*** *(s. S. 46) wieder zurück auf die Straße Piccadilly. Sie mündet in die Regent Street und von dort geht es weiter bis zum* ***Piccadilly Circus*** *⑯.*

zeichnet, aber der geflügelte Engel stellt in Wirklichkeit **Anteros** dar, den Bruder von Eros. Der Brunnen entstand 1893 im Gedenken an den 7. Earl of Shaftesbury, der sich durch seine Wohltätigkeit auszeichnete.

Vom Piccadilly Circus verläuft die ebenfalls nach dem Earl benannte **Shaftesbury Avenue** nach Norden quer durch Soho 17 und ins Theaterviertel, östlich führt die **Coventry Street** zum Leicester Square 19. Die von John Nash geschaffene Prachtstraße **Regent Street**, die von schicken Boutiquen und Kaufhäusern gesäumt wird, führt zur Oxford Street und trennt die beiden Viertel Mayfair und Soho.

› U: Piccadilly Circus (Piccadilly/Bakerloo Line)

Kulinarisches

7 [H9] **Hawksmoor** ££-£££, 5A Air Street, U: Piccadilly Circus, Tel. 74063980, https://thehawksmoor.com, Lunch Mo–Sa 12–15, So 12–15.15, Dinner Mo, Di 17–21.30, Mi, Do 17–22, Fr, Sa 17–22.30, So 17–21 Uhr. Im Zentrum der Speisekarte stehen perfekt zubereitete Steaks und Krustentiere samt Beilagen.

In der Royal Arcade (s. S. 46) kann man auch bei Regen elegant bummeln und shoppen

175lo-ln

EXTRATIPP

Afternoon Tea stilvoll zelebriert

Nicht nur in Mayfairs Luxushotels wird der Nachmittagstee in einem einzigartigen Ambiente serviert. Das Ritual des sogenannten **High Tea** diente früher der Oberklasse als Zwischenmahlzeit, da die Zeit zwischen dem Lunch und einem späten, gesellschaftlichen Abendessen oft zu lang wurde. Neben Kuchen und Kuchenbrötchen *(scones)*, die mit Butterrahm *(clotted cream)* und Marmelade bestrichen werden, gibt es daher immer auch eine Auswahl an mundgerechten „finger sandwiches", die z. B. mit Lachs oder Gurke belegt sind. Manchmal werden auch warme Pasteten gereicht. Inzwischen wird das Ritual auch in „modischen Varianten" zelebriert (s. The Berkeley). Die Teestunde muss online gebucht werden, außerdem muss man einen **formalen Dresscode** einhalten (Schlips und Jackett, keine Sportschuhe).

13 [F11] **The Berkeley Hotel,** Wilton Place, Knightsbridge, Tel. 72356000, www.the-berkeley.co.uk/restaurants-bars/after noon-tea, High Tea: 13–17.30 Uhr, £ 75 pro Person. Eine modische Variante der Teestunde bietet der „Prêt-à-Portea" unter der kulinarischen Leitung von Marcus Wareing: Das Gebäck hat die Form von Hosen, Kleidern und Handtaschen der neuesten Modekollektionen.

14 [G9] **The Connaught London,** Carlos Place, Mayfair, Tel. 74997070, www.the-connaught.co.uk/restaurants-bars/afternoon-tea, High Tea: tgl. 14.30, 16.30, £ 67 pro Person

15 [H10] **The Ritz London,** 150 Piccadilly, Mayfair, Tel. 73002345, www.theritzlon don.com/tea-reservations.html, High Tea: 11.30, 13.30, 15.30, 17.30, 19.30 Uhr, Erw. £ 70, Kinder £ 45

8 [G9] **Mr Fogg's,** 15 Bruton Lane, Mayfair, U: Green Park, Tel. 70360608, www.mr-foggs.com, Mo–Sa 16–2 Uhr. Benannt nach dem weltreisenden Jules-Verne-Charakter Phileas J. Fogg, taucht man in dieser Bar in eine viktorianische Atmosphäre ein. Es gibt ausgefallene Cocktails und musikalische Unterhaltung.

› **Murano** (s. S. 175). Mit Michelin-Stern ausgezeichnete mediterrane Küche zu vernünftigen Preisen.

9 [I10] **St. James's Café** ££, St. James's Park, U: St. James's Park, www.benugo.com, tägl. 8–17 Uhr. Im Café-Restaurant am See kann man sich vom Spaziergang ausruhen, Lunch verspeisen, Kaffee trinken oder einen Afternoon Tea zu sich nehmen.

Shopping

In St James's lohnt ein Besuch der Savile Row [H9], wo man teilweise in die Kellerateliers der Maßschneider blicken kann. In Mayfair sind drei **historische Einkaufsarkaden** einen Blick wert: Die Burlington Arcade aus dem Jahr 1819 wird von livrierten Wachmännern, den Beadles, bewacht. In der Piccadilly Arcade aus dem Jahr 1910 finden sich exklusive Boutiquen mit Antiquitäten und Juweliere. Auch in der Royal Arcade werden seit 1879 edle Silberwaren und Juwelen verkauft.

10 [H10] **Burlington Arcade,** 51 Piccadilly, www.burlingtonarcade.com, Mo–Sa 8–19, So 11–18 Uhr

11 [H10] **Piccadilly Arcade,** Piccadilly, www.piccadilly-arcade.com, Mo–Do 9–18.30, Fr/Sa 9–20, So 10.30–18.30 Uhr

12 [H10] **Royal Arcade,** 28 Old Bond St, https://royalarcade.london, Mo–Sa 9–18, So 10–17 Uhr

Soho, Covent Garden und Strand

Vom Piccadilly Circus (16) in Richtung Osten gelangt man über die Shaftesbury Avenue ins Herz des sogenannten „Theatreland" rund um den Leicester Square (19). Nördlich der Shaftesbury Avenue verlaufen die Sträßchen von Soho mit ihren Cafés und Restaurants, südlich geht es in Chinatown (18) exotisch zu. Von hier kann man in Richtung Covent Garden (20) bummeln, wo man shoppen, Straßenkünstlern zuschauen und in einem der zahlreichen Cafés und Restaurants wieder auftanken kann.

(17) Soho ★★★ [H9]

Die Grenzen Sohos wurden nie offiziell festgelegt: Das Viertel ist etwa eine Quadratmeile groß und erstreckt sich zwischen dem Leicester Square, der Wardour Street, der Oxford Street und der Charing Cross Road. In den Gassen von Soho reihen sich **Pubs, Cafés** und **Geschäfte** aneinander. Der **Berwick Street Market** bietet täglich frisches Obst und Gemüse.

Ein nur kleiner Bereich, der dem Viertel aber einst seinen schlechten Ruf einbrachte, ist der **Rotlichtbezirk** rund um die Brewer Street und die Great Windmill Street mit seinen Peepshows, Pornokinos und Striplokalen. Neben dem „Red Light District" hatten sich in den 1950er- und 1960er-Jahren Jazzclubs in dem Viertel angesiedelt, in denen die damalige Szene die Nacht durchtanzte. Von ihnen ist nur noch der legendäre **Jazzclub Ronnie Scott's** (s. S. 185) in der Frith Street geblieben, in dem bis heute internationale Musiker auftreten. In den hiesigen **Musikstudios** nahmen in den 1970er- und 1980er-Jahren alle großen Namen der Rockmusik Platten auf (s. S. 222).

Rund um die Old Compton Street und die Wardour Street reihen sich Clubs und Cafés der **LGBT-Szene** aneinander.

Soho ist immer noch ein Zentrum des Londoner **Nachtlebens**, nicht zuletzt aufgrund der Nähe zu den großen Theatern. Aber auch tagsüber kann man hier gut bummeln und in vielen Café-Bistros einkehren. Das Viertel ist außerdem Heimat des Privatclubs Soho House (s. S. 35), in dem Pop- und Filmstars sich den Augen der Öffentlichkeit entziehen und unter ihresgleichen bleiben können.

› U: Leicester Square (Northern/Piccadilly Line)

(18) Chinatown ★★★ [I9]

Das als Chinatown bekannte Viertel umfasst nur wenige Gässchen zwischen dem Leicester Square (19) und der Shaftesbury Avenue. Erst in den 1950er- und 1960er-Jahren bildete sich hier eine asiatische Gemeinschaft, als es zu einer **Einwanderungswelle aus der Kronkolonie Hongkong** kam. Vor dem Zweiten Weltkrieg befand sich das Zentrum chinesischer Kultur im East-End-Bezirk Limehouse (60), verlagerte sich danach aber nach Soho.

Im Zentrum des heutigen Chinatown rund um die Gerrard Street und die Lisle Street findet man neben **Restaurants**, die von chinesisch bis japanisch alle Varianten der asiatischen Küche anbieten, auch **asiatische Supermärkte**. Anfang des Jahres wird das **chinesische Neujahrsfest** mit einer bunten Parade gefeiert, dann sind die Straßen mit Lampions geschmückt.

› U: Leicester Square (Northern/Piccadilly Line), www.chinatownlondon.org

19 Leicester Square ★ [I9]

Im 17. Jh. war der Leicester Square ein elegantes Wohnviertel rund um das Anwesen des 2. Earl of Leicester. Bereits ab dem späten 18. Jh. war der Platz im heutigen Soho als Amüsierviertel bekannt, wo das einfache Volk in *Music Halls* unterhalten wurde. Heute säumen mehrere große **Kinos** den Platz. Hier applaudieren Fans den Stars, die zu den Filmpremieren einfliegen. In der Platzmitte befindet sich eine Statue von **William Shakespeare.** Hier bieten schattige Bäume und Wasserfontänen Erfrischung.

An der **TKTS Half Price Ticket Booth** (s. S. 238) kann man preiswerte Theaterkarten ergattern. Neben den neuesten Musicals findet man auch Komödien und Klassiker (z. B. im Gielgud Theatre, s. S. 188). Danach bietet sich ein Besuch in den lebhaften **Restaurants** und **Kneipen** rund um den Leicester Square an.

› U: Leicester Square (Northern/Piccadilly Line)

20 Covent Garden ★★ [I9]

Vom Leicester Square 19 in Richtung Osten gelangt man nach Covent Garden. Das **Viertel** erhielt seinen Namen von **Benediktinermönchen**, die hier Parzellen ihres Klostergartens („Convent Garden") für die Bebauung mit Obst und Gemüse vermieteten. Henry VIII. übereignete das Land 1552 an die Familie der Earls of Bedford und Francis Russell, der 4. Earl, beauftragte um 1630 Inigo Jones, den Hofarchitekten von James I., mit der Neugestaltung des Geländes. Jones entwarf eine elegante Wohnanlage nach italienischem Muster mit einer zentralen Piazza.

Die Kirche **St. Paul's Covent Garden** gehörte ebenfalls zu dem Komplex. Sie hat keinen Kirchturm, sondern ein Portiko mit wuchtigen klassizistischen Säulen und einer Uhr. Die Kirche ist auch als **Actor's Church** bekannt, da Covent Garden Standort vieler Theater war und zur Hauskirche für die Zunft der Schauspieler wurde. Innen gibt es viele Gedenksteine, die an bekannte Theater- und Filmgrößen wie Charlie Chaplin, Vivienne Leigh und Noël Coward erinnern. Im Garten der Kirche wird jeden Sommer Open-Air-Theater geboten.

Puppentheater gibt es im Mai beim **Punch & Judy Festival** (s. S. 199): Die englische Version des Kasperletheaters soll von einem Italiener zum ersten Mal in Covent Garden aufgeführt worden sein.

An der Südseite der Kirche entwickelte sich bald ein Markt und es siedelten sich Tavernen, Theater und Bordelle an. Um 1830 versuchte man, das inzwischen heruntergekommene Viertel zu regenerieren, und **Charles Fowler** wurde mit dem Bau einer **überdachten Markthalle** beauftragt. Bis Mitte des 20. Jh. blieb der geschäftige Markt der größte Obst-, Gemüse- und Blumenmarkt in ganz London, bis Verkehrsprobleme einen Umzug an das östliche Themseufer bei Nine Elms erforderten. Auf dem Blumenmarkt vor der Kirche verkaufte auch Eliza Doolittle aus dem Musical **„My Fair Lady"** ihre Blumen.

1985 begann man mit der Restaurierung der Markthallen. **Boutiquen, Kunsthandwerksläden, Cafés und Restaurants** zogen ein. Seitdem sind sie wieder ein

116lo-kw

Anziehungspunkt für Stadtbummler, die hier in den (oft überteuerten) Geschäften stöbern und auf der Piazza von Straßenkünstlern unterhalten werden. Auf dem Gelände befinden sich auch das **London Transport Museum** (s. S. 163) und der **Jubilee Antiques Market** in der Halle auf der Südseite.

› U: Covent Garden (Piccadilly Line), www.coventgarden.london
› **St. Paul's Church,** Bedford Street, Covent Garden, www.actorschurch.org, Mo–Fr 8.30–17, So 9–13 Uhr, Mai–Sept. Theatre in the Garden

Der Covent Garden Market lädt zum Bummeln, Einkaufen und Ausruhen ein

21 Royal Opera House ★★★ [J9]

An der Ostseite des Gebietes von Covent Garden findet man das renommierte **Opernhaus** Londons, das bis auf das Jahr 1660 zurückgeht. Die einst blühende Theaterlandschaft aus Shakespeares Zeiten war unter der puritanischen Herrschaft Cromwells ausgerottet worden. Während der Restauration versuchte Charles II. das **Sprechtheater** wieder als „seriöse" Kunstform zu etablieren. Ausschließlich die von ihm patentierten Theater durften Sprechtheater aufführen, gleichzeitig wurden alle Manuskripte stark zensiert. Andere Etablissements mussten sich mit derberer Volksunterhaltung wie Komödien oder Melodramen begnügen.

Gleich vier Theater entstanden damals, darunter auch das Theatre Royal, Drury Lane, das seit dem Jahr 1663 bespielt wird. Die ersten **Opern** wurden allerdings erst wesentlich später aufgeführt und zwar im Queens Theatre (bzw. King's Theatre) in der Straße Haymarket, heute das Her Majesty's Theatre. Erst 1847 zog die Opernkompanie von dort in das Theatre Royal Covent Garden um. Zu den ersten hier aufgeführten Opern gehörte Mozarts „Don Giovanni“.

Das Gebäude wurde mehrfach durch Brände beschädigt und in den 1990er-Jahren komplett restauriert. Über die Jahrhunderte haben hier viele international bekannte Operngrößen und Ballettstars gastiert. Zusätzlich zum großen Saal, der 2000 Besucher fasst, kann man im **Linbury Studio** (400 Plätze) Kammermusik und experimentelles Theater sehen. Im **Clore Studio** finden Ballettaufführungen statt.

› Bow St, U: Covent Garden (Piccadilly Line), Kartenvorverkauf: Tel. 73044000 oder online www.roh.org.uk, U: Covent Garden

22 Somerset House und Courtauld Gallery ★★★ [J9]

Südlich von Covent Garden verläuft die geschäftige Straße Strand, an der sich einst am Themseufer prunkvolle Renaissancepaläste wie das **Somerset House** aneinanderreihten, deren Gärten direkt an die Themse grenzten. Wer damals regelmäßig am Hof verkehrte, nutzte daher seinen eigenen Bootsanleger, um von hier themseaufwärts zu fahren, denn die Straßen waren matschig und verstopft.

Wasserfontänen am Somerset House verschaffen im Sommer Abkühlung

Das French Quarter in Soho

Das Viertel Soho war schon früh ein Randbezirk, in dem sich Einwanderer und Flüchtlinge niederließen. ***Protestantische Hugenotten*** *siedelten hier in großer Anzahl nach 1685, nach dem Widerruf des Edikts von Nantes durch Louis XIV. Das Edikt hatte den Anhängern der protestantischen Religionen seit 1598 im katholischen Frankreich Religionsfreiheit gewährt. Mit dem Widerruf wurden auch die französischen Calvinisten, d. h. Hugenotten, ihrer Bürgerrechte beraubt. Dies führte zu einer Massenauswanderung in die umliegenden europäischen Länder. In England verdrängte der protestantische William of Orange 1688 den katholischen James II. vom Thron. Binnen weniger Jahre wanderten daraufhin ca. 50.000 Hugenotten nach Großbritannien ein. Um 1711 machten sie bereits 40 % der Einwohner des sogenannten French Quarter aus und boten als Schneider, Uhrmacher und Glaser Dienstleistungen für die oberen Klassen im nahen Mayfair an.*

Ende des 19. Jahrhunderts wohnten Anarchisten und Kommunisten aus Frankreich und Deutschland in Soho und Fitzrovia, darunter auch Karl Marx. Er lebte sechs Jahre lang in der Dean Street Nr. 28, während er am „Kapital“ schrieb.

Während des Zweiten Weltkriegs kamen Mitglieder der französischen Resistance und Exilpolitiker nach London. In Soho befinden sich daher bis heute zwei

bedeutende französische Kirchen. Die ***Hugenottenkirche L'Eglise Protestante Française de Londres*** *am Soho Square wurde bereits 1550 durch eine Charter von Edward VI. ins Leben gerufen. In den neugotischen Bau des Architekten Aston Webb zog man 1893 ein.*

Am Leicester Place versteckt sich die katholische Kirche ***Notre Dame de France.*** *Das Gebäude selbst, ein Rundbau mit einer hübschen Glaskuppel, entstand im 18. Jahrhundert als Ausstellungsraum für die Rundbilder der Künstler Robert Burford und Henry Aston Barker. Betrachter standen in der Mitte des Raums und schauten auf eine perspektivische Darstellung von Stadtansichten oder historischen Schlachten, die sich über die gesamte Rotunde erstreckte. Heute sind die Wände der Kapelle mit Fresken von* ***Jean Cocteau*** *(1889–1963) verziert. Der französische Botschafter gab 1960 das Gemälde bei dem legendären Regisseur und Künstler in Auftrag, der in späteren Lebensjahren zahlreiche religiöse Werke schuf. Außerdem beherbergt die Kirche ein Mosaik des russischen Künstlers Boris Anrep (1883–1969).*

★17 *[H9]* ***L'Eglise Protestante Française,*** *8 Soho Square, Soho, www.egliseprotestantelondres.org.uk*

★18 *[I9]* ***Notre Dame de France,*** *5 Leicester Place, Soho, www.ndfchurch.org/en*

Spaziergang 2: Soho, Covent Garden und Strand

Der Spaziergang, für den man ca. drei Stunden einplanen sollte, beginnt am ***Piccadilly Circus*** *⑯, der den Stadtteil* ***Mayfair*** *⑬ von* ***Soho*** *⑰ trennt. Von hier aus zweigen mehrere große Straßen in verschiedene Richtungen ab. Der einst vom Verkehr umtoste Platz mit der auffälligen Leuchtreklame ist heute in eine Fußgängerzone integriert. Sein Kernstück bildet der* ***Shaftesbury Memorial Fountain.***

In Richtung Osten kann man einen Abstecher in die Straße ***Haymarket*** *machen. In dem hier ansässigen Her Majesty's Theatre wurden ab Beginn des 18. Jh. die ersten Opern in London gezeigt. Der Haymarket, wo früher Pferdekutschen mit Heu versorgt wurden, ist bereits Teil des weitläufigen* ***„Theatreland"****, des Gebiets mit der größten Theaterdichte in London.*

Geradeaus führt die Coventry Street auf den ***Leicester Square*** *⑲. Hier reihen sich große Kinos aneinander und an der Südseite des Platzes werden in der Half Price Ticket Booth (s. S. 238) preiswerte Theatertickets verkauft. Nach einem Rundgang über den Platz biegt man am Nordostende in die Straße Leicester Place ab. Hier kann man in der Kirche Notre Dame de France (s. S. 51) Fresken von Jean Cocteau betrachten.*

Am oberen Ende der Straße biegt man links in die Lisle Street [I9] ab. Hier beginnt bereits das Viertel ***Chinatown*** *⑱. Über die Wardour Street gelangt man zur* ***Gerrard Street,*** *über der ein Torbogen den Eingang in das immer geschäftige Viertel mit den vielen Restaurants markiert. Beim chinesischen Neujahrsfest sind alle Straßen mit bunten Lampions geschmückt.*

Über die ***Wardour Street*** *gelangt man auf die Shaftesbury Avenue, die quer durch das Theaterviertel in Soho führt. Um einen Eindruck vom Straßenleben in Soho zu gewinnen, macht man am besten auf der Wardour Street einen Abstecher in Richtung Norden und biegt dann rechts in die* ***Old Compton Street*** *[I9] ab. Hier kann man in einem der Straßencafés wie der Bar Italia (s. S. 178) eine Rast einlegen. Über die Moor Street gelangt man zur Straßenkreuzung Cambridge Circus.*

Nun geht es über die ***Earlham Street*** *[I9] weiter, die in Richtung Osten zur sternförmigen Kreuzung Seven Dials führt. Gleich sieben Sträßchen zweigen nun zu den Markthallen des Covent Garden ab. Jede von ihnen lockt mit Läden hinter bunten, historischen Häuserfronten. Biegt man in die Straße Short's Gardens ein, gelangt man zum* ***Seven Dials Market*** *(s. S. 179). In einem alten Warenhaus gibt es eine Food Hall mit Streetfood aus aller Welt. Gleich gegenüber zweigt das kleine Gässchen* ***Neal's Yard*** *ab, das sich auf einen verwunschenen Hof mit noch bunteren Häuserfronten und Ökoläden öffnet. Das Ganze setzt sich auf der Neal Street fort, die dann direkt zum Covent Garden führt.*

In ***Covent Garden*** *⑳ kann man ausgiebig in den Geschäften stöbern und sich in Cafés und Restaurants ausruhen. Zu besichtigen ist hier auch die* ***St. Paul's Church Covent Garden,*** *auch „Actor's Church" genannt, weil hier so viele Schauspieler beerdigt und geehrt wurden.*

Von der Südseite des Platzes gelangt man auf die Straße Strand. Dort steht an

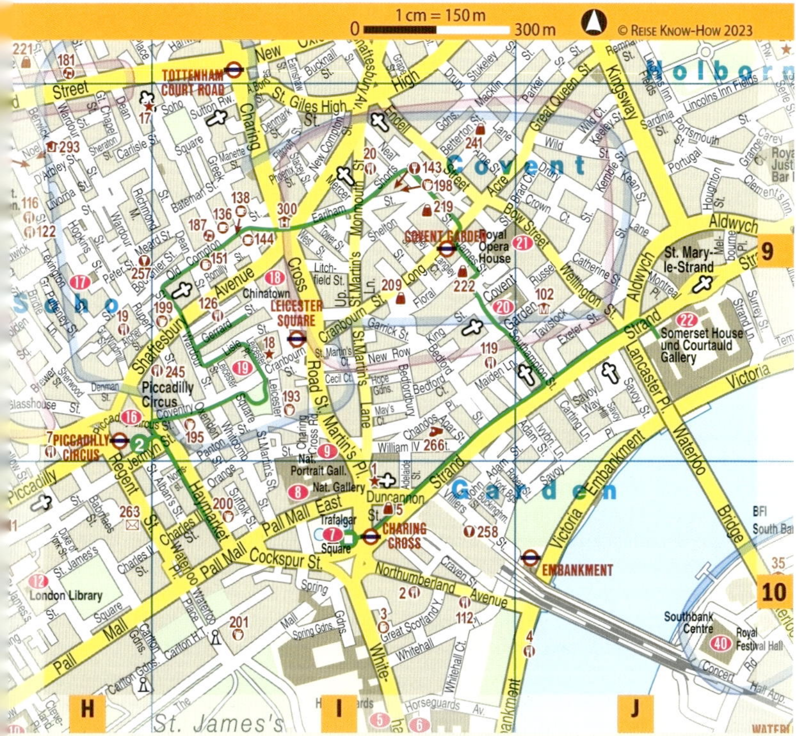

der Themse das ***Somerset House*** 22 *mit der* ***Courteauld Gallery*** *für impressionistische Kunst. In Richtung Westen mündet die Straße Strand in den zentralen* ***Trafalgar Square*** 7 *mit der hohen Siegesäule, auf der Lord Nelsons thront.*

177lo-ln

Im Gässchen Neal's Yard geht es bunt zu

Die heutige Fassade des Somerset House weist eine deutliche Verwandtschaft mit dem **Banqueting House** 6 von Inigo Jones auf. Sie entstand 1775 unter Sir William Chambers nach den Plänen von Jones, der die letzten Jahre seines Lebens in dem Haus verbrachte und 1652 dort verstarb. Ursprünglich war das Anwesen 1547 für Edward Seymour, den Duke of Somerset, erbaut worden.

Somerset House ist heute Sitz der renommierten Kunstschule **Courtauld Institute of Art.** In der angegliederten **Courtauld Gallery** sind Werke aus einer umfassenden Sammlung impressionistischer Kunst zu besichtigen, z. B. Degas, Monet und Manet ebenso wie weitere Werke aus dem 19. und 20. Jahrhundert. Im großen Innenhof des Museums werden im Februar und September die Laufstege, Tribünen und Screens für die Veranstaltungen der **London Fashion Week** aufgebaut.

Von der Südseite des Somerset House kommt man zum **Victoria Embankment** mit den hübschen Embankment Gardens. Am Themseufer erhebt sich flankiert von zwei Sphinx-Statuen ein Obelisk. Die sogenannte **Cleopatra's Needle** wurde den Briten vom ägyptischen Herrscher Muhammad Ali 1819 geschenkt, dann allerdings erst 1878 nach London transportiert und hier aufgestellt.

› Courtauld Gallery, Somerset House, Strand, U: Temple (District/Circle Line), Tel. 78720220, www.courtauld.ac.uk, www.somersethouse.org.uk. tgl. 10–18 Uhr, Erwachsene Mo–Fr £ 9, Sa, So £ 11, Kinder unter 18 Jahren frei. Die Tickets sind zeitgebunden und müssen im Voraus gebucht werden. Wer die App „Bloomberg connects" (s. S. 240) installiert, kann einen Audioguide herunterladen.

Kulinarisches

Die Straßencafés und Pubs in Soho verströmen ein kontinentaleuropäisches Flair. Bei einer Rast in der **Bar Italia** (s. S. 178) oder im **Café Boheme** (s. S. 178) kann man die Welt an sich vorbeiziehen lassen. Das italienische Café-Restaurant ist bereits seit 1949 in Familienbesitz und zu einer Institution im Viertel geworden. Es ist fast rund um die Uhr geöffnet und entsprechend bei Nachtschwärmern beliebt. Hier kehrt auch schon mal der ein oder andere „Star" ein.

Im „Theatreland" rund um Shaftesbury Avenue und Haymarket sowie in Covent Garden gibt es viele Restaurants, die vor dem Beginn oder nach dem Ende der Theatervorstellungen ein **Pre-Theatre Menu** bzw. ein **Post-Theatre Menu** anbieten. Die Tischreservierungen sind hier zwar zeitlich begrenzt, dafür wird schnell serviert und die Preise sind vernünftig. Empfehlenswert sind z. B.:

19 [H9] **Bocca di Lupo** £, 12 Archer Street, U: Piccadilly Circus, Tel. 020 77342223, www.boccadilupo.com, Mo–Sa 12–15, 17–23, So 12–15.30, 17–21.30 Uhr (Mo–Fr bis 18.30 Uhr Pre-Theatre Menu, ab 21.30 Uhr Post-Theatre Menu). Die wechselnden Tagesmenüs orientieren sich an der norditalienischen Küche. Daneben gibt es Wurst- und Käseplatten zum Teilen sowie würzige Kleinigkeiten wie gefüllte Oliven, Grillgemüse oder Canapés aus Fisch, Fleisch und Gemüse.

20 [I9] **Mon Plaisir** ££, 19–21 Monmouth Street, Covent Garden, U: Covent Garden, Tel. 78367243, www.monplaisir.co.uk, Di–Sa 12–14, 17–21.30 Uhr. Französische und mediterrane Küche, es gibt auch ein veganes Menü.

Shopping

Die **Carnaby Street** [H9] verläuft im Westen von Soho parallel zur Regent Street. In den 1960er-Jahren war sie das Zentrum der sogenannten „Swinging Sixties", heute ist sie Teil des Einkaufsviertels rund um die Oxford Street. Hier findet man interessante Boutiquen und sogar noch Vintage-Geschäfte, die Kleidung aus den 1960er-Jahren verkaufen. Der benachbarte **Kingly Court**, eine Art „Hinterhof" der Carnaby Street mit Shops und Gastronomie auf drei Stockwerken, bietet eine gute Möglichkeit für eine Pause.

› www.carnaby.co.uk

Das Kaufhaus Liberty (s. S. 190) geht auf die Arts-and-Craft-Bewegung des 19. Jahrhunderts zurück. Es ist noch heute eine wahre Fundgrube, wenn es um ausgefallene Designs von Stoffen, Tapeten oder Dekoartikeln geht (leider nicht ganz günstig).

Holborn und Clerkenwell

In den geschichtsträchtigen Stadtvierteln Holborn und Clerkenwell befinden sich viele interessante Museen dicht beieinander. Viele Jahrhunderte lang war hier die Heimat von Gelehrten und Schriftstellern wie Samuel Johnson und Charles Dickens, deren Wohnhäuser (26, 29) man besichtigen kann. Das Postmuseum 30 wiederum erlaubt einen Blick in die Geheimnisse der Briefbeförderung in der Millionenstadt. Bis heute ist Holborn auch der Sitz der historischen Anwaltskammern Londons und der Gerichtshöfe. Eine Mittelachse zwischen den benachbarten Vierteln bildet die Fleet Street, die lange als Schaltzentrale des britischen Pressewesens galt.

In den Anlagen der Inns of Court 23 findet sich Architektur vom 14. bis zum 16. Jh.

23 Inns of Court und Temple Church ★★★ [K9]

Am Victoria Embankment befindet sich der Eingang zu den Temple Gardens. Sie führen zum **Inner Temple** und **Middle Temple**, zwei der vier **Anwaltskammern** *(Honorable Societies)* von London. Das weitläufige Gelände mit mittelalterlicher Architektur in verwinkelten Gässchen erstreckt sich bis hinauf zur Fleet Street. Nördlich der Fleet Street setzt sich der Bezirk mit dem Gray's Inn und Lincoln's Inn bei der Chancery Lane fort. Alle Rechtsanwälte, die in Großbritannien vor Gericht tätig werden *(barrister)*, müssen einer der Kammern der Inns of Court angehören.

Die Geschichte der Inns geht zurück bis ins 12. Jh. Bis 1312 war das Gebiet des Temple der Hauptsitz der Ritter des **Templerordens** (Knights Templar), die ab 1160 die Eigentümer der Ländereien waren. Sie errichteten 1185 ihre Ordenskirche, die **Temple Church**, die bis heute von den Mitgliedern des Inner Temple und Middle Temple genutzt wird. Die Rundkirche mit dem rechteckigen Anbau ist eines der am besten erhaltenen Beispiele romanischer Architektur in Großbritannien. Nachdem der Orden um 1307 in Ungnade gefallen war, ging das Gebiet an die Krone über und Edward II. ermöglichte die Vermietung der Gebäude an die Rechtsgelehrtenschulen. Das eigentliche Jurastudium findet heute zwar nicht mehr hier statt, die angehenden Anwälte erhalten aber ihre praktische Ausbildung in den Kammern der Inns.

Inner Temple und Middle Temple tauchen schon in Dokumenten aus dem Jahr 1388 auf, der Gray's Inn erst im Jahr 1569. Der **Middle Temple** bietet geführte Touren an, bei denen man u. a. die **Elizabethan Hall** aus dem Jahr 1563 besichtigt. Hier sah sich Queen Elizabeth I. im Jahr 1601 eine Aufführung von Shakespeare's „Twelfth Knight" („Was Ihr wollt") an.

EXTRATIPP

Two Temple Place

Einen Blick wert ist Two Temple Place, eine Villa, die 1895 für den Hotelmagnaten William Waldorf Astor gebaut wurde. Hier finden Wechselausstellungen zu unterschiedlichen Themen statt, aber auch Führungen durch die in außergewöhnlichem Design gestalteten Räume.

★23 [J9] **Two Temple Place,** 2 Temple Place, U: Temple, Tel. 78363715, https://twotempleplace.org, geöffnet für Führungen (£ 10) und Ausstellungen, genaue Termine s. Website

Neben der Temple Church gehört das **Torhaus des Lincoln's Inn** bei der Parkanlage Lincoln's Inn Fields zu den ältesten Bauwerken der Gegend. Es entstand zwischen 1518 und 1521, der Lincoln's Inn selbst geht auf das Jahr 1422 zurück. Die Anlage vereint Tudor-, Renaissance- und georgianische Architektur. Die dortige Kapelle, ursprünglich 1623 von Inigo Jones erbaut, kann wochentags auch besichtigt werden.

★21 [J8] **Lincoln's Inn,** 11A New Square, U: Chancery Lane (Central Line), www.lincolnsinn.org.uk/the-estate/tours-of-lincolns-inn. Das Gelände ist Mo bis Fr von 7 bis 19 Uhr geöffnet, die Kapelle Mo bis Fr von 9 bis 17 Uhr. Geführte Touren jeweils Di 11 Uhr, £ 15, Buchung über die Website.

★22 [K9] **Middle Temple,** Middle Temple Lane, U: Temple (District/Circle Line), Tel.

74274820, www.middletemple.org.uk, nur nach Anmeldung per Telefon oder per E-Mail an events@middletemple.org.uk, £ 12

★**24** [K9] **Temple Church,** Temple, U: Temple (District/Circle Line), www.templechurch.com, Mo–Fr 10–16 Uhr, Sa geschl., So nur Gottesdienste, Erw. £ 5, erm. £ 3, Kinder/Jugendliche bis 16 Jahre frei

24 Royal Courts of Justice und Temple Bar Memorial ★ [J9]

Nördlich der Temple Gardens gelangt man zu den **Royal Courts of Justice,** den königlichen Gerichtshöfen mit Zivilgericht *(High Court)* und Berufungsgericht *(Court of Appeal)* aus dem Jahr 1882. Die Verhandlungen, bei denen die Richter Roben und Perücken tragen, sind für die Öffentlichkeit zugänglich. Außerdem finden geführte Touren statt. Vor dem Gebäude erhebt sich in der Mitte der Straße das **Temple Bar Memorial,** ein Sockel, auf dem ein geflügelter Drache sitzt. Die Stelle markiert den Grenzübergang in die City of London und wurde einst von einem Torbogen überspannt. Bei einer Straßenerweiterung wurde dieser jedoch entfernt und an den Paternoster Square in der Nähe der St. Paul's Cathedral 31 versetzt.

› **Royal Courts of Justice,** Strand, U: Temple (District/Circle Line), https://theroyalcourtsofjustice.com/book-a-tour/, Touren nach Voranmeldung Mo–Fr 11.45–15.15 Uhr, Eintritt Erw. £ 16, Kinder £ 14

25 Twinings Tea Museum ★ [J9]

Gleich gegenüber der Royal Courts kann man in einem über 300 Jahre alten Teegeschäft der bekannten Teemarke **Twinings** stilvoll außergewöhnliche Teesorten probieren. Zu Beginn des 18. Jh. war die Straße The Strand die Hauptverbindungsachse zwischen der City of London und Westminster. Thomas Twinings kaufte das kleine Haus hier bereits im Jahr 1706. Zuvor gab es hauptsächlich Kaffeehäuser, Tee galt als absolute Luxusware. Erst Mitte des 18. Jh. wurde das Heißgetränk erschwinglicher und Twinings war einer der Vorreiter, die es servierten. Der individuelle Teebeutel wurde übrigens erst 1908 erfunden.

In den historischen Räumen des Teehauses kann man einiges über die **Geschichte des Getränks** lernen: Hinter Glas befinden sich eine kleine Dokumentation und chinesisches Porzellan, die man beim Teeschlürfen in Augenschein nehmen kann. Anschließend kann man sich seine eigene Teesorte zum Mitnehmen zusammenmischen.

› 216 The Strand, U: Temple (Circle/District Line), www.twinings.co.uk/about-twinings/216-strand, Fr–Mi 11–18, Do 11.30–18.30 Uhr

26 Dr Johnson's House ★★ [K9]

Samuel Johnson war einer der herausragenden **Literaten** seiner Zeit. In diesem Wohnhaus am Gough Square lebte Johnson von 1748 bis 1759. Er begann seine Karriere als Journalist und schrieb satirische Essays für Zeitungen. 1746 wurde er damit beauftragt, ein aktuelles Wörterbuch der englischen Sprache zu erstellen. Sein **„Dictionary of the English Language"** war bis ins Jahr 1884 das maßgebliche Standardwerk, dann wurde es durch das „Oxford English Dictionary" abgelöst.

Einzigartig sind die oft humorvollen Kommentare, die Johnson zur Erklärung

KURZ & KNAPP

Die Fleet Street

Die Fleet Street [J/K9] ist nach dem **Fleet River** benannt, der heute unterirdisch verläuft. Die Straße, die von den Royal Courts of Justice bis zur New Brigde Street verläuft, galt lange als Synonym für die **britische Presselandschaft.** Bereits 1702 erschien die erste Tageszeitung „Daily Courant" und nach und nach gesellten sich alle namhaften Blätter hinzu. Der erste „Sensationsjournalismus" bestand aus Berichten über gruselige Kriminalfälle, die in den benachbarten Gerichtshöfen verhandelt wurden.

Entlang der Straße findet man viele Plaketten, die auf Literaten hinweisen, die eine Verbindung zur Fleet Street haben, wie z. B. Edgar Wallace, der hier beim Blatt „Daily Mail" arbeitete.

Ende der 1980er-Jahre verlagerte der Medienmagnat Rupert Murdoch als erster seine News Corporation, zu der auch „The Sun" und „The Times" gehören, nach Wapping in die Docklands. Viele andere folgten. Die letzte große Nachrichtenagentur, Reuters, schloss 2005 ihre Pforten in der Fleet Street.

der Begriffe einfügte und die noch heute viel zitiert werden. Aufgrund seiner akribischen Arbeit benötigte er zur Fertigstellung des Werks ganze neun Jahre, dennoch fand er ausreichend Zeit für ein **gesellschaftliches Leben.** Von ihm stammt der vielfach zitierte Spruch: „Wer Londons müde ist, ist des Lebens müde." Das originalgetreu restaurierte Wohnhaus aus dem 18. Jh. beherbergt heute ein Originalexemplar des Wörterbuchs und eine ganze Reihe von Gegenständen aus dem alltäglichen Leben der damaligen Zeit.

› 17 Gough Square, U: Temple (Circle/District Line), Tel. 73533745, www.drjohnsonshouse.org, Mo, Do, Fr, Sa 11–17 Uhr, Eintritt: Erw. £ 9, erm. £ 8, Kinder £ 4

27 Sir John Soane's Museum ★★ [J8]

Das Sir John Soane's Museum befindet sich in drei aneinandergrenzenden Häusern an den **Lincoln's Inn Fields,** einer Parkanlage, die an den Lincoln's Inn (s. S. 56) angrenzt. Von der Fleet Street gelangt man über den New Square dorthin. Die bildhübschen historischen Häuserfassaden des Lincoln's Inn sind als Filmkulisse beliebt und tauchten bereits in vielen Serien und Filmen auf. Viele der eleganten Häuser entstanden gegen Ende des 17. Jh. und sind heute Sitz von Anwaltskanzleien.

Sir John Soane (1753–1837) war ein **Architekt des Klassizismus,** der u. a. die Bank of England restaurierte. In späteren Jahren wurde er Professor für Architektur an der Royal Academy of Arts 14. Im Laufe seines Lebens sammelte Soane **Hunderte von Kleinoden,** darunter wertvolle Antiquitäten, archäologische Fundstücke, Gemälde etc. Allein seine private Bibliothek umfasste fast 8000 Werke. Um ausreichend Platz für seine Sammlung zu haben, kaufte er nach und nach die Häuser Nr. 12 bis 14 am Lincoln's Inn Field auf.

Noch zu Lebzeiten veranstaltete Soane in seinem Anwesen Ausstellungen, zu denen die Crème de la Crème der politischen und kulturellen Welt erschien. 1833 wurde das Haus offiziell als Museum anerkannt. Sloane vermachte das

Anwesen dem Staat, damit das einzigartige **Privatmuseum** auch nach seinem Tod weitergeführt werden konnte. Ein Besuch lohnt schon allein aufgrund der **Vielfalt der Stücke.**

Immer wieder gibt es auch spannende Themenabende zu einzelnen Aspekten der Londoner Geschichte.

› 13 Lincoln's Inn Fields, U: Holborn (Central/Piccadilly Line), Tel. 74052107, www.soane.org, Mi–So, Fei 10–17 Uhr, Eintritt frei

28 Marx Memorial Library ★ [K7]

Das Haus Clerkenwell Nr. 37a beheimatet seit 1933 die Marx Memorial Library, die ein **Archiv der Arbeiterbewegungen Großbritanniens** beherbergt. Einzusehen sind hier seltene Dokumente wie Zeitungen von der Mitte des 19. bis zum frühen 20. Jh.

Das Gebäude aus dem Jahr 1738 wurde zum **Clerkenwell Coffee House**, wo sich radikale Denker trafen, darunter, neben vielen anderen Exilanten, auch **Karl Marx** (1818–1833). Er lebte ab 1849 in London und gab von hier aus die „Neue Rheinische Zeitung" heraus. Sein Freund und Mitstreiter Friedrich Engels (1820–1895), der bereits 1845 über die schockierenden Lebensbedingungen der Arbeiterklasse in England geschrieben hatte, zog 1870 permanent von Manchester nach London.

Von 1872 bis 1892 arbeitete in dem Haus in Clerkenwell die **London Patriotic Society**, die sich u.a. für die Bildung von Gewerkschaften einsetzte. Zwischen 1891 und 1922 hatte dort der Verlag **Twentieth Century Press** (TCP) seinen Sitz, der die Publikationen der sozialistischen Partei **Social Democratic Federation – SDF** druckte. Der Herausgeber Harry Quelch stellte von 1902 bis 1903 **Wladimir I. Lenin** (1870–1924) ein kleines Büro in dem Haus zur Verfügung, von wo aus dieser das Sprachrohr der russischen Sozialisten **„Iskra"** herausgab. Den Schreibtisch kann man heute noch besichtigen. Ab 1933 war die **Marx Memorial Library and Workers School** in dem Haus untergebracht. Karl Marx, der 1833 in London verstarb, wurde auf dem Highgate-Friedhof beerdigt.

› 37a Clerkenwell Green, Clerkenwell, U: Farringdon (Circle/Hammersmith & City/Metropolitan Line), Tel. 72531485, www.marx-memorial-library.org, Library: Mo–Do 12–16 Uhr, Touren Di, Do 13 Uhr, £5, nur nach Voranmeldung

29 Charles Dickens Museum ★★★ [J7]

Charles Dickens (1812–1870), Autor von so bekannten Romanen wie „Oliver Twist", „David Copperfield" oder „Große Erwartungen", wird wie kein zweiter Schriftsteller mit der Stadt London assoziiert. Bei einem Stadtspaziergang trifft man immer wieder auf seine Spuren und Schauplätze, die er in seinen Büchern über das Leben im viktorianischen London verewigte. Von den vielen Orten, an denen Dickens sich in London aufhielt, ist jedoch einzig das Haus in der Doughty Street Nr. 48 erhalten. Es befindet sich am Nordrand von Holborn und an der Grenze zu Bloomsbury.

Neben **Möbeln** und vielen **Memorabilien** des Schriftstellers beherbergt das Besucherzentrum im Nachbarhaus (Nr. 49) das **Nationalarchiv zu Charles Dickens.** Zu besichtigen sind neben den Wohnräumen auch die Küche und der Dachboden.

Bei geführten **Touren** erhält man ungewöhnliche Einblicke in den Lebensalltag des späten 19. Jahrhunderts.

› 48/49 Doughty Street, U: Russell Square (Piccadilly Line) oder Holborn (Central/Piccadilly Line), Tel. 74052127, www.dickensmuseum.com, tgl. 10–17 Uhr, Erw. £ 12,50, erm. £ 10,50, Kinder (6–16 Jahre) £ 7,50, Touren siehe https://dickensmuseum.com/blogs/all-events

30 The Postal Museum ★★ [J7]

Dieses Museum macht **Postgeschichte** auf anschauliche Weise lebendig. Während die Post ganz am Anfang noch von berittenen Boten verteilt wurde, erfand man 1927 die Beförderung komplett neu: Bis 2003 wurde die Londoner Post auch **mittels einer kleinen Bahn über unterirdische Schienen** transportiert. Bestandteil des Museumsbesuchs ist eine Fahrt mit einer Minibahn durch die Tunnel und Stationen der **„Mail Rail"**.

Im Museum selbst erfährt man viele spannende Fakten, zum Beispiel, dass die erste selbstklebende Briefmarke der Welt, die **„Penny Black"** mit dem Porträt von Queen Victoria, im Jahr 1840 in Umlauf kam. Frankierte Briefe konnte man ab 1852 in die roten Briefkästen *(pillar boxes)* werfen, die noch heute zum Straßenbild in Großbritannien gehören. 1856 wurden erstmals die *postcodes,* also Postleitzahlen eingeführt (s. S. 208), die noch heute in Gebrauch sind.

› 15–20 Phoenix Place, U: Chancery Lane (Central Line), Tel. 0300 0300700, www.postalmuseum.org, Mi–So 10–17 Uhr, Onlinepreise Erw. £ 16, erm. £ 11, Kinder (3–15 Jahre) £ 9. Der „Mail Ride" ist im Preis eingeschlossen, muss aber für eine feste Zeit im Voraus gebucht werden.

Kulinarisches

In Holborn und Clerkenwell findet man einige der ältesten historischen Pubs Londons. Im **Ye Olde Cheshire Cheese** (s. S. 182) tranken schon Dickens und Johnson. Der winzige **Ye Olde Mitre** (s. S. 182) geht auf das Jahr 1546 zurück und liegt gut versteckt in einer engen, mittelalterlichen Gasse.

› **Caravan** (s. S. 176). Asiatisch und mitteleuropäisch inspirierte Küche im beliebten Viertel Exmouth Market.

› **Ottolenghi Islington** (s. S. 176).Restaurant des israelischen Chefkochs Yotam Ottolenghi nördlich von Clerkenwel.

25 [J8] **Redemption Roasters,** 71 Lincoln's Inn Field, Holborn, U: Holborn, www.redemptionroasters.com, Mo–Fr 7–18, Sa, So 8.30–17 Uhr. Nordöstlich der Parkanlage Lincoln's Inn Field bietet dieses kleine Café eigene Kaffeeröstungen, leckere Backwaren und Snacks an.

Shopping

› **Camden Passage Market** (s. S. 192). Im benachbarten Islington, nördlich von Clerkenwell, lädt dieser Antikmarkt in einer kleinen Gasse zu einem Bummel ein.

26 [K8] **Hatton Garden Jewellers,** www.hattongarden.net, geöffnet 9–18 Uhr. Hatton Garden ist die Adresse für Juweliere in London. Hier werden Edelsteine und Diamanten zu Unikaten verarbeitet – ein Schaufensterbummel lohnt sich allemal. Bekannt wurde die Adresse auch durch den Juwelenraub „Hatton Garden Heist" im Jahr 2015: Eine Gruppe Krimineller im Rentenalter versuchte, sich ein Polster für den Ruhestand zu sichern. Wenige Wochen später wurde die Gang verhaftet. Von der Beute im Wert von 14 Millionen Pfund wurde jedoch nur Schmuck im Wert von

4,3 Millionen Pfund sichergestellt. 2016 diente der dreiste Raub als Vorlage für einen Film.

27 [J8] **London Silver Vaults,** 53–64 Chancery Lane, U: Chancery Lane, http://silvervaultslondon.com, Mo–Fr 9–17.30, Sa 9–13 Uhr. Die London Silver Vaults bieten erlesene Antiquitäten und Silberwaren.

City of London

Ein Spaziergang durch die City of London führt zu den Ursprüngen der Metropole, die im römischen Londinium liegen. Die City, auch Square Mile genannt, hat ihre eigene Verwaltung, die City of London Corporation. Dazu gehört ein eigener Bürgermeister, der Lord Mayor, der weitgehend repräsentiative Aufgaben hat. Architektonisch gibt es viel Abwechslung: Zwischen den modernen Glastürmen des Bankenzentrums entdeckt man immer wieder kleine, mittelalterliche Gassen mit historischen Gebäuden. Der Geldhandelsmarkt der City gehört zu den einflussreichsten der Welt. Ein zweites großes Businesszentrum befindet sich in den Bürotürmen der Canary Wharf 61.

Der Kern des historischen Geschäftsviertels mit alteingesessenen Institutionen wie der **Bank of England** 35 befindet sich im Westen der City. Im Osten sprießen die Hochhausriesen wie Pilze aus dem Boden und überschatten Wahrzeichen wie die **St. Paul's Cathedral** 31 und den **Tower** 53. Wochentags ist die City sehr belebt, denn ca. 500.000 Pendler arbeiten in den Bürotürmen. Permanent leben aber nur noch ca. 9700 Menschen in dem Gebiet. Um die Innenstadt wieder zu beleben, setzt man heute auf einen Nutzungsmix und plant beim Bau von Hochhäusern Apartments, Restaurants oder Aussichtsterrassen mit ein.

Der Hochhauswald im modernen Teil der Londoner City

178lo-ln

Spaziergang 3: Durch die City of London

Ein Spaziergang durch die ***City*** *(Gehzeit ca. 3½ Stunden) führt zu den Ursprüngen Londons: Hier begann bereits zur Zeit der Römer die Geschichte der Stadt. Den Rundgang beginnt man an der* ***St. Paul's Cathedral*** *31. Sie ist das Meisterwerk des Architekten Sir Christopher Wren, der nach dem Großen Feuer von 1666 damit beauftragt worden war, die City wieder aufzubauen. Jahrhundertelang war die Kuppel der Kathedrale der höchste Turm der Stadt. Von der Aussichtsgalerie, der Golden Gallery, hat man noch heute einen guten Blick über die Dächer Londons, obwohl die Hochhausriesen im Rücken der Kathedrale den Blick nach Osten dominieren.*

Wren erhielt übrigens den Auftrag, insgesamt 51 Kirchen neu zu bauen, da die alten dem Feuer zum Opfer gefallen waren. Ganze 23 davon haben die Wirren der Zeit überstanden. Wer möchte, kann rund um St. Paul's noch einen kurzen Blick auf die Glockentürme der Kirchen ***St. Mary-le-Bow*** *(Bow Lane),* ***St. Martin Ludgate*** *(Ludgate Hill) und* ***St. Andrew-by-the-Wardrobe*** *(Queen Victoria Street) werfen. Der Turm von Wrens Kirche* ***St. Bride's*** *in der Fleet Street stand ürigens angeblich Pate für die mehrstöckige Form der traditionellen Hochzeitstorte.*

Westlich des Hauptportals von St. Paul's kann man am Paternoster Square einen Blick auf das alte Eingangstor zur City werfen. Es stand früher beim Temple Bar Memorial 24, musste jedoch bei einer Umgestaltung der Durchgangsstraße geräumt werden. Um es zu erhalten, versetzte man es an den jetzigen Ort.

Von der Kathedrale gelangt man über die Straße St. Martin's Le Grand nach Norden in Richtung Barbican. Unterwegs passiert man eine Kreuzung, an der die Straße London Wall nach Osten führt. Hier verlief früher die römische Stadtmauer und in einer Parkanlage kann man noch die Ruine eines römischen Wachturms erspähen.

Die Aldersgate Street führt weiter nördlich bis zum ***Barbican Centre*** *33, einem Wohnkomplex mit renommiertem Kulturzentrum. Architekturfans finden hier viele interessante Ansichten. Vor dem Kulturzentrum kann man sich auf einer Café-Terrasse am Teich ausruhen.*

Wer sich eher für historische Architektur interessiert, wandert auf der Aldersgate Street nördlich weiter nach Smithfield 32. Durch die Long Lane gelangt man nach links auf die Cloth Street und von dort nach rechts in die ***Middle Street*** *bzw.* ***Cloth Fair,*** *eine der ältesten mittel-*

Vor dem Kulturzentrum Barbican 33 kann man gut eine Pause einlegen

179lo-ln

alterlichen Gassen Londons. Bald passiert man die älteste Kirche der Stadt: ***St. Bartholomew the Great*** *(s. S. 68) wurde bereits im Jahr 1123 von dem Mönch Rahere gegründet. Die normannische Kanzel ist noch erhalten, der Rest wurde zu Tudorzeiten restauriert. Das benachbarte Krankenhaus, ebenfalls von den Mönchen gegründet, ist das älteste noch bestehende Krankenhaus in London. Aus der Ursprungszeit ist jedoch wenig geblieben.*

Durch das alte Torhaus der Kirche gelangt man auf auf einen Kreisverkehr und sieht schon das lange Gebäude des ***Smithfield Market*** *(s. S. 67) vor sich. Es ist der älteste Fleischmarkt Londons und nur frühmorgens geöffnet. Das historische Gebäude wird momentan umgebaut, damit 2026 das Museum of London hier einziehen kann.*

Auf der Aldersgate Street geht es nun wieder nach Süden bis zur Straße London

Wall [L8], der man dann in Richtung Osten folgt. Als nächstes biegt man wieder in Richtung Süden in die Wood Street ein und von dort östlich in die Gresham Street. Bald blickt man durch die Häuser auf den großen Vorplatz der **Guildhall** 34*, des alten Rathauses der City of London. Heute gibt es hier eine Kunstgalerie zu besichtigen. Besonders interessant sind jedoch die Überreste eines römischen Amphitheaters, die man im Keller des Rathauses freigelegt hat.*

Weiter auf der Gresham Street, bzw. dann auf der Lothbury Street [M9], sieht man an der Straßenkreuzung mit der Prince's Street bereits das Gebäude der **Bank of England,** *die 1694 von König William III. gegründet wurde, da man Gelder für den Frankreichkrieg benötigte. In der Bartholomew Lane befindet sich der Eingang zum* **Bank of England Museum** 35*, das über die Geschichte der Nationalbank informiert, die seit 1946 verstaatlicht ist und heute die Menge des Geldumlaufs festlegt, die Notendruckerei beaufsichtigt und die Goldreserven des Landes verwaltet. In südlicher Richtung gelangt man auf die Threadneedle Street mit der* **Royal Exchange** 36*, der einstigen Königlichen Börse. Heute befinden sich im restaurierten Atrium schicke Shops und Lokale.*

In das Zentrum der modernen Finanzinstitutionen gelangt man auf der Cornhill Street [M9] in Richtung Osten. Man überquert die Gracechurch Street und folgt der Leadenhall Street weiter in Richtung Osten. Auf der rechten Seite erhebt sich das **Lloyd's Building** 38 *aus dem Jahr 1986. Der Architekt Richard Rogers verlegte das übliche Innenleben mit den Versorgungsleitungen kurzerhand nach außen. Das futuristische Gebäude steht heute unter Denkmalschutz. Kurz bevor man das Gebäude erreicht, zweigt die Whittington Ave. nach rechts zum* **Leadenhall Market** *(s. S. 193) ab. Hier sollte man unbedingt einen Blick in die historischen Markthallen werfen oder sogar eine Pause in einem der Cafés einlegen.*

Weiter geht es durch den modernen Teil der City. Einige der Wolkenkratzer haben Gastronomie oder Aussichtsplattformen zu bieten (s. S. 73). Gegenüber dem Lloyds Building erhebt sich in der Leadenhall Street Nr. 122 der **Cheesegrater** *aus dem Jahr 2013, ebenfalls von Richard Rogers entworfen. Nur ein kleines Stück weiter öffnet sich hinter der Kirche* **St. Andrew Undershaft** *die Gasse St. Mary Axe, die zum markanten* **The Gherkin** *von Sir Norman Foster führt. Das Hochhaus unterscheidet sich durch seine organische Form von den üblichen Stahl- und Glasstrukturen.*

Folgt man der St. Mary Axe bis zur Straße Bevis Marks und biegt nach links in die Camomile Street ab, gelangt man wieder auf die Gracechurch Street, die in ihrem oberen Abschnitt allerdings Bishopsgate heißt. An der Ecke Bishopsgate/Houndsditch steht der **Heron Tower.** *Folgt man der Bishopsgate in Richtung Süden, kann man in der Fenchurch Street auch noch einen Blick auf das* **Walkie Talkie** *werfen.*

Spaziert man weiter nach Süden, in Richtung Themse zur London Bridge, sieht man kurz vor der Brücke links das **Monument** 37 *aufragen. Die Steinsäule erinnert an das Große Feuer von London 1666 und ihre Aussichtsplattform ist über 311 Stufen zu erreichen. Wer noch nicht müde ist, kann auf der anderen Seite der London Bridge den Spaziergang noch bis zur Tower Bridge* 52 *fortsetzen.*

31 St. Paul's Cathedral ★★★ [L9]

Obwohl die neuen Hochhausriesen den Blick nach Osten dominieren, hat man von der Golden Gallery der St. Paul's Cathedral einen guten Rundblick über die City. Jahrhundertelang war die Kuppel der Kathedrale der höchste Punkt der Stadt und sie ist noch heute eines ihrer bekanntesten Wahrzeichen. Die Kirche hat die Jahrhunderte überdauert und sogar den Bombenangriffen des Zweiten Weltkriegs getrotzt. Heute finden hier offizielle Veranstaltungen statt, so z. B. im April 2013 die Beerdigungszeremonie für die ehemalige Premierministerin Margaret Thatcher und im Juni 2022 ein Gottesdienst zum Platin-Thronjubiläum von Queen Elizabeth II.

Bereits im Jahre 604 wurde von Mellitus, dem ersten angelsächsischen Bischof von London, eine erste Kirche errichtet. 1175 konnte der 1087 durch die Normannen begonnene Neubau fertiggestellt werden. Im 14. Jh. wurde die Kathedrale weiter ausgebaut und besaß damals einen 149 m hohen Kirchturm, der weithin zu sehen war. In den folgenden Jahrhunderten wurde das Gotteshaus jedoch vernachlässigt und geplündert und befand sich im 17. Jh. in einem bedauerlichen Zustand. Während des Großen Feuers 1666 brannte es dann bis auf die Grundmauern nieder.

Das heutige Gebäude ist das Meisterwerk des Architekten **Sir Christopher Wren** (1632–1723), der nach dem Großen Feuer von 1666 damit beauftragt worden war, die City wieder aufzubauen. Christopher Wren reichte gleich mehrere Entwürfe für den Neubau der Kathedrale ein. Der erste davon ist heute in der Krypta ausgestellt. Erst 1675 konnte man sich auf eine abgespeckte, kostengünstigere Version einigen und es wurde der Grund-

Von der Millennium Bridge hat man einen guten Blick auf die Kuppel der St. Paul's Cathedral

St. Paul's Cathedral

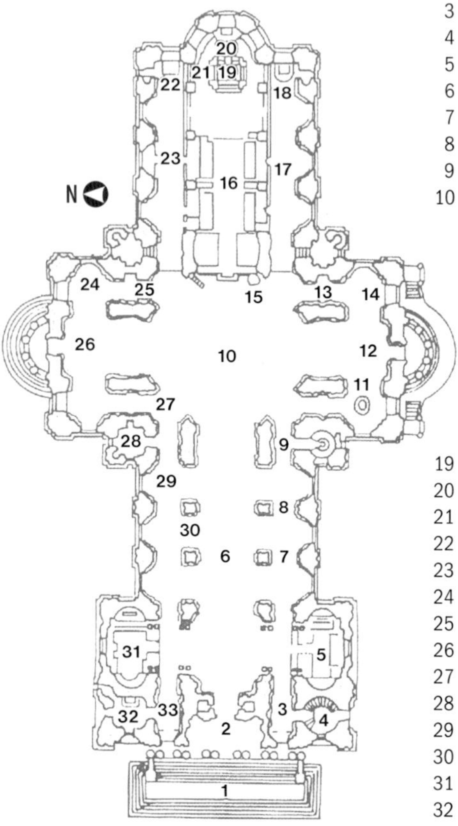

1 W-Vorhalle
2 großes W-Portal
3 SW-Portal
4 Geometric Staircase
5 Chapel of St. Michael and St. George
6 Hauptschiff
7 S-Seitenschiff
8 „The Light of the World"
9 Aufgang zur Kuppel
10 Kuppel
   11 Taufstein
   12 S-Querschiff
   13 Zugang zur Krypta
   14 Dean's Vestry (Sakristei des Dekans)
   15 Kanzel
   16 Chorraum
   17 S-Chorseitengang
   18 Lady Chapel (Marienkapelle)
19 Hochaltar
20 Jesus Chapel
21 Tijou-Gitter
22 Chapel of Anglican Martyrs
23 N-Chorseitengang
24 N-Sakristei
25 Samuel-Johnson-Denkmal
26 N-Querschiff
27 Joshua-Reynolds-Denkmal
28 Lord Mayor's Vestry
29 N-Seitenschiff
30 Wellington-Monument
31 St. Dunstan's Chapel
32 All Souls' Chapel (Allerseelenkapelle)
33 NW-Portal

stein gelegt. Der letzte Stein der Kuppel wurde 1708 von Wrens Sohn im Beisein seines Vaters eingefügt und man feierte das Richtfest. Offiziell wurde die Kathedrale jedoch erst 1711 fertiggestellt.

Besonders beeindruckend ist das lange **Kirchenschiff:** Hier sind bei Staatsereignissen die Sitzbänke mit Blick auf den Altar angeordnet. Die Kuppel ist eine der größten der Welt und dem Petersdom in Rom nachempfunden. Der Chorraum hat eine reich verzierte Decke mit Schnitzereien von Grinling Gibbons, der auch die Orgel gestaltete.

Der Aufstieg in die **Aussichtsgalerien** ist nicht ohne Anstrengungen zu bewältigen: 259 Stufen führen zur ersten Ebene mit der **Whispering Gallery** (Flüstergalerie) in 30 m Höhe. Sie wird so genannt, weil man alle Geräusche auch am anderen Ende der Galerie vernehmen kann. Von hier aus eröffnet sich ein guter Blick auf das reich verzierte Innere der Kuppel mit Mosaiken und Reproduktionen der Originalgemälde von James Thornhill aus dem Jahr 1715. Insgesamt 376 Stufen führen bis zur **Stone Gallery**, auf der man rund um die Kuppel spazieren und die Aussicht genießen kann. Bis zur **Golden Gallery**, die auf der Außenseite der Kuppel verläuft, muss man insgesamt 528 Stufen erklimmen.

In der **Krypta** befindet sich u. a. die Schatzkammer der Diözese mit zahlreichen Kunstwerken, Deckenmalereien und Skulpturen. Zu den bedeutendsten Grabdenkmälern gehört der Sarkopharg von **Lord Nelson**. Seine Beerdigungszeremonie wurde ebenfalls in der Kathedrale abgehalten. Auch dem Architekten der Kathedrale, Christopher Wren, wurde die Ehre einer Bestattung in seinem eigenen Bauwerk zuteil. Außerdem ist im Untergeschoss eine Ausstellung zu sehen, die die Geschichte der Kathedrale veranschaulicht.

Teile der Kathedrale wurden im Lauf der Jahre zur Filmkulisse, so zum Beispiel das Treppenhaus „Geometric Staircase" rechts vom Portal, das in der Harry-Potter-Filmreihe zu sehen ist.

› St. Paul's Churchyard, Ludgate Hill, U: St. Paul's (Central Line), Tel. 72364128, www.stpauls.co.uk, Mo–Sa 8.30–16.30 Uhr (Mi ab 10 Uhr), letzter Einlass 16 Uhr, manchmal schließt die Kirche früher (genaue Zeiten s. Website), Erw. £ 20,50, erm. £ 18,40, Kinder (6–17 Jahre) £ 9, verschiedene (kostenlose) geführte Touren sind vor Ort buchbar. **Die Whispering Gallery ist momentan für Besucher geschlossen.**

32 Smithfield ★★ [K8]

Das Viertel rund um den **Smithfield Market** steckt voller Geschichte. Die riesigen Markthallen entstanden 1868 durch den Architekten Horace Jones. Zuvor gab es hier ein offenes Feld, auf dem regelmäßig ein Tiermarkt und ab 1133 die Messe **Bartholomew's Fair** stattfanden. Heute ist hier der größte Fleischmarkt Londons beheimatet.

Das Marktgebäude steht ganz oben auf der Liste der Denkmalschützer. 2026 wird es zur neuen Heimat für das **Museum of London**, das zuvor in einem Bau nahe dem Barbican untergebracht war. Momentan laufen die Vorarbeiten für das riesige Umbauprojekt. Mit dem Umzug in die Markthalle möchte man auch ein Stück der einzigartigen Historie des Viertels Smithfield erhalten. Bis zur Fertigstellung können Geschichtsinteressierte die Filiale des Museum of London in den Docklands 62 besuchen.

Im Umfeld der Markthalle kann man einige einzigartige Bauwerke entdecken, zum Beispiel die älteste noch erhaltene Kirche Londons, **St. Bartholomew the Great**, die 1123 von dem Augustinermönch Rahere gegründet wurde. Sein Grab befindet sich in der Nähe des Hochaltars. Das Innere der Kirche zeigt normannische Elemente, während der Torbau über dem Eingang aus der Tudorzeit stammt. 1543 wurde ein Großteil der Kirche zerstört, aber die normannische Kanzel blieb erhalten. Sehr atmosphärisch ist auch das The Cloister Café im Kreuzgang. Das Gotteshaus grenzt an das älteste Krankenhaus Londons, **St. Barts (St. Bartholomew's)**, das im selben Jahr entstand und das ebenfalls von den Augustinermönchen geführt wurde.

Die Kirche und ihre Umgebung sind ein beliebter Hintergrund für die Dreharbeiten historischer Filme. Das Krankenhaus diente u.a. auch als Location für die BBC-Serie „Sherlock“.

In der Cloth Fair kann man zwei Häuser sehen (Nr. 41 und 42), die das Große Feuer von 1666 überstanden. Sie sind typisch für die Häuser der Tuchhändler aus dem 17. Jh. Bei der Hausnummer 43 erinnert eine blaue Plakette an den Hofdichter und Denkmalschützer Sir John Betjeman (s. S. 166), der hier lange lebte. Einen Abstecher wert ist auch das **Charterhouse**, nordwestlich des Marktgebäudes. Vorbei am Charterhouse Square gelangt man zu der Anlage im Tudorstil aus dem Jahr 1611, die einst ein Altersheim für verarmte Pensionäre und eine Stiftungsschule beherbergte. Man kann das Haus und den Garten besichtigen, außerdem ein Museum über die Geschichte des Viertels. Zudem finden unregelmäßig Konzerte statt.

› **Smithfield Market,** West Smithfield, Tel. 72483151, www.smithfieldmarket.com, geführte Touren: www.cityoflondonguides.com/tours/smithfield-market-tours-monthly, Do/Fr 6.30 Uhr, £ 15

★**28** [L8] **St. Bartholomew the Great,** West Smithfield, U: Farringdon (Circle/Hammersmith & City/Metropolitan Line), Tel. 76000440, www.greatstbarts.com, Mo–Sa 11–17, So 13–17 Uhr, Eintritt frei, Spenden willkommen

★**29** [L8] **The Charterhouse,** Sutton's Hospital, Charterhouse Square, www.thecharterhouse.org, Di–Sa 10.30–16.30, geführte Touren tägl. 11 u. 14.15 Uhr, £ 15, erm. £ 12

Die Guildhall ist das historische Rathaus der City of London

33 Barbican Centre ★ [L8]

In Richtung Osten gelangt man zum Barbican Centre. Das **Kulturzentrum** mit angrenzender Wohnanlage wurde 1959 im **brutalistischen Stil** entworfen, die Bauarbeiten begannen jedoch erst 1971.

Die **Wohnanlage** besitzt drei 123 m hohe Türme mit mehreren Tausend Wohnungen, einen Teich und Gartenanlagen. Das **Kulturzentrum** bietet ein ambitioniertes Programm, von Ausstellungen, Theateraufführungen und Konzerten bis zu Festivals. Die **Barbican Hall,** Sitz des **London Symphony Orchestra,** fasst 1943 Personen. Das **Barbican Theatre** mit 1166 Plätzen zeigt moderne Inszenierungen, die klassisches Theater, Oper und modernen Tanz vereinen. Im **Studio Theatre** mit 286 Sitzen kann man experimentelle Stücke sehen und es finden kreative Workshops statt. Zudem gibt es ein **Kino.** In der Barbican Gallery und in der Galerie The Curve finden **Wechselausstellungen** statt. Die Ausstellungen im Erdgeschoss und Performances auf dem Gelände sind kostenlos. In mehreren Cafés und Restaurants mit Außenterrassen können Kulturhungrige ihre Reserven dann wieder auftanken.

In dem Betonkomplex, der auf mehreren Ebenen angelegt ist, ist es nicht ganz einfach, sich zurechtzufinden. Wer sich verläuft, findet jedoch zahlreiche Hinweisschilder und Lagepläne zur Orientierung.

› Silk Street, City of London, U: Barbican (Circle/Hammersmith & City/Metropolitan Line), www.barbican.org.uk (auch Kartenvorverkauf), Gebäude: Mo–Sa 9.30–23, So 12–23 Uhr, Art Gallery Sa–Mi 10–18, Do–Fr 10–20 Uhr.

34 Guildhall Art Gallery und Roman Amphitheatre ★★ [L8]

Vom Barbican in südöstlicher Richtung trifft man auf die **Guildhall**. Hier befand sich zur römischen Zeit das Stadtzentrum Londiniums. In dem alten Rathaus aus dem Jahr 1411 tagt die **City of London Corporation**, die Verwaltung für den eigenständigen Bezirk der City. Den Vorsitz hat der **Lord Mayor**, der jeweils für ein Jahr gewählt wird (s. S. 21). Er/Sie hat die Aufgabe, die City als weltweit führendes Finanz- und Geschäftszentrum zu repräsentieren und zu bewerben.

Die **große Halle** gehört zu den noch erhaltenen originalen Gebäudeteilen der Guildhall. Hier findet z. B. das alljährliche **Lord Mayor's Banquet** statt, bei dem sich die Honoratioren der City und geladene Politiker wie der Premierminister und der Finanzminister ein Stelldichein geben.

Die **Guildhall Art Gallery** zeigt Gemälde aus verschiedenen Epochen von 1670 bis heute, darunter viele interessante historische Bilder der Stadt, z. B. von der Tower Bridge. Zudem sieht man viele Porträts und Statuen bekannter Briten.

Im Hof des Rathauses markieren Steinplatten die Umrisse eines **römischen Amphitheaters**, das man 1987 entdeckte. Die sehenswerten Ausgrabungen kann man im Untergeschoss der Guildhall besichtigen, der Zugang erfolgt durch die Kunstgalerie.

› Gresham Street, U: Moorgate (Hammersmith & City/Circle/Metropolitan/Northern Line), Tel. 73321313, www.cityoflondon.gov.uk/things-to-do, einmal im Monat geführte Touren durch die Great Hall (Termine s. Website); Guildhall Art Gallery und Amphitheater: Mo–So 10.30–16 Uhr, Eintritt frei, kostenlose Touren durch die Galerie: Di, Do, Fr–So 12.15 und 13.15 Uhr

021lo-ln

35 Bank of England Museum ★ [M9]

In Richtung Südosten ist es nicht mehr weit bis zur U-Bahn-Station Bank an der Ecke Threadneedle Street. Am südlichen Ende des Kreisels steht das **Mansion House**, die offizielle Residenz des Lord Mayor. Direkt gegenüber steht die „Old Lady of Threadneedle Street", wie die **Bank of England** auch genannt wird. In der Bartholomew Lane befindet sich der Eingang zum **Bank of England Museum**, das die Geschichte der Institution dokumentiert. Zu sehen sind antike Münzen, Banknoten durch die Jahrhunderte, historische Dokumente und antikes Mobiliar sowie Einrichtungsgegenstände im Eigentum der Bank.

1694 initierte König William III. die Gründung des Geldinstituts, da man Gelder für den Frankreichkrieg benötigte. Von 1788 bis 1833 war Sir John Soane (s. S. 58) Hausarchitekt und nahm viele Umbauten vor, die jedoch Anfang des 20. Jh. großenteils wieder überbaut wurden. Das heutige Gebäude stammt daher weitgehend aus den Jahren 1925 bis 1939.

Seit 1946 verstaatlicht, setzt die Bank heute die Menge des Geldumlaufes fest, beaufsichtigt die Notendruckerei und verwaltet die Goldreserven des Landes.

› Threadneedle Street, Eingang zum Museum Bartholomew Lane, U: Bank (Central/Northern/Waterloo & City Line), Tel. 34614444, www.bankofengland.co.uk/museum, Mo–Fr 10–17 Uhr, jeden 3. Do im Monat bis 20 Uhr, Eintritt frei

Die Aussichtsplattform des Monument erreicht man über 311 Stufen

36 Royal Exchange ★ [M9]

Gegenüber der Bank of England befindet sich die Royal Exchange, die **ehemalige königliche Warenbörse.** Die erste Warenbörse *(Stock Exchange)* wurde 1566 vom Händler und Finanzexperten Thomas Gresham nach Antwerpener Vorbild gegründet. Damals wurde noch nicht mit Geld oder Aktien gehandelt, sondern mit tatsächlichen Waren. Es fanden sich Hunderte von Großhändlern zusammen, die in der Halle alle nur denkbaren Produkte anboten. Das geschäftige Treiben zog viel Publikum an. Nachdem Elizabeth I. der Markthalle im Jahr 1570 einen offiziellen Besuch abgestattet hatte, durfte man den Titel „Royal Exchange" führen.

Beim Großen Brand von 1666 wurde die erste Halle zerstört und 1669 wieder aufgebaut. 1698 begann der Geschäftsmann John Castaing in seinem Kaffeehaus in der Change Alley damit, Listen von den in der Börse gehandelten Waren *(stock)* und deren Preisen anzulegen. Nachdem die Warenhändler noch im gleichen Jahr aus der Royal Exchange verbannt worden waren, verlagerte sich die Geschäftstätigkeit mehr und mehr in die Nachbarschaft des Kaffeehauses. 1761 wurden die ersten Aktien, d. h. Anteile an Warengeschäften, in dem Kaffeehaus gehandelt. 1801 entstand aus dieser Tätigkeit die erste moderne Börse, in der nicht mehr tatsächliche Waren, sondern nur noch Aktien gehandelt wurden.

In die Royal Exchange zog 1713 die Versicherung Lloyds ein. Nachdem das Gebäude 1838 durch ein Feuer zerstört worden war, entstand in den 1840er-Jahren der heutige Bau im **klassizistischen Stil** von Sir William Tite. Nach dem Zweiten Weltkrieg verfiel das Gebäude und wurde schließlich 2003 in seiner heutigen Form wiedereröffnet. In dem schönen Innenhof gibt es nun einige schicke **Shops** und **Restaurants**, zum Beispiel vom Kaufhaus Fortnum & Mason, das hier edle Afternoon Teas und Dinner serviert (Fortnum & Mason at The Royal Exchange, s. S. 74).

In südöstlicher Richtung verläuft die **Lombard Street.** Sie war ab dem 12. Jh., als sich italienische Geldverleiher aus der Lombardei hier niederließen, die Bankenmeile der Stadt. Das moderne Zentrum der Finanzinstitutionen hat sich allerdings inzwischen nach Osten rund um die Bishopsgate Street verlagert.

› Cornhill, U: Bank (Central/Northern/Waterloo & City Line und DLR), Tel. 72838935, www.theroyalexchange.co.uk, Kernöffnungszeiten: Mo–Fr 10–22 Uhr

37 The Monument ★★★ [M9]

Nach Südosten führt die King William Street in Richtung Themse zur London Bridge 49. Kurz bevor man die Brücke erreicht, eröffnet sich links der Blick in eine Gasse, in der die Gedenksäule The Monument aufragt. Oben schimmert eine vergoldete Urne in der Sonne. Rundherum befindet sich in 61 m Höhe eine Aussichtsplattform, die man über 311 Stufen erreicht. Die **höchste frei stehende Steinsäule der Welt** entstand 1671 bis 1677 in Gedenken an das **Great Fire of London.** Damit zelebrierte man den Wiederaufbau der Stadt, wollte aber auch ein mahnendes Denkmal setzen. Im **September 1666** war in der **Pudding Lane** in der Altstadt ein Brand ausgebrochen, der sich in Windeseile ausbreitete. Die Fachwerkbauten und mittelalterlichen Holzhäuser des Zentrums wurden davon erfasst und fast 200.000 Menschen verloren ihre Heimat.

Christopher Wren, der federführende Architekt des Wiederaufbaus, arbeitete zusammen mit Robert Hooke den Entwurf für das Mahnmal aus. Rund um das Podest illustrieren Steinmetzarbeiten und Inschriften den Fortgang des Feuers und die Löschversuche, die von König Charles II. unterstützt wurden – er mobilisierte Hilfskräfte und war angeblich selbst vor Ort. Eine eindringliche Schilderung des Feuers ist durch **Samuel Pepys** (1633–1703) überliefert. Der Stadtchronist saß im Anchor Pub (s. S. 181) auf der anderen Seite der Themse und dokumentierte von dort aus das Geschehen. Sein Tagebuch, das er von 1660 bis 1669 führte, ist heute eine wichtige Informationsquelle über die Zeit der Restauration.

› Monument Street, U: Monument (Central/Northern/Circle/District/Waterloo & City Line und DLR), Tel. 74033761, www.themonument.info, tgl. 9.30–13, 14–18 Uhr, Erw. £ 5,80, erm. £ 4,40, Kinder £ 2,90 (unter 15 Jahren nur in Begleitung eines Erwachsenen)

022lo-ln

38 Lloyd's Building ★★ [M9]

Vom Monument in Richtung Norden führt die Straße Bishopsgate (am südlichen Ende Gracechurch Street) in das moderne Zentrum der City, in der ein moderner Hochhauswald heranwächst. Zu den „Skyscrapers" der ersten Generation gehört das **Lloyd's Building** von Richard Rogers (1931–2021) aus dem Jahr 1986, das seit 2011 unter Denkmalschutz steht. Wie beim Centre Pompidou in Paris verlegte Rogers alle Versorgungseinrichtungen an die Außenwand des Gebäudes. Zu seiner Entstehungszeit galt der Bau als futuristisch und noch heute sticht er aus den Fassaden der neuen Hochhäuser heraus.

Das Gebäude wurde von der weltberühmten Versicherung **Lloyd's of London** in Auftrag gegeben, die bis heute das Zentrum des Versicherungsmarktes in der City ist. Das Unternehmen entstand aus einem von Edward Lloyd im 17. Jh. gegründeten Kaffeehaus. Man versicherte zu Anfang vornehmlich Frachtladungen auf Schiffen. In der Eingangshalle hängt die Schiffsglocke der **HMS Lutine,** die 1799 unterging. Eine Havarie, die die Versicherung teuer zu stehen kam, denn an Bord befanden sich Gold- und Silberwaren in Höhe von einer Million Pfund – alle bei Lloyds versichert. Heute wird die Glocke nur bei außergewöhnlichen Anlässen geläutet, zuletzt zum Tod von Queen Elizabeth II. 2022.

Gleich um die Ecke des Gebäudes befindet sich in einer Passage der **Leadenhall Market** (s. S. 193), wo man in Cafés und Pubs einkehren kann.

› 1 Lime St, U: Liverpool Street (Central/Circle/Metropolitan/Hammersmith & City Line), www.lloyds.com. Besichtung nur während Open City London, s. S. 201.

Das Lloyds Building aus dem Jahr 1986 steht heute unter Denkmalschutz

Wolkenkratzer mit Extras

In der Nachbarschaft der Straße Bishopsgate (A10), die sich quer durch den Ostteil der City zieht, befindet sich das Zentrum von Bauaktivitäten. Hier entsteht ein Hochhauswald, der auch kritische Stimmen auf den Plan ruft. Immer dichter reihen sich die modernen Skyscraper mit Büros und Luxusapartments aneinander und überschatten die historischen Gebäude. Vielleicht auch deshalb öffnet man die Riesen durch Restaurants und Aussichtsplattformen mehr und mehr für Besucher. Einige Gebäude, die sonst nicht zugänglich sind, öffnen bei ***Open City London*** *(s. S. 201) ihre Türen.*

Das ***Walkie Talkie*** *(160 m) des uruguayischen Architekten Rafael Viñoly in der Fenchurch Street reflektierte im Jahr 2013 aufgrund eines Konstruktionsfehlers einen Brennstrahl, der Gegenstände auf der Straße einschmolz. Schnell wurde der Fehler behoben. Heute kann man dort die begrünte Aussichtsterrasse* ***Sky Garden*** *mit verschiedenen Bars und Restaurants besuchen.*

In der Straße St. Mary Axe zeigt sich, dass eine Harmonie von historischer und moderner Architektur möglich ist: Der Blick fällt zunächst auf die Kirche ***St. Andrew Undershaft*** *aus dem Jahr 1532. Gegenüber erhebt sich der 180 m hohe, konische Bau der sogenannten* ***Gherkin*** *(„Gewürzgurke") des Architekten Norman Foster aus dem Jahr 2003. Dank der vollverglasten Fassade haben alle Räume Tageslicht und die Fenster lassen sich öffnen. Im 36. Stock gibt es eine Wetterstation, die täglich berechnet, ob die natürliche Belüftung ausreicht. So lassen sich pro Jahr Energiekosten von bis zu 50 % sparen. Ein Aussichtsrestaurant und eine Bar unter dem Glasdach ermöglichen einen Rundumblick auf die City.*

Westlich von hier, in der Leadenhall Street, erhebt sich der 224 m hohe Turm des oben schmal zulaufenden ***Leadenhall Building*** *von Richard Rogers. Das auch als* ***Cheesegrater*** *(„Käsereibe") bekannte Gebäude besitzt eine Bar im opulenten Stil einer Luxusjacht.*

In nördlicher Richtung bietet in der Straße Bishopsgate das ***Twentytwo*** *(278 m) im Erdgeschoss eine kantinenähnliche Food hall. In Planung sind zudem eine Aussichtsplattform im 58. Stock und ein Restaurant auf den Ebenen 59 bis 61.*

Die Adresse Bishopsgate Nr. 110 nimmt der ***Heron Tower*** *(230 m) ein, der im 38. Stock das Restaurant Sushisamba (s. S. 179) mit fantastischem Ausblick und Außenterrasse zu bieten hat.*

★**30** *[M9]* ***Cheesegrater,*** *122 Leadenhall Street, mit Bar: Bob Bob Ricard City, https://bobbobricard.com*

★**31** *[M8]* ***Heron Tower,*** *110 Bishopsgate*

★**32** *[M9]* ***The Gherkin,*** *30 St. Mary Axe, mit Restaurant Searcys Helix und Iris Bar, Vorausbuchung notwendig, https://searcysatthegherkin.co.uk*

★**33** *[M9]* ***Twentytwo,*** *22 Bishopsgate, mit The Market, https://themarket22.com/market-kitchen-terrace*

★**34** *[M9]* ***Walkie Talkie,*** *20 Fenchurch Street, Sky Garden, http://skygarden.london, Mo–Fr 10–18, Sa, So, feiertags 11–21 Uhr, Eintritt frei, Vorausbuchung notwendig. Mit Sky Garden Bars und Darwin Brasserie (s. S. 179).*

Kulinarisches und Shopping

› **Leadenhall Market** (s. S. 193). Die historischen Marktarkaden laden zu einem Schaufensterbummel mit Erfrischungspausen ein.

36 [M9] **Royal Exchange.** Im Atrium befinden sich viele edle Boutiquen, durch die man bummeln kann, bevor man sich in einem der Restaurants erfrischt.

› **Fortnum & Mason at The Royal Exchange** £££, Royal Exchange 36, U: Bank, Tel. 77348040, www.fortnumandmason.com/the-bar-and-restaurant-at-theroyal-exchange-london, Mo–Fr Frühstück 7.30–11.15, Lunch 11.30–14.15, Afternoon Tea 14.20–16.30, Dinner 17–23 Uhr. Im schicken Ambiente der Royal Exchange kann man beim Hoflieferanten Fortnum & Mason elegant speisen, z. B. mit Austern und Champagner.

181lo-ln

South Bank und Southwark

Von der U-Bahn-Station Waterloo gelangt man durch die Jubilee Gardens zum Südufer der Themse, die die Lebensader der Stadt ist. Die South Bank ist eines der lebhaftesten und gleichzeitig angenehmsten Viertel von London. Entlang der Fußgängerzone des Silver Jubilee Walkway, der 1977 anlässlich des silbernen Thronjubiläums von Queen Elizabeth II. angelegt und inzwischen erweitert wurde, kann man vom London Eye 39 aus mehrere Stunden spazieren, Kultur erleben und sich unterwegs in hübschen Cafés und Pubs mit Themseblick ausruhen.

39 London Eye ★★★ [J10]

Weithin sichtbar ist das **Riesenrad** London Eye, eines von zahlreichen Projekten, die im Jahr 2000 den Beginn des neuen Millenniums einleiteten. Aus 135 m Höhe eröffnet sich den Besuchern ein umfassender Blick auf das Stadtzentrum rund um die Themse, der „Flug" dauert ca. 30 Minuten. Die 32 verglasten Kabinen bieten je 25 Personen Platz, sodass man genug Raum hat, um sich frei zu bewegen und Fotos zu machen. Allerdings ist das London Eye eine der meistbesuchten Attraktionen der Stadt und befördert ca. 35 Mio. Passagiere pro Jahr. Daher bucht man diese Sehenswürdigkeit am besten vorab, denn sonst muss man lange Schlange stehen. Die Betreiber bieten auch **Rundfahrten auf der Themse** an.

Gleich hinter dem Riesenrad befinden sich im Gebäude der ehemaligen County Hall das **Sealife London Aquari-**

um (s. S. 164) und das Gruselmuseum **London Dungeon** (s. S. 164), die Aktivitäten und Unterhaltung für regnerische Tage bieten.

› Riverside Building, County Hall, Westminster Bridge Rd, U: Waterloo (Bakerloo/Jubilee/Northern/Waterloo & City Line), www.londoneye.com, Kernöffnungszeiten: Sommer 10–20.30, Winter 11–18 Uhr (genaue Zeiten s. Website), Standardticket online £ 30,50–40, Kinder 3–15 Jahre £ 27,50–36. Wer ein teureres Fast-Track- oder Flexi-Ticket kauft, kann die Wartezeit verkürzen. Kombiticket mit London Eye River Cruise Erw. £ 46–55, Kinder (3–15 Jahre) £ 42–51.

40 Southbank Centre ★★ [J10]

Das South-Bank-Kulturzentrum, entstanden anlässlich des Festival of Britain im Jahr 1951, zeigt auf verschiedenen Bühnen und Ausstellungsflächen alle Sparten bildender Kunst. In der **Royal Festival Hall** mit knapp 3000 Sitzplätzen sind die **Londoner Philharmoniker** ansässig. In der kleineren Queen Elizabeth Hall mit 900 Plätzen finden Konzerte aller Musikrichtungen statt. Der **Purcell Room** mit nur 365 Sitzen ist für Kammermusik, Solisten, Lesungen etc. reserviert.

Im 5. Stock ist die **Poetry Library** untergebracht, eine Referenzbibliothek für englische Poesie ab dem Jahr 1912. Die **Hayward Gallery** zeigt in einem separaten Gebäude Wechselausstellungen und gehört zu den renommiertesten Galerien für moderne Kunst in London. In der Festival Hall und rund um die Veranstaltungsorte ist es immer belebt und es gibt zahlreiche Cafés und Restaurants mit Außenterrassen.

Nur ein Stückchen weiter befindet sich unterhalb der Waterloo Bridge das **BFI Southbank** (s. S. 76), Teil des British

121lo-ln

⌃ *Das London Eye ist ein weithin sichtbares Wahrzeichen an der South Bank*

‹ *Das Hochhaus „The Gherkin" ist nicht nur fantasievoll, sondern auch energiesparend konzipiert (s. S. 73)*

EXTRATIPP

British Film Institute (BFI)

Ein Anlaufpunkt für Filmfans ist das an der Uferpromenade gelegene **BFI Southbank,** Teil des British Film Institute. Es ist kein alltägliches Kino, denn hier werden zum Beispiel Retrospektiven aus dem riesigen Archiv des Instituts gezeigt. Nach Voranmeldung kann man auch ausgesuchte Filme aus dem Archiv ansehen. Die angegliederte **Reuben Library** ist eine riesige Medienbibliothek. In der Nähe zeigt das **BFI-IMAX-Kino** die üblichen Blockbuster und Konzertübertragungen. Es besitzt die größte Kinoleinwand Großbritanniens.

Jedes Jahr im Oktober veranstaltet das BFI das internationale **London Film Festival.** Das **BFI Flare Festival** richtet sich an Menschen mit unterschiedlichen sexuellen Orientierungen. Das **BFI Future Film Festival** hingegen gibt jungen Filmschaffenden eine Chance, ihre Werke zu zeigen. Das Institut setzt sich zudem für **Nachhaltigkeit** ein: Es bemüht sich, seinen Energieverbrauch und Abfall zu reduzieren und hat eine Studie darüber initiiert, wie die Filmindustrie nachhaltiger werden kann.

35 [J10] **BFI Southbank/Reuben Library,** Belvedere Road, U: Waterloo, www.bfi.org.uk, So–Do 11–23, Fr/Sa 11–23.30 Uhr, Reuben Library Di–Sa 11–19 Uhr

Film Institute mit verschiedenen Kinos. Im Erdgeschoss gibt es ein Cafe und täglich findet im Schutz der Brücke ein Bücherflohmarkt statt.

› Southbank Centre, Belvedere Road, U: Waterloo (Bakerloo/Jubilee/Northern/Waterloo & City Line), Tel. 020 38799555 (Kartenreservierung 9–20 Uhr), www.southbankcentre.co.uk, Royal Festival Hall, Mo, Di 10–18, Mi–So 10–23 Uhr; Hayward Gallery, Mi–Fr, So 10–18, Sa 10–20 Uhr, Eintritt je nach Ausstellung, manche Ausstellungen sind kostenlos; Poetry Library, www.poetrylibrary.org.uk, Di 12–18, Mi–So 12–20 Uhr

41 National Theatre ★★ [J10]

Weiter an der Uferpromenade entlang gelangt man zum National Theatre. Die Kompanie des englischen Nationaltheaters formierte sich unter der Leitung des berühmten Schauspielers Sir Laurence Olivier 1963 aus der ehemaligen **Old Vic Company,** die ihren Sitz im benachbarten **Old Vic Theatre** hatte. Erst im Jahr 1976 konnte die staatlich geförderte Truppe aber in das neue, vom Architekten Denys Lasdun gestaltete Theater umziehen, das heute unter Denkmalschutz steht.

Wie in der Royal Festival Hall gibt es auch hier drei verschiedene Bühnen: Im großen Saal, dem **Olivier Theatre**, werden bekannte Klassiker und moderne Publikumsmagneten aufgeführt. Das mittelgroße **Lyttleton Theatre** und das **Dorfman Theatre** (früher: Cottesloe) mit nur 350 Sitzen zeigen brandneue und experimentelle Stücke.

Jeden Juni veranstaltet das Theater das kostenfreie Open-Air-Festival **River Stage** mit Livemusik, Comedy und Tanzvorführungen.

Vor dem Theater stellt eine kleine Statue **Sir Laurence Olivier** als Hamlet dar und erinnert damit an den ersten Direktor und Mitbegründer des National Theatre.

› National Theatre, Upper Ground, South Bank, U: Waterloo (Bakerloo/Jubilee/Northern/Waterloo & City Line), www.nationaltheatre.org.uk, Reservierung online oder unter Tel. 74523000, Mo–Sa 10–23 Uhr

42 Tate Modern ★★★ [L10]

Auf dem Weg entlang der Promenade passiert man den **Oxo Tower**, einst Teil einer Kraftwerksanlage. In den 1930er-Jahren wurde er von der Firma Oxo übernommen, die Brühwürfel (Oxo Cube) und Soßenpulver herstellt. Heute befindet sich hier im obersten Stockwerk ein Restaurant von Harvey Nichols. Von dort gibt es Zugang zu einer **Aussichtsplattform** im achten Stock, die Besuchern kostenlos offensteht.

Ein Stückchen weiter an der Themse entlang steht man bald vor dem beeindruckenden Bau des ehemaligen Kraftwerks **Bankside Power Station.** Es entstand im Jahr 1947 unter der Regie des Architekten Giles Gilbert Scott, der auch die Battersea Power Station 104 entwarf. Da die Kunstbestände der **Tate Britain** 106 den Rahmen des dortigen Museums sprengten, begann man im Mai 2000 mit dem Umbau des Kraftwerks an der South Bank in die **Tate Gallery of Modern Art** (Tate Modern).

Die 30 m hohe ehemalige Turbinenhalle dient der Ausstellung besonders großer Werke, die zu diesem Zweck teilweise auch extra in Auftrag gegeben werden. Über Rolltreppen erreicht man dann die verschiedenen Ausstellungsebenen, in denen die Werke nach Kunststilen geordnet sind. Auf fünf Etagen sieht man Bestände zeitgenössischer Kunst aus der Tate-Sammlung: von Impressionismus über Dadaismus, Surrealismus und Pop-Art bis zur Konzeptkunst. Daneben gibt es regelmässig Sonderausstellungen und Retrospektiven. 2016 eröffnete der Anbau im ehemaligen Switch House (Schaltzentrum) des Kraftwerks, heute als **Blavatnik Building** bekannt. Der 65 m hohe Turm ist über eine Brücke mit dem Hauptgebäude verbunden. Ganz oben befindet sich eine Aussichtsterrasse, die momentan allerdings nur Mitgliedern des Tate-Fördervereins zugänglich ist.

Vom Nordeingang der Galerie eröffnet sich von der spektakulären Hängebrücke **Millennium Bridge** aus dem Architekturbüro von Sir Norman Foster ein Blick auf St. Paul's Cathedral 31, deren Kuppel man am anderen Ufer aufragen sieht.

› **Tate Modern,** Bankside, U: Southwark (Jubilee Line), Tel. 78878888, www.tate.org.uk,

025lo-kw

Die riesige Turbinenhalle der Tate Modern ist atemberaubend

täg. 10–18 Uhr (letzter Eintritt 17.30 Uhr), Eintritt frei, außer Sonderausstellungen. Von der Tate Modern gelangt man mit dem kostenpflichtigen River Bus über die Themse zur Tate Britain 106

•**36** [K10] **Oxo Tower,** Oxo Tower Wharf, Bargehouse Street, www.oxotower.co.uk/locations/observation-point, Aussichtsplattform: tgl. 10–22 Uhr

43 Shakespeare's Globe und Sam Wanamaker Playhouse ★★★ [L10]

Unweit der Tate Modern steht man plötzlich vor dem historischen Rundbau **Shakespeare's Globe.** Nachdem zur Tudorzeit den Freiluftspielstätten im East End die Lizenz entzogen worden war, verlegten die Theaterleute – unter ihnen William Shakespeare, Christopher Marlowe und James Burbage – ihre Aktivitäten kurzerhand auf die Südseite der Themse nach Southwark.

Dem amerikanischen Schauspieler **Sam Wanamaker** ist es zu verdanken, dass das geschichtsträchtige Globe Theatre originalgetreu wiederaufgebaut wurde. Er machte das Projekt zu seinem Lebenswerk und sorgte für die nötigen öffentlichen und privaten Gelder.

Die ausgegrabenen Fundamente des Theaters gaben zunächst nur wenig Aufschluss über den Orginalbau, sodass man sich vor allem nach historischen Quellen richtete. Die Theater der frühen Jahre – neben dem Globe auch **The Swan** und **The Rose** 44 – waren halbrund und hatten ein offenes Auditorium. Man nutzte das Tageslicht und bei Regen wurden die Vorstellungen abgebrochen. Unten gab es billige Stehplätze und in den Rängen teurere Sitzplätze. Beim Besuch einer der Vorstellungen kann man sich gut in vergangene Zeiten hineinversetzen. Wenn keine Aufführungen stattfinden, kann das Theater auf einer geführten **Tour** besich-

026lo-ws

tigt werden, die auch einen Einblick hinter die Kulissen gestattet. Zudem gibt es eine Ausstellung zum Theater und Leben in den Zeiten von Shakespeare.

2014 gewann das Globe einen Anbau hinzu. Das **Sam Wanamaker Playhouse** orientiert sich am Theaterdesign aus der jakobitischen Ära des 17. Jh. In dem überdachten Raum werden klassische Stücke und moderne Produktionen gezeigt. Auch dieses Theater ist eine Holzkonstruktion und die Bühne ist in den Zuschauerraum integriert, sodass eine für Schauspieler und Zuschauer ungewohnte Nähe hergestellt wird. Die aufwendig bemalte Decke wird durch Kerzenlicht beleuchtet, was die historische Atmosphäre noch betont.

› 21 New Globe Walk, U: London Bridge (Jubilee/Northern Line), www.shakespearesglobe.com, Kartenverkauf online oder Tel. 74019919. Theaterführung Globe Story & Tour (online buchbar), Dauer 120 Min., Erw. £ 25, erm. £ 18. Im Sommer werden auch thematische Touren angeboten, z. B. zu bestimmten Shakespeare-Stücken.

44 The Rose Playhouse ★★ [L10]

Südöstlich des Globe entdeckte man 1989 in der Park Street bei Bauarbeiten die hölzernen Überreste eines weiteren Rundbaus, den man schließlich als das The Rose Theatre aus dem Jahr 1587 identifizieren konnte. Dieses erste Theater auf der Südseite der Themse entstand auf Initiative von **Philip Henslowe.** Der Geschäftsmann führte das Unternehmen zusammen mit seinem Schwiegersohn, dem Schauspieler Edward Alleyn.

Im 18. Jh. fand man **Henslowes Tagebuch,** das Historikern noch heute als seltene Informationsquelle über das elisabethanische Theater dient. Er führte zum Beispiel auf, wie viel die Ausstattung und Kostüme kosteten, welchen Lohn die Schauspieler erhielten und welches Publikum die Vorstellungen besuchte.

Von März bis Dezember kann man sich samstags einen Kurzfilm über die Geschichte des Theaters ansehen. Von Juni bis August finden außerdem sporadisch Aufführungen historischer Theaterstücke von Shakespeare, aber auch von anderen Autoren aus seiner Zeit wie Christopher Marlowe statt. Es ist geplant, das Besucherzentrum als Veranstaltungsraum auszubauen.

› The Rose Playhouse, 56 Park Street, U: London Bridge (Jubilee/Northern Line), Tel. 72619565, www.facebook.com/roseplayhouse. **Momentan ist das Theater wegen Umbauarbeiten geschlossen.** Währenddessen finden Online-Veranstaltungen statt.

45 Winchester Palace ★ [L10]

Folgt man vom Globe aus der Uferpromenade nach Osten, gelangt man vorbei am historischen **Anchor Pub** (s. S. 181) auf die Clink Street. Im einstigen Amüsierviertel Southwark gab es viele Gefängnisse, in die man bereits für kleinste Fehltritte eingekerkert wurde. Eines der Zuchthäuser war das **Clink Prison** (s. S. 164), das heute ein Gruselmuseum beherbergt.

Verwaltet wurde das Viertel, die sog. Liberty of the Clink, vom **Bischof von Winchester** und es war unabhängig von der Londoner City. Der Bischof residierte im einst großräumigen **Winchester Palace,** von dem nur noch die Außenwände erhal-

Theater wie zu Shakespeares Zeiten im Globe Theatre

Southwark und die elisabethanischen Theater

Der Bezirk Southwark (historisch auch „The Borough“) ist einer der ältesten Bezirke Londons. Er entwickelte sich am Südende der London Bridge ❹❾*, die bis Mitte des 18. Jh. die einzige Themseüberquerung in die Londoner City darstellte. Im Mittelalter war Southwark eine Ausgangsstation für Pilger auf dem Weg zur Kathedrale in Canterbury und bereits im 13. Jh. entstand ein Straßenmarkt auf der Borough High Street. Die High Street war die Hauptverbindungsachse in Richtung Süden und später verkehrten regelmäßig Postkutschen von den Häfen am Ärmelkanal und aus den südenglischen Grafschaften von und nach London. Kein Wunder, dass sich schon früh zahlreiche Gasthöfe mit Kutschenstationen, sogenannte „Coaching Inns“, links und rechts der Borough High Street ansiedelten. Einer der ältesten war der* ***Tabard Inn,*** *im Talbot Yard. Er wurde sogar von* ***Geoffrey Chaucer*** *(ca. 1343–1400) in seiner Pilgergeschichte Canterbury Tales verewigt.*

In den Inns wurde nicht nur getrunken, gegessen und geschlafen: Schon bald siedelten sich ***Bordelle*** *an und man bot „kurzweilige“* ***Unterhaltung.*** *Es fanden Bärenhatzen und Hahnenkämpfe statt und fahrende* ***Schausteller*** *gaben Vorstellungen in den Höfen der Postkutschengasthöfe. Die oberen Stockwerke der Inns waren damals von Galerien umgeben, die zu den Zimmern führten. Von dort aus sahen Zuschauer dem Treiben zu – wie von Theaterrängen. Der einzige noch erhaltene Postkutschengasthof, der noch eine Vorstellung von den Inns der damaligen Zeit vermittelt, ist heute der* ***George Inn*** *(s. S. 182) im George Yard. Das heutige Gebäude datiert allerdings vom Ende des 17. Jh., denn 1676 war das Original bei einem Brand zerstört worden.*

Ganz im Geist der Renaissance erteilte Queen Elizabeth I. 1572 offiziell die Erlaubnis zur Formierung von ***Theatertruppen.*** *Die Königin liebte das Theater, wohnte allerdings nur privaten Vorstellungen bei, 1601 zum Beispiel einer Aufführung von Shakespeares „Twelfth Knight“ („Was Ihr wollt“) im Middle Temple. Auch ihr Nachfolger James I. förderte die Schauspielkunst.*

Die ersten Freilufttheater aus Holz, die permanent von einer Truppe bespielt wurden, entstanden während der Tudorzeit in Shoreditch ❼⓿*.* ***James Burbage*** *(ca. 1530–1597) errichtete die erste dieser Bühnen und nannte sie ganz einfach* ***The Theatre.*** *Das Theater war wie ein römisches Amphitheater mit Rängen angelegt. Ab 1594 spielten dort die* ***Lord Chamberlain's Men,*** *für die* ***William Shakespeare*** *die Stücke schrieb. Burbages Sohn Richard war ebenfalls Mitglied und spielte die meisten Hauptrollen. Im Jahr 1597 wanderten die Chamberlain's Men in das benachbarte* ***Curtain Theatre*** *unweit der heutigen Curtain Road ab. Dort fanden u. a. die Premieren von Shakespeares „Romeo und Julia“ und „Heinrich V.“ statt. 2011 entdeckte man bei Bauarbeiten Fundamente des Curtain Theatre, die jedoch momentan nicht zugänglich sind (www.thestageshoreditch.com/discover/history-heritage).*

1599 verließ die Truppe Shoreditch und zog nach Southwark, in den Freibezirk des Bischofs von Winchester (Liber-

ty of the Clink). Die Holzkonstruktion des alten The Theatre diente als Grundstock für das neu erbaute ***Globe Theatre*** *43. In Southwark gab es bereits mehrere andere Bühnen, z. B. das* ***Rose Theatre*** *44 und* ***The Swan*** *(1595).*

Theater war ein ***lukratives Geschäft:*** *Pro Woche besuchten fast 15.000 Menschen eine Vorstellung. Es gab Bühnenautoren in Hülle und Fülle und genug neue Stücke für mehrere Vorstellungen am Tag. Der Eintritt für einen Stehplatz im Saal kostete nur einen Penny und war daher für das einfache Volk erschwinglich. Bessergestellte saßen auf den teureren Rängen, hatten ein Dach über dem Kopf und bekamen sogar ein Sitzkissen. Aufgrund von Feuergefahr durch Kerzenbeleuchtung fanden alle Vorstellungen bei Tageslicht statt, Frauenrollen wurden bis 1660 ausschließlich von Männern gespielt.*

Als nach dem Bürgerkrieg 1642 die Puritaner unter Oliver Cromwell an die Macht kamen, wurden alle Theateraktivitäten verboten und die Theater geschlossen. Erst nach der Restauration entstanden unter Charles II. wieder neue Theater in Covent Garden 20. Und die Liebe der Londoner zum Theater ist ungebrochen: Auf mehr als 230 Bühnen werden heute Stücke gezeigt. Das Globe Theatre versetzt Zuschauer seit seiner Neueröffnung 1997 wieder in elisabethanische Zeiten.

Auch das Sam Wanamaker Playhouse, das sich an der jakobitischen Ära des 17. Jahrhunderts orientiert, ist ganz aus Holz gebaut. Moderne Feuerschutzanlagen ermöglichen hier aber heute sogar Vorstellungen bei romantischem Kerzenlicht.

ten sind. Der Palast entstand unter Henry of Blois im 12. Jh. und war bis zum 17. Jh. in Benutzung. Der Bischof förderte das Unterhaltungsgewerbe, darunter auch die Theaterszene. Er füllte die Kassen seiner Diözese mit den Einnahmen aus der Gewerbesteuer, verhängte aber für dieselben Kunden zudem noch Strafgelder bei Gesetzesübertretungen und bereicherte sich somit gleich zweimal.

› Clink Street/Stoney Street, U: London Bridge (Jubilee/Northern Line), www.englishheritage.org.uk, geöffnet tgl. bis Dämmerung, Eintritt frei

46 Golden Hinde II ★ [M10]

Vom Winchester Palace wieder in Richtung Themse liegt im **St. Mary Overie Dock** der Nachbau der Galeone **Golden Hinde**, des berühmten Schiffs des Freibeuters **Sir Francis Drake**, vor Anker. Drake war 1577 ursprünglich mit einer Flotte von sechs Schiffen zu einer Expedition rund um Südamerika aufgebrochen. Nachdem die anderen Schiffe auf der ereignisreichen Reise verloren gegangen waren, umrundete Drake mit der Golden Hinde den Globus und kehrte mit erbeuteten Schätzen im Wert von heute 7 Mio. £ zurück. Seit der Rekonstruktion im Jahr 1973 hat auch der Nachbau einmal die Erde umrundet und diente als **Kulisse** für viele historische Filme. Neben kostümierten **Führungen** finden auf dem Schiff heute viele Events wie z. B. Piratenpartys statt.

› St. Mary Overie Dock, 1 Pickford's Wharf, Clink Street, U: London Bridge (Jubilee/Northern Line), Tel. 74030123, www.goldenhinde.com, Nov.–März tgl. 10–17, April–Okt. tgl. 10–18 Uhr, Erwachsene und Kinder ab 3 Jahren £ 6, Familienticket für 4 Pers. £ 18

47 Southwark Cathedral ★★ [M10]

Die Southwark Cathedral mit ihrem mächtigen Vierungsturm ist neben der Westminster Abbey 3 eine der wenigen verbliebenen **gotischen Kirchen Londons.** Schon im 7. Jh. stand hier ein Gotteshaus. 1106 begannen normannische Ritter mit dem Bau einer Abtei, die dann bis 1538 von einem Augustinerorden genutzt wurde. Unter König Heinrich VIII. wurde die Kirche in St. Saviour umbenannt. Sie fristete lange ein eher unspektakuläres Dasein und diente dem hier ansässigen bunten Einwohnergemisch als Gemeindekirche.

Ende des 19. Jh. wurde das bis dahin recht verfallene Gotteshaus rundum renoviert und im Jahr 1905 wurde die neue Southwark Cathedral Teil einer neuen Diözese. Auf die bunte Vergangenheit der Kirche, die vielen bekannten Persönlichkeiten als Hauskirche diente, weisen verschiedene Gestaltungselemente hin. So erinnern **Buntglasfenster** und eine **Büste** an **William Shakespeare** und Szenen aus seinen Stücken. Sein Bruder Edmund Shakespeare wurde 1607 hier beigesetzt – das Grab ist allerdings unmarkiert. Auch dem Schauspieler und Wohltäter des Rose Theatre 44, **Edward Alleyn,** ist ein Fenster gewidmet. Die **Harvard Chapel** ist nach John Harvard benannt, dem Namensgeber der bekannten amerikanischen Universität, die mithilfe seiner Spenden entstand.

› Montague Close, U: London Bridge (Jubilee/Northern Line), Tel. 73676700, www.southwark.anglican.org, Mo–Fr 9–17, Sa 9.30–15.45 und 17–18, So 12.30–15 und 16–18 Uhr, Eintritt frei

182lo©Robin_MacDougall, stock.adobe.com

48 Borough Market ★★★ [M10]

Direkt unterhalb der Kathedrale laden die **historischen Markthallen** des Borough Market zu einer kulinarischen Pause ein, denn fast alle Stände bieten warme Küche und leckere Spezialitäten. Aber auch das Markttreiben mit seinen charakterstarken Standbetreibern ist bereits eine Attraktion für sich.

Der **Lebensmittelmarkt** ist einer der ältesten Londons und geht auf das 13. Jh. zurück. Der Markt siedelte sich schon früh vor der London Bridge 49 an, da die meisten Bauern und Händler, die von Süden in die Stadt kamen, aufgrund ständiger Verkehrsstaus gar nicht erst über

Beim Bummeln rund um den Borough Market sieht man auch den Turm der Southwark Cathedral

die Brücke gelangten. Bis um 1755 fanden Handel und Verkauf unter erschwerten Bedingungen entlang der Borough High Street statt, dann verlegte man die Verkaufsstände auf ein neu erworbenes Stück Land bei der Kathedrale. Heute steht der Markt mit hochwertigen Bioprodukten von Obst bis Wildgeflügel auf der Einkaufsliste der nahegelegenen Gourmetrestaurants, lockt aber auch Stadtbummler an. Rund um den Markt gibt es viele Gelegenheiten zum Shoppen und Einkehren, z. B. bei den **Borough Yards** nahe den Eisenbahnschienen.

› 8 Southwark Street, U: London Bridge (Jubilee/Northern Line), www.boroughmarket.org.uk, Mo–Fr 10–17, Sa 8–17, So 10–16 Uhr

Kulinarisches

Entlang des Themseufers und im Bezirk Borough bieten sich in historischen Pubs und Restaurants mit Außenterrassen viele Gelegenheiten für eine Rast.

37 [L10] **Borough Yards,** Stoney Street, U: London Bridge, www.boroughyards.com, Öffnungzeiten Geschäfte und Gastronomie tgl. 7–24 Uhr. In der Nachbarschaft des Borough Market, doch hier geht es in den Geschäften und Cafes etwas ruhiger zu.

38 [L10] **Flat Iron Square,** 45 Southwark Street, U: London Bridge, www.flatironsquare.co.uk, Di–Sa 12–23, So 12–20 Uhr. Unter den Brückengängen der Schienen findet man diese Brauerei-Bar, die auch abends ein guter Anlaufpunkt ist, denn dienstags bis freitags sorgen die hauseigenen DJs für Hintergrundmusik.

39 [L11] **Mercato Metropolitano**, 42 Newington Causeway, U: Elephant & Castle, www.mercatometropolitano.co.uk, Mo–Mi 8–23, Do 8–24, Fr 8–1, Sa 11–1, So 11–22 Uhr. Dieser italienische Markt legt den Fokus auf Nachhaltigkeit und es gibt italienische Köstlichkeiten zu kaufen.

183lo-ln

Souvenirs und Mitbringsel

› **BFI Southbank** (s. S. 76). Vor dem Filmhaus findet täglich bis 19 Uhr ein Flohmarkt mit Büchern, Postern etc. statt.

40 [K10] **Gabriel's Wharf,** 56 Upper Ground, U: Waterloo, www.coinstreet.org, Di–So 11–18 Uhr. In der Gabriel's Wharf kann man in Kunsthandwerks- und Designläden stöbern und hin und wieder finden Ausstellungen statt. Zudem gibt es Cafés und Restaurants.

42 [L10] **Tate Modern.** Die Galerie hat gleich drei Läden, in denen man Kunstbücher, Spiele, Postkarten und Geschenke kaufen kann (So–Do 10–18, Fr–Sa 10–22 Uhr).

Auf dem Borough Market werden internationale Spezialitäten feilgeboten

Spaziergang 4: South Bank und Southwark

Der Spaziergang, für den man ca. 3½ Stunden Gehzeit einplanen sollte, beginnt am ***London Eye*** *39. Vom Nordausgang des Bahnhofs Waterloo gelangt man zu den Jubilee Gardens am Fuß des Riesenrads. Wer möchte, kann den Ausblick von oben genießen, bevor er den Spaziergang beginnt. Allerdings sollte man reserviert haben, sonst muss man unter Umständen sehr lange in der Schlange stehen. Neben dem Riesenrad erhebt sich die London County Hall mit dem* ***Sealife London Aquarium*** *(s. S. 164) und dem* ***London Dungeon*** *(s. S. 164).*

Nun geht es auf dem ***Silver Jubilee Walkway,*** *der zum silbernen Jubiläum der Queen angelegt wurde, das Themseufer entlang und unter der Hungerford Bridge hindurch in Richtung Osten. Gleich an der Hungerford Bridge beginnt der Komplex des* ***Southbank Centre*** *40 mit seinen Theatern, Konzerthallen und Galerien. Hier befinden sich auch Cafés und Restaurants. Weiter gelangt man zur* ***Waterloo Bridge,*** *angeblich einer der schönsten Orte, um den Sonnenuntergang über der Themse zu beobachten. Unterhalb der Brücke kann man beim* ***BFI (British Film Institute)*** *an der Southbank (s. S. 76) Filme anschauen, Kaffee trinken oder auf dem Bücherflohmarkt stöbern.*

Als nächstes erreicht man das ***National Theatre*** *41, wo renommierte Theaterre-*

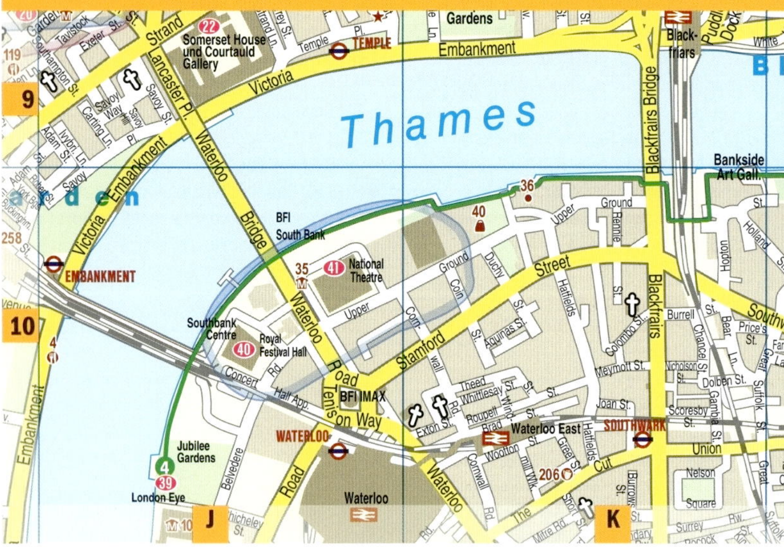

gisseure auf verschiedenen Bühnen ihre Stücke inszenieren. Im Sommer kann man rund um das Theater während der River Stage Weekends (s. S. 201) Open-Air-Aufführungen sehen.

*Weiter die Promenade entlang gelangt man zur **Gabriel's Wharf** (s. S. 83). In dem Gebäudekomplex reihen sich Kunsthandwerks- und Designläden aneinander und hin und wieder finden an der Uferpromenade Ausstellungen statt. Hier kann man in den Läden stöbern und dann versuchen, einen der Tische in den Cafés zu ergattern. Hinter dem Gelände ragt der **Oxo Tower** (s. S. 78) auf. Wie die Tate Modern war auch er einst Teil einer Kraftwerksanlage. Im 8. Stock des Turms gelangt man durch ein Restaurant zu einer Aussichtsplattform, die man kostenlos betreten kann.*

*Weiter am Fluss entlang erhebt sich nun rechter Hand der beeindruckende Bau der **Tate Modern** 42. Das Gebäude entstand 1947 durch den Architekten Giles Gilbert Scott und wurde im Jahr 2000 nach langem Umbau als Kunstgalerie wiedereröffnet. Besonders beeindruckend ist die 100 m lange und 30 m hohe Turbinenhalle, in der besonders große Werke gezeigt werden. Da der Eintritt frei ist, sollte man zumindest einen Blick in die Eingangshalle riskieren.*

*Direkt vor der Tate Modern überspannt die **Millennium Bridge** des Architekten*

Sir Norman Foster die Themse. Die spektakuläre Brücke eröffnet einen schönen Blick auf die Londoner City mit ***St. Paul's Cathedral*** *31. Wer einen Abstecher machen möchte, kann die Brücke überqueren und die Kathedrale gleich mitbesichtigen.*

Von der Millennium Bridge hat man den besten Blick auf den ***Shakespeare's Globe*** *43. Ausgehend von den Fundamenten begann man bereits 1988, dieses historische Theater, in dem u. a. William Shakespeare und Christopher Marlowe ihre Stücke aufführten, originalgetreu zu rekonstruieren. 2013 kam noch das* ***Sam Wanamaker Playhouse*** *hinzu, der Nachbau eines Theaters aus dem 17. Jh. Auf beiden Bühnen kann man Vorstellungen sehen und an Führungen hinter den Kulissen teilnehmen. Über den New Globe Walk gelangt man zu einem weiteren Theater in der Park Street,* ***The Rose Playhouse*** *44. Es war 1587 das erste Spielhaus auf der Südseite der Themse und wird momentan noch restauriert.*

Wer am Ufer weiterspaziert, gelangt in den verwinkelten Straßenlauf rund um die ***Southwark Bridge,*** *der noch an die Vergangenheit erinnert. Vorbei am Anchor Pub (s. S. 181), der bereits im 15. Jh. stand, gelangt man zum* ***Clink Prison Museum*** *(s. S. 164). Das heutige Gruselmuseum zeigt, wie die Gefangenen vom 12. bis zum 18. Jh. hier vor sich hin siechten. Ein Stückchen weiter kann man sich die Überreste des* ***Winchester Palace*** *45 ansehen, in dem früher der Bischof residierte.*

Zwischen Clink Prison Museum und Winchester Palace zweigt die Stoney Street nach Süden ab, die den Brückenbögen der Eisenbahnlinie folgt. Bei der Dirty Lane biegt man rechts in die ***Borough Yards*** *(s. S. 83) ab, eine kleine Fußgängerzone links und rechts der Eisenbahnschienen, in der man shoppen und einkehren kann. Hat man die Schienen unterquert, folgt man der Dirty Lane nach links bis zur Kreuzung. Dort geht es geradeaus auf den Redcross Way. Links blickt man auf das noch im Bau befindlicheProjekt* ***The Liberty of Southwark*** *(https://thelibertyofsouthwark.com). Hier entsteht bis 2024 ein neues Viertel mit Markt und Kulturangeboten.*

Nach links geht es auf der Southwark Street nach Osten, immer The Shard 51 vor Augen. Nun kann man nach links wieder in die Stoney Street einbiegen, die zum ***Borough Market*** *48 führt. Der Gourmetmarkt mit Spezialitäten aus aller Welt ist ein beliebter Treffpunkt, denn die Stände bieten leckere, warme Mahlzeiten an. In den Markthallen und drumherum befinden sich zudem Cafés und Pubs, in denen man gut eine Rast einlegen kann.*

Wer möchte, kann vorher noch einen Abstecher zum ***George Inn Yard*** *(s. S. 182) machen. Die sogenannten Yards, Gasthäuser in Hinterhöfen, gab es einst zahlreich. Hier befanden sich die Postkutschenstationen für Händler und andere Reisende. Heutzutage erinnern nur noch die Namen der Höfe an die einstigen Tavernen, die leider meist Feuern, Stadtplanungen der Viktorianer oder dem Bombardement im Zweiten Weltkrieg zum Opfer fielen. Der George Inn ist aber noch heute als Pub in Betrieb.*

Über die Cathedral Street kommt man zur ***Southwark Cathedral*** *47, der ältes-*

ten gotischen Kirche Londons. Im Innern befindet sich ein Denkmal für William Shakespeare, dessen Werke auch in den bunten Glasfenstern bildlich dargestellt sind. Sein Bruder Edmund liegt hier begraben.

Vom Gotteshaus aus ist es nicht weit bis zum St. Mary Overie Dock, in dem der Segler **Golden Hinde II** (46) *vor Anker liegt. Der Dreimaster aus dem Jahr 1973 ist ein Nachbau des Schiffs, mit dem Francis Drake von 1577 bis 1580 um die Welt segelte.*

Wer den Spaziergang entlang der Themse nun noch etwas fortsetzen möchte, läuft zur London Bridge (49) *und weiter in Richtung Osten bis zum Tower* (53).

⊡ *Ein Blick auf die gotische Southwark Cathedral* (47)

113lo-ln

Von der London Bridge zur Tower Bridge

Wer die South Bank erkundet hat, kann entlang des südlichen Themseufers weiterlaufen. Fast nahtlos gelangt man hinter der London Bridge (49) in das London Bridge Quarter mit dem höchsten Hochhaus Londons, The Shard (51). Vom Themseufer aus blickt man hingegen auf ein altbekanntes Wahrzeichen, die Tower Bridge (52).

(49) London Bridge ★ [M10]

Im Vergleich zur Tower Bridge (52) ist die London Bridge eher unscheinbar, historisch gesehen ist sie jedoch die bedeutendste Brücke der Stadt. Bis 1739 war sie die einzige Verbindung zwischen dem Nord- und dem Südufer der Themse. Die Römer errichteten an dieser Stelle eine erste Holzkonstruktion über den Fluss. Erst zwischen 1176 und 1209 entstand die erste Steinbrücke, über die sich tagaus und tagein ein geschäftiger Strom von Menschen ergoss.

Wie damals üblich, wurde die Brücke mit Geschäften und Wohnhäusern bebaut. In den eng aneinandergedrängten Häuschen kam es immer wieder zu verheerenden **Feuersbrünsten**, aber an Flucht war auf der überfüllten Brücke nicht zu denken und viele mussten ihr Leben lassen. 1758 bis 1762 nahm man daher Umbauten vor und 1831 wurde – nach langer Bauzeit – feierlich eine ganz neue Brücke eingeweiht. In den Jahren 1967 bis 1972 entstand dann die dritte, heutige London Bridge.

Rund um den Bahnhof London Bridge ist inzwischen das neue Viertel **London Bridge Quarter** mit Apartments, Luxushotels und Geschäften entstanden. In der Tooley Street, die vom Südende der Brücke abzweigt, kann man sich im Gruselmuseum **London Bridge Experience & Tombs** (s. S. 164) eine Dokumentation über die unschönen Aspekte der mittelalterlichen Brückengeschichte anschauen.

› U: London Bridge (Jubilee/Northern Line)

(50) HMS Belfast ★★ [M10]

Von der Tooley Street gelangt man durch die Hay's Galleria (s. S. 97) an das Themseufer, wo die HMS Belfast vor Anker liegt. Sie ist nach dem Sitz der **Belfaster Werft Harland & Wolff** benannt, wo sie 1938 vom Stapel gelassen wurde. Schon 1939, bei einem ihrer ersten Einsätze im Zweiten Weltkrieg, wurde der Kiel der Belfast von einer deutschen Mine beschädigt. Nach zweijähriger Reparatur war sie wieder im Einsatz und spielte bei der Landung der Alliierten in der Normandie 1944 eine entscheidende Rolle. Ein Jahr zuvor hatte sie das deutsche Schlachtschiff Scharnhorst versenkt.

Fast 950 Mann lebten und arbeiteten an Bord in sehr beengten Verhältnissen. Aufmunternd wirkte dabei die tägliche Rumration, die allen Matrosen zustand. Seit 1971 ist die HMS Belfast ein **Museumsschiff** und bei einem Besuch kann man sich in das tägliche Leben der **Royal Navy** hineinversetzen, zusätzlich finden viele Sonderveranstaltungen statt. Das Schiff wird vom **Imperial War Museum** (s. S. 163) in Vauxhall geführt, das auf jeden Fall einen Abstecher wert ist. Dort gibt es u. a. Dauerausstellungen über die beiden Weltkriege und den Holocaust, mit einem Schwerpunkt auf dem

Leben und Überleben der Menschen in Kriegszeiten.

› HMS Belfast, The Queen's Walk, U: London Bridge (Jubilee/Northern Line), Tel. 74165000, www.iwm.org.uk/visits/hms-belfast, tgl. 10–17 Uhr, Erw. £ 23,60, erm. £ 21,25, Kinder (5–15 Jahre) £ 11,80

51 The Shard ★★★ [M10]

Vom Bahnhof London Bridge gelangt man über die St. Thomas Street zum „Shard". Der 2013 fertiggestellte Bau des Architekten Renzo Piano ist ein konischer, sich nach oben verjüngender Turm, der einer Glasscherbe ähnelt (daher der Name). Er erhebt sich aus dem Häusergewirr enger Straßen und ist mit 310 m **das bisher höchste Gebäude Londons.** Wenn man in Southwark und Bermondsey spazieren geht, erhascht man immer wieder einen Blick auf den Turm, aber auch von anderen Stadtteilen ist er weithin sichtbar.

Das Museumsschiff HMS Belfast

Neben Büros und Apartments beherbergt das Gebäude auch das Luxushotel Shangri-La und mehrere Aussichtsrestaurants (z. B. Oblix, s. S. 179). Einen Besuch auf der Aussichtsplattform **View from the Shard** sollte man nicht verpassen. Man muss jedoch im Voraus buchen. Vom Shard hat man einen weiten Blick – bisher überragt der Skyscraper alle anderen Hochhäuser am Nordufer der Themse. Auf der Aussichtsplattform finden unregelmäßig Events statt, zum Beispiel an ausgesuchten Wochenenden eine „Silent Disco" (Musik über Kopfhörer) – dann kann man die Lichter der Stadt bei Nacht bewundern.

Wieder zurück entlang der Tooley Street gelangt man auf den **More London Place**, wo sich Cafés für eine Pause anbieten. Von hier führt eine Gasse hinunter zur **Themse**, vorbei an erfrischenden Wasserfontänen, hinter denen sich bereits der Blick auf die **Tower Bridge** 52 eröffnet. Der rechts sichtbare, moderne Gebäudekomplex in der Form einer Knolle wurde von Sir Norman Foster entworfen und ist wie The Gherkin (s. S. 73) energieeffizient gebaut. Hier hatte die

Die Themse

Die Themse war lange der wichtigste Transportweg der Stadt und ist noch heute ihre Lebensader. Sie ist Orientierungspunkt und bietet einige der unvergesslichsten Blicke auf London. Entlang der Ufer führt der ***Thames Path,*** *der Themsewanderpfad. Er schließt den Jubilee Walkway an der South Bank mit ein, aber auch das Nordufer der Themse bis in die Docklands. Der gesamte Pfad ist 294 km lang, beginnt in den Cotswolds im Westen und endet in Woolwich im Südosten Londons.*

Der sich stark schlängelnde Strom, der in den Cotswold Hills seinen Ursprung hat, ist insgesamt 346 km lang. Auf dem Weg zur Mündung in die Nordsee verbreitert er sich ständig: Auf der Höhe der London Bridge ist er 265 m breit, nur wenige Kilometer entfernt in Woolwich bereits 448 m.

Die Breite war lange Zeit ein Hindernis für den ***Brückenbau.*** *600 Jahre lang war die* ***London Bridge*** *49 der einzige Übergang. Erst 1739 begann man mit dem Bau der* ***Westminster Bridge,*** *die 1750 fertiggestellt wurde. Heute überspannen neun Brücken den Fluss, weitere Querungen sind geplant. Dabei wird auf verschiedene Varianten gesetzt. Während zwischen Rotherhithe und Canary Wharf eine Fußgänger- und Fahrradbrücke angedacht ist, wird von Greenwich aus bis Silvertown bereits ein Autotunnel gebaut. Auch die Docklands Light Railway will man unterhalb der Themse verlängern.*

Rechts und links der Themse wird gebaut und renoviert, denn Apartments mit Blick auf Fluss und Skyline sind begehrt. Zuerst wurden die Docklands auf der Nordseite der Themse transformiert und bieten von den ***St. Katherine Docks*** *59 bis zu den* ***Royal Docks*** *64 attraktiven Wohnraum. In den Hafenbecken tummeln sich heute Segelboote, Kanus und sogar Surfer. Am Südufer setzt sich die Erschließung von Rotherhithe bis Canada Water fort. Auch in den lange vernachlässigten Gebieten im Westen wie* ***Vauxhall*** *und* ***Nine Elms*** *entstehen in der Nachbarschaft der Battersea Power Station neue Wohnviertel.*

Wer das moderne Themseufer mit historischen Ansichten vergleichen möchte, wird in der ***Tate Britain*** *106 fündig. Zu Zeiten, als die Themse noch von Segelschonern bevölkert war, hielten britische Landschaftsmaler wie William Turner und John Constable faszinierende Szenen auf der Leinwand fest.*

Als der Fluss noch ein Warenumschlagplatz war, gab es Probleme mit Schmugglern und Dieben. Um 1798 gründeten die Dockeigentümer daher die ***Thames River Police,*** *die zur ersten Flusspolizei der Welt wurde. Sie sah sich oft mit grausamen Verbrechen und tragischen Ereignissen wie Schiffsunfällen konfrontiert. Noch heute ist die Thames Division ein Arm der* ***Metropolitan Police*** *und kümmert sich um alle Verbrechen, die mit dem Fluss in Verbindung stehen. In Wapping gibt es ein kleines Museum über die Wasserpolizei, das man während des Events London Open City (s. S. 201) oder nach schriftlicher Voranmeldung besuchen kann.*

› ***Wandern auf dem Themsepfad:*** *Thames Path National Trail, www.nationaltrail.co.uk/thames-path*

41 *[O10]* ***Thames Police Museum,*** *Wapping Police Station, Wapping High Street, www.thamespolicemuseum.org.uk*

0291o-kw

Londoner Stadtverwaltung vor ihrem Umzug in die Docklands (65) ihren Sitz. Von den Stufen des benachbarten Amphitheaters **The Scoop** kann man den Blick auf die Themse genießen.

› **The Shard,** 32 London Bridge Street, Zugang zur Aussichtsplattform: Joiner Street, Tel. 0844 4997111, U: London Bridge (Jubilee/Northern Line), www.theviewfromtheshard.com, Kernöffnungszeiten So, Mi, Do 11–19, Fr, Sa 10–22 Uhr, andere Zeiten s. Website, Erw. ab £32, Kinder unter 4 Jahre frei, Eintritt nur mit vorher gebuchtem Termin. Vier digitale Erinnerungsfotos sind im Preis eingeschlossen.

Die Tower Bridge ist bis heute eines der Wahrzeichen der Stadt

52 Tower Bridge ★★★ [N10]

Die Tower Bridge ist eines der bekanntesten **Wahrzeichen** Londons. Bereits 1876 erkannte man die Notwendigkeit einer weiteren Brücke über die Themse, nachdem die Docks und das East End sprunghaft angewachsen waren. Sie durfte aber den Schiffsverkehr bis hin zur London Bridge nicht beeinflussen. Im Jahr 1884 entschied man sich schließlich für den von Horace Jones und John Wolfe Barry vorgelegten Entwurf einer **Zugbrücke,** die allerdings erst acht Jahre später fertiggestellt wurde.

Im nordwestlichen Brückenpfeiler ist die **Tower Bridge Exhibition** untergebracht, die den Bau der Brücke anschaulich dokumentiert. Damals wurde die Zugbrücke durch Dampfkraft betrieben und die viktorianischen Maschinenräume kann man auf der Südseite der Brücke in Shad Thames besichtigen. Heute wird die Hydraulik elektrisch gesteuert und die Brücke öffnet sich täglich mehrmals für hinein- und hinausfahrende Schiffe.

Besonders spektakulär ist die Aussicht von den **Verbindungsstegen** zwischen den Brückenpfeilern in 42 m Höhe, die nun einen **Boden aus Glas** besitzen. Die Stahlstreben, die hier einst für die Stabilität der Stege sorgten, wurden durch 68 mm dicke Glasplatten ersetzt. Sie dienen Fußgängern nun als schwindelerregende Aussichtsplattform – aber nur denjenigen, die sich trauen, nach unten zu schauen.

› **Tower Bridge Exhibition,** Tower Bridge Rd., U: Tower Hill (Circle/District Line), Tel. 74033761, www.towerbridge.org.uk, tgl. 9.30–18 Uhr, Erw. £ 12,30, erm. £ 9,20, Kinder (5–15) £ 6,20

53 Tower of London ★★★ [N9]

Über die Tower Bridge gelangt man zum Tower von London, einer der meistbesuchten Touristenattraktionen Londons. Als Symbol der neuen normannischen Staatsmacht erbaute **William the Conqueror** 1078 den **White Tower**, der noch heute das Kernstück der Festung bildet.

Im Mittelalter war der Tower das imposanteste Bauwerk an der Themse und von den alten römischen Stadtmauern umgeben. König Richard the Lionheart ließ 1189 bis 1199 einen neuen **Mauerring** *(inner ward)* mit 12 Wachtürmen errichten. Unter Edward I. entstand 1285

Der White Tower geht auf William the Conqueror zurück

184lo©andreyspb21, stock.adobe.com

Spaziergang 5: Von der London Bridge zum Tower

Der Spaziergang, für den man etwa vier Stunden einplanen sollte, verläuft zwischen den beiden berühmtesten Brücken der Stadt und beginnt am Nordende der London Bridge. Man fährt am besten zunächst mit der Tube zur U-Bahn-Station ***Monument*** *37, wo das gleichnamige Denkmal an das Große Feuer von London im Jahr 1666 erinnert. Von hier läuft man südlich in Richtung Themse bis zur Lower Thames Street, wo man dann nach Westen hin zur Brücke abbiegt. Schon die Römer bauten an dieser Stelle eine Holzbrücke über den Fluss, der mehrere Neubauten folgten. Bis ins Jahr 1750 blieb die* ***London Bridge*** *49 die einzige Brücke über die Themse und sie ist daher mit der Geschichte Londons eng verbunden. Von der Brücke hat man einen guten Blick auf den Verlauf des Flusses.*

Am Südufer erhebt sich aus dem Häusergewirr das höchste Gebäude der Stadt, ***The Shard*** *51. Der Wolkenkratzer misst 310 m und hat eine Aussichtsplattform. Obwohl er aufgrund seiner Größe ganz nah erscheint, befindet sich der Eingang ein ganzes Stück von der Brücke entfernt an der St. Thomas Street, nahe dem* ***Bahnhof London Bridge.*** *Hier ist ein neues Stadtviertel, das London Bridge Quarter mit Apartmentblocks und Geschäften, entstanden.*

Den Spaziergang entlang des Themseufers setzt man über die ***Tooley Street*** *[M10] fort, die direkt hinter der London Bridge nach Osten führt. Nach etwa fünf Minuten erreicht man das Erlebnismuseum* ***London Bridge Experience*** *(s. S. 164). Kurz darauf gelangt man zum Eingang der* ***Hay's Galleria*** *(s. S. 97), einer ehemaligen Werft mit Geschäften und Cafés.*

Am Nordausgang der Passage liegt das Museumsschiff ***HMS Belfast*** *50 vor Anker. Dieser 1938 in Dienst gestellte Kreuzer der Royal Navy unterstützte u. a. 1944 die Landung der Alliierten in der Normandie. Nach dem Zweiten Weltkrieg versah er seinen Dienst in Fernost. Heute kann man hier einen guten Eindruck vom einstigen Leben an Bord gewinnen.*

Folgt man dem Uferpfad weiter in Richtung Osten, gelangt man zum Gebäudekomplex ***More London Place*** *[M10], der sich rund um ein knollenförmiges Gebäude des Architekten Sir Norman Foster erstreckt. Bis zu ihrem Umzug in die Docklands befand sich in Letzterem die Londoner Stadtverwaltung. Allerdings hatte man das Gebäude nur gemietet, was in bester Zentrumslage horrende Kosten verursachte. Zwischen die Bauten setzte Foster als verbindendes Element ein modernes Amphitheater, genannt* ***The Scoop,*** *auf dessen Stufen Büroangestellte und Touristen gern ihre Mittagspause verbringen. Von Juni bis September finden hier zahlreiche Open-Air-Veranstaltungen statt, die große Menschenmengen anziehen. Weiter östlich gibt es im* ***Potters Field Park*** *weitere Sitzmöglichkeiten.*

Auf der Südseite des Bahnhofs London Bridge beginnt das Viertel Bermondsey, das sich bis in den Osten zieht. Von der Tooley Street geht es unter den Schienen hindurch bis auf die Bermondsey Street. Entlang der Straße kann man z. B. das ***Fashion and Textile Museum*** *55 oder die Galerie* ***White Cube*** *56 besuchen. Bei der* ***St. Mary Magdalene Church*** *57 befindet sich eine schöne Gartenanlage. Östlich der Kir-*

1 cm = 150 m
0
300 m
© Reise Know-How 2023
Bank of England Museum
Royal Exchange
Mansion House
Lloyd's Building
Fenchurch
Cannon Street
Monument
The Monument
Tower Hill
Tower Gateway
Custom House
The Tower of London
St. Katherine Docks
Winchester Palace
Golden Hinde II
Southwark Cathedral
Borough Market
London Bridge
HMS Belfast
The Shard
Guy's Hosp.
The Borough
Fashion and Textile Museum
White Cube
St. Mary Magdalene Church
Butler's Wharf
Shad Thames
Tower Bridge
Tooley Street
Bermondsey Street
Long Lane
Great Dover Street
Tower Bridge Road
Lower Thames Street
King William St.
Gracechurch St.
Minories
9
10
11
M
N

che wandert man nun entlang der Tower Bridge Road wieder Richtung Themse. Bevor es erneut unter den Schienen hindurchgeht, sollte man einen Abstecher in die Tanner Street zum ***Maltby Street Market*** *(s. S. 100) machen. Der Markt mit Streetfood und Ständen entlang der Bögen unter der Eisenbahn ist einer der kleinsten, aber feinsten Open-Air-Märkte der Stadt.*

Weiter auf der Tower Bridge Road gelangt man direkt zum Fuß der berühmten, gleichnamigen Brücke. Östlich davon erstreckt sich das Viertel Shad Thames 54 mit der ***Butler's Wharf****, die einst der größte Warenspeicherplatz an der Themse war. Heute ist hier ein belebtes Areal mit Restaurants und Cafés.*

Vom St. Saviour's Dock gelangt man ans Themseufer, von dem man eine atemberaubende Aussicht auf die Tower Bridge 52 genießen kann. Die Zugbrücke wurde 1894 eingeweiht, für Entwurf und Bauleitung zeichneten Sir Wolfe John Barry und Sir Horace Jones verantwortlich. Die beiden Brückenteile können innerhalb von nur 90 Sekunden geöffnet werden. Auf der Ostseite liegen oft größere Privatjachten vor Anker und im Fundament des Südturms kann man ein Ticket für die ***Tower Bridge Exhibition*** *kaufen, das auch einen Aufstieg zum verglasten Verbindungssteg hoch über der Fahrbahn einschließt, von wo man eine schöne Aussicht auf den Fluss und die Stadt hat.*

Über die Tower Bridge geht es nun zum berühmten ***Tower of London*** *53. Für die Besichtigung muss man mindestens zwei Stunden einplanen, denn um die Kronjuwelen bilden sich immer lange Schlangen. Im Tower hat sich ein großer Teil der Historie des Landes abgespielt und man kann interessante Führungen mit einem der Beefeater, der berühmten Wachtruppe der Festung, unternehmen.*

Von der Westseite des Tower führt ein Spazierweg durch die Grünanlagen des Tower Hill an der gleichnamigen Station der Docklands Light Railway. Von hier aus könnte man z. B. eine Fahrt in die ***Docklands*** *(s. S. 102) unternehmen oder den Uferweg auf der Nordseite zu Fuß oder mit dem Fahrrad weiter erkunden.*

☑ Der Maltby Street Market (s. S. 100) ist ein kleiner, aber feiner Gourmetmarkt

schließlich auch noch der äußere Mauerring *(outer ward)*, der von einem Burggraben umgeben war. Dies machte die Festung so gut wie uneinnehmbar. Sie wurde nur sporadisch als Königssitz genutzt und diente im Wesentlichen zur **Verteidigung** der Stadt gegen Angriffe von der Themse und als **Waffenarsenal.**

Ab dem 12. Jh. war der Tower auch ein **ausbruchssicheres Gefängnis.** In der Tudorperiode wurden hochkarätige Staatsfeinde direkt mit dem Boot über die Themse durch das sogenannte **Traitor's Gate** (Verrätertor) in den Tower befördert. Sie wurden dann in einem der Türme eingekerkert, bevor sie vor der Kapelle St. Peter ad Vincula auf dem Schafott hingerichtet wurden. Dieses Schicksal wurde auch Anne Boleyn und Catherine Howard zuteil, beides Ehefrauen von Henry VIII.

Der **Bloody Tower** wird mit der Legende von den zwei Prinzen in Verbindung gebracht: Richard III. soll seine zwei Neffen, die Thronerben, in diesem Turm eingekerkert und ermordet haben, um selbst den Thron zu besteigen.

Das **Jewel House** mit den **Kronjuwelen** ist zweifellos eine der Hauptattraktionen des Tower. Die Originaljuwelen des Krönungsornats (Krone, Zepter und Schwert) waren während des Bürgerkriegs von den Truppen Oliver Cromwells zerstört worden und Charles II. ließ 1661 für seine eigene Krönung neue Exemplare anfertigen.

Insgesamt gehören 10 Kronen zum Staatsschatz, wobei die **Imperial State Crown** die meistgetragene ist. Charles III. trug sie am Ende seiner Krönungszeremonie am 6. Mai 2023. Beim feierlichen Akt der Krönung wird jedoch zuerst die schwere **St. Edward's Crown** aus Gold getragen. Auch das Zepter mit Kreuz spielt eine Rolle bei der Zeremonie. Seit 1907 ziert es der südafrikanische Diamant **Cullinan I.** Er hat 530 Karat und ist der größte farblose, geschliffene Diamant der Welt. Queen Consort Camilla trug bei der Zeremonie die **Queen Mary's Crown,** die allerdings nicht mehr ihr ursprüngliches Aussehen hat: Man entfernte den umstrittenen Diamanten Koh-i-Noor aus der Krone, auf den das Herkunftsland Indien Anspruch erhebt.

Für die Besichtigung der Anlage sollte man mehrere Stunden einplanen. Interessant sind die Führungen mit einem der **Beefeater,** einem Mitglied der berühmten Wachtruppe der Festung. Die Beefeater sind Armeeveteranen und als *Yeomen of the Guard* (königliche Leibgardisten) dem königlichen Personal zugehörig. In der Vergangenheit durften sie vom Büfett des Königs so viel Rindfleisch essen, wie sie wollten. Daraus leitete sich der Name „Beefeater" (Rindfleischesser) ab.

Über **Waffen, Uniformen und Heraldik** kann man sich in den New Armouries, dem Zeughaus, dem Royal Fusiliers' Museum, den Waterloo Barracks und dem Heralds Museum informieren.

Pünktlich um 21.53 Uhr spielt sich jeden Abend die jahrhundertealte traditionelle Schlüsselzeremonie (**Ceremony of the Keys**) vor dem Bloody Tower ab, bei der der Tower für die Nacht abgesperrt wird.

› Tel. 0844 482777, www.hrp.org.uk, U: Tower Hill (Circle/District Line), täglich 9/10–17.30 Uhr (letzter Einlass 15.30 Uhr), genaue Zeiten und geplante Schließungen s. Website, Erw. £ 33,60, erm. £ 26,80, Kinder (5–15 Jahre) £ 16,80, Ceremony of the Keys: £ 5 (Vorausbuchung notwendig), Audioguides £ 5, ermäßigt/Kinder £ 4

Kulinarisches

95 [M10] **The Brigade Bar and Kitchen** £££, The Fire Station, 139 Tooley Street, Tel. 020 70899444, www.thebrigade.co.uk, Mo–Fr 11.30–22.30 Uhr. Geräumige Lounge-Bar einem alten Feuerwehrhaus mit sättigenden Klassikern wie Burger oder auch Fish and Chips.

Von den Terrassen der folgenden Lokale hat man einen guten Ausblick auf die Themse mit der Tower Bridge:

96 [M10] **Côte Hay's Galleria** ££, 1 Hay's Galleria, Counter Street, Tel. 020 72340800, www.cote.co.uk, Mo–Fr 8–22, Sa 9–22, So 9–21.30 Uhr. Französische Kette mit Klassikern wie Steak Frites oder gebackener Camembert.

97 [M10] **The Bar,** The Queen's Walk, U: London Bridge, https://the-bar-hms-belfast-cocktail-bar.business.site, Mi, Do 15–22, Fr 15–23, Sa 12–23, So 12–17 Uhr. Direkt über dem Eingang zur HMS Belfast befindet sich diese Terrassenbar mit Aussicht.

98 [N10] **Vapiano Tower Bridge** ££, Unit 2, 1 Tower Bridge, U: London Bridge, Tel. 0203 9415550, https://uk.vapiano.com, tägl. 12–22.30 Uhr. Italienische Kette mit Standards wie Pizza und Pasta oder Salaten von guter Qualität.

Shopping

99 [M10] **Hay's Galleria,** 1 Battle Bridge Lane. In den Hallen der Hay's Wharf legten einst die großen Segelschiffe an, die nicht durch die niedrigen Rundbögen der London Bridge passten. In der glasüberdachten Halle der renovierten Werft, Hay's Galleria, findet man heute hübsche Geschäfte mit Büchern, Schuhen und Accessoires. Daneben gibt es eine Reihe von Restaurants und Cafés.

Bermondsey und Rotherhithe

Im 19. Jh. bestimmten die geschäftigen Docks auf der Südseite der Themse das Leben in Bermondsey. Heute reihen sich hier restaurierte Warenhäuser aneinander, die von schicken Restaurants, Kreativ-Agenturen und Galerien bevölkert sind. Bei einem angenehmen Bummel kann man sich auf die Spuren der Geschichte des Viertels begeben, auf Märkten stöbern und einkehren. Rotherhithe war von der Tudorzeit bis ins 20. Jh. ein Hafengebiet mit maritimen Verbindungen nach Skandinavien. Schon Henry VIII. ließ hier Schiffe für die Royal Navy bauen. Bereits zu Zeiten der Viktorianer entstand der erste Tunnel unter der Themse.

54 Shad Thames ★ [N10]

Bei der Tower Bridge Piazza auf der Südostseite der Tower Bridge 52 beginnt das Viertel Shad Thames, das von restaurierten Warenhäusern der ehemaligen Dockanlagen geprägt wird. In den **Bermondsey Docks** legten Schiffe an, die exotische Lebensmittel und Gewürze nach London brachten, die Straßennamen erinnern noch daran.

Der beeindruckende Gebäudekomplex **Butler's Wharf** war einer der größten Warenspeicher an der Themse. Spaziert man auf der Straße Shad Thamse durch Butlers Wharf, erspäht man immer wieder kleine Brücken, sogenannte *wharf bridges,* die gegenüberliegende Häuser in den oberen Stockwerken miteinander verbinden. Dies ermöglichte damals einen unkomplizierten Transport der Waren zwischen den Gebäuden. Nachdem das Viertel 1836 an die Eisenbahn angebunden worden war, wurden die Waren direkt aus den Lagerhäusern weitertransportiert.

Dockarbeiter ließen sich in großer Anzahl im Viertel nieder und lebten in ähnlich horrenden Zuständen wie im East End. Zur Zeit von Charles Dickens war die Gegend verrufen, hier lebten die Ärmsten der Armen. Heutzutage sind die restaurierten Lofts in den ehemaligen Warenlagern nur noch für sehr begüterte Menschen erschwinglich. An der Restaurierung des maroden Viertels zu Beginn der 1990er-Jahre war maßgeblich der Designer **Terence Conran** (1931–2020) beteiligt, der hier 1989 sein **Design Museum** (90) eröffnete, das aber 2016 nach Kensington umzog.

Beim St. Saviour's Dock geht es hinunter zu einer Promenade am Themseufer. Von den dortigen Restaurantterrassen hat man einen tollen Blick auf die Tower Bridge.

› U: London Bridge

(55) Fashion and Textile Museum ★★ [M11]

Folgt man der St. Thomas Street entlang der Bahnarkaden weiter in Richtung Osten, kreuzt man bald die **Bermondsey Street.** Sie ist die lange Hauptstraße durch das Viertel. Vom Mittelalter bis Mitte des 18. Jh. florierte in Bermondsey die Gerberindustrie, daran erinnern heute noch Straßen wie die Tanner Street (Gerberstraße), wo Leder und Wolle verarbeitet wurden.

Empfehlenswert ist ein Besuch im **Fashion and Textile Museum**, das 2001 von Dame Zandra Rhodes in Auftrag gegeben wurde. Die über 80-jährige Designerin, die zur Zeit des Punk und des New Wave mit ihren bunten Kreationen Akzente setzte, trägt noch heute ihre pinkfarbene Haarpracht, die als ihr Erkennungszeichen gilt (https://zandrarhodes.com). Das farbenfrohe Museumsgebäude ließ sie in ihren Lieblingsfarben Pink und Orange von dem mexikanischen Architekten Ricardo Legorreta entwerfen. Heute wird es vom **Newham College of Further Education** geführt und beherbergt dessen Modeschule. Neben Mode aus verschiedenen Jahrhunderten gibt es interessante Wechselausstellungen zu sehen, z. B. zur Textilentwicklung, sowie Retrospektiven zu weniger bekannten Designern. Im Café des Museums, „The Workroom", finden Workshops und Events statt.

› 83 Bermondsey Street, U: London Bridge (Jubilee/Northern Line), Tel. 74078664, https://fashiontextilemuseum.org/visit, Di–Sa 11–18 Uhr, Erw. £ 12,65, erm. £ 11,55, Studenten £ 10,45, Kinder unter 12 Jahre frei

(56) White Cube ★ [M11]

Wandert man die Bermondsey Street weiter in Richtung Süden, erreicht man bald die **Galerie** White Cube. Sie wird von **Jay Jopling** geführt, einem frühen Förderer des Performance-Künstlers Damien Hirst. Neben einer weiteren Filiale im Mason's Yard im Viertel St. James's führt er auch Galerien in Hong Kong, New York und Paris, die neue Talente ebenso wie bereits etablierte Künstler zeigen. Das Galeriegebäude, das (wie auch die anderen Filialen) an das Konzept eines „weißen Würfels" angelehnt ist, bietet eine riesige Ausstellungsfläche, wobei der Schwerpunkt auf **Skulpturen** und **Instal-**

lationen liegt. So hat hier z.B. schon Anthony Gormley ausgestellt, aber auch Katharina Fritsch, deren „blaues Huhn" im Jahr 2014 das Fourth Plinth am Trafalgar Square 7 schmückte. Neben den Ausstellungen finden **Lesungen** und **Filmvorführungen** in einem angegliederten Auditorium statt.

› 144–152 Bermondsey St, U: Borough (Northern Line), Tel. 79305373, www.whitecube.com, Di–Sa 10–18, So 12–18 Uhr, Eintritt frei

57 St. Mary Magdalene Church ★ [M11]

Kurz bevor die Bermondsey Street auf den Bermondsey Square mündet, passiert man auf der linken Seite die St. Mary Magdalene Church. Sie war die Abteikirche der **Bermondsey Abbey**, einer Benediktinerabtei, die hier bereits 1082 gegründet wurde. Die St. Saviour gewidmete Abtei war damals noch von einem Sumpfgebiet umgeben. Es wurde eine Straße gebaut, auf der Pilger von der London Bridge zur Abtei gelangen konnten.

Die Abtei beherbergte früher mehrere aus Westminster „verbannte" Mitglieder der königlichen Familie, so verstarben hier z.B. Queen Catherine, die Frau von Henry V. (1437), und Elizabeth Woodville, die Frau von Eward VI. (1492). Unter Henry VIII. wurde sie, wie auch alle anderen Abteien im Land, zerstört. Die Kirche blieb zwar erhalten, war jedoch bis 1680 so verfallen, dass sie komplett restauriert werden musste. Der untere Teil der Fundamente sowie vier gotische Bögen in der Orgelkammer stammen noch aus der mittelalterlichen Zeit. Im Inneren sind Dekorationen aus dem 17. und 18. Jh. zu sehen. In der Parkanlage hinter der Kirche kann man sich vom Bummeln ausruhen.

Auf dem benachbarten **Bermondsey Square** findet freitags ein Antikmarkt statt (s. S. 101). An jedem ersten Sonntag im Monat gibt es zudem kostenfreie Jazzkonzerte (https://bermondseysquare.net/events-calendar/).

› 193 Bermondsey Street, U: Borough (Northern Line), Tel. 72340100, http://stmarysbermondsey.org.uk, die Kirche ist sonntags beim Gottesdienst geöffnet, ansonsten wendet man sich an das Büro des Dekans: Di–Do 9.30–13.30, Fr. 14–17 Uhr

58 Brunel Museum Rotherhithe ★★ [P10]

1843 rückte der Stadtteil Rotherhithe ins Rampenlicht, denn damals wurde hier der erste Tunnel unter der Themse eröffnet – gleichzeitig der erste **Unterwassertunnel** der Welt.

Als die Docks auf beiden Seiten der Themse anwuchsen, suchte man nach einer neuen Landverbindung zwischen Rotherhithe und Wapping. **Sir Marc Brunel** (1769–1849) hatte sich bereits mit der Technik des Tunnelbaus beschäftigt und eine **Schildvortriebsmaschine** entwickelt, die es Arbeitern erlaubte, sich Stück für Stück in den Tunnel vorzuarbeiten. Beteiligt war auch sein Sohn **Isambard Kingdom Brunel** (1806–1859), der später Eisenbahnen und Dampfschiffe entwarf und heute als der herausragendste Ingenieur der viktorianischen Zeit gilt. In Rotherhithe entstanden ein 23 m tiefer Schacht und ein Gehäuse für die Dampfmotoren zum Herauspumpen des Wassers. Sie bilden einen Teil des **Brunel Museums.** Während des Baus gab es viele

EXTRATIPPS

Maltby Street Market

Wandert man von der Kirche St. Mary Magdalene 57 auf der Tower Bridge Road zurück in Richtung Themse, gelangt man zur Tanner Street, die zur Maltby Street führt. Entlang der Bahnarkaden schlängelt sich dort der Ropewalk, wo der **Maltby Street Market** stattfindet. Hier kann man exotische und britische Leckereien probieren und außerdem handgemachte Seifen, feines Olivenöl etc. kaufen. Der Markt findet jeweils samstags und sonntags statt, die Geschäfte und Restaurants in den Arkadengängen sind von Mi bis So geöffnet.

Wer den Bahnarkaden entlang der Millstream Road und Enid Street noch weiter folgt, trifft auf weitere Aussteller **(Spa Terminus Market),** die in den Arkadengängen ihre Lagerräume haben (www.spa-terminus.co.uk).

42 [N11] **Maltby Street Market,** Ropewalk, Bermondsey, U: Bermondsey, Marktstände: Sa 10–17, So 11–16 Uhr, Geschäfte und Restaurants: Mi–So 10–22 Uhr, www.maltby.st

Bermondsey Wall und Angel Pub

Vom Maltby Street Market über die Tanner Street unter den Bahnschienen hindurch gelangt man über die Mill Street zur Straße Bermondsey Wall. Sie zieht sich entlang des Themseufers, mal etwas weiter landeinwärts, mal direkt am Ufer mit weitem Blick über den Fluss. Ein Spaziergang hier ist eine kleine Zeitreise – man trifft auf die mittelalterlichen Überreste eines Königspalastes und einen historischen Pub. Um 1350 ließ König Eward III. direkt an der Themse ein **Manor House** auf einer kleinen Insel bauen, das als Falknerei diente. 1399 ging das Haus an die Benediktinermönche der Bermondsey Abbey. Die Fassade stand noch bis 1907. Heute sind nur noch die Grundmauern in einer Grünanlage zu sehen.

Direkt gegenüber befindet sich der Pub **The Angel,** an dessen Stelle schon die Mönche Bier an Pilger verkauften. Später war er ein beliebter Ausguck für diejenigen, die beobachten wollten, wie Verbrecher am „Execution Dock" im gegenüberliegenden Wapping angekettet wurden. Der heutige Pub im viktorianischen Stil stammt aus dem Jahr 1830 und besitzt eine winzige Aussichtsterrasse, die auf Stelzen in die Themse gebaut ist. Wie früher eröffnet sich von dort der unverstellte Blick auf die Themse. Am Ufer fällt eine **Skulpturengruppe** auf, die die Familie des wohltätigen Ehepaars Dr. Alfred und Ada Salter darstellt, die sich für Arme und kranke Menschen im viktorianischen Bermondsey einsetzten.

43 [O10] **The Angel,** 101 Bermondsey Wall East, U: Bermondsey, Tel. 73943214, Mo–Sa 12–23, So 12–22.30 Uhr

Skulptur des Wohltäters Dr. Salter vor dem Pub The Angel

186lo-ln

Probleme und Verzögerungen, denn es kam zu wiederholten Wassereinbrüchen, bei denen Arbeiter starben. Die Arbeiten dauerten 18 Jahre und die Kosten uferten aus. Ursprünglich sollten in dem Tunnel Pferdekutschen verkehren, allerdings hatte man nicht mehr genug Geld, die Einfahrtschächte zu bauen. Dennoch wurde der Tunnel bei seiner Eröffnung 1843 wie das achte Weltwunder gefeiert. Innerhalb der ersten drei Monate kam fast eine Million Menschen, um den Tunnel zu durchqueren – unter ihnen Queen Victoria und Prinz Albert. Bereits 1841 war Marc Brunel von der Queen für seine Verdienste geadelt worden.

Elegant geschwungene Treppen führten in die Schachthalle, von der die Tunnelläufe abzweigen, die allerdings nicht mehr geöffnet sind. In der großen Halle unten wurde allerlei geboten: Es gab Akrobatik und Theater, es wurden Souvenirs verkauft und sogar Bankette veranstaltet. Finanziell war der Tunnel ein Misserfolg, denn bis 1865 wurde er nur von Fußgängern genutzt. Dann kaufte ihn die **East London Railway Company** und ließ dort Dampflokomotiven verkehren. Ab 1995 fuhr hier die U-Bahn der Eastern Line, heute nutzt ihn die London Overground.

An beiden Ufern hat man Teile des denkmalgeschützten Baus im ursprünglichen Zustand belassen. In Rotherhithe befindet sich eine Ausstellung über den Bau des Tunnels und man kann die Schachthalle während einer Tour oder einer Veranstaltung besichtigen.

Vom Museum aus führt der Thamse Path weiter am Fluss entlang rund um das geschwungene Ufer von Rotherhithe, das einst komplett von Dockanlagen durchzogen war. Bei den Doubletree Docklands kann man mit dem Uber-Boat (s. S. 258) zur Canary Wharf 61 übersetzen.

› Railway Avenue, Rotherhithe, London Overground: Rotherhithe, Tel. 72313840, https://thebrunelmuseum.com, April-Okt. tgl. 11–17, Nov.–März Fr, So, Mo 10.30–15.30 Uhr, Erw. £ 6, erm./Kinder £ 4, geführte Touren £ 9/£ 6

Kulinarisches

Wer beim Spaziergang durch die Docklands Durst bekommt, kann hier einkehren und gleichzeitig Themsegeschichte aufsaugen.

› **The Angel** (s. S. 100)

44 [R10] **The Blacksmith's Arms,** 257 Rotherhithe Street, Tel. 7231 8838, www.theblacksmithsse16.com, Mo–Fr 16–23, Sa, So 12–23 Uhr. Die Geschichte des Pubs reicht bis 1793 zurück. Schon Admiral Nelson soll hier eingekehrt sein. 1988 kam sogar die Queen Mother zu Besuch.

45 [P10] **The Mayflower Pub,** 117 Rotherhithe Street, U: Rotherhithe, Tel. 72374088, www.mayflowerpub.co.uk, Mo–Sa 12–23, So, feiertags 12–22 Uhr. An der Stelle des einzigartigen, kleinen Pubs soll einst die Mayflower angedockt haben, die 1620 die ersten Pilgerväter nach Amerika transportierte.

Shopping

46 [M11] **Bermondsey Square Antique Market,** Bermondsey Square, U: London Bridge, https://bermondseysquare.net/bermondsey-antiques-market/. Am Bermondsey Square findet freitags der Bermondsey Antique Market statt, wo wertvolle antike Stücke verkauft werden.

•47 [N11] **Jensen's Gin,** 55 Stanworth Street, U: Bermondsey, Tel. 72371500, www.jen

sensgin.com, Sa 10.30–18, So 11–16 Uhr. London hat gleich mehrere Gin-Brennereien. Samstags kann man während der Öffnungszeiten des Maltby Street Market (s. S. 100) in der Brennerei die Produkte der Marke Jensen's probieren. Führungen können online für mittwochs und donnerstags gebucht werden.

48 [M10] **London Glassblowing,** 62–66 Bermondsey Street, U: London Bridge, Tel. 74032800, www.londonglassblowing.co.uk, Di–Sa 10–17 Uhr, So ab 11 Uhr. In dem Studio des Glasbläsers Peter Layton finden Wechselausstellungen zur Glasbläserei statt und man kann ausgefallene Kunstobjekte kaufen.

Docklands

Die Docklands, ein ca. 22 km² großes Hafengebiet, waren lange Zeit Europas bedeutendster Warenumschlagplatz. Sie erstreckten sich nördlich und südlich der Themse. In den 1960er-Jahren wurde der Containerschiffsverkehr jedoch an die Themsemündung in Tilbury verlegt und die Docklands wurden wirtschaftlich unbedeutend. Nach einer langen Zeit des Verfalls begann in den 1980er-Jahren durch die London Docklands Development Corporation eine Sanierung des Geländes. Heute sind die historischen Fassaden der Lagerhäuser vielfach unter Denkmalschutz gestellt, außerdem sind moderne Apartmentblocks entstanden und Gastronomie sowie Geschäfte sind eingezogen. Die Docklands Light Railway (DLR) fährt quer durch das neu erschlossene Wohn- und Arbeitsgebiet nördlich der Themse, das sich immer weiter nach Osten ausbreitet. Auch am Südufer des Flusses schreitet die Regeneration fort.

EXTRATIPP

Die Docklands entdecken

Die Docklands kann man z. B. entlang des nördlichen Themsepfads mit dem **Leihfahrrad** (s. S. 243) erkunden. Ganz entspannt geht es auch mit einem der der River-Bus-Boote, die von den St. Katherine Docks bis Greenwich fahren und unterwegs an verschiedenen Stellen anhalten (www.thamesclippers.com). Die verschiedenen Linien der **Docklands Light Railway** fahren vom Tower Hill entweder bis nach Greenwich oder zu den Royal Docks. Unterwegs kann man mit einem Tagesticket beliebig ein- und wieder aussteigen.

› **Thames Path National Trail,** www.nationaltrail.co.uk/thames-path

59 St. Katherine Docks ★★ [N10]

Im Osten der Tower Bridge bieten die St. Katherine Docks einen guten Einstieg für eine Erkundung der Docklands. 1828 wurden hier Slumviertel plattgewalzt, um eine neue Hafenanlage zu bauen, die sich auf den Umschlag von Gewürzen, Zucker, Rum, Parfüm und Elfenbein spezialisierte. Durch die rasante Entwicklung des Schiffsverkehrs war sie jedoch bald modernen Anforderungen nicht mehr gewachsen und wurde geschlossen.

In den 1980er-Jahren wurde mit der **Restaurierung der maroden Dockanlagen** begonnen. Heute liegen in den Hafenbecken, die durch Hebebrücken erreichbar sind, Motor- und Segeljachten neben historischen Schiffen vor Anker und rundherum haben sich **Restaurants** angesiedelt.

Sehenswert ist u. a. das **Ivory House** aus dem Jahr 1852 mit seinem alten Uhrenturm, das sich im Zentrum der St. Katherine Docks erhebt. Die Architektur der Warenlager geht auf Thomas Telford und Philip Hardwick zurück.

Entlang des Themsepfads kann man von den St. Katherine Docks bis nach Wapping 60 spazieren.

› 50 St. Katharine Way, www.skdocks.co.uk, U: Tower Hill (Circle/District Line)

60 Wapping, Shadwell und Limehouse ★★ [P10]

Wapping war jahrhundertelang ein kleiner Hafen an der Themse mit florierendem Seehandel. Matrosen und Kapitäne lebten hier genauso wie Schiffsbauer. Die Gegend besitzt noch einige historische Pubs, die auf das 16. Jh. zurückgehen, wie den **Prospect of Whitby** (s. S. 182). Pubs ebenso wie Lagerhäuser hatten ihren Vordereingang an der Straße und einen Hinterausgang hinunter zum Themseufer, wo sich bei Ebbe ein Strand bildet, der das Anlegen von Booten ermöglicht.

Bei den **Wapping Old Stairs** befand sich das **Execution Dock**, wo Verbrecher angekettet wurden, sodass sie von der eingehenden Flut ertränkt wurden. Am Ostende von Wapping liegt die einstige Werft Shadwell Basin, wo man heute Segler und Kanufahrer beobachten kann. Von hier führt der Themsepfad weiter zum **Limehouse Basin.** Es hat eine Verbindung zum Grand Union bzw. Regent's Canal, weshalb man hier viele *Narrow Boats* sieht, die auf dem Kanal entlangschippern. Von der Themse kommend, sieht man die beeindruckenden Schleusentore, die das Basin schützen.

› **Limehouse Basin** [Q9], https://canalrivertrust.org.uk/places-to-visit/limehouse-basin, DLR: Limehouse

61 Canary Wharf ★ [S10]

Die Canary Wharf liegt auf der Halbinsel Isle of Dogs, die zu Zeiten der Tudors ein königliches Jagdgebiet war. In den 1990er-Jahren entstand hier ein neuer **Industrie- und Bürokomplex,** der heute neben der City of London den zweitwichtigsten Standort des Finanz- und Bankenzentrums Londons bildet. Am frühen Morgen spuckt das gewölbte Portal der **U-Bahn-Station Canary Wharf,** die von

Die Bänke im Viertel Canary Wharf laden zu einer Pause ein

187lo-ln

Norman Foster entworfen wurde, Tausende von Pendlern aus, die in die Büros strömen.

Überragt wird das Viertel vom 244 m hohen Canary Wharf Tower, genannt **One Canada Square**, der 1991 von César Pelli gebaut wurde. Im Fuß des Gebäudes gibt es Geschäfte und Gastronomie. In den letzten zwanzig Jahren haben sich etliche weitere Hochhäuser dazugesellt. Neben Büros beherbergen sie auch begehrte, moderne Apartments mit Blick aufs Wasser.

Ein Spaziergang über die Brücken, die die zahlreichen Kanäle überspannen, eröffnet immer wieder neue Ausblicke auf die Hochhaustürme und Bassins. Die großen Firmen haben in Canary Wharf viele Kunstwerke gesponsort, z. B. die auffallenden Uhren „Six Clocks" an der Reuters Plaza. Der Jubilee Park bietet dagegen schattige Grünflachen zum Ausruhen.

› https://canarywharf.com, DLR und U: Canary Wharf (Jubilee Line). Unter https://canarywharf.com/whats-on/art-on-the-estate gibt es u. a. eine komplette Liste der Kunstwerke im öffentlichen Raum.

62 Museum of London Docklands ★★★ [S9]

Einen Besuch in dieser Filiale des **Museum of London**, dessen Hauptfiliale zurzeit umzieht und bis 2026 nicht zugänglich ist (s. S. 67), sollte man nicht verpassen. Die **Entwicklung der Docklands** durch die Jahrhunderte und die lebenswichtige Rolle der **Themse** werden hier spannend dokumentiert. Besonders interessant ist der Vergleich zwischen dem Boom in der viktorianischen Ära und der Neugestaltung im 20. Jh. Wer mehr über die Geschichte der Docklands erfahren möchte, sollte an einer der **geführten Touren** des Museums teilnehmen.

› No. 1 Warehouse, West India Quay, Tel. 70019844, www.museumoflondon.org.uk/docklands, DLR: West India Quay, tgl. 10–18 Uhr, Eintritt frei, Welcome to Docklands Tour Erw. £ 12,50, erm./Kinder £ 10, Vorausbuchung über die Website empfehlenswert

63 Trinity Buoy Wharf ★★ [U9]

Wo der River Lea in die Themse mündet, wurden in der Trinity Buoy Wharf einst die ersten **Leuchtbojen** Englands gefertigt. Die Organisation **Trinity House** geht aus einer Vereinigung von Fischern und Seefahrern hervor, die bereits von Henry VIII. 1514 durch eine Charter ihren Arbeitsauftrag erhielt. Die Organisation war dafür zuständig, Seezeichen wie Leuchtbojen *(beacons)* einzurichten, um die Seefahrt entlang den Küsten Englands sicherer zu gestalten. Noch heute verwaltet Trinity zahlreiche Leuchttürme und hält Seezeichen instand.

Um 1803 entstand die **Trinity Buoy Wharf**, die der Firma als Werkstatt an der Themse diente. Die ersten Bojen waren noch aus Holz und wurden per Boot hinaus aufs Meer gezogen. Die älteste noch vorhandene Struktur der Werft ist die Hafenmauer aus dem Jahr 1822. Das Electrician's Building, in dem das elektrische Material aufbewahrt wurde, entstand 1836. 1862 baute man den **Leuchtturm** – heute der letzte seiner Art in London. Hier testete man u. a. die Leuchtfeuer und schulte Leuchtturmwärter.

Die Firma wuchs und ab 1910 beschäftigte man fast 150 Ingenieure, Schmiede und andere Handwerker, die die Seezeichen entwarfen und herstellten. Der Physiker Michael Faraday (s. Faraday Museum ⓯) unterhielt neben der Werft eine Dachwerkstatt und beriet die Firma in physikalischen Fragen.

Heute dienen die Gebäude als **Kulturzentrum** und **Galerie.** Kunstwerke und Skulpturen verschiedener Künstler zieren das Gelände. Außerdem kann man die Ausstellung **„The Faraday Effect“** besuchen, die in einem der alten Lagerschuppen untergebracht ist (tgl. 7–19 Uhr, Eintritt frei). Wer sich hier gemütlich im Orchard Café (Mo–Fr 8–17, Sa, So 8–16 Uhr) niederlässt, kann den Blick auf die O2 Arena auf der anderen Themseseite genießen, die von hier aus zum Greifen nah erscheint.

› **Trinity Buoy Wharf,** 64 Orchard Place, Tel. 7515 7153, www.trinitybuoywharf.com, U: Canning Town (Jubilee Line), dann 15 Min. zu Fuß, tägl. 7–19 Uhr, Leuchtturm April–Okt. Sa/So 11–17, Nov.–März Sa/So 11–16 Uhr, Eintritt frei

Die bunten Wohncontainer in der Trinity Buoy Wharf bieten Künstlern Lebens- und Arbeitsraum

64 Royal Docks ★★ [U9]

Bereits im Vorlauf zu den Olympischen Sommerspielen 2012 richteten Londoner Stadtplaner ihr Auge auf den fernen Osten der Docklands und in den letzten Jahren hat sich das Gebiet sprunghaft entwickelt: Hunderte von Apartments sind in neuen, sich dicht aneinander drängenden Hochhäusern entlang der Wasserstraßen entstanden.

Die sich östlich der Canary Wharf befindenden **Royal Docks** bestehen aus den drei Becken Royal Victoria, Royal Albert und King George V., die zwischen 1855 und 1921 gebaut wurden. Rund um das **Royal Victoria Dock** sind begehrte Wohnviertel mit vielen Freizeitmöglichkeiten entstanden. So gibt es an der weitläufigen Wasserfläche z. B. ein Wakeboarding-Zentrum, das Freibad „Love Open Water“ in der Themse und einen Stadtstrand. Praktischerweise liegt auch der City Airport nur wenige Stationen mit der DLR entfernt, sodass man sich in einem der hiesigen Hotels gut einquartieren kann.

Ebenfalls am Dock befindet sich die Station der **Seilbahn IFS Cloud Cable Car,**

188lo-ln

die über die Themse zur O2 Arena auf der Südseite der Themse schwebt. Die Fahrt dauert ca. 10 Minuten und eröffnet einen Panoramablick über die futuristische Landschaft Ostlondons.

› **Royal Victoria Dock,** www.londonsroyaldocks.com, DLR: Royal Victoria

•49 [V9] **IFS Cloud Cable Car,** Royal Docks, Terminal, 27 Western Gateway, https://tfl.gov.uk/modes/london-cable-car/. Sommer Mo–Do 7–21, Fr 7–23, Sa 8–23, So 9–21, Winter Mo–Fr 7–20, Sa 8–20, So 9–20 Uhr, einfache Fahrt Erw. £ 6, Kinder (5–15 Jahre) £ 3 (Tickets am Schalter oder Automaten).

S50 **WakeUp Docklands**, G17, Waterfront Studios, 1 Dock Rd., E16 1AG Tel. 39503951, www.wakeupdocklands.com. Hier kann man sich auf der Themse beim Wakeboarding versuchen oder ein Stand-up-Paddleboard ausleihen. Preise und Buchung s. Website.

Über dem neuen Rathaus der Stadt schwebt der Sessellift nach Greenwich

65 City Hall ★ [U9]

In das ehemalige Ausstellungszentrum The Crystal am Royal Victoria Dock ist im Frühjahr 2022 die **Londoner Stadtverwaltung** (Greater London Authority – GLA) eingezogen. Anstatt wie bisher in der City Miete zu zahlen (£ 11 Mio. pro Jahr), hat man das von der Firma Siemens nachhaltig und energieeffizient konstruierte Gebäude gekauft, das auch wesentlich kleiner ist als das Gebäude in der Innenstadt. Der Umzug soll gleichzeitig ein Signal für die Attraktivität der östlichen Docklands setzen und die Weiterentwicklung des Viertels fördern. In den nächsten Jahren wird hier eine Station der Elizabeth Line entstehen. Momentan läuft zudem ein Pilotprojekt für die Gewinnung von Solarstrom, der das ganze Viertel versorgen soll.

› GLA – Greater London Authority, Kamal Chunchie Way, E16 1ZE, www.london.gov.uk, Mo–Do 8.30–18, Fr 8.30–17.30 Uhr

Kulinarisches

51 [N10] **Dickens Inn,** Marble Quay, St. Katharine's Way, Tel. 74882208, www.dickensinn.co.uk, Mo–Sa 11–23, So 12–22.30 Uhr. Von der Terrasse und den Galerien des Pubs, der von außen historisch anmutet, innen jedoch zum Gastropub umfunktioniert wurde, kann man die Atmosphäre der St. Katherine Docks am besten genießen.

52 [S10] **Humble Grape,** 18–20 Mackenzie Walk, Canary Wharf, U: Elizabeth Line, Tel. 02039851330, www.humblegrape.co.uk/canary-wharf, Mo 15–23, Di–Sa 12–23, So 12–22 Uhr. In dieser Weinbar am Wasser gibt es mediterran inspirierte Spezialitäten, auch vegetarisch und vegan.

EXTRATIPP

Mit dem Boot durch die Canary Wharf

Auf einem Leihboot von GoBoat kann man auf eigene Faust durch die Kanäle der Canary Wharf schippern und die atemberaubende Aussicht genießen. Man kann sogar ein Picknick dazubuchen.

- •53 [T10] **GoBoat,** 22 Churchill Place, Canary Wharf, https://goboat.co.uk/canary-wharf, 1 Std. £85–105, Picknick ab £20

- › **Plateau** (s. S. 176). Verglastes Restaurant mit Dachgartenatmosphäre.
- › **Prospect of Whitby** (s. S. 182). Pub in den ehemaligen Docks mit Ausblick auf die Themse und jahrhundertelanger Geschichte.
- › **The Narrow** (s. S. 179). Das Bistro-Restaurant von Gordon Ramsey bietet den besten Blick auf Canary Wharf.

Shopping

In Canary Wharf gibt es am Cabot Place, am Canada Place, am Jubilee Place und am Churchill Place mehrere Einkaufspassagen mit exklusiven Boutiquen.

- › **Infos zu Shops:** https://canarywharf.com

East End

Das East End (auch als Verwaltungsbezirk Tower Hamlets bekannt) begann seine Geschichte als Einwandererzuflucht außerhalb der Stadtgrenzen. Hieraus ergibt sich ein wahrhaft multikulturelles Erbe. Im 19. Jahrhundert machte Whitechapel wegen seiner schlechten Lebensbedingungen und hohen Kriminalitätsraten von sich reden. Hier wohnten die Ärmsten der Armen, Verbrecher wie Jack the Ripper machten die Straßen unsicher und Epidemien wüteten in den beengten Gassen.

In den 1990er-Jahren entdeckte die Künstler-und Alternativszene das vergessene Viertel, in dem einst die ersten elisabethanischen Theater entstanden (s. S. 80). Heute ist das East End für sein **Nachtleben, Galerien, Clubs** und **Läden** bekannt und am Wochenende ziehen die ausgedehnten **Märkte** Hunderte von Besuchern an. In den einst billigen Lofts der alten Warenhäuser hat allerdings längst die Gentrifizierung eingesetzt.

Stratford (s. S. 109) ist zu einem hypermodernen Kulturviertel herangewachsen

190lo-ln

Geschichte des East End

Bis Mitte des 18. Jh. lagen die Bezirke des heutigen East End außerhalb der alten Stadtgrenzen. Zu elisabethanischen Zeiten bot das Viertel einen ***Freiraum für Künstler,*** *insbesondere für die Theaterzunft (s. S. 80). In den heutigen Bezirken Shoreditch und Finsbury entstanden gegen Ende des 16. Jh. The Theatre und The Curtain Theatre. Viele Theaterleute und Künstler lebten in der Nähe der Veranstaltungsstätten.*

Das East End war ein Auffanglager für Einwanderer. Als religiöse Flüchtlinge wanderten die ***Hugenotten*** *bereits Mitte des 16. Jh. nach London ein und gründeten in der Gegend um Spitalfields Seidenwebereien. Auch gab es einen beständigen Strom an* ***jüdischen Einwanderern:*** *zunächst sephardische Juden aus Spanien und dann Ashkenasi aus Osteuropa. Sie arbeiteten im Textilgewerbe, waren Uhrmacher und Graveure oder handelten mit allen möglichen Waren.*

Ende des 18. Jh. kam es aufgrund einer Hungersnot („Potato Famine") zu einer großen Einwanderungswelle aus ***Irland.*** *Durch den Schiffsverkehr mit den Kolonien kamen auch zum ersten Mal dunkelhäutige Einwanderer aus der* ***Karibik*** *und* ***Afrika*** *nach Großbritannien, zunächst vornehmlich als Sklaven, später als Arbeitskräfte in den Docks und den Fabriken.*

Die ***Londoner Docks*** *fungierten als größter Arbeitgeber, denn Ende des 18. Jh. legten pro Woche bis zu 1400 Schiffe entlang der Themse an und ständig mussten Waren ein- und ausgeladen werden. Die meisten Dockarbeiter waren jedoch Tagelöhner. Sie ließen sich in den Gegenden östlich des Towers wie St. Giles, Whitechapel, Shadwell, Spitalfields und Bethnal Green nieder und es kam zu Übervölkerung. Ganze Familien mussten in einem einzigen Zimmer Platz finden, für die Ärmsten gab es Schlafhäuser, in denen man einzelne Betten mieten konnte. Oft gab es nicht einmal die rudimentärsten sanitären Einrichtungen. Es gab kein fließendes Wasser, die Straßen waren nicht gepflastert. Die Behausungen hatten oft kein Tageslicht, Krankheiten verbreiteten sich.*

Mitte des 18. Jh. kam es mehrfach zu ***Typhus-Epidemien.*** *Die Abwässer aus den verschiedenen Wasserläufen der Stadt endeten in der Themse, aus der ungeklärtes Trinkwasser entnommen wurde, was* ***Choleraerkrankungen*** *auslöste. Wer es sich leisten konnte, trank stattdessen Bier oder Wein. Zwischen 1720 und 1740 kam es zum sogenannten „Gin Craze", denn der Schnaps wurde zeitweise billiger verkauft als die Grundnahrungsmittel. Der Maler* ***William Hogarth*** *hielt die durch den Alkohol ausgelösten Zustände in seinem Werk* ***„Beer Street and Gin Lane"*** *im Jahr 1751 bildlich fest. Aufgrund eines Preisanstiegs beim heimischen Getreide und dem Erlass des „Gin Act" im Jahr 1751 wurde dem „Gin Craze" schließlich Einhalt geboten.*

Da die Arbeitslage stark fluktuierte, kam es zu einem Anstieg der ***Kriminalität*** *und* ***Prostitution.*** *Noch bis Ende des 19. Jh. und zu Beginn des 20. Jh. hatte das East End daher den Ruf eines lasterhaften und gefährlichen Pflasters. Ereignisse wie die Morde durch* ***Jack the Ripper*** *förderten dieses Bild.*

Im 19. Jh. entstanden weitgehend auf private Initiative einiger Industrieller und einflussreicher Bürger zahlreiche ***karitative Institutionen.*** *Neue Krankenhäuser, Schulen und kulturelle Einrichtungen wie die* ***Whitechapel Gallery*** *66 wurden durch private Stiftungen finanziert. Unter der Leitung von Angela Burdett-Coutts entstanden am Columbia Square die ersten Sozialwohnungen in London. Zu Beginn des 20. Jh. begann die Stadtverwaltung damit, Slums abzureißen und Anwohner in Sozialwohnungen umzusiedeln. Viele der Einwohner des East End waren hierüber jedoch gar nicht glücklich. Trotz der schlechten Lebensbedingungen hatte die Enge in den armen Stadtvierteln nämlich auch den Zusammenhalt unter den Bewohnern gefördert.*

Das ***Gemeinschaftsgefühl*** *in Vierteln wie dem East End zeigte sich z. B. in den 1930er-Jahren, als britische Faschisten unter Oswald Mosley ihre Aggression auf die jüdische Gemeinde im East End richteten. Am 4. Oktober 1936 rief Mosley zu einer antisemitischen Demonstration auf. Ein riesiges Polizeiaufgebot versuchte, die englischen Nazis von den East-End-Bewohnern zu trennen. In der Cable Street in Whitechapel kam es zu einer der gewaltigsten Straßenschlachten, die London jemals erlebt hat. Dabei wurden die Faschisten von der Bevölkerung vernichtend geschlagen und der* ***Battle of Cable Street*** *ging als Zeichen von* ***Solidarität gegen den Rassismus*** *in die Geschichte ein.*

Die Gentrifizierung hat den multikulturellen Charakter des East Ends beeinflusst. Mehr und mehr rückt heute die gutsituierte Mittelschicht in die teuer gewordenen Wohnungen nach.

Zwischen dem Old-Street-Kreisverkehr (Silicon Roundabout) und der U-Bahn-Station Shoreditch High Street befindet sich sich die sogenannte **East London Tech City.** Hier haben sich Coworking-Büros für Start-ups, kreative Unternehmen der IT-Branche und Designer angesiedelt.

Im Stadtteil **Stratford**, der anläßlich der Sommerolympiade 2012 regeneriert wurde, ist ein neues Wohnviertel mit Park und Freizeitmöglichkeiten entstanden. Das riesige Einkaufszentrum Westfield lockt mit Shops, offenen Plätzen und Gastronomie. Daneben entsteht das neue **Kulturviertel East Bank** mit einer Filiale des V&A 95 (Eröffnung Anfang 2024) und einer Dependance der BBC.

66 Whitechapel Gallery ★★ [N8]

Der Bezirk rund um die Whitechapel High Street mit der Ostlondoner Moschee hat arabisches Flair. Einen guten ersten Eindruck von der lebhaften Kulturszene des East End gewinnt man in der Whitechapel Gallery. Auf Initiative des Wohltäters Samuel Barnett wurde das **Kulturzentrum** 1901 ins Leben gerufen. Hier wird noch heute die Bevölkerung stark in das Kulturprogramm miteinbezogen und es gibt viele Workshops und Kurse, aber auch Dichterlesungen und Musikveranstaltungen.

Schon immer setzte man sich für die Belange der Anwohner ein. So wurde 1939 nach dem Überfall der britischen Faschisten unter Oswald Mosley auf das von Juden bewohnte East End Picassos „Guernica" ausgestellt. Die **Galerie** war auch eine der ersten, die in den 1960er-Jahren Pop-Art zeigte. Der Eintritt ist kostenlos und hier kann man einige „Klassiker" der modernen Kunst bewundern, aber auch Werke zeitgenössischer Künstler.

› Whitechapel Gallery, 80 Whitechapel High Street, U: Aldgate East (District/Hammersmith & City Line), Tel. 75227888, www.whitechapel.org, Di–So 11–18 Uhr, Do bis 21 Uhr, Eintritt frei, Townsend Restaurant, Di 10.30–18, Mi–Fr 10.30–23, Sa 10–23, So 10–18 Uhr

67 Brick Lane ★★ [N8]

Die Brick Lane zweigt von der Whitechapel Lane ab. Das südliche Ende der Straße wird vor allem von Einwanderern aus Bangladesh geprägt. Im 17. Jh. reihten sich hier Ziegeleien aneinander, die der Straße ihren Namen gaben. Ein **Torbogen** markiert den Eingang zur sogenannten „Banglatown" mit zahlreichen Curry-Restaurants und Sari-Shops. Im Juni findet im nahegelegenen Mile End Stadium jedes Jahr das **Boishakhi Mela** (www.boishakhimelaredbridge.co.uk/boishakhi_mela), das Neujahrsfest der Bengalen mit Umzügen und indischen Tanzveranstaltungen, statt. Die **Jamme Masjid Mosque**, eine Moschee für bengalische Muslime, war noch bis 1976 eine jüdische Synagoge.

Weiter in Richtung Norden gelangt man in den „hippen" Teil der Brick Lane mit ausgefallenen Geschäften, wo Graffiti die Häuserwände zieren. Rund um die **Old Truman Brewery**, ein riesiges altes Brauereigelände, befindet sich ein Zentrum für Alternativkultur, Design und Mode. Zahlreiche Agenturen und das Indie-Musiklabel **Rough Trade East** (s. S. 189) sind hier beheimatet und es finden beliebte Märkte wie der **Sunday Upmarket** (s. S. 194) statt. Es gibt Restaurants, Konzerträume und im Hof findet man Stände mit Streetfood. Auch in der Nachbarschaft finden sich Kneipen und Clubs.

•**54** [N7] **The Old Truman Brewery,** 91 Brick Lane, London Overground: Shoreditch High Street, www.trumanbrewery.com

68 Spitalfields Market ★★★ [N8]

Von der Brick Lane in Richtung Westen gelangt man zunächst zur **Commercial Street**, einer belebten Straße mit zahlreichen Cafés, Restaurants und Läden. Das Erbe der Hugenotten, aber auch der jüdischen Einwanderer in dieser Gegend ist die Schneiderei. Der **Spitalfields Market** trägt dem noch heute Rechnung, denn beim Traders Market stellen Designer an fast 110 Ständen ihre handgeschneiderten Kreationen vor. Neben modischer Kleidung werden auch Accessoires wie Handtaschen, Gürtel etc. aus eigener Fertigung verkauft. Kunsthandwerk gibt es an den Ständen des benachbarten **Arts Market** und samstags gesellt sich ein **Style Market** mit weiteren Designerobjekten hinzu.

Bereits 1887 war hier eine Markthalle mit einem **Glasdach mit Einfeldträgern** entstanden, einer bahnbrechenden viktorianischen Bautechnik. 1991 begann man unter dem Architekten Sir Norman Foster mit der Sanierung der maroden Halle. Das riesige Areal hat mehrere Ein- und Ausgänge und lädt zu einem ausgedehnten Bummel ein. Die luftigen Markthallen beherbergen auch zahlreiche Restaurants mit Aussichtsebene im ersten Stock. Der **Old Spitalfields Market** in den historischen Marktarkaden bietet an verschiedenen Wochentagen thematische Märkte, so gibt es donnerstags Antiquitäten und samstags Secondhand- und Vintage-Mode.

Vom Westausgang der Halle gelangt man über die Middlesex Street weiter zum **Petticoat Lane Market** (s. S. 193). Die Hugenotten webten in der Petticoat Lane einst die Seide für Unterröcke und andere Unterwäsche. Der heutige Markt bietet dem Besucher an fast 1000 Ständen eine multikulturelle Atmosphäre, viele Wühltische und alles von Kleidung über CDs bis hin zu Haushaltsgegenständen – teilweise kann man auch tolle Schnäppchen machen.

› Spitalfields Market, Commercial Road/65A Brushfield St., U: Liverpool Street (Central/Circle/Metropolitan/Hammersmith & City Line), www.spitalfields.co.uk, Traders Market Mo–Fr, So 10–18, Sa 11–17 Uhr, Arts Market zweimal im Monat Do, Style Market Sa 11–17 Uhr, Old Spitalfields Market, https://oldspitalfieldsmarket.com, Mo–Mi, Fr/Sa 10–18, Do 8–18, So 11–17 Uhr

69 Christ Church Spitalfields ★ [N8]

An der Ecke Commercial Street/Fournier Street steht die von **Nicholas Hawksmore** 1729 errichtete Christ Church. Wie auch St. Martin-in-the-Fields am Trafalgar Square 7 ist sie eine der **„Queen-Anne-Kirchen“**, die von der damaligen Königin 1711 in Auftrag gegeben wurden. Hiermit sollte unter anderem den zahllosen Einwanderern unterschiedlichster Konfessionen spirituell auf die Sprünge geholfen werden. Die Kirchtürme sollten weit sichtbar sein und hoch in den Himmel ragen. Hawksmoor war ein Schüler von Christopher Wren und arbeitete zusammen mit James Gibbs an dem Bau der neuen Kirchen.

Die **Orgel** von 1735 stammt vom Orgelbauer Richard Bridge und war hundert Jahre lang die größte Orgel Englands. Heute kommt sie bei zahlreichen Konzerten zum Einsatz. In dem kleinen Kirchgarten speiste man in früheren Zeiten die Obdachlosen der Umgebung.

› Commercial Street/Ecke Fournier Street, U: Aldgate East (District/Hammersmith & City Line), Tel. 73772440, www.christchurchspitalfields.org, Mo–Fr 10–16, So 13–16 Uhr

70 Shoreditch, Hoxton und Dalston ★ [M7]

Von der U-Bahn-Station Shoreditch High Street gelangt man in das Viertel **Shoreditch.** Entlang der **Shoreditch High Street** und entlang der Old Street im benachbarten Hoxton schreitet die Gentrifizierung

EXTRATIPP

Auf den Spuren von Jack the Ripper

Unweit von Christ Church Spitalfields 69 befindet sich der Pub The Ten Bells, der mit den Morden von **Jack the Ripper** in Verbindung gebracht wird, da dort wahrscheinlich der Täter wie auch seine Opfer verkehrten. Es wird angenommen, dass Jack the Ripper in der angrenzenden Fournier Street eine Wohnung hatte. **Mary Jane Kelly,** das letzte Opfer des Killers, soll in dem Pub noch ein Bier getrunken haben, bevor sie ermordet wurde. Heute ist die Außenterrasse immer von Menschen umgeben und im ersten Stock befindet sich eine zugehörige Cocktailbar. Wer eine Stadttour auf den Spuren von Jack the Ripper unternimmt, wird hier auf jeden Fall einkehren.

55 [N8] **The Ten Bells,** 84 Commercial Street, Tel. 73661721, U: Liverpool Street, Mo–Mi, So 12–24, Do–Sa 12–1 Uhr; Upstairs at the Ten Bells, Tel. 07530 492986, www.tenbells.com, Di Quiz Night, Mi, Do 17–24, Fr, Sa 17–1 Uhr

EXTRATIPP

Galerien in Hoxton und Shoreditch

56 [M7] **Autograph,** Rivington Place, Tel. 77299616, https://autograph.org.uk/, U: Old Street, Mi, Fr 11–18, Do 11–21, Sa 12.30–18 Uhr. Die Galerie Autograph zeigt Fotografieausstellungen internationaler Künstler mit ethnischem Hintergrund. Der Schwerpunkt liegt auf der Vermittlung von Identität, Menschenrechten und sozialer Gerechtigkeit.

57 [N7] **Espacio Gallery,** 159 Bethnal Green Road, U: Bethnal Green, Tel. 07815 319073, www.espaciogallery.com, Di–Sa 13–19, So 13–17 Uhr. Von Künstlern geführte Gallerie, die dem Austausch dienen soll. Es finden auch Künstlergespräche statt.

58 [M7] **Jealous Gallery and Print Studio,** 53 Curtain Road, Shoreditch, U: Shoreditch High Street, Tel. 77394107, https://jealousgallery.com, Mo–Sa 10–18, So 11–17 Uhr. Drucke von zeitgenössischen Künstlern, die man auch käuflich erwerben kann.

59 [N7] **Kate McGarry Gallery,** 27 Old Nichol Street, Shoreditch, U: Shoreditch High Street, Tel. 76130515, www.katemacgarry.com, Di–Sa 11–17 Uhr. Die Galeristin hat einen Blick für ausgefallene zeitgenössische Kunst.

60 [N7] **The Brick Lane Gallery The Annexe,** 93–95 Sclater Street, Shoreditch, U: Shoreditch High Street, Tel. 7299721, https://thebricklanegallery.com/art-in-mind/the-annexe, Mo–Sa 10–18, So 12–18 Uhr. Die Galerie hat sich vorwiegend auf junge Künstler spezialisiert, aber auch schon Banksy ausgestellt.

rasant voran. Aus dem verfallenen Arbeiterviertel und der späteren Enklave der Alternativkultur ist ein **trendiges Viertel** mit schicken Designhotels, ausgefallenen Läden, Galerien, Bars und Restaurants geworden. Selbst die Graffiti haben an Renommee gewonnen: Die Künstler, die hier sprayen, sind international bekannt und arbeiten auch für die Designbranche.

Von der U-Bahn-Station Shoreditch lohnt sich ein Bummel durch die Gässchen zwischen der Bethnal Green Road [N7] und der Old Nichol Street [N7]. Hier findet man zahlreiche **Cafébars, ausgefallene Boutiquen und Street-Art.** Das Viertel Shoreditch erstreckt sich weiter auf der Ostseite der Shoreditch High Street und über die Great Eastern Street hinaus nach Westen. Nördlich der Old Street findet man im citynahen Hoxton **ausgefallene Cocktailbars.**

An der Shoreditch High Street ist die Kirche **St. Leonhard's** aus dem Jahr 1740 historisch interessant. Hier befand sich einst das elisabethanische Schauspielhaus The Theatre und in der Kirche gibt es eine Gedenkplatte, die an den Theatergründer James Burbage erinnert. Im Viereck zwischen Commerical Street, Worship Street und Apollo Street hat man bei Bauarbeiten die Überreste des **Curtain Theatre** entdeckt, die mit Glas bedeckt werden sollen, momentan jedoch nicht zugänglich sind (s. S. 80).

Die **Town Hall** aus dem Jahr 1866 in der Old Street beherbergt heute u. a. das Sternerestaurant The Clove Club (s. S. 176). Nachts geht es auf der Kingsland Road im nördlich von Shoreditch gelegenen **Dalston** hoch her. In dem Viertel der Alternativszene reihen sich Kneipen und Nachtclubs aneinander.

› London Overground: Shoreditch High Street

71 Museum of the Home ★★ [N6]

Unweit der U-Bahn-Station Hoxton gelangt man zum Museum of the Home. Es gibt einen **Einblick in das historische East End.** Anfang des 18. Jh. ließ **Sir Robert Geffrye,** zu jener Zeit Vorsteher der Eisengilde und Lord Mayor von London, auf eigenem Grund und Boden Häuser für Arme und Bedürftige, sogenannte *almshouses,* errichten. Hier lebten ältere, mittellose Menschen und erhielten freie Unterkunft und Verköstigung.

Seit einer Modernisierung des Museums wird ein **Querschnitt durch die Wohn- und Lebensbedingungen der Jahrhunderte** bis in die moderne Zeit gezeigt. So kann man auch einen Blick in alltägliche Wohnzimmer der multikulturellen Bevölkerung des East Ends werfen. Sehenswert sind auch die **Gartenanlagen** des Museums, in denen man Vorgärten im Wandel der Jahrhunderte besichtigen kann.

Inmitten der aktuellen Diskussion um die Geschichte der Sklaverei in Großbritannien geriet auch der Gönner Robert Geffrye ins Visier. In der Folge distanzierte man sich nicht nur namentlich von ihm, sondern verlegte auch seine Statue auf die Rückseite des Hauses.

› 136 Kingsland Road, Tel. 77399893, www.museumofthehome.org.uk, London Overground: Hoxton, Di–So/Fei 10–17 Uhr, Eintritt frei

72 Queen Elizabeth Olympic Park ★★★ [T4]

Der Queen Elizabeth Olympic Park im Stadtteil Stratford ist ein Freizeitareal auf dem Gelände der XXX. Olympischen Sommerspiele, die 2012 hier ausgetragen wurden. Man kann mehrere Stunden durch den umgestalteten Park wandern oder auch die ehemaligen Sporteinrichtungen benutzen, z. B. das von der Stararchitektin Zaha Hadid (1950–2016) entworfene Schwimmbad **Aquatics Centre** mit dem wellenförmigen Dach.

Im **Lee Valley,** dem Tal des River Lee, der im Osten an das Gelände grenzt, gibt es einen Erlebnispfad entlang des Flusses. Hier befindet sich auch das einstige Velodrom, das in den **Lee Valley VeloPark** umgewandelt wurde, in dem Radrennen stattfinden, aber auch BMX-Fahren möglich ist. Auch das **Lee Valley Hockey and Tennis Centre** steht für sportliche Aktivitäten zur Verfügung.

Das **Olympic Stadium** ist seit 2017 die Heimat des Ostlondoner Fußballvereins West Ham. Die Fußballer teilen sich die Arena mit den UK Athletics und es werden Leichtathletikmeisterschaften ausgetragen. Zudem finden hier Major-League-Baseballspiele, aber auch andere Großevents statt.

Mit 114,5 m Höhe ist der assymetrische Aussichtsturm **ArcelorMittal Orbit** des Bildhauers Anish Kapoor und des Ingenieurs Cecil Balmond das höchste Bauwerk auf dem Gelände. Zwei Plattformen auf 76 m und 80 m Höhe bieten einen unvergleichlichen Blick auf den Osten Londons. Eine besondere Attraktion ist die Rutsche **The Slide,** die sich 178 m rund um die Skulptur nach unten windet. Entworfen wurde sie vom deutschen Künstler Carsten Höller. Das ganze Jahr über finden zusätzliche Veranstaltungen statt, wie z. B. DJ-Abende am Aussichtsturm.

Auf der anderen Seite des Kanals entsteht gerade das neue Kulturviertel **East Bank** mit einem Ableger des V&A 95 und des **Sadler's Wells Theatre** (s. S. 188). Auch das Theater **ABBA Voyage** (s. S. 187) ist nicht weit. Geschäfte, Hotels, Kinos und Gastronomie findet man im benachbarten Einkaufszentrum **Westfield Stratford City** (www.westfield.com).

› Stratford, U: Stratford (Elizabeth/Central und Jubilee Line/London Overground/DLR), www.queenelizabetholympicpark.co.uk

› **London Olympic Park Tours,** www.queenelizabetholympicpark.co.uk/the-park/things-to-do/tours-and-trails/tours, Erw. £ 8, Kinder £ 3, erm. £ 6, buchbar über die Website

★**61** [T5] **Arcelor Mittal Orbit,** 3 Thornton Street, Tel. 0333 8008099, http://arcelormittalorbit.com, Sommer Mo–Fr 11–17, Sa, So 10–18, Winter Mo–Do 12–17, Fr–So 10–18 Uhr, Eintritt Erw. £ 12,50, Kinder (3–16 Jahre) £ 7,50, erm. £ 10,50, Kombiticket mit The Slide: Erw. £ 17,50, erm. £ 12,50, Kinder £ 15,50

191lo-ln

> EXTRATIPP
>
> **Nachtmarkt im East End**
>
> Im Sommer findet im East End ein Nachtmarkt **nach asiatischem Vorbild** statt. Hier gibt es Streetfood, DJs legen auf und es wird Unterhaltung geboten.
>
> **66** [N7] **Urban Food Fest,** Euro Car Parks, 162–175 Shoreditch High Street, www.urbanfoodfest.com, Frühling bis Herbst jeweils Fr 18–24, Sa 12–24 Uhr

Kulinarisches

62 [N7] **Allpress Espresso,** 58 Redchurch Street, Shoreditch, Tel. 77491780, www.allpressespresso.com. Kaffeerösterei mit Café in der angesagten Redchurch Street.

63 [N7] **Franze & Evans Cafe,** 101 Redchurch St., Tel. 70331910, www.franzeevans.com, Mo–Fr 9–18, Sa, So 9.30–19 Uhr. Das große Café serviert Nahrhaftes, darunter eine abwechslungsreiche Frühstücksauswahl (auch vegan), Quiches, Salate und leckere Kuchen.

64 [N8] **St John Bread and Wine** ££, 94–96 Commercial Street, Spitalfields, Tel. 72510848, www.stjohnrestaurant.com, Lunch tgl. 12–15, Dinner tgl. 18–21.30 Uhr. Im Restaurant arbeitet man nach dem Prinzip „zero waste".

65 [M7] **The Blues Kitchen,** 134–136 Curtain Road, Shoreditch, U: Old Street, Mo–Mi 12–24, Do 12–1, Fr 12–2.30, Sa 11–3, So 11–23.30 Uhr. Hier kann man deftige Burger und andere herzhafte Gerichte zu Soul- und Bluesmusik genießen. Es legen DJs auf und es gibt Livebands.

› **The Clove Club** (s. S. 176). Das mit einem Michelin-Stern ausgezeichnete modern-britische Restaurant unter der Leitung von Chefkoch Isaac McHale befindet sich in der historischen Shoreditch Town Hall.

Shopping

Das East End ist mit Märkten gesegnet, in der Petticoat Lane (s. S. 193), in Spitalfields 68 und der Truman Brewery in der Brick Lane 67 kann man sich stundenlang mit Stöbern beschäftigen. Außerdem ist hier die Hochburg des „Vintage" mit vielen Secondhandläden, die ausgesuchte Stücke verkaufen.

Weiter im Osten lohnt ein Abstecher nach Hackney zum **Columbia Road Flower Market** (s. S. 193) und noch weiter nördlich zum **Broadway Market** ([O5], https://broadwaymarket.co.uk/). Ein Besuch ist auch außerhalb der Marktzeiten interessant, denn die Sträßchen mit historischer East-End-Architektur sind von Cafés, Bioläden und alternativen Boutiquen gesäumt.

67 [N7] **Boxpark,** 2–4 Bethnal Green Road, Shoreditch, www.boxpark.co.uk, Mo–Mi 11–23, Do–Sa 11–23.45, So 11–22.30 Uhr. In schick aufgemotzten Containern direkt am Bahnhof Shoreditch High Street befindet sich dieses Mini-Einkaufszentrum mit vielen coolen Boutiquen und Streetfood-Läden.

› **Rough Trade East** (s. S. 189). Ein Besuch beim Plattenlabel in der Truman Brewery ist ein Muss für Liebhaber der Indie-Szene und für DJs.

Auch architektonisch interessant – der Aussichtsturm ArcelorMittal Orbit

Bloomsbury bis King's Cross

In Bloomsbury finden sich einige der am besten erhaltenen Straßenzüge georgianischer Architektur in London. Das Viertel entstand ab 1800 unter Francis Russell, dem 5. Duke of Bedford, der den Russell Square anlegte. Nach und nach entstanden weitere Stadthäuser. Gleich in der Nachbarschaft baute man nur wenige Jahrzehnte später die University of London, deren Fakultäten heute über das ganze Viertel verstreut sind. Drei der größten Bahnhöfe Londons grenzen im Norden an das Gebiet. Hier wird seit einigen Jahren großflächig restauriert und nahe des Bahnhofs King's Cross 79 ist ein neues angesagtes Viertel entstanden.

Die Sammlung ägyptischer Kunst im British Museum 73 (hier eine Büste von Ramses II.) gehört zu den beeindruckendsten der Welt

143lo©Savvapanf Photo, stock.adobe.com

73 British Museum ★★★ [I8]

An der Great Russell Street erhebt sich einer der größten Touristenmagneten Londons. Durch das 1823 von Robert Smirke gestaltete klassizistische Portiko am Eingang des British Museum strömen tagtäglich Tausende von Besuchern (insgesamt ca. 5 Mio. pro Jahr). Sie sind auf dem Weg zu einer der weltgrößten kulturgeschichtlichen Sammlungen von architektonischen Fundstücken und Artefakten der Frühgeschichte.

Die Sammlung geht auf den Arzt **Sir Hans Sloane** (1660–1753) zurück, der zu einer Generation von selbsternannten Entdeckern gehörte, die auf Reisen – teils illegal – archäologische Schätze und wertvolle Kunstgegenstände sammelten und in die Heimat brachten (was heute von den meisten Ländern schwer geahndet wird). Münzen, Büsten und archäologische Ausgrabungsobjekte, aber auch Fossilien, fanden so den Weg nach England. Manche Objekte wurden der Forschung vermacht. Wertvolle griechische Statuen, ägyptische Sarkopharge und mit Gold und Juwelen verzierte Objekte dienten jedoch auch oft als Dekoration in den eigenen vier Wänden. Bei seinem Tod im Jahr 1753 hatte Sir Sloane fast 71.000 Objekte angehäuft, die er der britischen Nation vermachte. Ab 1759 wurden sie im Montague House ausgestellt, das an der Stelle des heutigen British Museum stand.

Britische Naturwissenschaftler und Archäologen des 19. Jh. trugen weitere Funde und eroberte Objekte bei. Nicht wenige wurden aus den ehemaligen britischen Kolonien ohne deren Zustimmung „entwendet". Umstritten sind besonders die **Elgin Marbles** aus dem Parthenon in Athen. Die damaligen osmanischen Herrscher gestatteten dem britischen Botschafter Sir Thomas Elgin im Jahr 1811 die Mitnahme von Fundstücken von der Ausgrabungsstelle der Akropolis. Seit Jahrzehnten fordern die Griechen die Artefakte zurück, da sie die Legalität der damaligen Genehmigung in Frage stellen. Inzwischen ist man mit der britischen Regierung in Verhandlungen getreten.

Die ständige Erweiterung der Sammlung führte zum Neubau des British Museum und der Auslagerung von Ausstellungsstücken in andere Häuser wie das **Natural History Museum** 97 und die **British Library** 78. Heute umfasst die Sammlung **ca. 13 Millionen Stücke** von der Früh- bis in die Neuzeit. Im Museum sind diese sind nach Regionen (von Ägypten, Griechenland und China bis Mexiko) und chronologisch geordnet. Darunter befinden sich z. B. der ägyptische Rosetta Stone, aber auch heimische Funde wie der angelsächsische Grabschatz von Sutton Hoo. Allerdings kann dem Publikum immer nur ein kleiner Teil gezeigt werden und es finden daher **Wechselausstellungen** statt.

Der berühmte **Reading Room** entstand im Jahr 1857. Das außergewöhnlich schöne Design von Smirke ist eine Kuppel von 42,5 m Durchmesser aus gußeisernen Streben. Hier war noch bis ins Jahr 1997 das Nationalarchiv untergebracht. Namhafte Literaten und Politiker des 19. und 20. Jh. wie Rudyard Kipling, Arthur Conan Doyle, Virginia Woolf und Oscar Wilde benutzten die umfassende Bibliothek ebenso regelmäßig wie die zeitweilig in London lebenden Politiker Karl Marx und Mahatma Ghandi. Im Jahr 2000 wurde der Innenhof rund um den Reading Room vom Architekturbüro Sir

Bloomsburys Garden Squares

Bloomsbury ist heute vor allem aufgrund der ***Bloomsbury Group*** *ein Begriff. Anfang des 20. Jh. sorgten die Literaten und Wissenschaftler, die hier lebten und sich austauschten, für intellektuelles und künstlerisches Flair. Die Mitglieder verband eine liberale Weltsicht, man lebte in Freiehen und veranstaltete Diskussionszirkel, Lesungen und Ausstellungen. Zu den bekanntesten Mitgliedern gehörte die Schriftstellerin und Feministin Virginia Woolf, der Literat E. M. Forster, Virginias Schwester Vanessa Bell, eine Malerin, aber auch der Ökonom John Meynard Keynes, der das Konzept des Keynsianismus begründete.*

Eine besondere Charakteristik des Viertels Bloomsbury sind die ***15 Garden Squares.*** *Sie wurden ebenso gleichförmig angelegt, wie die sie umgebenden georgianischen Häuserterrassen und verbesserten schon damals die Lebensqualität der Anwohner. Im 17. Jh. befand sich auf den Ländereien noch das elegante Anwesen* ***Bedford House*** *des Earl of Southampton. Dessen „Vorgarten" war der heutige* ***Bloomsbury Square,*** *an dem man auf einer Bodenplakette eine Abbildung des Hauses und Parks sehen kann. Mittels Heirat gelangte das Viertel dann in den Besitz der Dukes of Bedford, die ihm seinen heutigen Charakter verliehen.*

Francis Russell, *der 5. Duke of Bedford, ließ Bedford House abreißen und begann mit dem Bau der Häuserterrassen. Den Russell Square ließ er von Humphrey Repton anlegen. Nach und nach entstanden weitere Plätze und Häuser, in denen, aufgrund der Nähe zur Universität, ab dem 20. Jh. vor allem die intellektuelle Mittelklasse wohnte. Auch Institute und Büros der Fakultäten zogen hier ein.*

040lo-ln

Der ***Bedford Square*** *wurde zwischen 1775 und 1783 angelegt und bildete die Vorlage, an der sich die anderen Gärten orientierten. Er ist noch heute privat und nur den Anwohnern zugänglich. Rund um die Plätze* ***Russell Square, Gordon Square, Tavistock Square*** *und Bedford Square erinnern blaue Plaketten an den Häusern an die einstigen illustren Anwohner. In den Gärten selbst findet man außerdem verschiedene Denkmäler, z. B. eine Statue des 5. Duke of Bedford am Russell Square. Am Tavistock Square steht eine Büste von Virginia Woolf und auch* ***Mahatma Ghandi,*** *der an der London University studierte, ist hier verewigt. Eine Statue von Charlotte von Mecklenburg-Strelitz, Frau von George III., steht auf dem* ***Queen Square.***

68 *[I8]* ***Caffé Tropea,*** *Russell Square Gardens, Bloomsbury, Tel. 76375093, https://caffetropea.co.uk, Mo–Fr 7–18, Sa, So 8–17 Uhr. Sehr gut für eine kleine Pause.*

Norman Foster ebenfalls mit einer Glaskuppel überzogen. Der Reading Room selbst ist bis auf Weiteres geschlossen.

Im **World Conservation and Exhibition Centre** am Nordwestflügel des Museums werden thematische Ausstellungen gezeigt und unterirdisch gibt es zahlreiche Forschungseinrichtungen und Lagerräume für die Sammlungen.

› Great Russell Street, U: Tottenham Court Road (Central/Northern Line), Tel. 73238000, www.britishmuseum.org, tgl. 10–17.30, Fr. bis 20.30 Uhr, Eintritt frei. Die Onlinebuchung eines kostenlosen Tickets wird empfohlen, da die max. Anzahl der Besucher beschränkt ist.

74 Foundling Museum ★★ [J7]

Das Foundling Museum, das schon aufgrund der umfassenden **Gemäldegalerie** sehenswert ist, ging aus dem Foundling Hospital („Findlingshospital") hervor, einem Waisenhaus, das 1739 vom Seekapitän **Thomas Coram** (1668–1751) gegründet wurde. Dieser war entsetzt über die Bedingungen, unter denen Waisenkinder damals auf den Straßen von London leben mussten. Ein weiteres Gründungsmitglied war der sozialkritische Maler **William Hogarth** (1697–1764). Er stiftete 1740 das erste Gemälde, das zum Grundstock der Gemäldegalerie wurde, in der u. a. Werke von Thomas Gainsborough und Joshua Reynolds zu finden sind und aus deren Einkünften sich die Stiftung später finanzierte. Auch der Komponist Georg Friedrich Händel war für das Foundling Hospital tätig.

Das Stift machte sich die „Erhaltung und Erziehung von ausgesetzten und verlassenen jungen Kindern" zur Aufgabe. Man bot hier Frauen die Möglichkeit, anonym uneheliche Kinder abzugeben. Namen wurden nicht genannt und nicht verlangt. Zu den **Ausstellungsstücken** des Museums gehören u.a. kleine Plaketten, die die Mütter den Babys ansteckten und die später der Identifikation dienen konnten. Nur wenige Mütter nahmen später die Kinder wieder zu sich, wenn sie finanziell besser gestellt waren. Da keine Namen notiert wurden, dienten lediglich die Plaketten zur Feststellung der Familienzugehörigkeit. Geburtsurkunden waren nicht vorhanden und hätten auch nur wenig genutzt: Dort wurde damals der Name der Mutter gar nicht vermerkt, sondern nur der des Vaters (der sich ja meist aus dem Staub gemacht hatte).

In den 1920er-Jahren wurde das Hospital am Coram's Field geschlossen und man eröffnete das Museum am Brunswick Square.

› Foundling Museum, 40 Brunswick Square, Bloomsbury, U: Russell Square, Tel. 78413600, www.foundlingmuseum.org.uk, Di–Sa 10–17, So 11–17 Uhr, Eintritt Erw. £9,50, erm. £7,50, Kinder 5–16 Jahre frei

75 University of London ★★ [I8]

Die Universität Londons wurde mithilfe einer königlichen Charta 1836 durch den Zusammenschluss des **University College London** (**UCL**) und des **Kings College** gegründet. Sie ist neben Oxford und Cambridge die drittälteste Universität des Landes.

Heute besteht der Campus aus 18 Colleges und 10 Forschungsinstituten wie der London School of Economics and Political Science, der London School of Hygiene and Tropical Medicine und der School of Oriental and African Studies. Das **Imperial College**, das UCL und das King's College gehören zu den renommiertesten Fakultäten Großbritanniens, die ebenso wie Oxford und Cambridge viele Studenten aus dem Ausland anziehen.

Die umfangreichen historischen Sammlungen der medizinischen und naturwissenschaftlichen Fakultäten der Universität werden gleich in mehreren Museen ausgestellt. Im **Grant Museum of Zoology** findet man z. B. die Skelette seltener Tiere, aber auch gruselige, in Formaldehyd eingelegte Tierembryos. Spannender ist allerdings das **Petrie Museum**, entstanden als Lehrmuseum der Fakultät für ägyptische Archäologie.Die meisten Artefakte, von denen einige mit den Stücken in den Kollektionen des British Museum mithalten können, wurden vom Institutsprofessor William Flinders Petrie (1853–1942) zusammengetragen.

Auch das weiße Verwaltungsgebäude **Senate House** im Art-déco-Stil ist sehenswert. Während des Zweiten Weltkriegs war hier das Ministry of Information untergebracht, heute befindet sich in dem Gebäude die zentrale Bibliothek der Lehranstalt. George Orwell nahm den Bau in seinem Roman „1984" zum Vorbild für das „Ministry of Truth" und es diente vielfach als Filmkulisse.

Entlang der **Gower Street** erinnern viele blaue Plaketten an berühmte Wissenschaftler der Colleges. Die Hausnummer 62 bis 64 wird von der **Royal Academy of Dramatic Arts – RADA** eingenommen. Sie ist seit 1904 die renommierteste Ausbildungsstelle für Schauspieler in Großbritannien und ist dem King's College angeschlossen.

› University of London, Senate House, Malet Street, U: Goodge Street (Northern Line), 78628000, www.london.ac.uk, Infos zu den Museen: www.ucl.ac.uk/culture

76 Wellcome Institute ★★ [H7]

Der Amerikaner **Sir Henry Solomon Wellcome** (1853–1936) hatte großes Interesse an Medizin, Pharmazie und Anthropologie. 1880 gründete er mit Silas Mainville Borough seine erste pharmazeutische Firma und investierte vor allem in die Arzneiforschung. Unter anderem entwickelte die Firma einen Impfstoff gegen Diphterie. Der **Wellcome Trust** ist heute eine gemeinnützige Stiftung, die Forschung zur Gesundheit von Mensch und Tier betreibt.

Auf zahlreichen Reisen legte Wellcome eine Sammlung zur Geschichte der **Anthropologie und Medizin** an, um ein Museum einzurichten. So kamen über die Jahre ca. 1 Mio. Objekte zusammen. Wellcome sammelte auch Gegenstände, die für ungeübte Betrachter nicht unbedingt in eine medizinische Sammlung passen – so erstand er z. B. Napoleon's Zahnbürste. 1930 begann er mit dem Bau des Hauses an der Euston Road und richtete hier ein Museum und ein Forschungslabor ein.

Nach seinem Tod wurden viele der Kuriositäten aus der Sammlung verkauft oder vernichtet, einige davon befinden sich heute im Science Museum 96. Die klassisch anthropologischen Stücke hat man ins Archiv verbannt. Sie stammen aus der Ära des Kolonialismus und vermittelten ein überholtes Menschenbild. Heute gibt es Ausstellungen über Themen, die mit dem menschlichen Körper, Ethnien oder der Umwelt zu tun haben. Das Museum führt auch die **Wellcome Library**, wo man Bücher, Dokumente und Fotografien zu Studienzwecken einsehen kann.

› Wellcome Collection, 183 Euston Road, U: Euston (Northern/Victoria Line), Tel. 76112222, www.wellcomecollection.org, Di–So 10–18, Do bis 20 Uhr, Eintritt frei

77 St. Pancras New Church ★ [I7]

Weiter östlich an der geschäftigen Euston Road steht eine der interessantesten **Regency-Kirchen** Londons. Die St. Pancras New Church entstand zwischen 1819 und 1822 durch die Architekten William und Henry Inwood. Das Design ist dem **Erechteion** auf der **Akropolis in Athen** nachempfunden. Am Haupteingang auf der Westseite steht ein gewaltiges klassizistisches Portiko mit ionischen Säulen und auch im Innenraum setzen sich die Säulen fort. Blickfang ist jedoch die Gestaltung der Sakristeien an der Ostseite: Die Eingangsportale über der Krypta werden nämlich von **Karyatiden** gestützt. Hierzu fertigte Henry Inwood Gipsabdrücke der weiblichen Originalfiguren des Erechteion in Athen an und der Bildhauer Charles Felix Rossi modellierte daraus die Figuren. Dann stellte sich jedoch heraus, dass die Figuren zu groß waren und so wurden sie kurzerhand in der Mitte gekürzt, was ihnen eine etwas gedrungene Form verleiht. In der **Krypta** finden heute Wechselausstellungen und Veranstaltungen statt.

Ursprünglich stand die Kirche an einem weitläufigen, von klassizistischer Architektur geprägten Platz. Gegenüber erhob sich das massive Portiko der **Euston Station,** der sogenannte Euston Arch. Der von William Cubitt entworfene Bahnhof mit seiner grandiosen Halle fiel in den 1960er-Jahren den Stadtplanern zum Opfer.

Der Umbau der heutigen Euston Station zum Kopfbahnhof für die neue Schnellstrecke High Speed 2 (HS2) nach Norden gestaltet sich bisher als katastrophale Fehlplanung. Die Stadtverwaltung muss das Projekt nun abspecken, um Kosten zu sparen. Es ist unklar, wann der Bahnhof fertiggestellt wird.

› Euston Road, U: Euston (Northern/Victoria Line), https://stpancraschurch.org, Tel. 73881461, Mo–Sa 11–14, So 9.30–14 Uhr, Kunstausstellungen Krypta, Tel. 73881461, http://cryptgallery.org, Eintritt frei

EXTRATIPP

Woburn Walk

Über die Duke's Street [I7] auf der Ostseite der St. Pancras New Church gelangt man zum **Woburn Walk.** Der Architekt Thomas Cubitt entwarf hier 1822 eine der ersten Fußgängerzonen Londons. Die gepflegten Fassaden der heimeligen Gasse sehen aus wie anno dazumal. Von 1895 bis 1919 lebte der irische Dichter William Butler Yeats im Haus mit der Nummer 18 (heute Nr. 5).

69 [I7] **Casa Jardim,** 3–5 Woburn Walk, U: Euston, Mo–Fr 8–16, Sa 9–15 Uhr. Fernab der geschäftigen Euston Road kann man im Café Casa Jardim entspannt eine Tasse Kaffee trinken.

78 British Library ★★★ [I7]

Weiter östlich der St. Pancras New Church steht an der Euston Road der Neubau der British Library. Das britische Nationalarchiv wurde 1997 aus dem **Reading Room** des British Museum hierher ausgelagert. Die Bibliothek ist auch dann einen Besuch wert, wenn

Die Statue „Newton" von Eduardo Paolozzi im Hof der British Library wird gern für eine Pause genutzt

156lo-ln

man nicht in den Archiven stöbern will (hierzu ist ohnehin eine Voranmeldung nötig). Die luftige Haupthalle wird von Studenten und Lesenden bevölkert, die an ihren Laptops arbeiten. Gleich vier Cafés und Restaurants von Peyton & Byrne laden zum Verweilen ein. Auch auf dem Außengelände kann man sich gut mit einem Buch niederlassen.

Die **Sir John Ritblat Treasures Gallery** zeigt eine Dauerausstellung mit seltenen Originalmanuskripten, z. B. eine Shakespeare-Handschrift, eine Gutenberg-Bibel und historische Karten. Zusätzlich finden auch thematische Ausstellungen zu populären und historischen Themen statt oder man kann an einer Tour durch die Bibliothek teilnehmen, bei der man etwas über die Entstehung der Institution erfährt.

› 96 Euston Rd, Tel. 0330 3331144, www.bl.uk, U: St. Pancras (Circle/Hammersmith & City/Metropolitan/Northern/Piccadilly/Victoria Line), Treasures Gallery Mo–Do 9.30–20, Fr 9.30–18, Sa 9.30–17, So 11–17 Uhr, Eintritt frei, geführte Touren: Erw. £ 10, erm. £ 8

79 St. Pancras und King's Cross ★ [I6]

An die British Library schließen sich zwei weitere große Bahnhöfe an: **St. Pancras** und **King's Cross**, die heute durch U-Bahn-Gänge unterirdisch verbunden sind. Sie entstanden zu einer Zeit, als die Eisenbahnmagnaten sich gegenseitig im Bau neuer grandioser Bahnhöfe überbieten wollten: Ein Stararchitekt nach dem anderen wurde verpflichtet.

Die **St. Pancras Station**, heute der Endbahnhof für den Eurostar, wurde von der **Midlands Rail Company** in Auftrag gegeben. Die Haupthalle musste luftig sein, damit der Dampf der mit Kohle betriebenen Lokomotiven entweichen konnte. Die beeindruckende Glaskuppel aus Einfeldträgern stammt von dem Ingenieur **William Henry Barlow.** Angeschlossen wurde 1873 das **Midland Grand Hotel,** ein luxuriöses Hotel mit allen Schikanen. Die neogotische Fassade des Architekten George Gilbert Scott aus dem Jahr 1868 zieht noch immer die Blicke auf sich.

Im 20. Jh. setzte jedoch der Verfall ein und die St. Pancras Station war für den Abriss vorgesehen. Der Poet **Sir John Betjeman**, Mitbegründer der Victorian Society, hatte sich für die Erhaltung von zwölf Londoner Bahnhöfen ausgesprochen. Bei der Euston Station war er nicht erfolgreich gewesen, aber 1962 begann er mit der Kampagne zur Rettung von St. Pancras und das Gebäude wurde schließlich unter **Denkmalschutz** gestellt. Bis zur Restaurierung dauerte es jedoch mehrere Jahrzehnte: Erst im Jahr 2007 wurde das Eurostar-Terminal fertiggestellt, von dem heute der gleichnamige Schnellzug auf das Festland verkehrt. Betjeman wurde auf der oberen Ebene nahe der Gleise mit einer Statue verewigt. Das restaurierte Hotel öffnete 2011 als **St Pancras Renaissance Hotel** wieder seine Pforten.

Von der Haupthalle gelangt man zum Vorplatz der **King's Cross Station**. Das historische Gebäude wurde mit modernen Strukturen kombiniert. Man sollte einen Blick in die Bahnhofshalle wagen, innen befindet sich nämlich das moderne Gegenstück zur Glaskuppel in St. Pancras. Das halbzylindrische Dach, gestaltet von der Architekurfirma Arup, erinnert an eine moderne Konzerthalle.

Vor dem „Eingang" der fiktiven **Plattform 9 ¾**, direkt neben dem Harry Potter Shop (s. S. 125), steht außerdem den ganzen Tag eine lange Schlange: Hier lassen sich Harry-Potter-Fans auf dem Weg zum Hogwarts Express fotografieren.

Entlang der Ostseite des Bahnhofs King's Cross gelangt man zum **Granary Square** auf der gegenüberliegenden Seite des Regent's Canal. Der Platz mit den Wasserfontänen und Terrassenrestaurants ist ein beliebter Treffpunkt, nicht zuletzt versammeln sich hier die Studenten der benachbarten Kunstuniversität Central St. Martins. Rund um den Platz laden Grünflächen am Wasser zum Verweilen ein. In ehemaligen Lagerhallen für Kohle und Getreide ist das Einkaufszentrum **Coal Drops Yard** (s. S. 190) untergebracht.

192lo-ln

› U: St Pancras/King's Cross (Circle/Hammersmith & City/Metropolitan/Northern/Piccadilly/Victoria Line)

ℹ71 [I5] **King's Cross Visitor Centre,** 11 Stable Street, N1C 4AA, Tel. 34791795, www.kingscross.co.uk/visitor-centre, Mo–Fr 10–17, Sa 10–16 Uhr. Im Besucherzentrum des Viertels am Lewis Cubitt Square gibt es Karten und Informationen zu den Anlagen am Granary Square und es werden Touren angeboten.

80 London Canal Museum ★★ [J6]

Auf der Südseite des Regent's Canal, am Battlebridge Basin, informiert das London Canal Museum über die Geschichte der großen Kanäle Londons, die wichtige Verbindungswege waren.

Der **Regent's Canal** entstand als Verbindungsachse zwischen der Themse und dem Grand Union Canal, der nach Norden in die Industriestädte und Bergbaugebiete führte. Noch heute ist er vom Limehouse Basin bis nach Paddington befahrbar. Einst wurde hier bei Kings's Cross Kohle gelagert, die zum Befeuern der Eisenbahnen benötigt wurde.

Das Museum gibt anhand von Schiffsutensilien, Dokumentationen und Fotografien Einblick in die Geschichte der Wasserkanäle Londons, die Anfang des 19. Jh. entstanden und dem Warentransport mit den Narrow Boats dienten.

Durch die Erfindung der Eisenbahn verloren die Kanäle ihre Bedeutung als nationale Transportwege. Sie dienten allerdings noch lange der Beförderung von Waren innerhalb von Städten. So wurden auch in London unterschiedlichste Waren weitertransportiert, z. B. Eisblöcke aus Norwegen, die zur Kühlung von Lebensmitteln oder zur Herstellung von Eiscreme benutzt wurden. Das Canal Museum ist in einem alten *ice house,* d. h. einem Warenspeicher für Eisblöcke untergebracht.

Die Kanäle waren eng angelegt und damit zwei Boote aneinander vorbeifahren konnten, entwickelte man die schmalen **Narrow Boats,** deren Ladefläche vor allem unter Wasser lag. Sie wurden von Pferden entlang des Zugpfades *(towpath)* gezogen. Die bunt verzierten Boote dienen heute als **Haus- und Ausflugsboote** und sind überall am Regent's Canal zu sehen.

Entlang des Kanals verläuft vom Granary Square aus ein Spazierweg. Wer auf dem Narrow Boat eine Ausflugsfahrt unternehmen möchte, gelangt von hier aus zu Fuß in Richtung Westen nach ca. 3 km zum Bootsanleger im **Camden Lock.** Wahlweise nimmt man von King's Cross die U-Bahn.

EXTRATIPP

Kunst hautnah

Am Granary Square erlaubt die Galerie Lightroom einen ungewöhnlichen Blick auf die Werke je eines ausgesuchten Künstlers. Die Bilder werden auf die Wände projiziert, sodass man sprichwörtlich eintaucht. Eröffnet wurde mit den Schwimmbadbildern des Malers David Hockney.

70 [I5] **Lightroom,** 12 Lewis Cubitt Square, Tel. 3003034216, https://lightroom.uk, Mo–Mi 10–21, Do, Fr 10–22.30, Sa 9.30–22.30, So 9.30–21 Uhr, Eintritt Erw. £ 25, Kinder (5–18 Jahre) £ 15

King's Cross bietet viele interessante Ansichten, zum Beispiel das „Kissing Roof" beim Coal Drops Yard (s. S. 190)

› London Canal Museum, 12/13, New Wharf Road, King's Cross, zum Eingang gelangt man über die Straße York Way und die Wharf Road, U: St. Pancras/King's Cross (Circle/Hammersmith & City/Metropolitan/Northern/Piccadilly/Victoria Line), Tel. 77130836, www.canalmuseum.org.uk, Di–So, Fei 10–16.30, Eintritt Erw. £ 7, erm. £ 5,50, Kinder (5–15 Jahre) £ 3,50

Kulinarisches

In der Nähe des British Museum, z. B. in der Museum Street, befinden sich neben Antiquariaten auch Cafés, wo man einfach mal verschnaufen kann.

Rund um den Granary Square in King's Cross gibt es zahlreiche Restaurants mit Terrassen, aber auch den überdachten

EXTRATIPP

Bootstour zwischen Little Venice und Camden

Bei einer Bootstour kann man den Regent's Canal erkunden, der ab dem 18. Jh. der Versorgung der Metropole diente und von den schmal gebauten Narrow Boats befahren wurde, die heute meist Haus- und Ausflugsboote sind. Bei der gemächlichen Fahrt eröffnen sich ungewohnte Ausblicke auf Gärten, Brücken und Tunnel. Früher wurden hier Lastkähne mit Tauen von Zugpferden gezogen. Die sogenannten *towpaths* verlaufen am Rand der Kanäle und sind heute zu Spazier- und Radwegen ausgebaut.

Man kann die Fahrt im schicken Maida Vale in Little Venice oder beim Camden Lock beginnen. Hier lädt der Camden Market (s. S. 129) zu einer ausgedehnten Shoppingtour ein.

Abfahrt Camden Lock

•**72** [G5] **Jenny Wren,** Camden Lock East, Walker's Quay, U: Camden Town (Northern Line), Tel. 74854433, www.walkersquay.com, März Sa, So 12.30, 14.30, 16.30, April–Okt. Mo–Fr 12.30, 14.30, Sa, So auch 16.30 Uhr, einfache Fahrt Erw. £ 15, Kinder (5–15 Jahre) £ 7,50, erm. £ 12

Abfahrt Little Venice

•**73** [D8] **Jason's Trip,** Jason's Yard, 42 Blomfield Rd, Warwick Avenue (Bakerloo Line), www.jasons.co.uk, März–Nov. tgl. 10.30, 12.30 und 14.30 Uhr, einfache Fahrt Erw. £ 12, Kinder/erm. £ 9

157lo-ln

Canopy Market mit Streetfood und ausgefallenen Kleinigkeiten zum Einkaufen.

74 [I6] **Canopy Market,** West Handyside Canopy, 2 Granary Square, https://canopymarket.co.uk, Fr 12–20, Sa, So 11–18 Uhr

› **German Gymnasium** (s. S. 176)

75 [I8] **Ruskin's Cafe,** 41B Museum Street, Tel. 74051450, Mo–So 8.30–16.30 Uhr

76 [I6] **The Lighterman** £, 3 Granary Square, Kings Cross, U: King's Cross/St. Pancras, Tel. 38463400, www.thelighterman.co.uk, Mo–Do 12–23.30, Fr 12–24, Sa 10–24, So 10–23.30 Uhr. Gastropub mit Außenterrasse und Blick auf den Regent's Canal.

Shopping

77 [I7] **Brunswick Centre,** Management Suite, Unit 57, The Brunswick, Bloomsbury, U: Russell Square, Tel. 78336066, www.brunswick.co.uk, Mo–Sa 9–18, So 11–18 Uhr. Bei der Russell Street U-Bahn-Station findet sich dieses Einkaufszentrum, das in einer Bausünde aus den 1960er-Jahren untergebracht ist, die allerdings heute unter Denkmalschutz steht. Geschäfte bekannter Marken und Restaurants reihen sich um einen fußgängerfreundlichen Innenhof.

› **Coal Drops Yard** (s. S. 190). Modernes Einkaufszentrum in historischen Hallen.

› **Harry Potter Shop,** Bahnhof King's Cross 79, Platform 9 ¾, www.harrypotterplatform934.com, Mo–Sa 8–22, So 9–21 Uhr. Hier können sich Fans mit Accessoires eindecken.

◁ *Mit den bunten Narrow Boats kann man Ausflüge auf dem Regent's Canal unternehmen*

Fitzrovia, Marylebone und Camden

Fitzrovia hat eine lange Medien- und Literatentradition. Das angrenzende Marylebone ist ein elegantes Wohnviertel, das in der Nachbarschaft des Regent's Park entstand. Nördlich des Regent's Park liegt der Primrose Hill mit einer tollen Aussicht auf die Stadt. Der Regent's Canal fließt rund um den Park bis nach Camden, bis heute Heimat ausgefallener Märkte und der Musikszene.

81 Fitzrovia ★★ [H8]

Fitzrovia ist kein offizieller Stadtteil von London, sondern bezeichnete ein **Künstlerviertel** zwischen der Oxford Street im Süden, der Tottenham Court Road im Osten und der Goodge Street im Norden. Der Name geht wahrscheinlich auf **Charles Fitzroy** zurück, der den Fitzroy Square in Marylebone anlegte. Fitzroy war der Name, den traditionell die unehelichen Kinder der Monarchen erhielten: Charles war ein Enkel von Charles II. und aus einer solchen unehelichen Beziehung hervorgegangen.

Von 1920 bis 1950 versammelten sich hier Bohemiens, Literaten und Intellektuelle. Fitzrovia bot auch Lebensraum für die Immigranten, Künstler, Musiker und Lebedamen, die sich in Soho keine Bleibe leisten konnten. George Bernard Shaw lebte hier, ebenso der französische Poet Arthur Rimbaud. In der Charlotte Street und der Rathbone Street befinden sich historische Pubs wie **Fitzroy Tavern** (s. S. 181) und **Wheatsheaf** (s. S. 130), in denen auch Dylan Thomas und George Orwell Stammgäste waren. Daneben reihen sich hier viele empfehlenswerte Restaurants aneinander.

Der 191m hohe **British Telecom Tower** (auch **BT Tower**) ist in dem Gebiet weithin sichtbar. Er dient seit 1962 als Fernsehturm und bis in die 1980er-Jahre befand sich oben ein Drehrestaurant. Aufgrund seiner Bedeutung für die Telekommunikation galt der Turm in der Cleveland Street als „Geheimnis“ und durfte bis 1990 nicht auf Landkarten gezeigt werden. Aufgrund seiner Höhe war er jedoch kaum zu übersehen.

In Richtung Westen gelangt man zur Straße Portland Place, wo die **BBC** ihren Sitz hat. Hinter der Art-déco-Fassade des ursprünglichen Gebäudes versteckt sich ein riesiges Areal an Studios. Die BBC begann 1936 als Radiostation und besitzt heute zahlreiche nationale und internationale Radiostationen und Fernsehkanäle.

› U: Goodge Street (Northern Line)

044lo-ln

82 Madame Tussauds ★★ [F8]

In den vielen Jahrzehnten seiner Existenz hat das Wachsfigurenmuseum von Madame Tussaud in der Marylebone Road nichts an seiner Beliebtheit eingebüßt. Noch immer stehen jeden Tag die Besucher vor dem Eingang Schlange und warten geduldig auf ihre Chance, sich mit den **Wachskopien von Popstars, Filmhelden** oder anderen Persönlichkeiten fotografieren zu lassen. Der Erlebnisbereich wurde ausgeweitet und so können Besucher heute auch Marvel-Superhelden in einem **4-D-Film** erleben oder eine **virtuelle Taxifahrt** durch Londons Straßen unternehmen.

Marie Tussaud wurde 1761 als Marie Grosholtz in Straßburg geboren und hatte ein sehr wechselhaftes Leben. Nach dem Tod des Vaters nahm ihre Mutter eine Stelle als Hausmädchen bei einem Arzt in Bern an. Dr. Curtius modellierte für anatomische Studien aus Wachs menschliche Körperteile und gelangte durch gesellschaftliche Verbindungen nach Paris, wo er damit begann, ein professionell betriebenes Wachsfigurenkabinett anzulegen. Von ihm erlernte Marie das Handwerk und hatte schon bald Erfolg mit ihren eigenen Arbeiten. Nach Curtius’ Tod trat sie sein Erbe an, jedoch unterbrach die französische Revolution ihre Karriere. Nach einer unglücklich geschiedenen Ehe wanderte sie nach England aus, wo sie zusammen mit ihren beiden Söhnen viele Jahre umherreiste.

Erst 1835 fand sich die Gelegenheit, in London ein permanentes Museum zu eröffnen, und zwar zunächst in der Baker Street. Nach Tussauds Tod im Jahr 1850 führten ihre Söhne das Museum weiter und 1884 zog man an den heu-

tigen Standort in der Marylebone Road. Heutzutage werden die Wachsfiguren mit 3D-Druckern hergestellt und es gibt Filialen in der ganzen Welt.

Läuft man auf der Marylebone Street in Richtung Westen, passiert man übrigens eine riesige Statue von **Sherlock Holmes** und gleich um die Ecke in der Baker Street befindet sich auch das **Sherlock Holmes Museum** (s. S. 164), wo die Legende des Detektivs aus der Feder von Sir Arthur Conan Doyle aufrechterhalten wird.

› Marylebone Road, U: Baker Street (Bakerloo/Circle/Hammersmith & City/Jubilee/Metropolitan Line), Tel. 08704003010, www.madame-tussauds.com, Sommer Mo–Fr 10–18, Sa, So 10–19.30, Winter Mo–Fr 10–15, Sa, So 10–16 Uhr, Onlineticket Erw. ab £ 33,50 (Fast-Track-Ticket für schnelleren Zugang ab £ 50), Familienticket ab £ 31 pro Person, Kinder unter 3 Jahren frei

83 Regent's Park und London Zoo ★★★ [F6]

Wie die meisten Parks in London begann auch der Regent's Park als königlicher Jagdgrund. 1811 wurde er unter dem Prinzregenten, dem späteren König George IV., von **John Nash** zu einem eleganten Park mit angrenzenden Villen umgestaltet. Das ambitionierte Bauprojekt sollte sich von der Regent Street bis zum Regent's Park erstrecken, wurde jedoch nie ganz fertiggestellt. Auch der **Regent's Canal** war Teil der Landschaftsgestaltung, noch heute kann man hier mit **Ausflugsbooten** entlangschippern (s. S. 124).

Rund um den Park erstrecken sich terrassenförmig angelegte Häuserzeilen im klassizistischen Regency-Stil. Im Park selbst hatte einst die Königliche Botanische Gesellschaft ihren Sitz. Heute gibt

Der BT Tower überragt Fitzrovia

Der Regent's Park bietet viele Oasen der Ruhe

es neben Grünflächen einen künstlichen See mit Bootsverleih, einen Lehrgarten, Spiel- und Tennisplätze, ein Freilufttheater, einen Stein- und einen Rosengarten sowie Cafés.

› U: Baker Street (Bakerloo/Circle/Hammersmith & City/Jubilee/Metropolitan Line), www.royalparks.org.uk, http://openairtheatre.com

Eine beliebte **Familienattraktion** im Regent's Park ist der **London Zoo,** der 1828 von Sir Stamford Raffles und Sir Humphrey Davy zunächst zu Studienzwecken gegründet wurde. Die Zoologische Gesellschaft von London verwaltet den Zoo noch heute. Erst 1847 wurde der Tierpark für die Öffentlichkeit zugänglich gemacht und Freigehege legte man sogar erst nach 1902 an, da man vorher angenommen hatte, exotische Tiere könnten im englischen Klima nicht überleben. Heute findet man hier **Tiere aus 600 verschiedenen Arten,** darunter auch seltene Komodo-Drachen. Die Eintrittspreise sind je nach Saison unterschiedlich. Bei einer Vorausbuchung kann man jedoch erheblich sparen.

› **London Zoo,** Outer Circle, Regent's Park, U: Baker Street (Bakerloo/Circle/Hammersmith & City/Jubilee/Metropolitan Line) oder Camden Town (Northern Line), Tel. 08442251826, www.londonzoo.org, Kernzeiten: tgl. 10–16, Sommer bis 17, Winter bis 15 Uhr (s. Website), Eintritt: Erw. £ 33, erm. £ 29,70, Kinder £ 21,45, preiswertere Tickets als „Off Peak", „Saver" und „Super Saver" erhältlich

84 Primrose Hill ★★ [F5]

Der **Primrose Hill** erhebt sich nordwestlich des Regent's Park und nördlich der Prince Albert Road. Von dem 64 m hohen Hügel hat man eine relativ **unverstellte Aussicht** auf London. Das Wohngebiet, das sich unterhalb des Hügels anschließt, ist bereits seit Jahrhunderten ein beliebtes Refugium für Literaten, Schauspieler und Kunstschaffende. Bei einem Bummel durch die Regent's Park Road, die Primrose Hill Road und deren Nachbarsträßchen passiert man zahlreiche **blaue Plaketten** *(Blue Plaques),* die an einstige namhafte Bewohner erinnern. Friedrich Engels wohnte z. B. in der Nr. 122 der Regent's Park Road, die Dichterin Sylvia Plath in der Nr. 3 am Chalcot Square und der Poet William Butler Yates in der Nr. 23 an der Fitzroy

046lo-ln

Road. Noch heute wohnen hier viele bekannte Persönlichkeiten – nicht zuletzt, weil die Häuser am Regent's Canal viel Privatspäre bieten. Es verwundert daher auch nicht, dass die Sträßchen gespickt sind mit ausgefallenen Boutiquen und einladenden Cafés sowie Restaurants.

› U: Chalk Farm (Northern Line)

85 Camden Town ★★ [H5]

Zwischen den U-Bahn-Stationen Camden Town und Chalk Farm erstreckt sich einer der größten zusammenhängenden Marktbezirke Londons: der **Camden Market.** Besonders schön ist es rund um das Camden Lock, wo sich die Ausflugsboote auf dem Regent's Canal versammeln (s. S. 124).

Der Camden Market entwickelte sich Ende der 1970er- bzw. Anfang der 1980er-Jahre aus einem alternativen Zentrum mit kleinen Werkstätten und Geschäften und wuchs beständig an. Inzwischen ist das gesamte Zentrum von Camden Town miteinbezogen: Mehrere Märkte mit unzähligen Ständen und Geschäften reihen sich hier aneinander und locken jede Woche Hunderttausende von Touristen an, teils unter freiem Himmel wie der **Buck Street Market** oder der **Inverness Street Market,** teils in Hallen wie der **Camden Lock Market** (s. S. 192) und der **Stables Market** mit Kleidung, Designobjekten, Möbeln etc. sowie einem Gourmetmarkt mit Streetfood aus allen Ecken der Welt.

Camden hat auch viele alteingesessene **Musikclubs** zu bieten und nicht nur abends geht es hier hoch her. Von Amy Winehouse bis Madness lebten und arbeiteten hier bekannte Bands und Musiker. Seit vielen Dekaden ist der Stadtteil auch der Treffpunkt der **Alternativszene:** Hier findet man noch heute das passende Outfit zum vorherrschenden Musiktrend.

Im Osten des Camden Lock ist das moderne Einkaufs- und Unterhaltungszentrum **Hawley Wharf** entstanden. Dort geht es etwas schicker zu als auf dem wuseligen Freiluftmarkt (Infos: www.camdenmarket.com/journal/camden-market-hawley-wharf).

› U: Camden Town (Northern Line), Camden Lock/Stables Market: tgl. 10–22 Uhr, Buck Street Market tgl. 11–19 Uhr, Hawley Wharf, Mo–Mi 12–18, Fr, Sa 11–19, So 11–18 Uhr, Inverness Street Market tgl. 10–18 Uhr

86 Jewish Museum ★★ [G5]

Das Museum wurde bereits 1932 gegründet und zog 1995 nach Camden um. Anhand von zahlreichen Objekten und Dokumenten erfährt man hier vieles über die **Geschichte der britischen Juden** seit 1066. In London ist die jüdische Geschichte besonders mit der Geschichte des East End verbunden. Das Museum zeigt am Beispiel von Einzelschicksalen auch eine Dokumentation über die Zeit während des Holocausts. Eine Sonderausstellung beschäftigt sich mit dem **Judaismus als Glaubensrichtung** im Allgemeinen. Außerdem gibt es **Wechselausstellungen** zu historischen und aktuellen Themen.

◁ Auf den Märkten in Camden kann man stundenlang bummeln

› Raymond Burton House, 129-131 Albert St, Camden, U: Camden Town (Northern Line), Tel. 72847384, https://jewishmuseum.org.uk, So, Do 10-17 Uhr (außer jüdische Feiertage), Mo-Mi nur mit Termin, Eintritt Erw. £ 7,50, erm. £ 5,50, Kinder (5-16 Jahre) £ 3,50

Kulinarisches und Ausgehen

› **Fitzroy Tavern** (s. S. 181). Historischer Literatenpub.

78 [F5] **Greenberry Café,** 101 Regent's Park Road, Primrose Hill, U: Chalk Farm, Tel. 74833765, http://greenberrycafe.co.uk, Mo 9-15, Di-Sa 9-22, So 9-15 Uhr. Gutes Frühstück mit großer vegetarischer Auswahl.

› **Hawley Arms** (s. S. 183). In diesem Szene-Pub war einst die Sängerin Amy Winehouse Stammgast.

› **Odette's** (s. S. 175). Edles Restaurant des walisischen Chefkochs Bryn Williams.

79 [G5] **The Good Mixer,** 30 Inverness Street, Tel. 30760002, www.thegoodmixer.co.uk, Mo-Do 12-1, Fr/Sa 12-2, So 12-0.30 Uhr. Legendärer Musikpub in Camden.

80 [H8] **Wheatsheaf,** 25 Rathbone Place, Tel. 75801585, Mo-Fr 11.30-23, Sa 12-23 Uhr. In seiner Stammkneipe lernte der Dichter Dylan Thomas seine spätere Frau Caitlin Mcnamara kennen.

Shopping

› **Camden Market** (s. S. 129). Der Camden Market besteht aus verschiedenen Märkten, die sich über das Stadtzentrum von Camden Town verteilen.

› Entlang der **Tottenham Court Road** [H7-I8] gibt es zahlreiche Einrichtungs- und Design-Geschäfte, wo man ausgefallene Kleinigkeiten finden kann.

Hyde Park, Kensington Gardens und Notting Hill

London hat viele Parkanlagen und grüne Plätze. Die großen Parks im Zentrum, St. James's Park [I10/11], Green Park [G/H10], Hyde Park 87 und Kensington Gardens [D10/11], gehen fast nahtlos ineinander über, sodass man hier kilometerweit entlangspazieren kann. In den Parks bieten sich viele Freizeitmöglichkeiten, so kann man z.B. Sonnenliegen mieten, Bootfahren, Schwimmen, Tennis spielen, Galerien besuchen und an Open-Air-Veranstaltungen teilnehmen. In den Kensington Gardens kann man die königliche Residenz Kensington Palace 89 besichtigen. Westlich davon schließt sich das Viertel Notting Hill an, wo der beliebte Portobello Road Market (s. S. 193) stattfindet.

Ein Rundgang könnte beim **St. James's Park** beginnen, der sich hinter dem großen Platz der **Horse Guards** 5 erstreckt. Der Park wurde vom Architekten John Nash während der Regency-Periode neu gestaltet. Im hübsch angelegten See mit Fontäne befindet sich eine Vogelinsel mit seltenen Arten, u.a. auch Pelikanen. Auf dem Weg durch den Park in Richtung Westen zum **Buckingham Palace** 11 passiert man eine große Wiese mit Hunderten von **Liegestühlen,** die man gegen eine kleine Gebühr mieten kann (online oder telefonisch).

Vorbei am Viktoria-Denkmal und dem Buckingham Palace geht es dann über die Straße The Mall in den **Green Park,** der gern von Joggern und zum Picknicken genutzt wird, denn er hat viele schattenspendende Bäume zu bieten. Am Westende des Parks öffnet sich eine Verkehrsinsel mit dem **Wellington Arch.**

Ein Fußgängerübergang führt zum **Hyde Park Corner.** Die Ampeln hier gelten übrigens nicht nur für Fußgänger, auch Reiter und ihre Pferde müssen die Verkehrsregeln einhalten.

Der **Hyde Park** 87 mit dem Serpentine Lake ist einer der größten Parks der Stadt. Hier kann man Boote mieten, rasten und sogar baden. Westlich schließen sich die **Kensington Gardens** mit dem **Kensington Palace** 89 an, einst Heimat von Queen Victoria und Princess Diana. Von der Südseite des Hyde Park gelangt man vorbei am **Albert Memorial** 99 nach **Kensington** mit seinen vielen Museen. Wahlweise kann man jedoch auch vom Hyde Park (Marble Arch) mit dem Bus in nur 10 Min. bis zum **Regent's Park** 83 weiterfahren (Nr. 13, 82, 139, 189).

87 Hyde Park ★★★ [F10]

Der Hyde Park ist einer der größten der Londoner Parks und bietet viele weitläufige Grünflächen, die im Sommer auch für Veranstaltungen genutzt werden. Einst im Besitz der Westminster Abbey, verwandelte Heinrich VIII. die Ländereien in ein königliches Jagdrevier. Ab 1637 war der Park dann öffentlich zugänglich. Im Frühjahr und Sommer suchen heute viele erhitzte Touristen ein schattiges Plätzchen unter den Bäumen und es kann recht voll werden.

Unweit von **Hyde Park Corner** befindet sich das **July Memorial**, das an die 52 Opfer des Terroranschlags vom 7. Juli 2005 auf die Londoner U-Bahn erinnert, und am südöstlichen Ende des Parks erhebt sich das **Wellington Monument** mit der Statue des Gottes Achill.

Der **Serpentine Lake** bildet das Herz des Parks. Hier lädt das Serpentine

Der Hyde Park ist Teil der grünen Lunge Londons

EXTRATIPP

Sonnenliegen mieten

Von März bis Oktober kann man in den großen Parks im Zentrum Londons Sonnenliegen, sogenannte **Deck Chairs,** mieten. Tickets bucht man telefonisch oder online. Tarife: 1 Std. £ 3, 2 Std. £ 4 usw., Tagesticket £ 11.

› **Parkdeckchairs,** Tel. 74868117, www.parkdeckchairs.co.uk

0481o-In

Bar & Kitchen zum Ausruhen ein, man kann ein Tret- oder Ruderboot mieten, Schwäne füttern oder sogar im **Serpentine Lido** ein Bad im See nehmen. Südlich des Sees entstand 2004 der **Diana Memorial Fountain** zum Gedenken an die verstorbene und von vielen verehrte Prinzessin.

In der Nordostecke des Parks, am **Marble Arch**, befindet sich **Speaker's Corner** (U: Marble Arch). Jeden Sonntag darf hier jeder, der möchte, das Podium erklimmen und seine Meinung kundtun, ohne ein Blatt vor den Mund zu nehmen. Von politischen Aktivisten über religiöse Demagogen bis zum einfachen Mann von der Straße schwatzt hier jeder, wie ihm die Leber gewachsen ist. Diese Tradition der freien Meinungsäußerung wurde ab 1872 polizeilich verbrieft und wird noch heute stolz aufrechterhalten. Ob ein Vortrag interessant ist, zeigt sich vor allem an der Anzahl der Zuhörer, die stehenbleiben.

› U: Hyde Park Corner (Piccadilly Line) oder Marble Arch (Central Line), www.royalparks.org.uk/parks/hyde-park, geöffnet 5–24 Uhr

Der Garten des Kensington Palace ist heute für Besucher zugänglich

88 Serpentine Galleries ★★ [E10]

Die **Serpentine South Gallery** auf der Südseite des Serpentine Lake bietet schon seit den 1970er-Jahren Wechselausstellungen mit zeitgenössischer Kunst. Alljährlich bekommt im Rahmen einer Sonderausstellung ein Architekt die Chance, einen temporären Pavillion in der Nachbarschaft zu errichten. Hierbei handelt es sich immer um visuell sehr eindrucksvolle Konstruktionen. Auf der Nordseite des Sees wurde in einem alten Munitionslager eine zweite Kunsthalle, die **Serpentine North Gallery**, eingerichtet. Die klassizistische Fassade des historischen Gebäudes wird von der geschwungenen Kuppel eines Anbaus komplettiert, die die Handschrift der Architektin Zaha Hadid trägt. Während des Sommers finden in beiden Galerien **Ausstellungen** und **Events** statt. In der Serpentine North Gallery befindet sich zudem ein Restaurant.

› Serpentine Gallery, Kensington Gardens, Serpentine Sackler Gallery, West Carriage Drive, U: South Kensington (Piccadilly/Circle/District Line) oder Knightsbridge (Piccadilly Line), www.serpentinegalleries.org, tgl. 10–18 Uhr, Eintritt frei, Magazine Restaurant, www.benugo.com/sites/restaurants/the-magazine, Di–So 9–18 Uhr

89 Kensington Palace ★★ [D10]

Westlich des Serpentine Lake erstrecken sich die **Kensington Gardens.** Lange waren die Palastgärten nicht öffentlich zugänglich. König William III. ließ den Kensington Palace von Christopher Wren zwischen 1669 und 1718 errichten, da der Whitehall Palace in die Jahre gekommen war. George I. ließ 1722 Anbauten vornehmen und in seinen Privaträumen entstand z. B. der achteckige **Cupola Room.**

Der **Kensington Palace** diente vielen Monarchen als Heimat und ist heute u. a. die offizielle Londoner Residenz des **Prince und der Princess of Wales,** Willam und Kate. Kurzzeitig lebten auch Prinz Harry und seine Frau Meghan im Nottingham Cottage, das sich auf dem Gelände des Kensington Palace befindet.

Die **Orangery** des Palastes wurde von Nicholas Hawksmoor im Jahr 1704 für Queen Anne entworfen. Hier wird ein eleganter Afternoon Tea angeboten, für den man jedoch vorher reservieren sollte.

Am 24. Mai 1819 erblickte die spätere **Königin Victoria** im Kensington Palace das Licht der Welt. Aufgrund von Kindheitserinnerungen an ihre übermächtige Mutter zog sie jedoch nach ihrer Krönung in den **Buckingham Palace** 11 um. Eine Ausstellung beschäftigt sich mit diesem Aspekt von Victorias Leben. Des Weiteren zeigt der Palast königliche Roben aus verschiedenen Jahrhunderten.

Nach der Scheidung von Prinz Charles zog **Prinzessin Diana** mit ihren Kindern in Kensington ein. Nach ihrem plötzlichen Tod legten damals trauernde Briten Tausende von Blumenbouquets vor das Palasttor.

› Kensington Gardens, U: High Street Kensington (District/Circle Line), Lancaster Gate oder Queensway (Central Line), www.hrp.org.uk/kensingtonpalace, Tel. 0970 7515170, Sommer Mi–So 10–18, Winter Mi–So 10–16 Uhr, Erw. £ 25,40, Kinder (5–15 Jahre) £ 12,70, erm. £ 20,30. Die Besichtigung aller Ausstellungen ist im Ticketpreis eingeschlossen.

90 Design Museum ★★ [B11]

Südlich des Kensington Palace gelangt man auf die Kensington Road, über die man in westlicher Richtung den **Holland Park** erreicht. Der angenehme und ruhige Park gehörte einst zu den Ländereien des **Holland House.** In einem verbliebenen Teil des Herrenhauses ist heute ein Hostel untergebracht (s. S. 253). Im Sommer finden in der Nähe hochklassige Open-Air-Opernproduktionen der **Opera Holland Park** statt (https://operahol landpark.com).

An der Südseite des Parks steht das ehemalige Commonwealth House, das heute das **Design Museum** beherbergt. Das Museum geht auf den Designer **Terence Conran** (1931–2020) zurück, der bereits in den 1950er-Jahren moderne

Möbel und Einrichtungsgegenstände produzierte. Später war er Teil der „Swinging Sixties“-Szene in London und eröffnete 1964 seine eigene Kaufhauskette Habitat, die IKEA Konkurrrenz machte.

Als die Docklands in den 1980er-Jahren „wiederentdeckt“ wurden, errichtete Conran in Bermondsey im Stadtteil Shad Thames sein erstes Design Museum. 2016 zog es nach Kensington um. Hier gibt es nun eine Dauerausstellung u.a. mit internationalen Designklassikern zu sehen, aber auch Wechselausstellungen.

› 224–238 Kensington High St, Kensington, U: High Street Kensington (District und Circle Line), Tel. 38625900, http://designmuseum.org, So–Do 10–18, Fr, Sa 10–21 Uhr, Eintritt frei (außer Sonderausstellungen)

EXTRATIPPS

Electric Cinema

Auf der Portobello Road befindet sich eines der ältesten Kinos in Großbritannien. Bereits 1910 entstand das **Electric Cinema** im Stil des edwardianischen Barock. 1993 wurde es geschlossen, aber da es unter Denkmalschutz steht, blieb es erhalten. Heute wird es von der Gruppe Soho House geführt. Der Kinosaal ist immer noch mit rotem Plüsch ausgestattet, es gibt Einzelsessel und Sofas, auf denen man es sich beim Film mit sättigenden Leckereien wie Burgern gemütlich machen kann. Diese kommen aus dem angeschlossenen Restaurant **Electric Diner**, das Gäste ganztags versorgt. In den oberen Stockwerken befindet sich einer der Privatclubs von Soho House (s. S. 35).

K81 [B9] **Electric Cinema,** 191 Portobello Road, Notting Hill, www.electriccinema.co.uk, U: Ladbroke Grove. Electric Diner, Mo–Mi 8–24, Do–Sa 8–1 Uhr

Die Geschichte der Werbung

Das **Museum of Brands** in Notting Hill (s. S. 163) eröffnet anhand von Werbemitteln bekannter Produkte einen Blick in die Ästhetik und den Zeitgeschmack der Briten durch verschiedene Dekaden.

91 Notting Hill ★★ [B10]

Nördlich des Holland Park erstreckt sich der Stadtteill **Notting Hill** mit der **Portobello Road,** auf der der bekannte Markt stattfindet. Notting Hill, unter anderem berühmt geworden durch den gleichnamigen Film mit Julia Roberts und Hugh Grant aus dem Jahr 1999, war in den 1950er-Jahren das bevorzugte Viertel der karibischen Einwanderer, bevor diese in preiswertere Unterkünfte nach Brixton in Südlondon abwanderten. Heute sind Notting Hill und das benachbarte Westbourne Grove schicke Wohnviertel für die gehobene Mittelklasse.

Der bekannte **Portobello Road Market** (s. S. 193) erstreckt sich über mehrere Kilometer in Richtung Norden. Von Antiquitäten über Schmuck und Kleidung bis hin zu Lebensmitteln wird hier alles verkauft, zudem gibt es Antiquitätenläden, Pubs und Restaurants. Am letzten Wochenende im August findet der **Notting Hill Carnival** statt, ein bunter karibischer Karneval mit Paraden, Musik und Gastronomie: Man sieht farbenprächtige Kostüme, lauscht Steel Bands und es gibt Stände mit karibischen Köstlichkeiten. Bei ca. einer Million Besuchern aus dem In- und Ausland sollte man sich jedoch nur hierher wagen, wenn man mit großem Menschengedränge gut zurechtkommt.

› Portobello Road, U: Notting Hill Gate (Central/Circle/District Line), Ladbroke Grove (Circle/Hammersmith & City Line)

92 Paddington Station ★ [E9]

Entlang der Straße Westbourne Grove gelangt man zu einem weiteren der großen Bahnhöfe Londons: **Paddington Station.** Er gab übrigens dem berühmten **Bären aus den Kinderbüchern** von Michael Bond seinen Namen: Der peruanische Bär wird am Bahnhof Paddington von der Familie Brown gefunden, adoptiert und in „Paddington Brown" umbenannt. Am Bahnhof befindet sich auf der Platform No. 1 eine „lebensgroße" Bronzestatue des Bären vom Bildhauer Marcus Cornish. Auf der oberen Ebene findet sich zudem ein Shop, in dem man sich mit Paddington-Bär-Artikeln eindecken kann.

Der **Bahnhof** war zunächst die Endstation für die aus dem Westen von Bristol kommende Bahnstrecke der Great Western Railway (GWR). Die Bahnlinie ermöglichte preiswerte Reisen zu den Stränden im Südwesten der Insel und wurde daher auch „Holiday Line" genannt.

Der verantwortliche Ingenieur für die Great Western war **Isambard Kingdom Brunel** und so stammt auch ein Großteil des Bahnhofs aus seiner Schmiede, so zum Beispiel drei Glaskuppeln: Die Mittlere misst 30 m, die beiden anderen sind je 21 m breit.

Im Jahr 1863 fuhr von Paddington die erste „U-Bahn", d. h. der erste unterirdische Dampfzug, bis nach Farringdon. Unterhalb des Bahnhofs gelangt man zu den Ufern des Regent's Canal, der hier am **Paddington Basin** in einem Becken endet. Zwischen moderner Architektur kann man hier entlang der ausgebauten Uferwege wandern, in Restaurants einkehren und *narrow boats* beobachten.

› U: Paddington (Bakerloo/Circle/District Line/Elizabeth Line), www.thisispaddington.com

› **Paddington Store,** Tel. 07917 797427, www.paddington.com, www.paddington.com/global/shop/paddington-station-shop, tgl. 9–20 Uhr

Kulinarisches

82 [D8] **Bondi Green** £, 1–2 Canal Side Walk, Bishop's Bridge, Paddington, Tel. 33251340, www.daisygreenfood.com, Mo, Di 7.30–23, Mi–Fr 7.30–24, Sa 8–24, So 9–22.30 Uhr. Ausgefallenes Dekor im Lokal und ausgefallene Geschmackskombinationen auf den bunt arrangierten Tellern.

› **Granger and Co** (s. S. 176). Leichte Gerichte, frisch und knackig und oft mit asiatischem Einschlag.

83 [B8] **Kipferl,** 95 Golborne Road, 89695852, www.kipferl.co.uk, Di–Do 12–22, Fr, Sa 10–22, So 10–18 Uhr. Wiener Kaffeehausstil verströmt dieses Etablissement mit leckeren Torten und Snacks und vor allem gutem Kaffee.

Knightsbridge, Belgravia und Kensington

Südlich des Hyde Park befinden sich einige schicke Wohnadressen Londons: An das Viertel Knightsbridge grenzt im Osten Belgravia und im Westen Kensington an. Elegant einkaufen kann man in der Nachbarschaft der Sloane Street 93*, geballte Kultur wartet in der sich weiter westlich befindenden Museumsmeile in Südkensington.*

93 Sloane Street ★ [F11]

Die Sloane Street beginnt bei der U-Bahn-Station Knightsbridge und führt in Richtung Süden bis zum Sloane Square in Chelsea. In der Nachbarschaft befindet sich das Edelkaufhaus **Harvey Nichols** (s. S. 190). An diesem Ende der Straße, die nach Sir Hans Sloane benannt ist, der mit seiner Sammlung den Grundstock für das British Museum 73 legte, reihen sich viele **Boutiquen internationaler Designer** wie Chanel, Dior und Armani aneinander. Im Osten liegt das Viertel Belgravia, das zum Besitz des Duke of Westminster, einem der reichsten Aristokraten Großbritanniens, gehört. In den **klassizistischen Häusern** des Viertels residieren neben Aristokraten auch Millionäre und Milliardäre, zu denen Geschäftsleute und Stars gehören. Auch **Botschaften** haben hier ihren Sitz: Die Deutsche Botschaft findet man z. B. bei der Adresse 21–23 Belgrave Square.

› U: Knightsbridge (Piccadilly Line)

94 Harrods ★ [F11]

Folgt man von der Tube-Station Knightsbridge der Brompton Road nach Südwesten, passiert man bald das **bekannteste Kaufhaus Londons,** Harrods. Es ist nicht nur eines der elegantesten Kaufhäuser der Welt, sondern mit 330 Abteilungen auch eines der größten. Entstanden ist es 1824 als Familienunternehmen. 1985 kauften dann die Brüder Fayed das Haus. Dodi, der Sohn von Mohamed Al-Fayed, war später mit Prinzessin Diana liiert. Seinen Tod bei dem Autounfall, dem auch Diana zum Opfer fiel, konnte der Vater nie verwinden. Im Jahr 2010 wurde das hochverschuldete Unternehmen an eine Investmentfirma aus Katar verkauft. Nicht selten reisen aristokratische Milliardäre aus den Golfstaaten mit ihrem Hofstaat ein, die hier ausgedehnt einkaufen gehen.

› 87–135 Brompton Road, U: Knightsbridge (Piccadilly Line), Tel. 77301234, www.harrods.com, Mo–Sa 10–21, So 11.30–18 Uhr

95 V&A – Victoria and Albert Museum ★★★ [E12]

Folgt man der Brompton Road weiter in Richtung Westen, gelangt man zum Victoria & Albert Museum. Es besitzt eine der größten Kunstgewerbe- und Design-Sammlungen der Welt.

Das Museum ging aus der Weltausstellung von 1851 in London hervor. Damals reisten Millionen internationaler Besucher an, um die Errungenschaften der britischen Nation in zahlreichen Ausstellungspavillons zu begutachten. Die Einnahmen aus der erfolgreichen Ausstellung dienten Queen Victorias deutschem Gemahl **Prinz Albert** dazu, seine Vision zu verwirklichen. Er wollte Kultur und Wissenschaft einer breiten Gesellschaftsschicht zugänglich machen und so entstand in Südkensington ein Museum mit Exponaten aus der Weltausstellung.

Heute können Besucher auf sieben Stockwerken eine Wanderung durch die **Kunst- und Kulturgeschichte vom Mittelalter bis zum Art déco** unternehmen. Fast **1,5 Mio. Objekte** aus der westlichen Welt, Asien und dem mittleren Osten sind in thematischen Sammlungen ausgestellt, darunter Keramik, Möbel, Schmuck, Skulpturen, Textilien, Glas- und Metallobjekte sowie fast 500.000 Fotografien.

Die Theater- und Tanzgeschichte wird ebenfalls dokumentiert und es gibt eine Ausstellung zur Pop- und Rockmusik.

Zudem ist ein Modemuseum mit Kleidungsstücken aus dem 18. Jh. bis heute angeschlossen.

Die **Weston Cast Courts**, d. h. die **Skulpturenhöfe** des Museums entstanden im Jahr 1873, um eine Sammlung an Abgüssen antiker Skulpturen zu beherbergen. Zu den teils riesigen Ausstellungsstücken, die in den Hallen 46a und 46b untergebracht sind, gehört z. B. eine Nachbildung der „Tür zum Paradies", also des Ostportals des Doms in Florenz. Die 5 m hohe David-Statue von Michelangelo, die Queen Victoria 1856 als Geschenk präsentiert wurde, wird ohne das „Feigenblatt" gezeigt, das die Königin damals aus Gründen der Tugend anbringen ließ.

Derartige Abgüsse wurden im 19. Jh. einem Publikum gezeigt, das zwar von der Existenz der Kunstschätze wusste, aber nicht die finanziellen Mittel hatte, um durch Europa zu reisen. Viele europäische Metropolen hatten solche Sammlungen, die jedoch meist im 20. Jh. zerstört wurden. Aus diesem Grund ist die Sammlung des V&A in ihrem Umfang einzigartig.

› Cromwell Road, Tel. 79422000, www.vam.ac.uk, U: South Kensington (Circle/District/Piccadilly Line), tgl. 10–17.45 Uhr, Fr bis 22 Uhr, Eintritt frei, außer bei Sonderausstellungen

96 Science Museum ★★ [E11]

1893 beschloss man, die wissenschaftlichen Exponate aus dem Victoria & Albert Museum 95 in ein neues Haus auszugliedern. Hieraus entstand das Science Museum, in dem heute den Besuchern auf mehreren Etagen **naturwissenschaftliche Phänomene** nahegebracht werden. Das Museum ist interaktiv angelegt und besonders auf Kinder ausgerichtet. Interessante Kleinigkeiten findet man im Museumsshop: Hier gibt es ausgefallene technische Spielereien wie „Space-Knete" und kleine sogenannte „Gadgets", die sich auch gut als Souvenir eignen.

› Exhibition Road, U: South Kensington (Circle/District/Piccadilly Line), Tel. 0333 2414000, www.sciencemuseum.org.uk, tgl. 10–18 Uhr. Man muss muss vor dem Besuch online ein kostenloses Ticket buchen. Auch wer eine Aktivität bucht, muss ein generelles Eintrittsticket dazubuchen. IMAX-Kino (ab £ 10), Flugsimulator (Fly 360°, Kapsel für 2 Pers. £ 12) und wechselnde Sonderausstellungen.

97 Natural History Museum ★★ [E12]

Im Jahr 1881 wurden die botanischen, mineralogischen, paläontologischen und zoologischen Objekte aus dem British Museum 73 in das neue **Museum für Naturgeschichte** ausgelagert. Die meisten Exponate, die den Grundstock bildeten, stammten aus der Sammlung von **Sir Hans Sloane.**

Das Museum ist vor allem – wenn auch nicht nur – bei Kindern beliebt. Es gibt viele interaktive Elemente in der Ausstellung, mit denen Kinder sich stundenlang beschäftigen können, und zudem lebensgroße Dinosaurierskelette.

Im selben Gebäude ist auch das **Geologische Museum** untergebracht, das auf CO2-Neutralität und „zero waste" hinarbeitet und sich für globale Klimaprojekte einsetzt.

› Cromwell Road, U: South Kensington (Circle/District/Piccadilly Line), Tel. 79425000, www.nhm.ac.uk, tgl. 10–17.50 Uhr, Eintritt frei, außer bei Sonderausstellungen

98 Royal Albert Hall ★★ [D11]

Die Royal Albert Hall, in der 7000 Zuschauer Platz finden, wurde im Jahr 1871 von Queen Victoria eröffnet. Obwohl sie erst nach Prinz Alberts Tod fertiggestellt wurde, war sie Teil seiner Vision, dem Volk Kunst und Wissenschaft nahezubringen, und diente zuerst als Ausstellungshalle.

Der Architekt **Henry Cole** ließ sich bei der Planung des Gebäudes von italienischen Rundbauten inspirieren und der Fries ist mit Terrakottafiguren verziert.

Die Royal Albert Hall ist als Veranstaltungshalle weltberühmt und bietet einen imposanten Rahmen für eine große Bandbreite an **Konzerten** – von klassisch bis modern. Besonders bekannt sind die Konzerte im Rahmen der **BBC Proms** (s. S. 201), die hier von Juli bis September stattfinden.

› Kensington Gore, U: High Street Kensington (Circle/District Line), Tel. 75893203, www.royalalberthall.com

193lo-ln

99 Albert Memorial ★ [D11]

Direkt gegenüber der Albert Hall ragt das Albert Memorial auf. Eine sitzende, vergoldete Figur von **Prinz Albert** wird von einem 60 m hohen Baldachin überspannt. Die trauernde **Victoria** ließ das neogotische Denkmal ab 1876 von **George Gilbert Scott** für ihren an Typhus verstorbenen Ehemann errichten. Der Bau dauerte zehn Jahre, kostete fast ebenso viele Millionen und wurde aus öffentlichen Geldern finanziert. Von hier aus verläuft die Kensington High Street nach Westen zum **Holland Park** und zum **Design Museum** 90.

› Kensington Gardens, U: High Street Kensington (Circle/District Line)

Kulinarisches

84 [E12] **Brown and Rosie,** 10–12 Exhibition Rd., Tel. 75899817, https://brownandrosie.co.uk, U: South Kensington, Mo–Fr 8–21, Sa, So 9–21 Uhr. Auf der Gastromeile Exhibition Road serviert dieses Café Frühstück und beliebte Londoner Klassiker vom Avocado-Toast bis bis zum gegrillten Halloumi-Käse mit Salat.

85 [F11] **The Roseberry** £££, 66 Knightsbridge, Tel. 7201 3828, www.mandarinoriental.com/en/london/hyde-park/dine/the-rosebery, Afternoon Tea 12–18.20 Uhr. Einen eleganten, aber auch sehr sättigenden Afternoon Tea kann man in diesem hübschen Restaurant des 5-Sterne-Hotels Mandarin Oriental Hotel Hyde Park zu sich nehmen. Beim „British Summer Season Tea“ genießt man Küchlein z. B. in Form eines Tennisballs und von Ascot-Hüten (£ 75 pro Person).

Das Albert Memorial ist von Figurengruppen umgeben

Chelsea

In den 1960er-Jahren entwickelte sich Chelsea zu einem Magneten für die „hippe" Mode und Musikszene der Swinging Sixties. Heute kann man hier auf der King's Road vom schicken Sloane Square bis nach Fulham stundenlang in interessanten Boutiquen stöbern oder einen Abstecher zu Sehenswürdigkeiten am Themseufer machen. Chelsea ist einer der wenigen Bezirke Londons, durch den keine U-Bahn-Linie führt. Man gelangt mit der U-Bahn bis zum Sloane Square [F12] oder man nimmt den Bus, zum Beispiel die Nummern 11, 22 und 170.

100 King's Road ★★ [F12]

Am **Sloane Square** beginnt die King's Road, die auf mehreren Kilometern in südwestlicher Richtung das Viertel Chelsea durchschneidet. Charles II. nutzte die Straße auf dem Weg in die grünen Vororte an der Themse. Zudem hatte er hier seine Maitresse Nell Gwynne untergebracht, die er regelmäßig besuchte. Mitte des 19. Jh. wurde die Straße dann für den Publikumsverkehr geöffnet und zu einer wichtigen Verkehrsachse. Das Viertel wurde zudem von Literaten, Künstlern und Bohemiens entdeckt: Jonathan Swift und Oscar Wilde sowie Maler wie Dante Gabriel Rosetti und William Turner lebten hier.

In den 1960er-Jahren wurde Chelsea zur **Hochburg der Swinging Sixties** (s. S. 223) mit angesagten Boutiquen und Cafés, in denen sich die Jugendszene der „Mods" traf. Heutzutage prägen Edelboutiquen, Restaurants und Delikatessengeschäfte das Bild von Chelseas Hauptstraße. Die Hausnummer 430 wird von einem berühmten Laden eingenommen: Seit den 1970er-Jahren werden hier in der Boutique **World's End** der Designerin **Vivienne Westwood** (1941–2022) ausgefallene Kreationen verkauft (s. S. 192).

› Sloane Square,
U: Sloane Square (Circle/District Line)

KLEINE PAUSE

Michelin House

Einen Abstecher wert ist das Michelin House. Es ist eines der schönsten **Jugendstilgebäude** Londons und war ab 1911 Hauptsitz der französischen Reifenfirma. 1985 wurde es vom Designer Terence Conran (1931–2020) restauriert. Heute hat sich ein feines französisches Restaurant mit zwei Michelin-Sternen unter der Leitung von Claude Boisi einquartiert.

86 [E12] **Claude Boisi at Bibendum** £££, Michelin House, 81 Fulham Rd., U: South Kensington, Tel. 75815817, https://claudebosi.com, Lunch Fr, Sa 12–13.30, Dinner Di–Do 18.30–21, Fr, Sa 18.30–21.30 Uhr

101 Royal Hospital Chelsea ★★ [F13]

Südlich des Duke of York Square gelangt man von der Saatchi Gallery (s. S. 165) über die Franklin's Row zum Royal Hospital. Der Name ist irreführend, denn die Einrichtung ist kein Krankenhaus, sondern ein **Altersruhesitz für verdiente Veteranen.**

Etwa dreihundert der sogenannten **Chelsea Pensioners** verbringen hier ih-

Spaziergang 6: Chelsea

Der Spaziergang, für den man etwa 4½ Stunden einplanen sollte, beginnt am eleganten **Sloane Square** *[F12], wo u. a. eine Filiale des Schneiders Gieves and Hawkes zu finden ist, der auch Mitglieder der königlichen Familie einkleidet.*

Vom Sloane Square zweigt die **King's Road** *(100) ab, die sich über 3 km in südwestlicher Richtung quer durch das Viertel Chelsea bis nach Fulham erstreckt. Nur wenige Meter vom Sloane Square entfernt führt eine Gasse nach links zum* **Duke of York Square,** *wo sich Designerläden und schicke Cafés befinden. An den Platz schließt sich das Gelände der* **Saatchi Gallery** *(s. S. 165) an, die in den ehemaligen Militärbaracken des Duke of York untergebracht ist.*

Von der King's Road gelangt man über die Franklin's Row zum Eingang des **Royal Hospital** *(101) in der East Road. Hier dürfen seit dem Jahr 1682 verdiente Ve-*

teranen ihren Lebensabend verbringen. Verschiedene Räume des eindrucksvollen historischen Gebäudes können besichtigt werden, es gibt Führungen und ein Café, in dem ein traditioneller Afternoon Tea serviert wird. Ende Mai findet auf dem Gelände die berühmte Chelsea Flower Show statt.

Nun kann man gut einen Bummel in der King's Road anschließen, einkaufen und zwischendurch in den zahlreichen Cafés und Restaurants einkehren. Wer nicht die ganze Straße zu Fuß erkunden will, kann zwischendurch in einen der Busse einsteigen, die die Straße auf ganzer Länge entlangfahren.

Schon seit den 1970er-Jahren existiert die Boutique ***Worlds End*** *(s. S. 192) der Designerin Vivienne Westwood (1941–2022) an der King's Road (Hausnummer 430). Hier nahm die Punkband Sex Pistols ihren Anfang.*

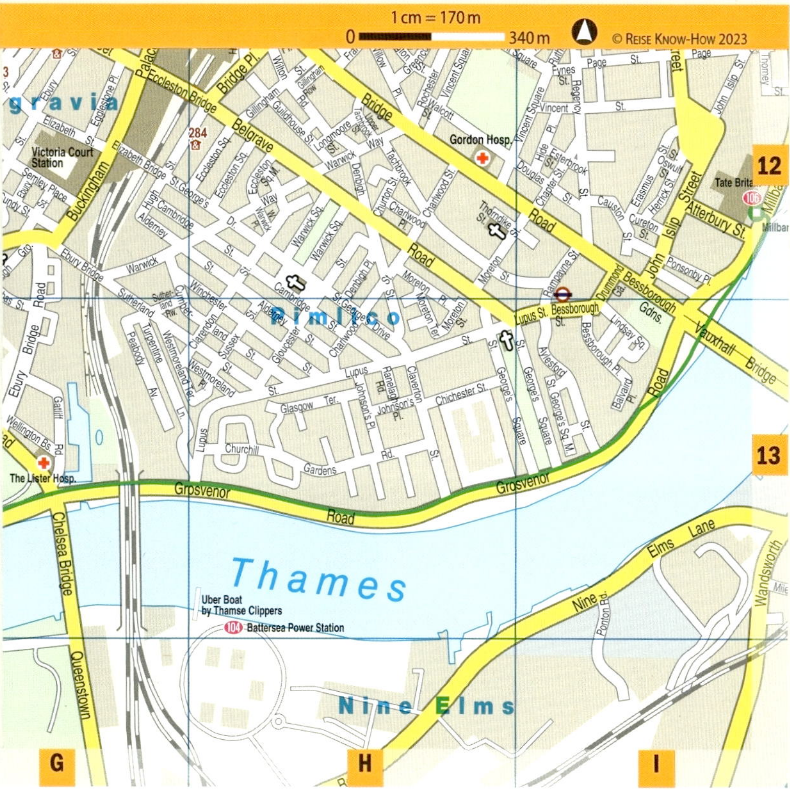

Ganz in der Nähe zweigt die Milman's Street nach Süden ab. In Richtung Südwesten führt der Uferweg zum ***Chelsea Harbour*** *103, wo vor Anlagen mit Luxusapartments teure Jachten vertäut sind.*

In Richtung Nordosten gelangt man stattdessen zum ***Cheyne Walk*** *103 - von jeher ein beliebter Wohnort für Künstler und Rockmusiker. An der Old Church Street, die von hier abzweigt, steht die* ***Chelsea Old Church*** *102, in der u. a. Henry James und Dr. Hans Sloane begraben liegen. Vor der Kirche beginnt das Chelsea Embankment mit der Hängebrücke* ***Albert Bridge,*** *die hier die Themse überspannt und ursprünglich eine Zollbrücke war.*

In Richtung Osten passiert man den ***Chelsea Physic Garden*** *105, wo man rund* ***5000 verschiedene Pflanzen*** *bestaunen kann, die essbar sind und in Arzneien verarbeitet werden. Am anderen Ufer sieht man die* ***Battersea Power Station*** *104 aufragen. Der Architekt Sir Gilbert Scott schuf dieses Kraftwerk ebenso wie das vom Baustil her ähnliche Gebäude der Tate Modern 42 in den 1930er-Jahren. Es lohnt sich, einen Abstecher über die Chelsea Bridge zu machen, denn das Gelände um das restaurierte Kraftwerk lädt zum Entdecken und Ausruhen ein. Außer Gastronomie und Geschäften gibt es einen* ***Aussichtslift*** *in einem der ehemaligen Schornsteine (s. S. 145).*

Wer fußmüde ist, kann die Strecke vom Anleger des River Bus mit dem Boot zum Millbank Pier bei der Galerie Tate Britain 106 abkürzen. Ansonsten spaziert man einfach weiter am nördlichen Ufer entlang nach Osten.

Der Zuckerfabrikant Henry Tate Gründer der Galerie, die Werke aller berühmten englischen Meister zeigt,. Die riesige Sammlung von Werken des Landschaftsmalers ***William Turner*** *sind in der angegliederten* ***Clore Gallery*** *ausgestellt. Die Sammlung moderner Kunst, die einst auch hier untergebracht war, wurde inzwischen in die Tate Modern 42 ausgelagert.*

Wer noch nicht genug hat, gelangt über die Lambeth Bridge zum ***Lambeth Palace und Garden Museum*** *2, wo man sich im dortigen Café ausruhen kann. Über das südliche Albert Embankment gelangt man bald zur* ***Westminster Bridge.***

132lo-ln

› Vor der Chelsea Old Church 102 wacht eine Statue von Sir Thomas Moore

ren Lebensabend. Sie sind traditionell mit einer markanten roten Uniform bekleidet und bieten Führungen über das Gelände an. Hierbei erfährt man Interessantes über die Geschichte der Institution, die unter Charles II. ins Leben gerufen wurde. Er suchte nach einer passenden Unterkunft für Veteranen seiner großen Armee und beauftragte Sir Christopher Wren mit dem Entwurf. Das von ihm entworfene Hauptgebäude war jedoch zu klein und wurde durch Seitenflügel ergänzt.

Im sogenannten **Figure Court** steht eine griechisch angehauchte goldene Statue von Charles II. vor klassizistischen Säulen. Zudem gibt es hier eine von Wren entworfene Kapelle mit italischen Deckenmalereien aus dem Jahr 1714 zu sehen.

Seit 1913 findet in der Gartenanlage und auf dem Gelände alljährlich Ende Mai die berühmte **Chelsea Flower Show** (s. S. 199) statt, die auch von der königlichen Familie besucht wird.

› Royal Hospital, Royal Hospital Road, Tel. 78815200, www.chelsea-pensioners.co.uk, geführte Touren (2 Std.) müssen im Voraus gebucht werden (s. Website), Preise je nach Tour, Erw. ab £ 15, erm. ab £ 12, U: Sloane Square (Circle/District Line), Bus Nr. 137 ab Sloane Square bis Royal Hospital.

102 Chelsea Old Church ★★ [E14]

In der Nähe der alten Kirche von Chelsea lebte einst der Lordkanzler von Henry VIII., **Sir Thomas Moore** (1478–1535). Der Humanist verfasste 1516 das Werk „Utopia“, welches das Modell eines idealen Staates entwarf und seiner Zeit weit voraus war. Da Moore als überzeugter Katholik mit Heinrichs Ideen der Refor-

EXTRATIPP

Duke of York Square und Saatchi Gallery

Wenn man vom Sloane Square die King's Road hinunterspaziert, führen bald mehrere kleine Gassen nach links zum **Duke of York Square,** einem Einkaufsviertel mit schicken Boutiquen, Cafés und Restaurants. Direkt hinter dem Platz gelangt man zu einer offenen Grünfläche, die dem Gebäude der ehemaligen Duke of York's Barracks aus dem Jahr 1801 vorgelagert ist. Hier ist heute die **Saatchi Gallery** (s. S. 165) untergebracht, wo der einstige Werbefachmann und heutige Mäzen Charles Saatchi neuen Talenten die Möglichkeit gibt, ihre Werke zu präsentieren. Der Eintritt ist frei und die Galerie hat auch ein Café.

123lo-ln

mation nicht übereinstimmte, musste er erst im Tower einsitzen und wurde dann wegen Hochverrats zum Tode verurteilt.

Eine Kapelle bestand an dieser Stelle bereits seit dem 13. Jh. Die südliche Kapelle der Old Church wurde 1528 für Moore angefügt und von ihm privat genutzt. Angeblich ehelichte Henry VIII. hier auch seine dritte Frau Jane Seymour. Die spätere anglikanische Gemeindekirche wurde im Zweiten Weltkrieg stark zerstört und bis 1958 restauriert und neu geweiht. Innen findet man (wenngleich etwas versteckt) viele **Gedenktafeln** für berühmte Einwohner Chelseas, u. a. auch für Sir Hans Sloane (s. S. 58). Hier gibt es auch die einzigen Exemplare von Kettenbüchern in London (im Mittelalter war es üblich Bücher anzuketten, damit sie nicht gestohlen wurden).

Vor der Kapelle sitzt eine mit viel Gold verzierte Statue von Sir Thomas Moore. Die Hängebrücke **Albert Bridge**, die schräg gegenüber die Themse überspannt, entstand im Jahr 1873 ursprünglich als Zollbrücke. Die Zollhäuschen stehen heute noch an beiden Enden.

› Old Church Street/Ecke Cheyne Walk, Tel. 77951019, www.chelseaoldchurch.org.uk, Di, Do 14–16 Uhr, Bus 170: Chelsea Old Church

103 Cheyne Walk und Chelsea Harbour ★★ [E14]

Zu den elegantesten Wohnadressen Chelseas gehören die historischen Stadthäuser an der Themse. Zwischen der Albert Bridge und der Battersea Bridge erstrecken sich in zweiter Reihe und hinter Grünanlagen die Terrassen des Cheyne Walk. Hier haben im Laufe des 19. und 20. Jh. viele berühmte Persönlichkeiten gewohnt, von Schriftstellern wie **Henry James** (1843–1916, Haus Nr. 21), **T. S. Eliot** (1888–1965, Haus Nr. 19) und **Ian Fleming** (1908–1964, Haus Nr. 118), dem Erfinder von James Bond, bis zu den Musikidolen **Keith Richards** (Nr. 3) und **Mick Jagger** (Nr. 48).

Der Themseblick ist noch immer verlockend, allerdings ist das Chelsea Embankment heute eine stark befahrene Straße. Die Luxusadressen des 21. Jh. findet man von hier aus in westlicher Richtung, rund um den Chelsea Harbour. Dort reihen sich exklusive Apartmentblocks um private Gartenanlagen, die auf Jachtanleger blicken.

› Bus 170: Albert Bridge

Im Chelsea Harbour liegen teure Jachten vor Anker

053lo-ln

(104) Battersea Power Station ★ [H13]

Von der Chelsea Bridge sieht man am Südufer der Themse die Battersea Power Station aufragen. Das Kraftwerk wurde in mehreren Abschnitten gebaut: Der erste, von **Giles Gilbert Scott**, dem Architekten der Tate Modern, entworfene Teil wurde 1935 fertiggestellt. Aufgrund des Zweiten Weltkriegs wurde der vierte Schornstein erst 1955 hinzugefügt.

Von 1983 bis 2012 stand der denkmalgeschützte Bau leer und wurde in dieser Zeit zum Beispiel als Filmkulisse für Filme wie „The Dark Knight" (2008) genutzt. Nach zehnjährigem Umbau öffnete das einstige Kraftwerk im Oktober 2022 erstmals seine Türen für den Publikumsverkehr. In den ehemaligen Turbinenhallen sind nun **Geschäfte** und **Gastronomie** untergebracht. Zu den Besucherattraktionen gehören u.a. eine **multimediale Ausstellung**, die über die Geschichte des Kraftwerks informiert, Virtual Reality Escape Rooms, Crazy Golf und Kinos.

Ein absolutes Highlight ist der **Lift 109**. Der Aufzug, der in einem der weißen Schornsteine untergebracht ist, befördert Besucher auf eine Aussichtsplattform in 109 m Höhe mit Rundblick über die Stadt und die Themse.

Beim Umbau blieben große Teile der historischen Substanz des Kraftwerks erhalten. Rundherum sind jedoch zahlreiche moderne **Wohn- und Geschäftsgebäude** sowie ein Hotel entstanden, die das Baudenkmal ein wenig einzwängen. Zum Themseufer hin erstrecken sich **Parkanlagen** und **Spazierwege** sowie ein Streetfood-Markt am Pier. Dort befindet sich auch der Anleger für den **River Bus**, mit dem man bequem zur Battersea Power Station gelangt.

194lo-ln

Die Battersea Power Station mit Geschäften, Gastronomie und Park hat sich schnell zum Publikumsmagneten entwickelt

- Circus Rd W, Nine Elms, SW11 8AL, www.batterseapowerstation.co.uk, Mo–Sa 10–21, So 12–18 Uhr. U: Battersea Power Station, Northern Line oder River Bus (www.thamesclippers.com)
- **Lift 109,** Level 1, Turbine Hall A, https://lift109.co.uk, So–Mi 10–18, Do–Sa 10–20 Uhr, Erwachsene £ 15,90, Kinder (3–15 Jahre) £ 11,50, Familienticket £ 50,40

⑩⑤ Chelsea Physic Garden ★ [F13]

Entlang des Chelsea Embankment in Richtung Osten passiert man die **Tite Street**, wo bei der Hausnummer 34 eine blaue Plakette an **Oscar Wilde** (1844–1900) erinnert, der in den 1880er-Jahren hier lebte. Seine Werke „The Picture of Dorian Gray" (1891) und „The Importance of Being Earnest" (1895) gehören heute zu den Standardwerken der englischen Theaterliteratur. Die Enthüllung von Wildes homosexuellen Verhältnissen führte trotz seines Erfolgs als Theaterautor zu einer Gefängnisstrafe, sozialer Ächtung und dem finanziellen Ruin, denn damals wurde Homosexualität noch mit Zwangsarbeit, langen Gefängnisstrafen und sogar chemischer Kastration geahndet.

054lo-ln

Wandert man weiter, erreicht man den **Chelsea Physic Garden.** Er wird heute von einer Wohltätigkeitsorganisation geführt, die auf die Bedeutung von Pflanzen in der Medizin und in der Umwelt hinweisen möchte. Tatsächlich wurde der Garten 1673 von der Apotheker-Gesellschaft gegründet. Hier kann man rund **5000 verschiedene Pflanzen** bestaunen, die essbar sind und in Arzneien verarbeitet werden. Der verwunschene, von Mauern umgebene Garten ist sehr charmant angelegt und bietet viele Ecken, in denen man sich ausruhen und die Stille genießen kann. Hier herrscht ein mildes Mikroklima, in dem auch empfindliche Pflanzen gedeihen. Ab 1713 war der Garden im Besitz von **Sir Hans Sloane,** der ihn für eine sehr geringe Summe an die Apotheker vermietete. Neben anderen Statuen findet man auch ein Abbild des Londoner Gönners in dem Garten.

› 66 Royal Hospital Road (Eingang am Swan Walk), Tel. 73525646, www.chelseaphysicgarden.co.uk, Busse 11, 19, 211, So–Fr 11–17 Uhr, Eintritt Erw. £ 12,50, Studenten/Kinder (5–18 Jahre) £ 5

⑩⑥ Tate Britain ★★★ [I12]

Weiter in Richtung Osten am Fluss entlang befindet sich auf der Ostseite der Vauxhall Bridge die Galerie **Tate Britain.** Sie besitzt Tausende von Werken **britischer Kunst** aus der Zeit von 1500 bis heute. Die Werke moderner Kunst wurden größtenteils in die Schwestergalerie Tate Modern ④② ausgelagert.

Gegründet wurde die Gemäldegalerie 1897 vom Zuckerfabrikanten **Sir Henry Tate.** Ihm lag die Ausstellung der besten britischen Kunst am Herzen und bis heute hat sich an dem Konzept nichts geändert.

Die Eingangshalle befindet sich einem Rundbau, dessen Kuppel von einem spektakulären Glasdach überspannt wird. Im Erdgeschoss sind Skulpturen ausgestellt, dann folgt man der Ausstellung chronologisch durch die Stockwerke. In der **Clore Gallery** wird ein Großteil des Oeuvres von **William Turner** gezeigt, ebenso wie das seines größten Rivalen, des Landschaftsmalers **John Constable.**

› Millbank, U: Pimlico (Victoria Line), Tel. 78878888, www.tate.org.uk, tgl. 10–18 Uhr (letzter Eintritt 17.30 Uhr), Eintritt frei

Kulinarisches und Shopping

› **Battersea Power Station** 104. Auf mehreren Etagen kann man shoppen und essen. Etliche Restaurants haben amerikanisches Flair (die US-Botschaft hat nur ein Stück weiter nördlich ihren Sitz), aber auch die asiatische Küche ist vertreten. Zudem gibt es viele Bars in ausgefallenem Dekor.

87 [F12] **Duke of York Square,** 80 King's Rd, https://dukeofyorksquare.com. Hier kann man entspannt bummeln und schick einkehren. Samstags findet von 10 bis 16 Uhr der Fine Food Market statt, mit vielen Ständen, an denen man ausgefallene Spezialitäten probieren kann.

Durch die Kuppel der Tate Britain gelangt viel Licht in die Ausstellungsräume

Royal Greenwich

Der grüne Vorort Royal Greenwich bietet maritime Geschichte pur. Hier kann man eines der größten Marinemuseen der Welt besichtigen und den Nullmeridian betreten. Die Anreise erfolgt mit der DLR von der Canary Wharf bis zur Station „Cutty Sark (for Maritime Greenwich)". Wahlweise kann man den Ausflug auch von einem der städtischen Piers mit einer Bootsfahrt kombinieren.

Zu Ehren des diamantenen Thronjubiläums von Queen Elizabeth II. im Jahr 2012 erhielt der Borough den Zusatz „Royal". Die Gebäudeensembles von Greenwich gehören zum UNESCO-Welterbe.

EXTRATIPP

Die Themse unterqueren

Gleich gegenüber der Cutty Sark 107 erhebt sich ein Kuppelbau. Er bildet den Eingang zu einem **Fußgängertunnel,** der unter der Themse bis zur gegenüberliegenden Isle of Dogs führt.

Auf der anderen Seite hat man Anschluss an die Docklands Light Railway, mit der man in die Docklands (s. S. 102) gelangt.

195lo-ln

127lo-kw

107 **Cutty Sark** ★ [T13]

Bei der DLR-Station „Cutty Sark" befindet sich der **historische Teeklipper**, der seit den 1950er-Jahren hier im Trockendock liegt und an die glorreichen Tage der Handelsschifffahrt erinnert. Leider brannte das Schiff im Jahr 2010 völlig aus. Nach der Restaurierung kann man nun den ausgehöhlten Rumpf des Schiffes wieder besichtigen. Außerdem wurde ein Besucherzentrum eingerichtet.

› King William Walk, DLR: Cutty Sark for Maritime Greenwich, Tel. 83126608, www.rmg.co.uk/cuttysark, tgl. 10–17 Uhr, Kombiticket mit Besuch des Royal Observatory: Erw. £ 25, Kinder £ 12,50, (nur Schiff Erw. £ 16, Kinder £ 8)

Perfekte Symmetrie: das Old Royal Naval College von Sir Christopher Wren

108 **Old Royal Naval College** ★★ [T13]

Das Old Royal Naval College entstand aus einem Hospital für Seeleute, dem **Royal Naval Hospital.** Der Architekt **Sir Christopher Wren** orientierte sich bei dem Barockgebäude am Dome des Invalides in Paris. Es besteht aus zwei identischen Bauten mit Kuppeltürmen. Dazwischen eröffnet sich der Blick auf das dahinterliegende **Queen's House.** Dessen Architekt **Inigo Jones** (s. S. 168), der auch für das Banqueting House 6 verantwortlich zeichnet, hatte das Gebäude 1616 als Sommerhaus für Königin Anna von Dänemark, die Frau von James I., entworfen. Zur Zeit von Wrens Bauarbeiten bestand die dann amtierende Königin Mary II. darauf, dass der Blick vom bereits bestehenden Queen's House auf die Themse unbedingt freigehalten werden müsse. So bietet sich dem Betrachter von der Themse aus heute ein Bild vollkommener Symmetrie.

Zu den Gebäudeteilen gehört auch der **Queen Mary Court**, wo sich eine Rokoko-Kapelle aus dem Jahr 1789 befindet. Glanzstück ist die **Painted Hall** im King William Court mit einer Barockdecke, an der der Künstler Sir James Thornhill 19 Jahre lang arbeitete.

› King William Walk, DLR: Cutty Sark for Maritime Greenwich, Tel. 82694747, www.ornc.org, tgl. 10–17 Uhr, Eintritt Royal Naval College und Queens House frei, Painted Hall (inkl. Audioguide) Erw. £ 12,50, erm. £ 7,50, Kinder bis 15 Jahre frei.

› **Visit Greenwich,** Old Royal Naval College, 2 Cutty Sark Gardens, Tel. 83055235, www.visitgreenwich.org.uk, tgl. 10–17 Uhr. Dieses Büro der Touristeninformation, in dem man Infos und Tickets zu den Sehenswürdigkeiten erhält, ist am Westgate des Naval College untergebracht.

109 National Maritime Museum ★★★ [U13]

Das National Maritime Museum ist **eines der größten Marinemuseen der Welt.** Hier wird Großbritanniens Geschichte als eine der ehemals bedeutendsten Seemächte der Welt gebührend gewürdigt. So fehlt es denn auch nicht an Tausenden von Artefakten, die die Geschichte und Entwicklung der Seefahrt erläutern. Dem Handel der **East India Company** ist ebenso wie **Admiral Nelson,** dem Helden der siegreichen Seeschlacht bei Trafalgar, eine eigene Ausstellung gewidmet. Im benachbarten **Queen's House** sind die Kunstwerke aus der Sammlung des Museums untergebracht.

Die Wände des von Baumeister Inigo Jones geplanten Hauses sind mit sehenswerten Gemälden namhafter britischer Künstler bedeckt, darunter auch ein Exemplar des berühmten Porträts von Queen Elizabeth I. mit der Schlacht gegen die spanische Armada im Hintergrund. Aus den Fenstern kann man den Blick zurück zum Naval College und zur Themse genießen. Ein markantes bauliches Element ist die Wendeltreppe **Tulip Stairs,** die beim Bau des Hauses die erste freistehende Treppe ihrer Art war.

› Park Row, DLR: Cutty Sark, Tel. 88584422, www.rmg.co.uk, tgl. 10–17 Uhr, Eintritt frei

110 Royal Observatory ★★★ [U14]

Durch den **Greenwich Park** gelangt man bergan zum **Königlichen Observatorium mit Planetarium.** Der wissenschaftlich interessierte Charles II. ließ es 1675 von Christopher Wren errichten.

Das Flamsteed House wurde nach **John Flamsteed,** dem ersten Hof-Astronomen benannt. Hier gibt es eine Ausstellung von nautischen Instrumenten wie dem **Harrison-Chronometer** aus dem Jahr 1735, der zum ersten Mal eine verlässliche Bestimmung der Längengrade auf See ermöglichte. Im **National Maritime Museum** 109 findet sich zudem eine Sonderausstellung über die langwierige Entwicklung der Präzisionsuhren, die hierzu notwendig waren.

Im Hof des Observatory kann man über den **Nullmeridian** laufen, der die westliche und östliche Hemisphäre trennt. Von hier aus berechnete man damals die **Greenwich Mean Time (GMT),** sozusagen die Grundzeit, die der richtigen Zeiteinstellung der Uhren auf der ganzen Welt diente. Dass der Meridian eigentlich über 100 m weiter östlich verläuft, wusste man damals nicht, da die Technik eine so genaue Messung noch nicht hergab.

Wer möchte, kann noch einen Besuch im Planetarium anschließen.

› Blackheath Avenue, Tel. 88584422, www.rmg.co.uk, DLR: Greenwich, tgl. 10–17 Uhr, Big Ticket (Tagesticket mit Observatory, Cutty Sark und Sonderausstellung) Erw. £ 18, Kinder £ 9

111 Thames Barrier ★ [S. 276]

Das **Thames Barrier**, eine bewegliche **Hochwasserschutzanlage**, überspannt ca. 4 km östlich von Greenwich auf ca. 520 m die Themse. Hier ragen futuristisch in der Sonne glänzende, hydraulisch betriebene schwenkbare Tore aus dem Wasser. Sie stellen jedoch nur einen Teil der Konstruktion dar, der größte Teil liegt unter Wasser. Wenn Gefahr durch Sturmfluten besteht, werden die zehn Stahltore durch einen hydraulischen Mechanismus geschlossen.

Der Anlass für den Bau der Barriere war eine verheerende Sturmflut im Jahr 1953, bei der viele Menschen starben. Da die Themsemündung den Gezeiten der Nordsee unterworfen ist, können bei hohen Fluten erhebliche Wassermengen in den Flusslauf drängen und zu Überflutungen im Stadtbereich führen. In den letzten Jahrzehnten kam es durch globale Klimaveränderungen öfter zu Hochwasserständen. Einmal im Monat wird das Thames Barrier zu Testzwecken geschlossen (Termine s. Website).

Wer einen genaueren Blick auf die faszinierenden Barrieren werfen will, sollte dies auf einem der Ausflugsboote der Themse tun, aber auch vom Thames Barrier Park auf der Nordseite der Themse, nahe den Royal Docks 64, hat man eine gute Sicht auf die Anlage. Ein Infozentrum mit einer Ausstellung zur Schleuse befindet sich auf der Südseite der Themse.

› Thames Barrier Information Centre, 1 Unit Way, Woolwich, Tel. 83054161, www.gov.uk/guidance/the-thames-barrier, April–Okt. Sa 10.30–15.30 Uhr, Eintritt: Erw. £ 5,50, erm. £ 5, Kinder £ 4,30, Anfahrt Infozentrum (per Zug): Woolwich Dockyard Southeastern Railway, ca. 15 Min. Fußweg; Anfahrt Thames Barrier Park: DLR (Pontoon Dock) oder River Bus bis Royal Wharf

Kulinarisches

- 88 [T13] **King's Arms,** 16 King William Walk, Tel. 88584544, www.greeneking-pubs.co.uk/pubs/greater-london/kings-arms-greenwich, Mo–Mi 12–23, Do, Fr 12–24, Sa 11–24, So 11–23 Uhr. Zentral gelegener Pub mit gemütlichem Biergarten.
- 89 [T13] **The Old Brewery,** The Pepys Building, Old Royal Naval College, Tel. 34372222, www.oldbrewerygreenwich.com, Mo–Fr 11–23, Sa 10–23, So 10–22 Uhr. Moderner Pub in toller Lage in den Gartenanlagen der Marineakademie mit großer Terrasse und Themseblick.

Shopping

› Der **Greenwich Market** (s. S. 193) lädt Di bis So zum Bummeln ein. Neben dem Lebensmittelmarkt gibt es donnerstags und freitags einen Antikmarkt und am Wochenende einen Kunsthandwerksmarkt. Er befindet sich unweit von der Cutty Sark in einer kleinen überdachten Halle.

Ausflüge in die Umgebung

Touristisch besonders interessant und mit dem Boot und anderen Verkehrsmitteln gut zu erreichen sind die hübschen Vororte, die sich im Thames Valley an der westlichen Themse aneinanderreihen. Hier kann man an Uferpromenaden spazieren und historische Paläste und Gärten besuchen. Im Norden Londons bietet dagegen Hampstead Heath einen unerwarteten Ausblick auf die Skyline der Stadt.

112 Hampstead Heath ★★ [E2]

Der grüne Norden Londons ist ein beliebtes Ausflugsziel für die Städter. Auf den Hügeln von Hampstead Heath kann man sich auf 134 m frische Luft um die Nase wehen lassen. Zudem hat man von hier aus einen umfassenden Blick auf die Londoner Skyline. Einst stand hier ein dichter Wald, der allerdings im Laufe der Jahrhunderte ausgedünnt wurde. Das weitläufige Gelände wird lediglich von zwei Straßen durchschnitten und dehnt sich weit nach Nordwesten aus.

Bei schönem Wetter ist die **Heide** immer von Spaziergängern belebt und die **Bathing Ponds**, d. h. drei kleine Seen, laden zum Baden ein. Eingeschworene Schwimmer drehen täglich hier ihre Runden – auch im Winter. Man hat die Auswahl zwischen einem **Ladies' Pond, Men's Pond** und dem **Mixed Pond.**

In der Nordostecke des Areals steht das majestätische **Kenwood House.** Es war der Wohnsitz des Richters **William Murray**, dem ersten **Earl of Mansfield.** Murray's Rechtsprechung im Fall „Somerset v. Stewart" im Jahr 1772 gab den ersten Anstoß zur Abschaffung der Sklaverei in den britischen Kolonien in Amerika. In dem Prozess gestand er einem nach England mitgebrachten Sklaven, James Somerset, das Recht auf Freiheit zu, da seine Versklavung nicht mit der englischen Gesetzgebung zu vereinbaren war. Das Urteil setzte einen Prozess in Gang, der fast hundert Jahre dauerte: 1833 wurde das Unrecht der Sklaverei in Großbritannien per Gesetz offiziell verboten – in den USA dagegen erst 1865.

In Murrays Familie befand sich die Tochter seines Neffen, **Dido Belle,** die aus der unehelichen Verbindung mit einer Sklavin stammte. Die dunkelhäutige Frau wuchs zusammen mit seinem Mündel Elizabeth Murray auf und erreichte später als Erbin einen hohen sozialen Status. Revolutionär war das von Murray in Auftrag gegebene Portrait der beiden jungen Frauen. Hier wurde Belle nicht als Sklavin oder Untergebene dargestellt, wie normalerweise üblich, sondern von gleichem Rang. 2014 entstand zu dem Thema sogar ein Film („Belle"). Das Portrait befindet sich heute in Schottland. Kenwood House ist aufgrund der klassizistischen Architektur

‹ Das Royal Observatory birgt ein Planetarium

Königspaläste an der Themse

Heinrich VIII. *(1509–1547) nannte fast 60 Residenzen sein Eigen, darunter Schlösser, Burgen und Landhäuser. Nur wenige davon haben die Zeiten überdauert, die meisten wurden im Bürgerkrieg (1642–1658) von Oliver Cromwell zerstört. Der Tudorherrscher Heinrich VIII. verbrachte fast ein Drittel des Jahres auf Reisen durch das Königreich, um sich seinen Untertanen zu präsentieren. Die Paläste an Themse, darunter Greenwich und Richmond Palace sowie* ***Hampton Court*** *115, waren besonders beliebt, da sie bequem mit dem Boot von London aus zu erreichen waren.*

Damals reiste man nicht gerade mit „Handgepäck": In den Koffern des Königs und der Königin befanden sich neben der umfassenden Garderobe auch Geschirr, Teppiche und Wandbehänge etc. Der mitreisende Hofstaat bestand oft aus mehreren Hundert Menschen, einschließlich persönlichen Bediensteten des Monarchen, deren Familien und Bedienstete usw. Da es damals noch keine Herbergen bzw. Hotels gab, die einem Monarchen genügt hätten, quartierte man sich auf den Anwesen von Adeligen ein. Diese sahen sich gezwungen, Unsummen für die Herrichtung ihrer Güter auszugeben (dafür wurden Sie allerdings mit einträglichen Stellen bei Hofe belohnt).

Diese aufwendige Art des königlichen Reisens führte schließlich zu einer Anpassung der Architektur: Schlösser und Güter wurden mit zahlreichen Nutzbauten, inklusive Sanitärgebäuden, ausgestattet, in denen Hunderte von Menschen untergebracht werden konnten. Für großartige Bankette wurden Großküchen gebaut. Zur Unterhaltung gab es Sportplätze für ***Rittertuniere*** *(„jousting"),* ***Tennis*** *und* ***Bowling.***

Einer der ersten solcher Vorzeigepaläste war ***Richmond Palace,*** *der unter Henry VII. 1501 neu erbaut wurde, von dem aber leider nur noch einige Ruinen existieren. Die Tudorherrscher verbrachten traditionell ihre Weihnachtsferien in dem Palast. Elizabeth I. zog sich oft vom Hof hierher zurück und verstarb hier im Jahr 1603.*

Nach einem Brand im Westminster Palace machte Henry VIII. seinen Geburtsort Greenwich Palace zu seiner ständigen Residenz. Er stand an der Stelle des heutigen ***Royal Naval College*** *108 und des* ***Queen's House*** *(s. S. 148), verfiel jedoch im Bürgerkrieg. Der* ***Palace of Whitehall*** *auf dem Gelände des heutigen Regierungsviertels in Whitehall war Henrys ambitioniertestes Projekt. Er entstand aus einem Umbau von York Place, der Residenz seines Lordkanzlers Cardinal Wolsey. Der damals größte Palast in Europa hatte mehr als 1500 Räume, brannte jedoch 1698 fast völlig nieder (einzig das* ***Banqueting House*** *6 blieb übrig). Wolsey, der 1529 in Ungnade fiel und das Amt des Erzbischofs von Canterbury verlor, musste auch seinen Hampton Court Palace zwangsweise an Henry abgeben. Er ist heute der einzig verbliebene Tudorpalast innerhalb der Stadtgrenzen von London. Ebenfalls im Thames Valley, aber außerhalb der Stadtgrenze, liegt* ***Windsor Castle*** *116, wo Henry VIII. beerdigt wurde. Es hat die Jahrhunderte überdauert und wird heute noch von der königlichen Familie als Residenz genutzt.*

von Robert Adam und der Gemäldegalerie einen Besuch wert, die Werke von Rembrandt, van Dyck, Reynolds und Gainsborough umfasst.

Auch der Stadtkern von Hampstead, **Hampstead Village**, ist einen Bummel wert. Der gutsituierte Vorort wurde im 19. Jh. zur Heimat von Künstlern und Literaten. Der an Tuberkulose leidende Dichter **John Keats** zog sich von 1818 bis 1820 wegen der Luft hierhin zurück. Im **Keats House** am Fuß der Heide wurde ein Museum eingerichtet, das an ihn erinnert. Hier kann man einige Originalmanuskripte des Dichters einsehen. Anhand von emotionalen Briefen erfährt man auch etwas über seine Liebe zu Fanny Brawne, der Tochter einer benachbarten Familie. Die Romanze fand jedoch ein vorzeitiges Ende: 1820 reiste Keats auf Anordnung seines Arztes zu einer Kur nach Rom, wo er fünf Monate später verstarb.

Weiter südlich lebte der Psychoanalytiker **Sigmund Freud** bis zu seinem Tod. Seine Tochter Anna bewahrte das Haus weitgehend im Originalzustand und es ist heute ebenfalls ein Museum.

› U: Hampstead (Northern Line), London Overground; Hampstead Heath

90 [D4] **Freud Museum London,** 20 Maresfield Gardens, U: Belsize Park, Tel. 74352002, www.freud.org.uk, Mi–So 10.30–17 Uhr, Eintritt: Erw. £ 14, erm. £ 12, Kinder £ 9

91 [E3] **Keats House,** 10 Keats' Grove, Tel. 73323868, www.cityoflondon.gov.uk/things-to-do/attractions-museums-entertainment/keats-house, Di–So 13–17, Winter Do, Fr, So 11–13, 14–16 Uhr, Eintritt: Erw. £ 8, erm. £ 4,75, Kinder frei

92 [E1] **Kenwood House,** Hampstead Lane, Hampstead, Tel. 83481286, www.english-heritage.org.uk, Mo–So 10–17 Uhr, Eintritt frei.

93 [F2] **Parliament Hill Farmer's Market**, William Ellis School, off Highgate Road, www.lfm.org.uk/markets/parliament-hill, Sa 10–14 Uhr. Jeden Samstag findet am Ostende der Grünanlagen von Hampstead Heath ein großer Wochenmarkt statt, auf dem auch leckeres Streetfood verkauft wird.

Vom Park Hampstead Heath 112 hat man einen fantastischen Blick auf die Londoner Skyline

201lo-ln

113 Kew Gardens ★★★ [S. 272]

Der **Botanische Garten** in Kew, der Teil des UNESCO-Welterbes ist, wird von der Organisation **Royal Botanic Gardens, Kew** geführt und dient nicht zuletzt der Forschung. Die **Millennium Seed Bank,** mit Samen und DNA von über 34.100 lebenden und ausgestorbenen Pflanzen die größte Samenbank der Welt für wildwachsende Pflanzen, wurde aber inzwischen nach Wakehurst in Sussex ausgelagert. Auf dem weitläufigen Gelände von **Kew Gardens** befanden sich einst mehrere Adelspaläste. Deren Landschaftsparks wurden schließlich zusammengefügt und 1840 entstanden daraus offiziell die Botanischen Gärten. Das berühmte **Palmenhaus** (erbaut 1844–1848), das zum Wahrzeichen von Kew wurde, ist ein architektonisches Meisterwerk von Decimus Burton und Richard Turner. Hier sind noch heute die größten Palmen untergebracht. In zahlreichen anderen Gewächshäusern findet man Pflanzen aus den verschiedensten Klimazonen der Erde. Die relativ langen Wege zwischen den Ausstellungen kann man mit einem Bähnchen abkürzen. Oder man spaziert auf dem **Treetop Walkway** über den Wipfeln, einer Hängebrücke, die einen gefühlt in den Urwald versetzt.

Auf dem Gelände ist noch der **Kew Palace** erhalten, der ab 1729 von George II. (1727–60) als royale Residenz genutzt wurde. Sein Nachfolger George III. (1738–1820) litt unter der genetisch bedingten Krankheit Porphyrie, die bei ihm geistige Verwirrung auslöste. In Kew Palace lebte er viele Jahre in Abgeschiedenheit, während sein Sohn ab 1810 an seiner Stelle regierte. Die Bereicherung des Schlossgartens mit **exotischen Pflanzen** ist nicht zuletzt George III., seiner Mutter Prinzessin Augusta von Sachsen-Coburg Altenburg (1719–1722) und seiner Frau Charlotte von Mecklenburg-Strelitz (1744–1818) zu verdanken. Alle drei förderten die Ausweitung der Sammlung. Ab 1797 wirkte dann der Naturwissenschaftler **Sir Joseph Banks** (1743–1820) als Berater für Kew Gardens und ließ den Bestand systematisch aufstocken. Er selbst hatte mit Captain Cook Neuseeland, Australien, Brasilien und Tahiti bereist und Spezies wie Eukalyptus und Akazien nach Europa eingeführt.

› **Royal Botanic Gardens,** Brentford Gate, Kew, Richmond, Surrey, Tel. 83325655, www.kew.org, Overground/District Line: Kew Gardens, oder mit dem River Bus, Mai–Aug. Mo–Fr 10–19, Sa, So, Fei 10–20, Sept. tgl. 10–19, Okt./März tgl. 10–18, Nov.–Jan. tgl. 10–15/16 Uhr, Eintritt: Febr.–Okt. Erw. £21,50 (bei Vorausbuchung günstiger), erm. £9, Kinder £5, Winter £14/£6,50/£4. Auf dem Gelände gibt es mehrere Cafés, die leichte Gerichte und Erfrischungen anbieten.

Der Kew Palace auf dem Gelände von Kew Gardens

114 Ham House ★★ [S. 272]

Südlich von Kew Gardens liegt der Vorort **Richmond**, der bereits im 13. Jh. von den Monarchen favorisiert wurde. Bevor Henry VII. 1501 **Richmond Palace** baute (heute nur noch Ruinen), hatten bereits Edward I. und Richard II. hier eine Residenz. Die Uferpromenade mit der alten Brücke aus dem Jahr 1777 und dem Bootsanleger hat einen altmodischen Charme und ist bei Tagesausflüglern beliebt.

Entlang der Themse führt ein Spazierweg ca. 1,5 km bis zum **Ham House.** Im Jahr 1626 erhielt William Murray, ein treuer Bediensteter von Charles I., Ham House als Geschenk. Bis 1639 unternahm er umfangreiche Renovierungsarbeiten an dem Haus im jakobitischen Stil. Als 1642 der Bürgerkrieg ausbrach, bewahrte Murrays Tochter Elizabeth das Haus vor der Zerstörung durch die Truppen Cromwells. Nach der Restauration heiratete Elizabeth 1672 den Duke of Lauderdale. Beide waren weitgereist und hatten ein Faible für exotische Möbel und andere Einrichtungsgegenstände entwickelt. Zusammen dekorierten sie das Haus im überschwänglichen Stil der Restaurations-Periode. Die nachfolgenden Jahrhunderte überlebte das Haus fast unversehrt und ist heute ein seltenes Beispiel für die **Architektur und das Design Mitte bis Ende des 17. Jh.**

› Ham Street, Ham, Richmond-upon-Thames, Surrey, Tel. 89401950, www.nationaltrust.org.uk/visit/london/ham-house-and-garden, tgl. 12–16 Uhr, Eintritt Erw. £ 14, Kinder £ 7, U: Richmond (District Line), ca. 2,5 km zu Fuß entlang des Themsepfads, oder mit Bus 371 (Haltestelle Ham Street, 800 m zu Fuß) bzw. Bus 65 ab Bahnhof Richmond (Haltestelle Sandpits Road, 1,2 km zu Fuß).

115 Hampton Court Palace ★★★ [S. 272]

Hampton Court Palace liegt ca. 20 km westlich des Londoner Stadtzentrums direkt an der Themse. Neben den Originalgebäuden aus der Tudorperiode kann man die angrenzenden Neubauten aus der Zeit des Barock bzw. der georgianischen Periode und umfassende Gartenanlagen besichtigen. Wie alle unbewohnten royalen Residenzen wird Hampton Court heute von der **Stiftung Historic Royal Palaces** verwaltet, die sich aus eigenen Mitteln finanziert.

Das **Torhaus** ist ein beeindruckendes Beispiel der englischen Spätgotik (Perpendicular Style). 1540 wurde dort die große **astronomische Uhr** angebracht, die auch die Mondphasen, Sternzeichen und den Hochwasserstand der Themse anzeigt. Davor reihen sich Wappentiere wie der englische Löwe und der königliche Drache, die sogenannten **King's Beasts,** aneinander.

Hampton Court wurde zuerst von 1514 bis 1525 von **Kardinal Wolsey** ausgebaut. Wolsey wurde von **Henry VIII.** gefördert und war schon bald Lordkanzler, d. h. der zweitmächtigste Mann im Land. In dem pompösen Palast hielt er Empfänge ab und brachte Staatsgäste unter. Neben 40 Gästezimmern stattete er auch Suiten für Henry und seine Famililе aus. Wolsey fiel jedoch bereits 1528 in Ungnade, nachdem er die Annulierung von Henrys Ehe mit Catarina d'Aragon nicht beim Papst bewirken konnte. Er sah Karriere und Leben in Gefahr und überließ Hampton Court daher dem König.

Henry VIII. ließ die **Great Hall** bauen, eine im mittelalterlichen Stil gehaltene Empfangshalle mit beeindruckender

060lo-br

Stichbalkendecke. In der von ihm neu angelegten **Großküche** arbeiteten in 55 Räumen ca. 200 Angestellte, die pro Tag 600 Mahlzeiten für den Hofstaat kochten. Dabei lag ein Schwerpunkt auf Grillfleisch – pro Jahr wurden ca. 1200 Ochsen, 8200 Schafe, 2400 Wildtiere und 1800 Schweine „verbraten". Der König legte auch einen Jagdwald und Tennisplätze an. Im Küchengarten wurde für Nachschub an Gemüse und Gewürzen gesorgt.

Ein Highlight der Besichtigung ist es, dem **kostümierten Personal** in den Küchen zuzusehen, das die Kochkünste der Tudorzeit veranschaulicht. Ein weiterer Höhepunkt ist ein Blick in die **Royal Chapel**, die königliche Kapelle. Das Deckengewölbe, das wieder auf den Stand aus dem Jahr 1535 restauriert wurde, besteht aus Eichenschnitzereien, die dunkelblau bemalt und mit Gold verziert wurden. In den Dekorationen finden sich die fünfblättrige Rose, das Symbol des Hauses Tudor, sowie die englischen Wappeninsignien „Dieu et mon Droit" („Gott und mein Recht") ebenso wie die Devise des Hosenbandordens: „Honi soit qui mal y pense" („Beschämt sei, wer schlecht darüber denkt"). Henry VIII. und seine Ehefrauen wohnten Gottesdiensten von einer Empore aus bei. Dort ist heute eine Nachbildung der Krone des Königs ausgestellt. In der Kapelle wurde 1537 Henrys einziger (legitimer) Sohn (mit seiner dritten Frau Jane Seymour) getauft, der im Alter von 9 Jahren seine Nachfolge antrat.

James I. nutzte den Palast für Tänze, Bankette und Theatervorstellungen. Im Jahr 1603 traten u. a. auch William Shakespeare mit seinen „The King's Men" hier auf. **William of Orange** und

Beeindruckende Tudorarchitektur: der Hampton Court Palace

Mary II. beauftragten 1698 Sir Christopher Wren mit dem Neubau der inzwischen veralteten Königsgemächer. Die Ost- und die Südfassade des Palasts wurden im Barockstil neu gestaltet und der Landschaftsgarten erhielt exotische Pflanzen. Ende Juni bis Anfang Juli stehen die Gärten jedes Jahr während des **RHS Hampton Court Palace Garden Festivals** in voller Blüte. Aber auch ohne Blumenschau sind die Gärten, u.a. mit großem Labyrinth, sehr sehenswert.

Georg II. war der letzte Monarch, der den Palast umbaute und selbst nutzte, **Queen Victoria** machte ihn 1838 der Bevölkerung zugänglich.

› East Molesey, Surrey, Tel. 31666000, www.hrp.org.uk/hampton-court-palace, die Öffnungszeiten variieren (s. Website), Royal Chapel bei Gottesdiensten geschl., Eintritt: Erw. £ 26,30, erm. £ 21, Kinder £ 13,10. Auf dem Gelände befinden sich das Tiltyard Café mit warmer und kalter Küche, sowie das Privy Kitchen Café mit Kuchen und Snacks. Zudem gibt es zwei Imbissstände auf dem Gelände. Die Anfahrt mit dem Zug dauert von der Waterloo Station aus ca. 35 Min. Mit dem Boot (www.thamesriverboats.co.uk) beträgt die Fahrtzeit vom Westminster Pier ca. 3–3½ Std. Das Boot hält auch in Kew Gardens 113 und Richmond (s. S. 155), Erw. £ 22, Kinder £ 12.

116 Windsor Castle und Eton ★★★ [S. 272]

Das von einem großen Landschaftspark umgebene mächtige Schloss von Windsor bietet ein beeindruckendes Bild. Es ist das älteste noch erhaltene königliche Schloss und diente schon 39 Monarchen als Heimat. Noch heute wird es regelmäßig von der **königlichen Familie** genutzt. Im Schloss finden außerdem Staatsempfänge und Bankette, aber auch Hochzeiten und Beerdigungen statt. So sind unter anderem Queen Elizabeth II. (1926–2022) und ihr Ehemann Prinz Philipp (1921–2021) in der **George's Chapel** auf dem Gelände beigesetzt.

Windsor gab der königlichen Familie ihren heutigen Namen, denn während des Ersten Weltkriegs kam es zu Ressentiments gegen das deutschstämmige Königshaus. Queen Victorias Mutter war Prinzessin Viktoria von Sachsen-Coburg-Saalfeld und ihr Vater stammte vom Hannoveraner König George III. ab. Durch Queen Victorias Ehe mit ihrem Cousin Prinz Albert von Sachsen-Coburg Gotha (engl. Saxe-Coburg and Gotha) trugen auch ihre Nachkommen den väterlichen Titel. Als George V. (1856–1936) König wurde, änderte er 1917 den deutsch klingenden Namen schließlich in Windsor.

1070 von **William the Conqueror** erbaut, wurde die Burg von Henry II. in ein Schloss mit königlichen Gemächern umgebaut. Die normannische Burg wurde 1170 in einen Rundturm umgestaltet und das umgebende Gelände neu angelegt. Edward III. kreierte einen gotischen Palast und gab Unsummen dafür aus. Den letzten Schliff erhielt das Schloss dann durch die Tudors. **Henry VIII.** ließ einen Tennisplatz und eine große Außenterrasse mit Blick auf die Themse errichten. Jedes Jahr fanden hier die ausufernden Feste des Hosenbandordens statt (Order of the Garter at the Castle).

Charles II. ließ die königlichen Gemächer 1693 im Barockstil neu ausstatten und George III. gab der Außenfassade ein gotisches Aussehen. Unter George IV. wurden neue Königsgemächer auf der

Windsor Castle

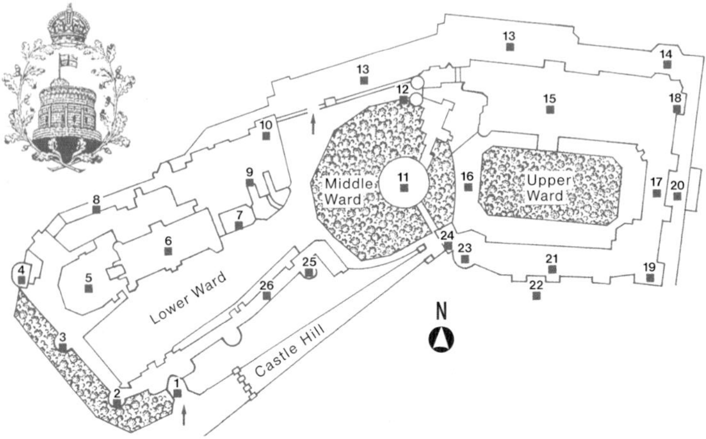

Windsor Castle

1 Henry VIII. Gate
2 Salisbury Tower
3 Garter Tower
4 Curfew Tower
5 Horseshoe Cloister
6 St. George's Chapel
7 Albert Memorial Chapel
8 Canon's Residence
9 Deanery
10 Winchester Tower
11 Round Tower
12 Norman Gate
13 North Terrace
14 Brunswick Tower
15 State Apartments
16 Charles II. Statue
17 Private Apartments
18 Prince of Wales Tower
19 Queen's (Victoria) Tower
20 East Terrace
21 Visitor's Apartments
22 George IV. Gate
23 Edward III. Tower
24 St. George's Gateway
25 Henry III. Tower
26 Garter House

Südseite angelegt. Nachdem 1922 in Queen Victorias Privatkapelle ein Brand ausbrach, der viele Räume erfasste, musste u.a. die St. George's Hall komplett neu ausgestattet werden.

Bei einer Besichtigung der **State Apartments** erkennt man Stilelemente aus verschiedenen Epochen. Wie auch im Buckingham Palace 11 zieren Kunstwerke aus der riesigen königlichen Sammlung die Wände, darunter Gemälde von Rembrandt, Rubens und Canaletto. Die Gemächer von George IV., die sogenannten **Semi-State Rooms**, sind nur von Ende Sept. bis Ende März zu besichtigen.

Eine besondere Bedeutung hat die **St. George's Chapel**. Sie wurde 1348 zur Ordenskapelle des Hosenbandordens und noch heute versammeln sich hier jedes Jahr der Monarch, der Prince of Wales und die 24 „Ritter" des Ordens, der die höchste Auszeichnung der britischen Monarchie darstellt. Die Kapelle im spätgotischen Perpendikularstil wurde von Henry VIII. um die Lady Chapel erweitert. Er hatte bereits zu Lebzeiten eine Grabstätte ausstatten lassen, ursprünglich war sie für Cardinal Wolsey gedacht, letztlich wurde jedoch der König selbst 1547 dort beerdigt. Auch Jane Seymour, Mutter seines Sohnes und Nachfolgers Edward, ist hier beerdigt. Sie ist die einzige seiner Ehefrauen, der die Ehre zuteil wurde, neben im beigesetzt zu werden.

Alle Räume sind opulent mit historischen Gemälden und Mobiliar ausgestattet. Ebenfalls interessant ist das aufwendige Puppenhaus von Queen Mary

Die St. George's Chapel ist die Ordenskapelle des Hosenbandordens

(**Queen Mary's Dolls' House**), das von Sir Edwin Lutyens 1924 entworfen und von verschiedenen Künstlern in akribischer Kleinarbeit ausgeschmückt wurde.

Einen Bummel wert ist das **historische Örtchen Windsor.** Rund um den Bahnhof und an den Themseufern kann man gut spazieren, einkaufen und einkehren. Unterhalb des Schlosses gelangt man in Richtung Themse zu einer kleinen Brücke. Hat man sie in Richtung Norden überquert, befindet man sich bereits im Städtchen **Eton.** Der gemächliche Rhythmus des Lebens in Eton wird bestimmt durch das berühmte **Jungen-Internat,** das bereits von Henry VI. im Jahr 1440 gegründet wurde. Henrys Stiftung diente damals der Erziehung von weniger begüterten Kindern und nahm 70 Jungen auf, die nach der Absolvierung der Schuljahre am King's College in Cambridge studieren durften. Heute kostet ein Trimester *(term)* in Eton ca. £ 12.000. Das das akademische Jahr aus drei Trimestern besteht, kann man also mit ca. £ 36.000 pro Schuljahr rechnen. Unter den heutigen 1300 Studenten im Alter von 13 bis 18 Jahren befinden sich neben Kindern aus wohlhabenden Familien jedoch auch zahlreiche Stipendiaten. Noch immer setzen ca. ein Drittel aller Absolventen ihre Ausbildung an den Elite-Universitäten Oxford und Cambridge fort. Zweifelsohne vereinfacht der Besuch des Eton College den Zugang zu den einflussreichsten Positionen im Land. Zu den bekannten Persönlichkeiten, die hier lernten, gehören z. B. der ehemalige Premierminister Boris Johnson.

Henry VI. legte großen Wert auf die religiöse Erziehung der Schüler und der eindrucksvolle Bau der **Eton College Chapel** könnte manchen Kathedralen Konkurrenz machen. Innen befinden sich Wandgemälde im flämischen Stil aus den Jahren 1479 bis 1487. Während des Bürgerkriegs wurden die Gemälde von den Puritanern übermalt, jedoch 1847 wiederentdeckt und bis 1923 vollständig restauriert.

EXTRATIPP

Royal Ascot

Auf der Pferderennbahn Ascot, ca. 8 km südwestlich von Windsor, die 1711 unter Queen Anne entstand, finden von Mai bis Oktober Rennen statt. Zu den bekanntesten Veranstaltungen gehört Royal Ascot (Ende Juni). Die Veranstaltung dauert von Dienstag bis Samstag und ist immer schnell ausverkauft. Am Dienstag eröffnet die königliche Familie in einer Kutsche die Veranstaltung und winkt den Gästen zu. Ein strenger, eleganter Dresscode gilt nicht nur beim Ladies Day am dritten Tag des Events, wenn die Damen ihre besonders ausgefallenen Hutmodelle zur Schau stellen.

•94 **Ascot Racecourse,** High Street Ascot, Berkshire, Tel. 0344 3463611, www.ascot.com/horse-races-and-events/royal-ascot

› **Windsor Castle,** Royal Borough of Windsor, www.royalcollection.org.uk/visit/windsorcastle, Bahn: Windsor & Eaton Central, Windsor & Eaton Riverside von Waterloo und Paddington, März–Okt. 10–17.15, Nov.–Febr. 10–16.15 Uhr, Eintritt (im Vorverkauf online) Erw. £ 28, erm./Kinder £ 15,50

› **Eton College,** Windsor, Berkshire SL4 6DW, Tel. 0175 3370100, www.etoncollege.com/visits.aspx. Geführte Touren sind online buchbar: Mai–Sept. Fr 14 und 16 Uhr, Eintritt £ 10. Bei der Tour besichtigt man Schulhof, Kirche, Upper School College Hall und das Museum of Eton Life.

LONDON ERLEBEN

003lo-ln

London für Kunst- und Museumsfreunde

London hat unzählige renommierte Museen und Galerien zu bieten und bei vielen ist der Eintritt frei. Auch Museumsmuffel sollten daher wenigstens einen Besuch, z. B. in der National Gallery **8**, *dem British Museum* **73**, *der Tate Gallery (***42** *und* **106***) oder auch dem National Maritime Museum* **109** *einplanen. Hinzu kommen interaktive Erlebnismuseen, die Aktivitäten für Kinder und Erwachsene anbieten.*

Museen

35 [M9] **Bank of England Museum.** Das Museum gewährt Einblick in die Währungsgeschichte Großbritanniens, zeigt aber auch Gemälde und Mobiliar (s. S. 70).

73 [I8] **British Museum.** Wechselausstellungen zeigen jeweils einen Teil der ca. 1,9 Mio. Objekte umfassenden Sammlung aus dem alten Ägypten, Rom und Griechenland sowie einen Querschnitt durch die britische Historie (s. S. 116).

58 [P10] **Brunel Museum Rotherhithe.** 1843 wurde in Rotherhithe der erste Tunnel unter der Themse eröffnet – er war auch der erste Unterwassertunnel der Welt. Es gibt eine Ausstellung über den Bau und es finden Events statt (s. S. 99).

M **100** [I11] **Cabinet War Rooms und Churchill Museum,** Clive Steps, King Charles Street, U: Westminster, Tel. 74165000, www.iwm.org.uk, Juli–Aug. tägl. 9.30–19, Sept.–Juni 9.30–18 Uhr, Eintritt: Erw. £ 27,50, erm. £ 24,50, Kinder £ 13,60 (bis 16 Jahre frei). In der Kommandozentrale aus dem Zweiten Weltkrieg gewinnt man Einblick in die Tage des „Blitz“ und sieht Churchill-Memorabilien.

29 [J7] **Charles Dickens Museum.** Das einzige noch existierende Heim von Dickens in London gibt einen Einblick in das Leben und Schaffen des beliebten Autors, aber auch in den Alltag im 19. Jh. (s. S. 59).

› **Cinema Museum** (s. S. 230). Memorabilien aus der Glanzzeit des Kinos. Besuch nur nach Voranmeldung.

90 [B11] **Design Museum.** Das Museum gibt einen oft überraschenden Einblick in die rasante Entwicklung von Gegenständen des täglichen Lebens. Neben Wechselausstellungen wird eine ständige Sammlung von Klassikern des europäischen Produktdesigns gezeigt (s. S. 133).

26 [K9] **Dr Johnson's House.** Samuel Johnson war einer der herausragendsten Literaten seiner Zeit und sein Wohnhaus am Gough Square, in dem er von 1748 bis 1759 lebte, ist ein seltenes Beispiel des Lebensstils dieser Zeit. Johnsons „Dictionary of the English Language“ war bis ins Jahr 1884 das maßgebliche Nachschlagewerk über die englische Sprache (s. S. 57).

55 [M11] **Fashion and Textile Museum.** Modeinteressierte finden hier thematische Ausstellungen zu Kleidung, Textildesign und Trends (s. S. 98).

74 [J7] **Foundling Museum.** Museum mit Ausstellungsstücken aus einem ehemaligen Waisenhaus und umfassender Gemäldegalerie (s. S. 118).

› **Freud Museum** (s. S. 153). In diesem Wohnhaus in Hampstead lebte der Psychoanalytiker mit seiner Tochter.

2 [J12] **Garden Museum.** In der entweihten Kirche St. Mary-at-Lambeth sind interessan-

◁ *Vorseite: Die Westminster Bridge bietet einen tollen Panoramablick und manchmal auch Unterhaltung durch Straßenkünstler*

te Ausstellungen zum Thema Gartendesign zu sehen (s. S. 26).

34 [L8] **Guildhall Art Gallery and Roman Amphitheatre.** Die Kunstgalerie zeigt Wechselausstellungen mit Werken aus der Sammlung der Guildhall. Außerdem kann man die Reste eines römischen Amphitheaters besichtigen (s. S. 69).

› **Handel & Hendrix in London** (s. S. 39). Hier erhält man Einblick in das Leben des Komponisten Georg Friedrich Händel. Im Nachbarhaus kann man die einstige Wohnung des Gitarristen Jimi Hendrix besichtigen. Es gibt auch Musikvorführungen unterschiedlicher Stilrichtungen.

M101 [K11] **Imperial War Museum,** Lambeth Road, Tel. 74165000, www.iwm.org.uk, U: Lambeth North, tgl. 10–18 Uhr, Eintritt frei (außer Sonderausstellungen). Das sehenswerte Museum, dem auch die HMS Belfast 50 untersteht, erzählt von den Leiden des Kriegs und ist interaktiv gestaltet.

86 [G5] **Jewish Museum.** Das Museum gibt einen umfassenden Einblick in das jüdische Leben in Großbritannien (s. S. 129).

› **Keats House** (s. S. 153). Auch der romantische Dichter Keats lebte im schönen Hampstead. Heute sind hier Originalmanuskripte und Briefe des Dichters zu sehen.

2 [J12] **Lambeth Palace.** Der Palast des Erzbischofs von Canterbury steckt voller Historie (s. S. 26). **Bis Frühjahr 2024 geschlossen.**

80 [J6] **London Canal Museum.** Das Museum bietet Einblick in die Geschichte der Wasserkanäle Londons (s. S. 123).

M102 [J9] **London Transport Museum,** 39 Wellington Street, U: Covent Garden, Tel. 73796344, www.ltmuseum.co.uk, U: Covent Garden, tgl. 10–18 Uhr, bei Onlinebuchung Erw. £21, erm. £20, Kinder bis 17 Jahre frei. Das Museum an der Ostseite der Covent Garden Piazza informiert interaktiv über die Entwicklung des öffentlichen Nahverkehrs in der Metropole.

M103 [A9] **Museum of Brands,** 111–117 Lancaster Road, Notting Hill, U: Ladbroke Grove, Tel. 72439611, www.museumofbrands.com, Mo–Sa 10–18, So 11–17 Uhr, Erw. £9, erm. £7, 7–16 Jahre £5. Dieses Museum verdeutlicht die Entwicklungsgeschichte der Werbemittel von bekannten Markenprodukten, wie Rimmel-Kosmetik, die sich bis auf das Jahr 1890 zurückverfolgen lässt. Über 12.000 Artikel, darunter Poster, Puppen, Schachteln, Büchsen und andere Gegenstände, die im Laufe der Jahrzehnte als Werbemittel genutzt wurden, eröffnen einen Blick in die Ästhetik und den Zeitgeschmack der verschiedenen Dekaden und rufen beim Betrachter Erinnerungen wach.

62 [S9] **Museum of London Docklands.** Die Zweigstelle des Museum of London, dessen Hauptfiliale zurzeit geschlossen ist und voraussichtlich 2026 in den historischen Markthallen des Smithfield Market neu eröffnet, verdeutlicht die großen Veränderungen, die das East End und die Docklands im letzten Jahrhundert durchgemacht haben (s. S. 104).

71 [N6] **Museum of the Home.** Das Museum im ehemaligen Armenhaus des wohltätigen Stifters Geffrye zeigt einen Querschnitt durch die Wohn- und Lebensbedingungen verschiedener Jahrhunderte (s. S. 113).

109 [U13] **National Maritime Museum.** Dieses beeindruckende Marinemuseum, das über die einstige Seemacht Großbritannien erzählt, befindet sich im Queen's House von Inigo Jones in Greenwich (s. S. 149).

97 [E12] **Natural History Museum.** Das Museum ist wegen der Dinosaurierskelette und der zahlreichen angebotenen Aktivitäten besonders bei Kindern beliebt (s. S. 137).

108 [T13] **Old Royal Naval College.** Sir Christopher Wren entwarf dieses einstige Hospital für Seeleute. Sehenswert sind u.a. die Rokoko-

Kapelle im Queen Mary Court und die Painted Hall im King William Court (s. S. 148).

101 [F13] **Royal Hospital Chelsea** (s. S. 139). Der Altersruhesitz für verdiente Armeeveteranen wurde bereits von Charles II. ins Leben gerufen und von Sir Christopher Wren gebaut. Hier findet auch jedes Jahr die Chelsea Flower Show (s. S. 199) statt.

110 [U14] **Royal Observatory.** Man kann das Planetarium besuchen, frühe astronomische Instrumente begutachten und den Nullmeridian betreten (s. S. 149).

96 [E11] **Science Museum.** Mit interaktiver Technik wird hier Einblick in die wissenschaftlichen Entwicklungen von heute geboten (s. S. 137).

M104 [F7] **Sherlock Holmes Museum,** 221b Baker Street, Tel. 79358866, www.sherlock-holmes.co.uk, U: Baker Street, tgl. 9.30–18 Uhr, Eintritt Erw. £15, Kinder £10. Im Sherlock Holmes Museum kann man das Arbeitszimmer des genialen Detektivs und viele weitere Memorabilien besichtigen und auch Souvenirs kaufen.

27 [J8] **Sir John Soane's Museum.** Hier hat man Zugang zur Kollektion eines fanatischen Sammlers (s. S. 58).

95 [E12] **V&A – Victoria & Albert Museum.** Das V&A zeigt die ganze Bandbreite des künstlerischen Schaffens verschiedener Nationen und ist sicher auch für „Museumsmuffel" interessant (s. S. 136). 2024 soll im East End eine Filiale eröffnen.

Erlebnismuseen

M105 [L10] **Clink Prison Museum,** Clink Street, U: London Bridge, Tel. 74030900, www.clink.co.uk, Juli–Sept. tgl. 10–21, Okt.–Juni Mo–Fr 10–18, Sa, So 10–19.30 Uhr, Eintritt: Erw. £7,50, Kinder/erm. £5,50. In diesem Gruselmuseum werden die Zustände im Gefängnis des lasterhaften Bezirks Southwark im Mittelalter dargestellt. Die Zellen waren so berüchtigt, dass der Name in die englische Umgangssprache einging: „Clink" bedeutete Knast.

M106 [M10] **London Bridge Experience & Tombs,** 2–4 Tooley Street, U: London Bridge, Tel. 08000434666, www.thelondonbridgeexperience.com, Mo–Fr 10–18, Sa, So 11–18 Uhr, Eintritt bei Onlinebuchung: Erw. ab £26,95, Kinder ab £19,50. Hier wird die Geschichte der London Bridge durch die Jahrhunderte von Schauspielern gruselig in Szene gesetzt. Die „Tombs Experience" zeigt zeitgemäßen Horror: Man trifft auf Mörder, Zombies etc.

M107 [J11] **London Dungeon,** County Hall, Westminster Bridge Road, U: Waterloo, Tel. 76540809, www.thedungeons.com/london, Mo–Mi 10–16, Do 11–18, Fr, Sa 10–18, So 10–17 Uhr, bei Onlinebuchung Erw. ab £33, Kinder ab £27. Im Dungeon wird eine 90-minütige Show geboten, in der Schauspieler die gruselige Geschichte der Londoner Unterwelt an ausgewählten Beispielen nachstellen und Charaktere wie Jack the Ripper, Sweeney Todd und Guy Fawkes sich persönlich vorstellen.

82 [F8] **Madame Tussauds.** Im bekannten Wachsfigurenkabinett kann man sich mit den Abbildungen bekannter Persönlichkeiten fotografieren lassen. Vorausbuchung ist empfehlenswert, um langes Anstehen zu vermeiden (s. S. 126).

M108 [J10] **Sealife London Aquarium,** County Hall, Westminster Bridge Road, U: Westminster oder Waterloo, Tel. 08716631678, www.visitsealife.com/london, Mo–Mi 10–17, Do 11–19, Fr–So 10–19 Uhr, Eintritt bei Onlinebuchung: Erw. ab £35, Kinder ab £32. Im Aquarium kann man Meereslebewesen aller Art betrachten.

M109 **The Making of Harry Potter,** Studio Tour Drive, Leavesden, Tel. 0800 6404550, www.

wbstudiotour.co.uk, Eintritt: Erw. ab £51,50, Kinder ab £40. Tickets müssen rechtzeitig vor der Reise gebucht werden. Anfahrt per Bahn von Euston nach Watford Junction, von dort mit dem Shuttlebus (im Eintrittspreis enthalten). In dem von den Warner Bros. in den Leavesden Studios eingerichteten „Making of Harry Potter“ wandert man durch Originalkulissen und kann u. a. einen Hexenbesen reiten.

30 [J7] **The Postal Museum.** Hier wird Postgeschichte anschaulich gemacht und man kann eine Fahrt mit einem Postzug durch Londons Untergrund unternehmen (s. S. 60)

Kunstgalerien

22 [J9] **Courtauld Gallery.** In der Fachwelt ist das Courtauld Institute für seine umfassende Sammlung an impressionistischer Kunst bekannt (s. S. 50).

› **Hayward Gallery.** In der Galerie des Southbank Centre 40 wird in Wechselausstellungen moderne Kunst gezeigt (s. S. 75).

› **Lightroom** (s. S. 123). Die Installationen der Galerie bieten einen ungewöhnlichen, immersiven Blick auf Kunst.

8 [I10] **National Gallery.** Die National Gallery beherbergt die Werke italienischer Meister des 15. und 16. Jh. sowie holländische, flämische und französische Gemälde des 17. Jh. (s. S. 32).

9 [I9] **National Portrait Gallery,** Die National Portrait Gallery zeigt Porträts bekannter Briten durch die Jahrhunderte (s. S. 33).

11 [H11] **Queen's Gallery.** Die große Kunstsammlung des Königshauses wird dem Publikum in unterschiedlichen Wechselausstellungen gezeigt (s. S. 36).

14 [H10] **Royal Academy of Arts.** Hier stellen nicht nur die Maler der Akademie ihre Werke aus, sondern es werden auch wechselnde Ausstellungen zu unterschiedlichen Themen organisiert (s. S. 38).

G110 [F12] **Saatchi Gallery,** Duke of York's HQ, King's Road, Chelsea, U: Sloane Square, Tel. 78113070, www.saatchi-gallery.co.uk,

Die National Portrait Gallery 9 zeigt Porträts britischer Persönlichkeiten

196lo-ln

tgl. 10–18 Uhr, Eintritt: frei. Es ist wohl die größte Galerie, in der ein Kunstsammler die „Stars" von morgen ausstellt. Charles Saatchi hat ein gutes Auge für neue Talente und Trends und gibt jungen Künstlern die Möglichkeit, ihre Werke einer breiten Öffentlichkeit zu präsentieren.

88 [E10] **Serpentine Galleries.** Die Serpentine South Gallery zeigt im Sommer Ausstellungen internationaler Künstler. Die Serpentine North Gallery entstand auf der anderen Seite des Lake Serpentine nach einem Design der Architektin Zaha Hadid (s. S. 132).

106 [I12] **Tate Britain.** Eine umfassende Sammlung britischer Malerei vom 15. bis 19. Jh. wird hier in Wechselausstellungen gezeigt. In der angeschlossenen Clore Gallery sind Werke der Landschaftsmaler William Turner und Gainsborough zu bewundern (s. S. 146).

42 [L10] **Tate Modern.** Der moderne Teil der Tate-Kunstsammlung wurde in den ehemaligen Kraftwerksbau der Bankside Power Station verlegt und ist hier nach Kunststilen geordnet (s. S. 77).

66 [N8] **Whitechapel Gallery.** Die Kunstsammlung zeigt wechselnde zeitgenössische Ausstellungen, aber auch Dichterlesungen, Musikveranstaltungen und Filme stehen auf dem Programm (s. S. 109).

56 [M11] **White Cube.** Hier werden Werke interessanter zeitgenössischer Künstler aus der ganzen Welt ausgestellt (s. S. 98).

EXTRAINFO

Kombitickets

Die vier Sehenswürdigkeiten **London Eye** 39, **Sealife London Aquarium, London Dungeon** und **Madame Tussauds** 82 bieten Kombitickets an, bei denen man erheblich sparen kann (z. B. www.visitsealife.com/london/tickets, www.londoneye.com/tickets-and-prices).

London für Architekturinteressierte

London vereint viele Architekturstile und bei einem Spaziergang durch die Stadt begibt man sich auf eine Reise durch die Jahrhunderte. Denkmalschutz wird in Großbritannien ernst genommen, daher ist in London Architektur aus vielen Dekaden erhalten geblieben.

1957 gründete ein Zirkel von Intellektuellen die **Victorian Society** (www.victoriansociety.org.uk), die sich bis heute für den Schutz von Bauwerken aus den Jahren von 1850 bis 1920 einsetzt. Zu den Gründungsmitgliedern zählten u. a. der Hofdichter *(Poet Laureate)* **John Betjeman** (1906–1984) und der Kunsthistoriker **Nikolaus Pevsner** (1902–1983). Pevsner verfasste in akribischer Kleinarbeit ein Register von englischen Bauten und Plätzen („The Buildings of England", 1951), das noch heute als Nachschlagewerk genutzt und weitergeführt wird. Der populäre Betjeman sorgte durch seine Schriften und Fernsehauftritte für eine breite Unterstützung. Viele Bauten in London blieben aufgrund seiner Initiative erhalten, nicht zuletzt der Bahnhof St. Pancras 79.

Um die Architektur des 20. Jahrhunderts ab 1914 kümmert sich die **Twentieth Century Society** (www.c20society.org.uk), die Ausstellungen und Touren organisiert.

Auf nationaler Ebene setzen sich die beiden Organisationen English Heritage und Historic England für den Erhalt von historischen Gebäuden ein. Die öffentliche Körperschaft **Historic England** fungiert als Berater für das Kultusministerium und führt ein Nationalarchiv bedeutender Stätten, die unter Denkmalschutz gestellt werden sollen.

English Heritage ist seit 2015 eine separate Organisation, die bereits geschützte Gebäude verwaltet und sie außerdem für die Öffentlichkeit zugänglich macht.

Seit 1895 besteht zudem die gemeinnützige Organisation des **National Trust**, der von Verfall oder Zerstörung bedrohte Gebäude und Landschaftsregionen aufkauft.

In London bestehen sogenannte **„protected views"**, d.h. der Blick auf altehrwürdige Monumente wie die St. Paul's Cathedral 31 oder den Tower of London 53 darf von bestimmten Blickwinkeln aus nicht verbaut werden. Meist werden bestehende Bauten in neue Projekte integriert, was auf lange Sicht zu einer einzigartigen Zusammensetzung von Architekturstilen führt.

Die Fantasie der Architekten ist gefragt und hinter historischen Fassaden entstehen vielerorts moderne Apartments. Ein gutes Beispiel hierfür ist zum Beispiel die Eingliederung vom The Shard 51, dem größten Hochhaus Londons, in den mittelalterlichen Straßenverlauf von Southwark.

Einen Einblick in die georgianische und viktorianische Lebenswelt bieten das **Museum of the Home** 71 im East End und das **Victoria & Albert Museum** 95. Ein Modell der Stadt kann man im Schauraum von **New London Architecture – NLA** besichtigen. Dort werden alle aktuellen Bauprojekte plastisch dargestellt.

•**111** [L8] **NLA – The London Centre,** Guildhall, Aldermanbury, U: St. Paul's/Bank, https://nla.london/visit-us, Di–Sa 11–17 Uhr, Eintritt frei. Man kann auch Architektur-Führungen buchen, £ 18, erm. £ 14.

197lo-ln

Römische Zeit

Die meisten Überreste aus der römischen Anfangszeit Londons liegen heute tief unter der Oberfläche begraben. Was man bei Bauarbeiten und Ausgrabungen gefunden hat, ist zum Teil im **British Museum** 73 ausgestellt. Reste der **römischen Stadtmauer**, die entlang der Straße London Wall verlief, sieht man noch in der Nähe des Barbican 33, dessen Name auf das römische Wort „Barbecana" (Tor oder Wachturm) zurückgeht, und bei der U-Bahn-Station Tower Hill. Die Fundamente des **Temple of Mithras** aus der Zeit um 250 n.Chr. befinden sich zwischen den U-Bahn-Stationen Mansion House und Bank an der Queen Victoria Street, sind aber nur durch einen Zaun zu betrachten. Eindrucksvoll ist das Amphitheater im Keller der **Guildhall** 34.

Reste eines Wachturms aus römischer Zeit sieht man nahe des Barbican 33

Normannische Zeit und Gotik

Bereits im 11. Jh., kurz vor dem Ende der angelsächsischen Herrschaft, setzten sich in Großbritannien Elemente der romanischen Architektur nach französischem Vorbild durch. Dies erkennt man z. B. in den ältesten Teilen der **Westminster Abbey** 3 aus dem Jahr 1042. Aus normannischer Zeit stammen der **White Tower** (1078) des Tower of London 53 und die **Westminster Hall** (1097) der Houses of Parliament 1.

Die romanische Bauweise der **Temple Church** 23 ist einzigartig in London. Die Rundkirche wurde von Mönchen des Templerordens 1185 fertiggestellt. Die älteste Kirche Londons ist jedoch **St. Bartholomew the Great** (s. S. 68) mit ihrer erstaunlich gut erhaltenen Kanzel. Sie wurde 1123 von Augustinermönchen gegründet.

Die englische Frühgotik bezeichnet man als **Early English Style** (1170–1240). Sie zeichnet sich durch den Bau von aufwendigen Kreuzrippengewölben aus. Ein seltenes Beispiel hierfür sind die Kapelle und die Krypta des **Lambeth Palace** 2 aus dem Jahr 1220. Danach folgte der **Decorated Style** (1250–1370) mit üppigen Dekorationen, z. B. Blattmustern auf allen Flächen. Leider wurden die mittelalterlichen Gebäude der Londoner Altstadt weitgehend durch das Große Feuer von 1666 zerstört.

Tudorzeit und Renaissance

Während der Tudorperiode (1485–1603) herrschte zunächst der **Perpendicular Style** (1350–1520) der englischen Spätgotik vor. Er ist in Europa einzigartig und zeichnet sich durch gerade vertikale und horizontale Linien sowie aufwendige Fächergewölbe aus. Ein gutes Beispiel ist die von Henry Yvele für Henry VII. gestaltete **Lady's Chapel** in der Westminster Abbey 3. Ein Stilmerkmal von Herrenhäusern war der Tudorbogen, zu sehen z. B. beim **Lambeth Palace** 2 aus dem Jahr 1495 und beim **St. James's Palace** 10 (1531–1536). Die Häuser hatten lange Schornsteine, damit der Rauch aus den Kaminen nicht nach unten geweht wurde (siehe z. B. **Hampton Court Palace** 115). Einfache Häuser wie das **Torhaus** der Kirche **St. Bartholomew the Great** (s. S. 68) in Smithfield entstanden aus Fachwerk.

Erste Einflüsse der **Renaissance** zeigten sich zur Zeit der Herrschaft von Elizabeth I. (1558–1603). Eine Neuerung waren die Freilufttheater, von denen man im **Shakespeare's Globe** 43 und im **Rose Theatre** 44 einen Eindruck gewinnen kann. Sehenswert ist auch die Elizabethan Hall im **Middle Temple** (s. S. 56) aus dem Jahr 1570.

Die Zeit unter König James I. von 1603 bis 1625 wird als jakobitische Zeit (**Jacobean Era**) bezeichnet. **Ham House** 114 an der Themse ist eines der am besten erhaltenen Häuser aus dieser Zeit.

Inigo Jones (1573–1652) war der erste Architekt, der die klassischen Ideale der palladianischen Architektur anwandte. 1638 legte er einen Entwurf für die komplette Neugestaltung des **Palace of Whitehall** (s. S. 152) vor. Zuvor hatte er für James I. das 1622 **Banqueting House** 6 gebaut, das erste klassizistische Gebäude in England. Auch die **Covent Garden Piazza, St. Paul's Covent Garden** (s. S. 48), das **Queen's House** (s. S. 148) in Greenwich und das **Somerset House** 22 gehen auf ihn zurück.

Barock und Queen Anne Style

Nachdem unter Charles I. (er regierte von 1625 bis 1649) der Bürgerkrieg ausgebrochen war, wurde der König hingerichtet und die **Puritaner** unter Oliver Cromwell übernahmen die Herrschaft. Sie zerstörten landesweit Herrschaftsarchitektur und bauten vor allem Kirchen.

Nach Cromwells Tod etablierte Charles II. die Monarchie auf Neue. Diese als **„Restoration"** (Stuart-Restauration) bezeichnete Periode zeichnet sich durch barocke Opulenz aus. Nach dem Großen Feuer beauftragte Charles II. den herausragendsten Architekten des englischen Barock, **Sir Christopher Wren**, mit dem Wiederaufbau der Stadt. Unter anderem zeichnet dieser für 50 Kirchen in der City of London verantwortlich, herausragend ist sein Meisterwerk, die **St. Paul's Cathedral** 31. Zusammen mit Robert Hooke entwarf er auch das **Monument** 37. Ein weiterer Großbau war das **Old Royal Naval College** 108.

Wren's Schüler Nicholas Hawksmoor (1661–1736) war bei vielen Aufträgen die rechte Hand seines Lehrers. Nachdem Queen Anne (regierte 1702–1714) weitere 50 Kirchen in Auftrag gegeben hatte, war Hawskmoor u.a. für **Christ Church Spitalfields** 69 und St. Anne's Limehouse verantwortlich. Sein Zeitgenosse James Gibbs (1682–1754) entwarf **St. Martin-in-the-Fields** (s. S. 33). Der sogenannte **Queen Anne Style**, mit dem beide Architekten in Verbindung gebracht werden, zeichnet sich durch besonders klare und elegante Linien aus und fand im späten 19. Jh. besonderen Anklang in den Vereinigten Staaten.

078lo-ln

Am Cumberland Place [G6] sieht man Architektur von John Nash

Georgianische Periode und Regency

Im Klassizismus, der erneut palladianische Ideale aufgriff, entstand die Idee für **Terraced Houses** (Reihenhäuser), die rund um einen Park oder einen Kreisverkehr angeordnet waren. Hier ging es um Proportionen und Einheitlichkeit von klaren Linien. Man legte Wert auf eine gleichförmige Fassade, in der alle Fensterrahmen, Eingangstüren, Zäune etc. gleich aussahen. Elegante Beispiele finden sich z. B. beim Queen Anne's Gate südlich des **St. James's Park** und im Diplomatenviertel **Belgravia** (s. S. 135).

Eine abgespeckte Version der Terraced Houses waren Arbeiterhäuser (**Workers' Cottages**) von einfacherer Bauweise, die man noch vereinzelt im East End findet. In der Artillery Lane und der Fournier

Street [N8] in **Spitalfields** sieht man noch einige Exemplare aus dem frühen 18. Jh.

Der herausragende Architekt der Regency-Periode (1714–1830) war zweifelsfrei **John Nash** (1725–1835). Er wurde Hofarchitekt des Prinzregenten George IV., der an seines Vaters statt regierte. Daher nennt man die unter George IV. entstandene Architektur auch **„Regency"**. Nash entwarf zahlreiche Paläste wie **Clarence House** 10 und die Carlton House Terrace an der Pall Mall. Er begann auch den Umbau des Buckingham Palace 11, wurde jedoch aus Kostengründen vom Nachfolger William IV. entlassen.

Die **Regent Street** [H9], der **Regent's Park** 83 und elegante Terrassenhäuser wie Park Crescent, Cumberland Terrace und Portland Place entstanden als Teil eines Großbauprojekts, bei dem eine Prachtstraße als Verbindungsachse zu dem neuen Wohnviertel im Norden geschaffen werden sollte. Heute gehören diese Häuser zu den begehrtesten und teuersten Immobilien in London.

Neogotik und Arts and Crafts Movement

Die Neogotik (**Gothic Revival**) hatte in Großbritannien zunächst einen philosophisch-religiösen Hintergrund. Der Architekt Augustus Pugin (1812–1852) idealisierte gotische Architektur als einen Ausdruck „wahren Christentums" und suchte eine Rückbesinnung auf die Ideale des Mittelalters. Zusammen mit Charles Barry (1795–1860) erhielt Pugin den Auftrag für den Neubau der **Houses of Parliament** 1. Das Gebäude ist jedoch ein Kompromiss: Der klassizistische Bauplan für das Gebäude stammt von Charles Barry. Pugin arbeitete 1836/37 und von 1844 bis 1852 an der Innen- und Außendekoration. Von ihm stammen z. B. Mobiliar, Buntglasfenster, Kacheln etc.

Als Antwort auf die Industrialisierung propagierte ab Mitte des 19. Jh. das **Arts and Crafts Movement** (Vorläufer des Art Nouveau) eine Abwendung von der maschinellen Produktion und die Rückkehr

zum Handwerk. Künstler wie der Maler Dante Gabriel Rossetti (1828–1882) und der Textildesigner William Morris (1834–1896) gründeten die Design-Firma Morris, Marshall, Faulkner & Co. und stellten dekorative Objekte her. Sie arbeiteten mit natürlichen Stoffen und kreierten außergewöhnliche Stoffmuster, Möbel, Kacheln und Töpferwaren. Verkauft wurden sie im **Kaufhaus Liberty** (s. S. 190), das 1924 im **Tudor-Revival-Stil** entstand. Noch heute stellt Liberty hochwertige Designer-Tapeten und -Stoffe her.

Später traten ideologische Motive in den Hintergrund und die Neogotik wurde zur Vorzeigearchitektur bei öffentlichen Gebäuden. Fast immer standen auch technische Errungenschaften im Vordergrund. George Gilbert Scott senior (1811–1878) begann sein Meisterwerk, den **Bahnhof St. Pancras** 79, im Jahr 1868. Die Glaskuppel aus Einfeldträgern war ein Geniestreich des Ingenieurs William Henry Barlow. Auch der Ingenieur Isambard Kingdom Brunel (1806–1859) kam als Architekt von Großprojekten wie z. B. dem **Thames Tunnel** zu Ansehen (Brunel Museum Rotherhithe 58).

Ab 1850 gab es in Wohnhäusern serienmäßige Sanitärsysteme – fließendes warmes Wasser und Toiletten mit Wasserspülung –, allerdings nur für die wohlhabende Mittelklasse. Im East End wurden massenweise Cottages aus billigstem Backstein für Arbeiter aus dem Boden gestampft. Sie standen Rücken an Rücken und hießen daher **Back-to-back houses.** Oft waren hier mehrere Familien untergebracht, die eine Gemeinschaftstoilette am Ende der Straße nutzten. Im 20. Jh. wurden diese Slum-Viertel abgerissen. Nur an wenigen Stellen findet man heute noch restaurierte Exemplare.

Das 20. Jahrhundert

Zu Beginn des 20. Jahrhunderts vermischten sich in London verschiedene Architekturströmungen. Während der Regentschaft von Edward VII. zwischen 1901 und 1914 (Edwardianische Zeit) spricht man auch vom **Neo-Barock**, Beispiele hierfür sind der **Cenotaph** (s. S. 30) von Edwin Lutyens oder das **Electric Cinema** (s. S. 134) in Notting Hill.

Inspiriert vom Art Nouveau florierte von 1925 bis 1939 das **Art-déco.** Viele Hotels und öffentliche Gebäude entstanden in diesem Stil, so z. B. das Dorchester Hotel in Mayfair 13, aber auch das BBC Building. Zu den vielen Theatern und Kinos aus dieser Zeit gehören z. B. das Adelphi Theatre, das Dominion und das Prince of Wales Theatre. Wichtigster Architekt des Art-déco war **Giles Gilbert Scott** (1880–1960), der Neffe von George Gilbert Scott. Er entwarf die **Battersea Power Station** 104 und die Bankside Power Station, in der sich heute die **Tate Modern** 42 befindet. Auch die weltbekannten roten Telefonhäuschen sind ein Design von ihm.

Der Zweite Weltkrieg hinterließ in der City of London und am südlichen Themseufer große Zerstörungen und man baute nach und nach in die entstandenen Lücken. In den 1950er-Jahren entstand anläßlich des Festival of Britain deshalb zum Beispiel das **Southbank Centre** 40.

Zwischen 1950 und 1970 entstanden zahlreiche Bauten im Stil des **Brutalismus** (Brutalism), der ursprünglich von Le Corbusier beeinflusst war. Er sollte nach

Der neogotische Bahnhof St. Pancras wurde im 19. Jh. auch als „Kathedrale" bezeichnet

dem Krieg ein positives Signal des Aufbruchs in eine neue Zukunft setzen. Vielfach als hässliche Geschmacksverirrung verkannt, wurden Bauten wie das **National Theatre** 41 und das **Barbican** 33 dennoch konsequent unter Denkmalschutz gestellt, da sie ein Stück Architekturhistorie repräsentieren.

London heute

Die Skyline von London verändert sich ständig. Aus Platzgründen wird vor allem nach oben gebaut. Nicht nur Büros, sondern auch Wohnraum verlagert sich mehr und mehr in die luftigen Höhen futuristischer Hochhäuser. Bis in die 1960er-Jahre verbot der **Building Act** von 1894 den Bau von Gebäuden, die höher waren als „80 feet" (24,3 m). Dies war damals eine Reaktion auf den Bau eines 14-Stockwerke hohen Apartmentblocks in St. James's: Queen Victoria beschwerte sich, dass der Bau ihr den Blick vom Buckingham Palace auf die Houses of Parliament versperrte. Erst in den 1960er-Jahren, einer Zeit der Bauwut und wachsender Abrisse, wurde dieses Gesetz revidiert.

Das erste Hochhaus war der **Tower 42** (siehe Restaurant City Social, S. 178) von Richard Seifert mit 183 m, damals noch National Westminster Tower genannt. Zwischen 1978 und 1986 entstand das **Lloyd's Building** 38 des Architekten Richard Rogers, das heute unter Denkmalschutz steht. Bis 2013 war **One Canada Square** in Canary Wharf 61 von Cesare Pelli das höchste Hochaus Londons. Seitdem hält **The Shard** 51 von Renzo Piano mit 310 m den Rekord. Etliche „Skyscraper" sind seitdem hinzugekommen, an einigen wird noch gebaut. Bis 2026 sollen 13 neue Hochhäuser in der City entstehen, die über 290 m hoch sind. Bei einigen sind Aussichtsterrassen und Restaurants geplant.

Einer der aktivsten Architekten der Stadt ist **Sir Norman Foster.** Er entwarf u. a. die Millennium Bridge und das Atrium des British Museum 73. Sein 180 m messendes konisches Hochhaus **St. Mary Axe** (genannt **„The Gherkin"**) aus dem Jahr 2003 und die London City Hall aus dem Jahr 2002 sind schon heute Klassiker.

Die britisch-irakische Architektin Zaha Hadid, die 2006 verstarb, war für ihre organisch geschwungenen Konstrukte bekannt. Zum Beispiel stammen aus ihrer Feder das **Aquatic Centre** im **Olympic Park** 72 und die **Serpentine North Gallery** 88 im Hyde Park.

160lo©Tadeusz Ibrom, stock.adobe.com

An der Themse wird, wie hier in Vauxhall, überall in die Höhe gebaut

London für Genießer

Die Londoner Gastronomie ist vielfältig und bietet für jeden Geschmack etwas. London besitzt eine breite Palette internationaler Restaurants: Von europäisch über asiatisch, südamerikanisch bis zu afrikanisch sind alle Richtungen vertreten. Gourmets kommen in 71 Restaurants mit Michelin-Sternen auf ihre Kosten, darunter finden sich auch indische, peruanische und vegetarische Restaurants.

Zu Lunchzeiten kann man in teuren Restaurants preiswertere Menüs bekommen, wenn man vorher reserviert. Wer es lieber ungezwungen mag, findet ein riesiges Angebot an Cafébars und Restaurants mit internationaler und moderner britischer Küche. Die als **Modern British** bezeichnete Kochrichtung bietet eine Neuinterpretation britischer „Standards" wie Pies (Pasteten), Steak oder Fish and Chips. Alles wird frisch und oft mit Bio-Zutaten zubereitet. Auch in **Gastropubs,** die oft von aufstrebenden jungen Köchen *(Chefs)* geführt werden, legt man Wert auf eine fantasiereiche Küche. Immer beliebter werden **Streetfood-Märkte** (s. S. 179).

Authentische asiatische Küche findet man in **Chinatown** 18, indische Curry-Restaurants rund um die **Brick Lane** 67 im East End. Letztere bieten auch eine große Auswahl an vegetarischen Gerichten, allerdings wird kein Alkohol serviert, da die Betreiber meist Muslime sind. In den meisten Restaurants wird der Lunch von 12 bis 14/15 Uhr und das Abendessen (Dinner) von 17/18 bis 21/22 Uhr serviert.

163lo-kw

In London gibt es überall Möglichkeiten zur Einkehr, so z. B. im Covent Garden Market 20

Es gibt auch zahlreiche **Restaurantketten,** bei denen man ganztags einkehren kann. Zu den empfehlenswerten gehören **Franco Manca** (www.francomanca.co.uk, Sauerteigpizzen und Salate), die französische Kette **Côte** (www.cote.co.uk), **Tonkontsu** (https://tonkotsu.co.uk, vielfältige Variationen der japanischen Nudelsuppe Ramen), die japanische Kette **Wagamama** (www.wagamama.com), **Meat Liquor** (https://meatliquor.com, für den ultimativen Burger, auch vegetarisch), die Thai-Restaurants von **Busaba Eathai** (http://busaba.com) und die mexikanische Kette **Wahaca** (www.wahaca.co.uk).

Paninis und kleinere **Snacks** bieten auch die zahlreichen Coffeeshop-Ketten

Gastro- und Nightlife-Areale

Bläulich hervorgehobene Bereiche in den Karten kennzeichnen Gebiete mit einem dichten Angebot an Restaurants, Bars, Clubs, Discos etc.

Preiskategorien

Die Preiskategorien sind Richtwerte für ein Hauptgericht ohne Getränke.

£	bis 12 £
££	12–17 £
£££	17–27 £
££££	ab 27 £

198lo-In

Das Restaurant von Chefkoch Tom Kerridge in Westminster kann einen Michelin-Stern vorweisen

wie **Costa Coffee** (www.costa.co.uk) und **Caffè Nero** (https://caffenero.com/uk). Bei **Pret A Manger** (www.pret.co.uk) gibt es neben Sandwiches und Wraps auch Suppen und frische Salate.

Alkohol und insbesondere Weine sind aufgrund der hohen Mehrwertsteuer in Großbritannien teurer als in Deutschland. Auch wenn das Essen preisgünstig ist, muss man in der Stadtmitte bei einem Glas Wein mit einem Preis von mindestens £ 6 bis 9 rechnen. Bier vom Fass ist preiswerter als importiertes Flaschenbier, ein Pint kostet im Schnitt £ 4.

Ausgewählte Lokale

Restaurants bekannter Köche

In vielen Londoner Gourmetrestaurants hat man sich von der steifen Atmosphäre der Vergangenheit verabschiedet. Gepaart mit preiswerteren Menüs soll dies eine neue Klientel in die Lokale locken.

112 [I10] **Kerridge's Bar & Grill** ££££, Corinthia Hotel, No. 10 Northumberland Avenue, Tel. 7930 8181, www.kerridgesbarandgrill.co.uk, Lunch Mo–Sa 12–14.30, So 12–15, Dinner Mo–Sa 18–22.20, So 18–21 Uhr. Der mit Michelin-Stern ausgezeichnete Koch Tom Kerridge serviert feinste Gerichte im modernen britischen Stil. Günstige Lunch-Menüs.

113 [F9] **Le Gavroche** ££££, 40 Upper Brook Street, Mayfair, U: Marble Arch, Tel. 74080881, www.le-gavroche.co.uk, Reservierung (mindestens einen Monat im Voraus) per E-Mail: bookings@le-gavroche.com, Lunch Di–Fr 12–14, Dinner Di–Sa 18–22 Uhr. Der alteingesessene Gourmettempel mit exzellenter französischer Küche und zwei Michelin-Sternen wird von Michel Roux jr. geführt.

114 [H8] **Lima** £££, 31 Rathbone Place, Fitzrovia, U: Goodge Street, Tel. 86003600, www.limalondon.com, Mo–Sa 12–22 Uhr. Unter der Leitung des peruanischen Chefkochs Virgilo Martinez kommen hier innovative Gerichte mit ausgefallenen Zutaten auf den Tisch. Tasting Menu £ 82.

115 [G10] **Murano** £££, 20 Queen Street, Mayfair, U: Green Park, Tel. 74951127, www.muranolondon.com, Lunch Mo–Sa 12–15, Dinner 18.30–23 Uhr. In dem von Starköchin Angela Hartnett geführten Restaurant wird mediterrane Küche (auch vegetarisch und vegan) in ungezwungenem Ambiente serviert. Trotz Michelin-Stern sind die Preise vernünftig (drei Gänge à la carte £ 85).

116 [H9] **Social Eating House** £££, 8/10 Pollen Street, Mayfair, U: Oxford Circus, Tel. 79933251, www.socialeatinghouse.com, Lunch Mo–Sa 12–14.15, Dinner Mo–Sa 17.45–22 Uhr, Bar tgl. 11.30–24 Uhr. Wie der Name verspricht, geht es in diesem „geselligen Speisehaus" – trotz Michelin-Stern – ungezwungen zu. Chefkoch Jason Atherton serviert heimische Spezialitäten wie Wildgeflügel und Fisch. Wer keinen Platz bekommt, kann es gleich gegenüber im Bistro **Pollen Street Social** versuchen oder im dritten Etablissement **Berners Tavern** im Edition Hotel in Soho.

Made in Britain

› **Fortnum & Mason at The Royal Exchange** (s. S. 74). Im schicken Ambiente der Royal Exchange 36 kann man beim Hoflieferanten Fortnum & Mason elegant speisen, z. B. mit Austern und Champagner.

117 [M11] **Manze** £, 87 Tower Bridge Road, Bermondsey, U: London Bridge, Tel. 74072985, www.manze.co.uk, Mo 11–14, Di–Do 10.30–14, Fr 10–14.30, Sa 10–14.45 Uhr. Traditionsreiches Fischrestaurant, das neben Fish and Chips den traditionellen Aal in Gelee (jellied eel) anbietet.

118 [F5] **Odette's** ££, 130 Regent's Park Road, Primrose Hill, U: Chalk Farm, Tel. 75868569, www.odettesprimrosehill.com, Lunch Di–Sa 12–14, So 12–14.30, Dinner Mi–Sa 18–21, So 18–20.30 Uhr. Der walisische Chefkoch Bryn Williams bringt eine moderne Interpretation britischer Klassiker mit feinsten Zutaten auf den Tisch. Es gibt auch ein „Tasting Menu" und preiswerte Lunch-Menüs.

119 [I9] **Rules** £££, 35 Maiden Lane, Covent Garden, U: Covent Garden, Tel. 78365314, www.rules.co.uk, Mo–Sa 12–24, So 12–23 Uhr. Rules ist das älteste noch existierende Restaurant Londons und stammt aus dem Jahr 1798. Bekannt für seine Wild- und Fischgerichte, darunter Austern von der Duchy of Cornwall, Hummer und Seeteufel. Der Cocktail „Royal 29" wurde anlässlich der Hochzeit von Prinz William und Kate Middleton kreiert, die am 29. April 2011 stattfand.

120 [G8] **St John Marylebone** £££, 98 Marylebone Lane, Tel. 72510848, https://stjohnrestaurant.com, Frühstück 9–12, Lunch 12–15, Dinner 18–22 Uhr. Hier werden täglich frisch zusammengestellte Menüs mit Fisch, Meeresfrüchten und Wild serviert. Das Markenzeichen der Inhaber Fergus Henderson und Trevot Gulliver, die mehrere Filialen in London betreiben, sind hochwertige Zutaten und einfache Rezepte. Außerdem wird Wert auf Nachhaltigkeit und „zero waste" gelegt.

121 [H12] **The Vincent Rooms** ££, Westminster Kingsway College, 76 Vincent Square, U: Victoria, Tel. 78028391, www.thevincentrooms.co.uk, The Escoffier Room: Mo–Fr 12–15, Di, Mi 18–21 Uhr, The Brasserie: Mo–Fr 12–15, Mi, Do 18–21 Uhr; beide Etablissements sind in den College-Ferienzeiten geschlossen. Wer die Starköche von morgen kennenlernen möchte, kann hier die Kreationen der Absolventen der renommierten Kochschule des Westminster Kingsway Col-

lege probieren. Höchste Qualität zu vernünftigen Preisen.

Internationale Küche

› **Bocca di Lupo** (s. S. 54)

122 [H9] **Brindisa Tapas Kitchen** £, 18–20 Southwark Street, Southwark, U: Southwark, www.brindisakitchens.com, Tel. 73578880, Mo–Fr 10–23.30 (zwischen 11–12 und 16–17.30 Uhr nur kalte Tapas), Sa 9–23.30, So 9.30–22 Uhr. Moderne Tapasbar, die auch abends gern als Bar frequentiert wird.

123 [K7] **Caravan** £, 11–13 Exmouth Market, Holborn, U: Farringdon, Tel. 78338115, www.caravanonexmouth.co.uk, Mo–Fr 8–22.30, Sa 10–22.30, So 10–16 Uhr. Die Fusion-Küche dieses Bistros vermischt asiatische und mitteleuropäische Zutaten zu neuen Geschmacksvarianten, z. B. Muscheln in Thai-Curry-Soße.

124 [N8] **Cinnamon Kitchen & Anise** £££, 9 Devonshire Square, City, U: Liverpool Street, Tel. 76265000, www.cinnamon-kitchen.com, Lunch Mo–Fr 12–14.45, Dinner Mo–Sa 18–22.45 Uhr, Anise Bar Mo–Fr 16–24, Sa 18–24 Uhr. Ableger des indischen Restaurants Cinnamon Club.

125 [I6] **Coal Office** ££, 2 Bagley Walk, King's Cross, U: King's Cross, Tel. 38486086, https://coaloffice.com, Brunch Sa, So 12–15.30, Lunch Mi–Fr 12–15, Dinner Mo–Sa 17.30–23, So 17.30–22 Uhr. Trendiges Restaurant am Granary Square, in dem Spezialitäten des Mittleren Ostens und des Mittelmeers im Vordergrund stehen.

126 [I9] **Dumpling's Legend** £, 15–16 Gerrard Street, Chinatown, U: Leicester Square, Tel. 74941200, www. dumplingslegend. com, Mo–Do 12–24, Fr, Sa 12–3, So 12–23 Uhr. Moderner Chinese mit Dim-Sum-Spezialitäten und den berühmten chinesischen dumplings.

127 [I6] **German Gymnasium** ££, 1 King's Boulevard, U: King's Cross, Tel. 72878000, www.germangymnasium.com, Restaurant: Lunch Di–So 12–15, Dinner Mo–Sa 17.30–23 Uhr. Im Grand Café gibt es Mo bis Fr von 8 bis 11.30 Uhr Frühstück (am Wochenende 10–16 Uhr Brunch) und Do bis So von 16 bis 17.30 Uhr Kaffee und Kuchen. In einer restaurierten Turnhalle serviert heute der einstige Chefkoch des Hamburger Vier Jahreszeiten Hotels deutsche Spezialitäten.

128 [C9] **Granger and Co** £, 175 Westbourne Grove, Notting Hill, U: Notting Hill Gate, Tel. 72299111, www.grangerandco.com, Mo–Sa 7–23, So 8–22.30 Uhr. Der australische Chefkoch Bill Granger bringt einen Hauch von Sonne in den Alltag. Leichte Gerichte, frisch und knackig und oft mit asiatischem Einschlag. Zu den Frühstücks-Klassikern gehören die Rühreier (*scrambled eggs*) à la Bill.

129 [K5] **Ottolenghi Islington** ££, 287 Upper Street, Islington, U-Angel, Tel. 72881454, www.ottolenghi.co.uk, geöffnet: Mo–Sa 8–22.30, So 9–19 Uhr. Der israelische Chefkoch Yotam Ottolenghi führt gleich vier Restaurants in London. Die Rezepte sind inspiriert von der Küche des östlichen Mittelmeerraums.

130 [S10] **Plateau** ££££, 4th Floor, Canada Place, U: Canary Wharf, Tel. 77157100, www.plateau-restaurant.co.uk, Lunch Mo–Fr 11.30–15, Dinner Mo–Sa 18–22.30, Brunch Sa 11.30–15.30 Uhr, Bar und Grill Mo–Sa 11.30–22.30 Uhr. Bei erstklassigem Essen blickt man hier von einer verglasten Terrasse auf den Canada Square Garden.

131 [M7] **The Clove Club** ££££, Shoreditch Town Hall, 380 Old Street, Hoxton, U: Old Street, Tel. 77296496, Lunch Di–Sa 12–13.45, Dinner Mo–Sa 18–22.30 Uhr (Reservierung nötig). Restaurant und Bar im alten Rathaus mit ausgefallenen Rezepten wie Hühnchen in Buttermilchsoße. 2015 wurde dem Restaurant ein Michelin-Stern verliehen.

132 [K17] **The Rum Kitchen** £, 437 Coldharbour Lane, Brixton, U: Brixton, Tel. 36682539, http://therumkitchen.com, Mo–Do 11–23, Fr, Sa 11–24, So 11–22 Uhr. Karibisches Restaurant und Cocktailbar mit Livemusikveranstaltungen, mitten im Viertel der karibischen Einwanderer Brixton. Unweit vom Brixton Market.

Vegetarische Küche

133 [N8] **Bubala** ££, 65 Commercial Street, Spitalfields, https://bubala.co.uk/spitalfields, Mo–Sa 12–15 und 18–23, So 12–16 Uhr. Inspiriert von der Küche des Mittleren Ostens gibt es hier fantasiereiche Interpretationen von Klassikern wie Falafel, Hummus u. v. m.

134 [H14] **Holy Carrot** £££, Riverside Walk, Circus Road, Battersea Power Station, U: Battersea Power Station, www.holycarrot.co.uk, Mi–So 12–20 Uhr. Vegetarisches/veganes Restaurant auf Sterneniveau – hier isst auch das Auge mit. Die global inspirierte Karte umfasst asiatische und mediterrane Gerichte, aber auch einen vegetarischen Cheeseburger.

135 [R4] **Silo** £££, Unit 7, Queen's Yard, Hackney Wick, U: Hackney Wick, Tel. 79938155, https://silolondon.com, Lunch Sa ab 13 Uhr, Dinner Mi–Sa ab 18 Uhr. Nachhaltiger geht es kaum: Die Betreiber folgen dem Credo „zero waste", es soll also so gut wie kein Abfall entstehen. Es gibt Brot aus selbstgemahlenem Mehl und selbstgemachte Butter. Sogar die Inneneinrichtung besteht aus Upcycling-Möbeln.

Londons Küche ist international, experimentierfreudig und bietet auch Leckeres für Vegetarier

147lo-mw

EXTRATIPPS

Für den späten Hunger

136 [I9] **Bar Italia,** 22 Frith Street, Soho, U: Leicester Square, Tel. 74374520, www.baritaliasoho.co.uk, geöffnet: tgl. 7–5 Uhr. Italienischer Klassiker, der bereits seit Jahrzehnten fast rund um die Uhr die Gäste versorgt.

137 [N7] **Brick Lane Beigel Bake,** 159 Brick Lane, Spitalfields, London Overground: Shoreditch High Street, Tel. 77290616. Die Bäckerei im Szeneviertel des East End backt täglich 24 Stunden lang Bagels.

138 [I9] **Café Boheme,** 13 Old Compton Street, Soho, 77340623, www.cafeboheme.co.uk, Mo–Do 8–1, Fr 8–3, Sa 9–3, So 9–12 Uhr. Alteingesessenes Café in Soho, das bei den Nachtschwärmern des Viertels beliebt ist.

139 [H10] **Mahiki,** 1 Dover Street, Mayfair, U: Green Park, Tel. 74939529, www.mahiki.com, Mo–Sa 18–3 Uhr. Die karibische Cocktailbar serviert bis frühmorgens Snacks und Häppchen.

Dinner for One

In **Food Halls** oder auf **Streetfood-Märkten** sitzt man ungezwungen auf Bänken. So kommt man schnell ins Gespräch. In allen hier aufgeführten Restaurants, auch in Pubs oder Gastropubs, kann man bedenkenlos als Single einkehren und entweder Anschluss suchen oder allein dinieren.

Speisen mit guter Aussicht

Entlang des Südufers der Themse gibt es zahlreiche Cafés und Restaurants, die einen guten Ausblick bieten. Auch in den Docklands kann man an vielen Stellen direkt am Wasser sitzen. Den spektakulärsten Blick hat man von den Restaurants der neuen Hochhäuser.

140 [M8] **City Social** ££££, im Tower 42, 25 Old Broad Street, City, U: Liverpool Street, Tel. 78777703, http://citysociallondon.com, Mo–Fr 12–14.30, 18–22.30, Sa 17–22.30 Uhr, Bar 12 Uhr bis spät. Das Restaurant ist ein weiteres Unternehmen des Chefkochs Jason Atherton. In dem vom Art-déco

162lo-kw

inspirierten Ambiente kann man moderne britische Küche mit italienischem Einschlag genießen. Die Bar serviert Drinks, die an die Prohibitions-Ära erinnern, und am Sonntagnachmittag gibt es Livejazz.

› **Darwin Brasserie** ££, im Walkie Talkie (s. S. 73), Tel. 0333 7720020, http://sky garden.london, Breakfast tgl. 7.30–10 Uhr, Lunch tgl. 11.30–16.30 Uhr, Dinner So–Do 17–22, Fr, Sa 17–22.30 Uhr. Modern British – von Risotto bis Steak. Das Beste ist die Aussicht aus 150 m Höhe. Zudem gibt es noch den Fenchurch Seafood Bar and Grill und die Sky Pod Bar.

› **Oblix** ££££, Level 32, The Shard 51, U: London Bridge, Tel. 72686700, www.oblixrestaurant.com. Das Restaurant besteht aus zwei Teilen: Oblix East ist eine Lounge-Bar mit leichten Gerichten (Afternoon Tea Di–So 12–15, Dinner tgl. 18–22.30, Bar Mo, Di 17–24, Mi–So 12–24 Uhr). Im Oblix West kann man schick essen gehen: Lunch Mi–Fr 12–15, Brunch Sa, So 12–15, Dinner tgl. 18–22.30 Uhr. Im 31. und 33. Stockwerk befinden sich die Restaurants Aqua Shard und Hutong (s. S. 89).

› **Sushisamba** ££, im Heron Tower (s. S. 73), 110 Bishopsgate, U: Liverpool Street, Tel. 36407330, www.sushisamba.com, geöffnet: tgl. 12–1.30 Uhr. Die Küchenrichtung setzt sich aus drei Ländern zusammen: Japan, Brasilien und Peru. Von der Dachterrasse im 38./39. Stock des Heron Tower hat man einen atemberaubenden Blick auf die Stadt. Eine Reservierung ist notwendig.

› **The Lighterman** (s. S. 125). Mit Blick auf den Regent's Canal.

141 [Q9] **The Narrow** £££, 44 Narrow Street, Limehouse, U: DLR Limehouse, Tel. 75927950, www.gordonramsay.com/thenarrow, Mo–Sa 12–22.30 (Bar 12–23), So 12–22 (Bar 12–22.30) Uhr. The Narrow steht unter der Leitung von Chefkoch Gordon Ramsey. Von hier am Eingang zum Limehouse Basin hat man den besten Blick auf Canary Wharf.

› Im **Vapiano** (s. S. 97) genießt man den Blick auf die Tower Bridge.

Streetfood-Märkte

Wer unterwegs spontan Hunger bekommt, sollte einen der zahlreichen Streetfood-Märkte ansteuern. Vielfach sind die Imbissstände Bestandteil des Marktgeschehens in (historischen) Markthallen, es gibt aber auch reine Food Halls, die ausschließlich Streetfood-Stände beherbergen.

48 [M10] **Borough Market.** Ein Markt für Gourmets und Spezialitäten aus aller Welt. Drumherum haben sich zudem zahlreiche Restaurants und Cafés angesiedelt (s. S. 82).

› **Maltby Street Market** (s. S. 100). Eine kleinere Version des Borough Market mit ausgefallenen Leckereien.

142 [G9] **Mercato Mayfair**, St Mark's, North Audley Street, https://mercatometropolitano.com, Mo–Do 10–23, Fr 10–24, Sa 12–24, So 12–22 Uhr. Im Mittelschiff einer ausgedienten Kirche wird hier Streetfood vom Feinsten serviert. Der Veranstalter achtet darauf, dass die Anbieter ihre Produkte aus nachhaltigen Quellen beziehen und kein Einweggeschirr verwenden. Es gibt noch mehrere weitere Locations in London.

143 [I9] **Seven Dials Market,** 35 Earlham Street, U: Covent Garden, www.sevendialsmarket.com, Mo, Di 11–22, Mi–Sa 11–23, So 11–21 Uhr. Pop-ups mit unterschiedlichsten kulinarischen Angeboten, von thailändisch über südamerikanisch bis israelisch.

Ein Paradies für Leckermäuler: Borough Market 48

Frühstückscafés und mehr

- **Brown and Rosie** (s. S. 138)
- **Franze & Evans Cafe** (s. S. 114)

144 [I9] **Maison Bertaux** £, 28 Greek Street, U: Leicester Square, Tel. 74376007, www.maisonbertaux.com, tgl. 8.30–22.30, So 9.30–19.30 Uhr. Französische Patisserie, die bereits seit 1871 die Gäste mit frischen Backwaren, Snacks und Kaffee versorgt.

145 [F12] **Manicomio** ££, 85 Duke of York Square, Chelsea, U: Sloane Square, www.manicomio.co.uk, Tel. 77303366, Café Mo–Fr 7.30–20, Sa 8–20, So 9–18, Restaurant Lunch Mo–Fr 12–15, Sa, So 12–16, Dinner Mo–Sa 18–22.30 Uhr. Edel-Italiener am schicken Duke of York Square, große Auswahl an leckeren Kleinigkeiten an der Café-/Deli-Theke.

146 [D7] **Raoul's Restaurant & Deli** £, 13 Clifton Road, Maida Vale, U: Warwick Avenue, Tel. 72896649, www.facebook.com/raouls london, Mo–Sa 8.30–23, So, Fei 9–23 Uhr. Der Delikatessenladen verkauft und serviert mediterrane Spezialitäten wie Salami, Eingelegtes, Gourmet-Öl und ausgefallene Salate.

147 [L10] **The Breakfast Club** £, 11 Southwark Street, U: London Bridge, Tel. 70789634, https://thebreakfastclubcafes.com, Mo 7.30–14, Di–Sa 7.30–21.30, So 7.30–17 Uhr. Benannt nach dem gleichnamigen Kultfilm bietet die Kette eine Zeitreise in die 1980er-Jahre. Neben dem traditionellen „Full English Breakfast" gibt es auch vegetarische Optionen und bei den Zutaten wird Wert auf Nachhaltigkeit gelegt. Abends öffnet die Bar „Call me Mr Lucky" im Keller (Di, Mi 17–23, Do 17–24, Fr, Sa 17–1 Uhr). Es gibt mehrere Filialen in der Stadt.

148 [L10] **The Table Café** ££, 83 Southwark Street, U: Southwark, Tel. 74012760, https://thetablecafe.com, Mo–Fr 8–16, Sa, So 9–16 Uhr. Ausgezeichnetes Frühstückscafé, das die ganze Woche lang ein großes Brunchangebot serviert. Von Pfannkuchen über Rühreier mit Lachs bis hin zu veganen Optionen – es ist für jeden etwas dabei.

199lo-ln

London am Abend

Die Auswahl an Unterhaltungsmöglichkeiten für Nachtschwärmer ist in London unvergleichlich. Das Südufer der Themse ist von der **Westminster Bridge** [J11] bis zur **Tower Bridge** 52 aufgrund des Theater-, Kino- und Restaurantangebotes abends ein beliebter Treffpunkt. Auch im „Theatreland" rund um den **Leicester Square** 19 ziehen die Neonreklamen die Aufmerksamkeit auf sich und die Terrassen der umliegenden Bars sind gerammelt voll. (Theaterkarten sollte man im Voraus buchen, s. S. 238). Hier befinden sich außerdem Multiplexkinos, in denen die neuesten Filme laufen. Im benachbarten **Soho** 17, einst für sein anrüchiges Nachtleben bekannt, gibt es alteingesessene Bars und Clubs der LGBT-Szene. In **Mayfair** 13 und Kensington kann man dagegen die schicke Atmosphäre genießen.

Wer das „schrägere" Nachtleben sucht, findet in den Stadtteilen **Camden** 85 und **Brixton** zahlreiche Veranstaltungsorte, an denen so manche Indie- oder Rockband ihre Karriere begann. Im **East End** gruppiert sich das Nachtleben um die Commercial Street [N7/8] (Spitalfields), die Old Street [M7] (Hoxton), die Shoreditch High Street [N7] (Shoreditch) und die Kingsland Road (Dalston). Im Sommer gibt es in der ganzen Stadt außerdem zahlreiche **Open-Air-Festivals** und **Kulturveranstaltungen.**

Auch in **Pubs** wird Unterhaltung geboten. Sie sind Treffpunkt für alle Gesellschaftsschichten und Altersgruppen. Das Angebot reicht von Sportübertragungen über Karaoke und Quizveranstaltungen bis zu DJ- oder Livemusik. Viele Pubs werden heute von Ketten geführt (wie z. B. Greene King oder Taylor-Walker), die an bestimmte Brauereien gebunden sind. Besonders empfehlenswert sind **Real Ale Pubs** – hier wird eine breitere Auswahl an obergärigen Bieren verkauft, die ohne Zusätze gebraut wurden – und inzwischen gibt es auch in London ein großes Angebot an lokal gebrauten Bieren von sogenannten **Microbreweries.**

Seit 2016 hat London einen sogenannten **Night Czar** („Nacht-Zar"). Amtsinhaberin Amy Lamé setzt sich z. B. dafür ein, dass das Nachtleben vielschichtig bleibt.

◁ Gastropub mit Blick auf den Regent's Canal: The Lighterman (s. S. 125)

Pubs mit Geschichte

149 [L10] **Anchor Pub,** 34 Park Street, Bankside, Tel. 740771577, U: London Bridge, Mo–Mi 11–23, Do–Sa 11–24, So 12–23 Uhr. Bereits im Jahr 1666 beobachtete der Stadtchronist Samuel Pepys von hier aus das Große Feuer von London. Heute gehört die Kneipe zu der Kette Taylor-Walker und serviert auch Real Ales.

150 [H8] **Fitzroy Tavern,** 16 Charlotte Street, Bloomsbury, U: Goodge Street, Tel. 75803714. Dieser einstige Literatenpub hat sich noch einiges von seiner authentischen Atmosphäre erhalten. Fotos und Zeitungsausschnitte erzählen von illustren Gästen, die hier einkehrten. Heute residiert hier außerdem ein Comedyclub.

151 [I9] **French House,** 49 Dean Street, http://frenchhousesoho.com, Mo–Sa 12–23, So 12–22.30 Uhr, U: Tottenham Court Road. 1914 von einem Belgier übernommen, war hier während des Zweiten Weltkriegs das Stammlokal der französischen Emigranten, zu denen auch Charles de Gaulle gehörte. Hier bekommt man feine Weine und Champagner.

152 [M10] **George Inn Yard,** 77 Borough High Street, U: London Bridge Station, Tel. 74072056, www.nationaltrust.org.uk/george-inn, tgl. 11–23 Uhr. Der einzige in London noch erhaltene Postkutschengasthof (coaching inn) mit Galerien (erbaut 1543 und restauriert 1677). Auf den Balkonen wurden schon vor Entstehung der ersten Theater Stücke für das Publikum im Hof aufgeführt.

153 [I8] **Museum Tavern,** 49 Great Russell Street, U: Tottenham Court Road. George Orwell und Karl Marx frequentierten diesen Pub gegenüber dem British Museum nach ihren Studien im Reading Room. Die heutigen Räumlichkeiten entstanden um 1855 und er wird von der Kette Greene King geführt.

154 [P10] **Prospect of Whitby,** 57 Wapping Wall, Wapping, U: London Overground Wapping, Tel. 74811095, www.greeneking-pubs.co.uk/pubs/greater-london/prospect-of-whitby, Mo–Sa 11–23, So 12–22 Uhr. Einer der ältesten Pubs in den ehemaligen Docklands hat bereits einige illustre Gäste gesehen, z. B. die Maler Turner und Whistler, den Chronisten Samuel Pepys und Charles Dickens.

› **The Angel** (s. S. 100)

› **The Blacksmith's Arms** (s. S. 101)

155 [K8] **The Holy Tavern,** 55 Britton Street, Clerkenwell, U: Farringdon, Tel. 74904281, https://theholytavern.com, Mo–Fr 12–23 Uhr. An dieser Stelle wurden bereits im 14. Jh. Gäste verköstigt.

› **The Mayflower Pub** (s. S. 101)

Smoker's Guide

In sämtlichen **öffentlichen Räumen,** also in Pubs, Restaurants, Theatern, Bussen und U-Bahnen, Hotels, Ämtern etc. ist das **Rauchen ausnahmslos verboten.** In den Biergärten vor oder hinter den Pubs oder auf Terrassen darf geraucht werden.

156 [K8] **Viaduct Tavern,** 126 Newgate Street, Smithfield, U: St. Paul's, Tel. 76001863, http://viaducttavern.co.uk. Der von der Kette Fuller geführte Pub hat noch seine Originaleinrichtung aus den Jahren 1874 und 1898 mit vielen Spiegeln, goldverziertem Glas und einer Kupferdecke. Auf dem Gelände stand einst das berüchtigte Gefängnis Newgate (12. Jh.–1777).

157 [K9] **Ye Olde Cheshire Cheese,** Wine Office Court, 145 Fleet Street, Holborn, U: Chancery Lane, Tel. 73536170, Mo–Fr 11–23, Sa 12–23 Uhr. Bereits ab 1538 stand an dieser Stelle eine Taverne. Die heutige Version stammt aus dem Jahr 1666. Dr. Johnson verkehrte hier ebenso wie später Charles Dickens. Man spürt die Historie im Gebälk.

158 [K8] **Ye Olde Mitre,** 1, Ely Place/Hatton Gardens, Holborn, U: Chancery Lane oder Farringdon, Tel. 74054751, Mo–Fr 12–23 Uhr. 1546 entstand hier das erste Gasthaus, das heutige Gebäude stammt aus dem 17. Jh. Der Besitz ging später an Sir Christopher Hatton über, ein Günstling von Queen Elizabeth I. Im Garten stand einst ein Kirschbaum, dessen Stumpf in einem Glaskasten an der Bar zur Schau gestellt wird. Angeblich tanzte die Queen mit Sir Hatton den Maitanz um den Baum.

Im historischen Pub Prospect of Whitby trank schon Charles Dickens

Kneipen und Bars

159 [M7] **Book Club,** 100 Leonard Street, Hoxton, U: Old Street, Tel. 76848618, www.wearetbc.com, Mi 17–24, Do 17–2, Fr 16–3, Sa 12–3 Uhr. Kreative Cocktails und Mixgetränke, zudem DJs, Videonächte und andere Unterhaltung.

160 [M7] **Callooh Callay Bar,** 64 Rivington Street, Shoreditch, U: Shoreditch High Street, Tel. 77394781, www.calloohcallaybar.com, So–Do 18–1, Fr, Sa 18–2 Uhr. Ausgefallene Bar mit schrägem Interieur.

161 [I6] **Camino,** 3 Varnisher's Yard, U: King's Cross, Tel. 78417331, www.camino.uk.com, Mo–Sa 12 bis spät, So 17–22 Uhr. Lebhafte Tapasbar in King's Cross, am Wochenende gibt es hier Latinomusik vom DJ oder auch live. Gegenüber befindet sich die Cocktailbar Pepito vom gleichen Betreiber.

162 [N7] **Commercial Tavern,** 142 Commercial Street, Spitalfields, U: Liverpool Street, Tel. 31379563, www.commercial-tavern.com, Mo–Sa 12–23, So 12–22.30 Uhr. Ein Pub, der von Designern mit vielen witzigen Details neu gestaltet wurde.

163 [G5] **Hawley Arms,** 2 Castlehaven Road, Camden, U: Camden Town, Tel. 74285979, www.thehawleyarms.co.uk, So–Do 12–24, Fr, Sa 12–1 Uhr. Dieser Szene-Pub war die Stammkneipe von Amy Winehouse, die in der Nachbarschaft wohnte. Er ist ein Veranstaltungsort während des Camden Crawl.

164 [M10] **Hide Bar,** 39–45 Bermondsey Street, Bermondsey, U: London Bridge, Tel. 74036655, www.thehidebar.com, Di–Sa ab 17 Uhr. Klassische und innovative Cocktails.

165 [L9] **Madison,** Rooftop Terrace, One New Change, City, U: St. Paul's, Tel. 36935160, www.madisonlondon.net, Mo–Sa 12–1, So, Fei 12–22 Uhr. Auf der Dachterrasse des Shoppingzentrums One New Change bietet die Lounge-Bar Madison relaxte Atmosphäre für einen Drink. Do bis So legt abends ein DJ auf.

166 [G8] **Purl,** 50 Blandford Street, Marylebone, U: Bond Street, Tel. 79350835, www.purl-london.com, Mo–Do, So 17–23.30, Fr,

074lo-ln

Sa 17–24 Uhr. Cocktailbar mit Retroschick. Hier werden innovative, aufwendige und einfallsreiche Cocktails serviert.

167 [N9] **Savage Garden,** Hilton Hotel, 7 Pepys Street, City, U: Tower Hill, Tel. 77091043, www.savagegarden.co.uk. Im 12. Stock des Hilton Hotel direkt am Tower of London befindet sich diese Bar mit Aussichtsterrasse und Blick auf die Themse.

168 [O6] **Sebright Arms,** 31–35 Coate Street, Hoxton, U: London Overground Hoxton, Tel. 77290937, www.sebrightarms.co.uk, Mo–Mi 17–23, Do 17–24, Fr 17–1.30, Sa 12–2, So 12–24 Uhr. Historische Kneipe, wo heute DJs auflegen und Newcomer-Bands spielen. Die Biere stammen aus Real Ale Microbreweries rund um London.

169 [N7] **The Cocktail Trading Co.,** 68 Bethnal Green Road, U: Oxford Circus, Tel. 74276097, https://thecocktailtradingco.com, Mo–Mi 17–23.30, Do, Fr 17–24, Sa 14–24, So 14–22.30 Uhr. Diese Bar wurde von drei Barkeepern ins Leben gerufen. Hier werden nicht nur innovative Cocktails mit frischen Zutaten serviert, sondern man kann auch Kurse belegen.

› **The Good Mixer** (s. S. 130)

170 [G9] **The Luggage Room,** Grosvenor Square, Mayfair, U: Marble Arch, Tel. 74931232, http://luggageroom.co.uk. Mo–Sa 17–2 Uhr. Cocktailbar mit dem Ambiente der 1920er-Jahre.

171 [M7] **The Nightjar,** 129 City Road, U: Old Street, Tel. 72534101, www.barnightjar.com, Fr, Sa 18–3, Do 18–2, So–Mi 18–1 Uhr. Diese Bar bietet Rhythm and Blues und Jazzmusik, einfallsreiche Cocktails und ausgefallene Spirituosen.

172 [F5] **The Queens,** 49 Regent's Park Road, Primrose Hill, U: Chalk Farm, Tel. 75860408, www.thequeensprimrosehill.co.uk, Mo–Sa 11–23, So 12–23 Uhr. Pub-Klassiker, Balkon mit Blick auf Primrose Hill.

173 [K8] **Vinoteca,** 7 St. John Street, Clerkenwell, U: Farringdon, Tel. 72538786, www.vinoteca.co.uk, Mo–Sa 12–23 Uhr. Gemütliche Weinbar mit leckeren kleinen Gerichten und 300 Weinsorten.

Clubs

174 [L12] **Corsica Studios,** 4–5 Elephant Rd, Southwark, U: Elephant and Castle, Tel. 77034760, www.corsicastudios.com, Do–Sa 22–6 Uhr, So bis 3 Uhr. In diesem Künstlerclub finden ausgefallene Clubnächte mit Gast-DJs statt (Electronica, Techno, House, Reggae).

175 [I5] **Egg,** 5–13 Vale Royal, Bus: 390 (24 Std.), Di 22–5, Fr 23–6, Sa 23–7 Uhr, www.egglondon.co.uk. Großer Nachtclub über drei Etagen. Es gibt feste und Gast-DJs. Gespielt werden House, Techno, Techhouse, Deep House, Drum and Bass und Dubstep.

176 [K8] **Fabric,** 77a Charterhouse Street, Smithfield, www.fabriclondon.com, U: Farringdon, Fr ab 22, Sa, So ab 23 Uhr, Eintritt: je nach Veranstaltung £ 8–18. Das Fabric ist einer der größten Clubs in London (über mehrere Etagen). Freitags gibt es Drum and Bass, samstags Techno.

177 [D13] **Maggie's Club,** 329 Fulham Road, Fulham, U: Fulham Broadway oder South Kensington (District Line) und 10 Min. zu Fuß, oder Bus 345, 414 und 14 ab Sloane Square bis Fulham Road/Beaufort Street, http://maggies-club.com, Tel. 73528512, Di–Do 10.30–2, Fr, Sa 10.30–3 Uhr. Retroclub mit Musik der 1980er-Jahre. Benannt nach der Iron Lady Maggie Thatcher.

178 [L11] **Ministry of Sound,** 103 Gaunt Street, off Newington Causeway, Lambeth, U: Elephant & Castle, www.ministryofsound.com/club, Di 12–3, Fr 12–5, Sa 10.30–6 Uhr. Der Name ist durch die regelmäßig produzierten Sampler-CDs ein Begriff.

179 [M7] **Xoyo,** 32–37 Cowper Street, Hoxton, U: Old Street, Tel. 77295959, www.xoyo.co.uk, Eintrittspreise variieren (s. Website). Einer der größten Clubs in Hoxton nahe der Old Street. Hier versammeln sich Clubber aller Altersgruppen und Schattierungen, die aufgelegte Musik ist gleichermaßen eklektisch.

Livemusik und DJs

180 [N8] **93 Feet East,** 150 Brick Lane, Old Truman Brewery, Spitalfields, U: Aldgate East, Tel. 77706243, www.93feeteast.co.uk, Mo–Do 17–23, Fr, Sa 17–1, So 15–22.30 Uhr. In dieser Konzerthalle im angesagten East End spielen Livebands und es legen regelmäßig DJs auf.

181 [H8] **100 Club,** 100 Oxford Street, Soho, U: Oxford Circus, Tel. 76360933, www.the100club.co.uk, Eintritt: je nach Veranstaltung £6–20. Alteingesessener Club, der die Jahrzehnte und verschiedene Musikströmungen überdauert hat. Jazz-, Rock-, Punk- und Indie-Gigs wechseln sich mit Soul und sogar klassischer Musik ab.

182 [G5] **Electric Ballroom,** 184 Camden High Street, Camden, U: Camden Town, Tel. 74859007, www.electricballroom.co.uk. Der legendäre Club in Camden bietet am Wochende abwechselnd Clubnächte und Konzerte von Rock, Blues und Metal bis Indie.

183 [J17] **Electric Brixton,** Town Hall Parade, Brixton, U: Brixton, Tel. 72742290, www.electricbrixton.uk.com, Do–Sa ab 18 Uhr. In dem einstigen Kino treten bekannte Gast-DJs und Musiker auf – von Latino bis Reggae. Zu den regelmäßigen Clubnächten gehört z. B. die Reggaeton Party.

184 [H6] **Koko,** 1A Camden High Street, Camden, U: Mornington Crescent, Tel. 73883222, www.koko.co.uk. Viele bekannte Bands traten in dem einstigen Music Hall Theatre aus dem 19. Jh. auf. Nach einem Brand komplett restauriert, ist es nun ein Mekka für elektronische Musik.

EXTRATIPP

Immer aktuell – das Stadtteilradio

Londons Stadtteilradiosender dienen nicht nur der Unterhaltung, sondern vermitteln auch brandaktuelle Veranstaltungshinweise und Konzertinfos.

› www.hoxtonradio.com, www.shoreditchradio.co.uk, http://ntslive.co.uk, https://soundcloud.com/camdenunsigned

185 [C10] **Notting Hill Arts Club,** 21 Notting Hill Gate, Notting Hill, U: Notting Hill Gate, Tel. 74604459, www.nottinghillartsclub.com. Freunde von R'n'B, Afrobeats und Jazz kommen hier auf ihre Kosten. Außerdem spielen Indiebands.

186 [O4] **Oslo,** 1a Amhurst Road, Hackney, London Overground: Hackney Central, Tel. 35534831, www.oslohackney.com, tgl. 12–3 Uhr. In dem ehemaligen Bahnhofsgebäude spielen Newcomer-Bands und Gaststars und es gibt DJ-Nächte. Die Küche im Café ist Modern British.

187 [I9] **Ronnie Scott's,** 47 Frith Street, Soho, U: Leicester Square, Tel. 74390747, www.ronniescotts.co.uk. Einer der wenigen verbliebenen legendären Jazzclubs Sohos aus dem Jahr 1959. Hier spielt noch heute die Crème de la Crème des Jazz.

188 [G5] **Roundhouse,** Chalk Farm Road, Camden, U: Chalk Farm, Tel. 0300 6789222, www.roundhouse.org.uk. Bis 1983 war das Roundhouse *die* Bühne für Rock-, Punk- und Post-Punk. Seit dem Jahr 2000 treten wieder Rock- und Indiebands auf und man fördert den Nachwuchs.

189 [N3] **Shacklewell Arms,** 71 Shacklewell Lane, Dalston, London Overground: Dalston Kingsland, Tel. 72490810, www.shacklewellarms.com, Mo–Do 17–24, Fr 17–2, Sa 16–2, So 16–24 Uhr. Spezialisiert auf Electronica, Post Dub Step und Konzerte.

190 [G5] **The Camden Assembly,** 49 Chalk Fam Road, Camden, U: Chalk Farm, Tel. 74240800, www.camdenassembly.com. Beliebter Club in Camden, der auch Veranstaltungen für unter 16-Jährige anbietet, z. B. den „Camden all Dayer" von 13–22 Uhr (natürlich in Begleitung Erwachsener). Es gibt Konzerte von Indie über R'n'B und Hip-Hop bis zu Metalbands, auch Newcomer sind zu sehen.

191 [K4] **Union Chapel,** Compton Terrace, Islington, U: Angel, Tel. 72261686, www.unionchapel.org.uk. Die Kirche der non-konformistischen Gemeinde hat sich für die Gemeinschaft geöffnet. Hier finden Soul-, Folk- und World-Music-Konzerte statt.

077lo-ln

192 [M4] **Vortex Jazz Club,** 11 Gillett Square, Dalston, U: London Overground: Dalston Kingsland, Tel. 72544097, www.vortexjazz.co.uk, Di–So 19.45–23 Uhr. Livedarbietungen von klassischem Jazz über Improvisationen bis zu experimenteller Musik.

Comedy

193 [I9] **99 Comedy Club,** Storm Nightclub, 28a Leicester Square, U: Leicester Square, Tel. 07760488119, www.99clubcomedy.com. Der Club, in dem bekannte Comedy-Größen und Newcomer auftreten, hat mehrere Filialen: am Oxford Circus, in Islington und in Chinatown. Veranstaltungen finden jeweils an unterschiedlichen Tagen statt.

194 [P7] **Backyard Comedy Club,** 231 Cambridge Heath Rd, Bethnal Green, Tel. 77298424, https://backyardcomedyclub.co.uk, U: Bethnal Green/Central Line, So–Mi 18–23, Do–Sa 18–24 Uhr. Hier wird Comedy ohne Selbstzensur dargeboten, manchmal auch nicht politisch korrekt.

195 [I9] **Comedy Store,** 1a Oxendon Street, U: Piccadilly Circus, Tel. 70242060, http://thecomedystore.co.uk, Shows So–Mi 18–23, Do–Sa 18–24 Uhr. Hier nahm in den 1980er-Jahren die alternative Comedyszene ihren Anfang. Bis heute der renommierteste Comedyclub Londons.

Im Palace Theatre in Londons West End wird das Theaterstück „Harry Potter and the Cursed Child" gezeigt

Im Comedy Store treten britische und internationale Comedy-Stars auf

146lo-mw

Theater

Erfolgreiche **Musicals** und **Theaterstücke** findet man in den Theatern des West End, das sich grob zwischen Piccadilly Circus (16), Leicester Square (19), Covent Garden (20), Tottenham Court Road und Oxford Circus erstreckt (Infos unter www.london-theatreland.co.uk, www.london-musical-karten.de). Der Dauerhit „Les Miserables" läuft im Sondheim Theatre, „Mamma Mia" im Novello Theatre.

Die Theater Adelphi, The London Palladium, Her Majesty's Theatre, Theatre Royal, Drury Lane u.a. gehören zur Andrew-Lloyd-Webber-Gruppe und zeigen daher ausschließlich Lloyd-Webber-Produktionen wie „Cats" und „Phantom of the Opera" (Infos: www.reallyuseful.com). Modernes Sprechtheater, Klassiker und Tanz sieht man z.B. in den folgenden Theatern:

196 [S5] **ABBA Voyage,** Abba Arena, Pudding Mill Lane, DLR: Pudding Mill Lane, https://abbavoyage.com, Tickets £55–250 (je nach Datum und Sitzreihe). Ein ungewöhnliches Erlebnis ist dieser Konzertabend mit den virtuellen Figuren von ABBA, die in ihrem Look aus den 1970er-Jahren in einer spektakulären Show ihre Hits zum Besten geben. Vor der Bühne gibt es einen Dancefloor, für den man etwas günstigere Steh- bzw. Tanztickets buchen kann.

197 [K5] **Almeida Theatre,** Almeida Street, Islington, U: Angel, Kartenvorverkauf Mo–Fr 10–18 Uhr, Tel. 73594404, www.almeida.co.uk. Das Theater im Intellektuellenviertel Islington zeigt moderne Stücke von renommierten Regisseuren wie Neil LaBute.

198 [I9] **Donmar Warehouse,** 41 Earlham Street, U: Covent Garden oder Leicester Square, Kartenvorverkauf Mo–Sa 10–18 Uhr unter Tel. 32823808, www.donmarwarehouse.com. Stehtickets am Aufführ-

rungstag £ 10. Ein winziges Theater, das immer wieder mit spektakulären Produktionen überrascht, die auch von internationalen Gaststars gespielt werden.

199 [I9] **Gielgud Theatre,** 35 Shaftesbury Avenue, Soho, U: Leicester Square, Tel. 0344 482 5151, www.delfontmackintosh.co.uk/theatres/gielgud-theatre. Komödien und neues Sprechtheater.

200 [I10] **Haymarket Theatre (Theatre Royal Haymarket),** 18 Suffolk Street, Tel. 7930 8800, www.trh.co.uk. In dem von John Nash 1820 umgebauten Theater wurde bereits ab 1766 Sprechtheater aufgeführt. Das drittälteste Theater Londons zeigt bis heute moderne Produktionen von Weltrang.

201 [I10] **ICA – Institute of Contemporary Arts,** The Mall, St. James's, U: Charing Cross, Tel. 79303647, www.ica.art, Di–So 12–21 Uhr. In diesem Kulturzentrum sind neben experimentellem Theater, Film und bildender Kunst auch Konzerte zu sehen und hören.

202 [I6] **King's Place,** 90 York Way, Tel. 75201490, www.kingsplace.co.uk. Das Theater King's Place am Battlebridge Basin in King's Cross ist die Heimat des Orchesters London Sinfonietta (zeitgenössische klassische und Weltmusik).

41 [J10] **National Theatre.** Das englische Nationaltheater ist eines der renommiertesten Schauspielhäuser Londons (s. S. 76).

203 [F12] **Royal Court Theatre,** Sloane Square, U: Sloane Square, Tel. 75655000, https://royalcourttheatre.com, Kartenverkauf Mo–Sa 10–18 Uhr. Hier kommen hier die neuesten, noch druckfrischen Stücke auf die zwei Bühnen, oft von unterrepräsentierten internationalen Autoren.

204 [K6] **Sadler's Wells,** Roseberry Avenue, Islington, U: Angel, Tel. 78638000, www.sadlerswells.com, Kartenvorverkauf Mo–Sa 12–18 Uhr. Das führende Theater für Ballett und modernen Tanz in London mit internationalen Gastauftritten.

43 [L10] **Shakespeare's Globe.** Im rekonstruierten Globe (16. Jh.) und dem Sam Wannamaker Playhouse (17. Jh.) gibt es historische und moderne Produktionen.

205 [I7] **The Place,** 17 Duke's Road, U: Euston, Tel. 71211100, www.theplace.org.uk. Diese Akademie des zeitgenössischen Tanzes zeigt experimentelle Stücke internationaler Künstler.

206 [K10] **Young Vic,** 66 The Cut, U: Southwark, Tel. 79222922, www.youngvic.org. Hier stehen Vielseitigkeit und Innovation auf dem Programm. Junge Autoren, Regisseure und Schauspieler werden gefördert.

Klassische Konzerte

33 [L8] **Barbican Centre.** Das international anerkannte Kulturzentrum Barbican bietet ein ambitioniertes Kulturprogramm: Musik des London Symphony Orchestra, Sprechtheater, Oper und modernen Tanz (s. S. 68).

98 [D11] **Royal Albert Hall.** Die runde Halle bietet 7000 Personen Platz und hat ein abwechslungreiches Progamm. In den Sommermonaten finden die bekannten „BBC Proms"-Konzerte statt (s. S. 138).

› **Royal Festival Hall.** Das Southbank Centre 40 beherbergt u. a. die Royal Festival Hall, die Heimat der Londoner Philharmoniker ist. Es gibt drei Konzertsäle: die Festival Hall, die kleinere Queen Elizabeth Hall und den Purcell Room (s. S. 75).

21 [J9] **Royal Opera House.** Ein renommiertes Opernhaus mit klassischem und modernem Programm. Zusätzlich zum großen Saal, der 2000 Besucher fasst, gibt es auch das Linbury Studio (400 Plätze), in dem man Kammermusik oder experimentelles Theater sehen und hören kann. Im Clore Studio finden Ballettaufführungen statt (s. S. 49).

London zum Stöbern und Shoppen

London ist eine der meistbesuchten europäischen Shopping-Destinationen – auch für die Briten ist Shopping eine Lieblingsbeschäftigung. Allein 9 Mio. Besucher aus dem Ausland versammeln sich jedes Jahr auf der **Oxford Street** [G/H9], der längsten Einkaufsstraße der Stadt. Großbritannien ist bekannt für trendige Mode und witziges Design, vor allem auch bei Accessoires. Kleidung und Schuhe sind im Schnitt preiswerter als in Deutschland. Zweimal jährlich findet die **London Fashion Week** (s. S. 198) statt, auf der junges britisches Design präsentiert wird. Läden wie Next greifen neue Trends schnell auf und bieten brandaktuelle Mode (sogenannte Fast Fashion) zu niedrigen Preisen an. Bei Teens besonders beliebt sind die Ketten *Lipsi, Asos* und *Very,* die preiswerte Fast Fashion online anbieten und Ketten wie *Primark* Konkurrenz machen. An die Oxford Street grenzt die **Regent Street**, in der man neben großen Ketten auch exklusivere Boutiquen findet.

In der **Old Bond Street** (bzw. ihrer Verlängerung, der New Bond Street [G/H9]), der Dover Street, der Conduit Street, der Savile Row und der Jermyn Street findet man bekannte Namen der Haute Couture und Juweliere und kann sich Kleidung maßschneidern lassen. In Knightsbridge sitzen die Edelkaufhäuser **Harrods** 94 und Harvey Nichols. Auch in der Sloane Street 93, die zum Duke of York Square in **Chelsea** führt, findet man Filalen teurer Designer. An den Platz schließt sich die **King's Road** 100 mit ausgefallenen Geschäften jeder Stilrichtung an.

In den Hallen von **Covent Garden** 20 reihen sich Kunsthandwerksgeschäfte, Boutiquen und Cafés aneinander. Interessante und preiswerte Waren findet man auch auf den zahlreichen Märkten in der Stadt. Die Kernöffnungszeiten für Kaufhäuser und Boutiquen sind von 9 bis 17.30 Uhr. In der Oxford Street sind die großen Kaufhäuser auch oft bis 20 oder gar 22 Uhr geöffnet. Sonntags öffnen die meisten Läden ab 11 Uhr und schließen um 17 Uhr.

Bücher und Musik

Die beiden großen Buchhandelsketten Waterstones (s. S. 34) und WHSmith haben zahlreiche Filialen in London. Wer nach Antiquariaten und spezialisierten Buchläden sucht, wird im Cecil Court [I9] fündig, der von der Charing Cross Road abzweigt.

207 [F12] **John Sandoe,** 10 Blacklands Terrace, U: Sloane Square, Tel. 75899473, www.johnsandoe.com, Mo–Sa 9.30–19, So 11–18 Uhr. Außergewöhnliche Bücher zum Stöbern.

208 [N8] **Rough Trade East,** 91 Brick Lane, Old Truman Brewery, London Overground: Shoreditch Highstreet, Tel. 73927788, www.roughtrade.com/gb/stores, Mo–Sa 10–19, So 11–17 Uhr. Das 1976 gegründete Indie-Plattenlabel führt auch eine bemerkenswerte Auswahl an Electronica, Punk, Dub und Soul auf CD/Vinyl. Hin und wieder gibt es hier kostenlose Konzerte.

209 [I9] **Stanford's,** 12–14 Long Acre, U: Covent Garden, www.stanfords.co.uk, Mo–Sa 9–20, So 11.30–18 Uhr. Landkarten und Reiseführer zu jedem Reiseziel und Thema.

Kaufhäuser und Shoppingareale

Londons Edelkaufhäuser, z.B. Harrods, liefern Luxuswaren sogar an das Königshaus. In ihren gediegenen Restaurants kann man außerdem fein speisen.

Das hippe Shoppingareal Coal Drops Yard vereint Kunst, Kultur und Shopping.

210 [I5] **Coal Drops Yard,** Stable Street, U: King's Cross/St. Pancras, Tel. 34791795, www.coaldropsyard.com, Kernöffnungszeiten: Mo–Sa 10–20, So 12–18 Uhr, die Lokale haben länger geöffnet. Einst wurde hier am Regent's Canal bei Kings's Cross Kohle gelagert, die per Boot ankam. Heute ist in den Backsteingebäuden ein Shoppingareal mit vielen Geschäften untergebracht.

211 [H10] **Fortnum & Mason,** 181 Piccadilly, U: Piccadilly Circus, Tel. 77348040, www.fortnumandmason.com, Mo–Sa 10–21, So 11.30–18 Uhr. Ab 1707 wurden hier Kolonialwaren angeboten, heute gibt es zudem Bio-Waren der Farm Highgrove, die im Besitz King Charles III. ist (Highgrove Originals). Fortnum & Mason beliefert seit Jahrhunderten die Königsfamilie. Lunch wird in der Brasserie The Fountain serviert und Snacks gibt es im Parlour.

94 [F11] **Harrods.** Das Angebot reicht von Mode über Schmuck und Parfümerieartikel bis hin zu Delikatessen aus aller Welt. Elegant speisen kann man im Georgian Restaurant und der Terrace Bar im 4. Stock. Im Erdgeschoss gibt es u.a. eine Rotisserie und eine Caviar and Oyster Bar.

212 [F11] **Harvey Nichols,** 109–125 Knightsbridge, U: Knightsbridge. Hier findet man Kleidung und Accessoires vom Feinsten. Neben international bekannten Namen gibt es auch eine Auswahl an britischem Design. Weithin bekannt ist das Fifth Floor Restaurant im 5. Stock.

213 [H9] **Liberty,** 210 Regent Street, U: Oxford Circus, Tel. 38933062, www.liberty.co.uk, Mo–Sa 10–21, So 11.30–18 Uhr. Dieses historische Kaufhaus verkauft exquisite Kleidung und Haus- sowie Gartenartikel. Aus der eigenen Designwerkstatt stammen Stoffunikate.

Kosmetik

214 [H14] **Space NK Battersea,** Circus Road South, Battersea, U: Battersea Power Station, www.spacenk.com, tgl. 10–21 Uhr. Alles von Make-up bis Parfüm.

215 [H10] **Taylor of Old Bond Street,** 74 Jermyn Street, U: Green Park, www.taylorold bondst.co.uk. Zubehör für den Gentleman, von Rasierer und Pinsel bis Haarpflege.

Mode

216 [F13] **Anthropologie,** 131–141 King's Road, Chelsea, U: Sloane Square, Tel. 73493110, www.anthropologie.com, Mo–Sa 10–19, So 12–18 Uhr. Concept Store mit einer besonders großen Auswahl an interessanten Schuhen.

217 [F11] **Burberry,** 1 Sloane Street, Knightsbridge, U: Knightsbridge, Tel. 36927370, http://uk.burberry.com, Mo–Sa 10–19, So 12–18 Uhr. Die Marke produziert seit 1856 klassischen britischen Schick.

218 [H10] **Dover Street Market,** 17–18 Dover Street, Mayfair, U: Greenpark, Tel. 75180680, https://london.doverstreetmar ket.com, Mo–Sa 11–19, So 12–18 Uhr. Diese hypermoderne Boutique verkauft Mode von Designerlabels wie Kenzo und Gucci, aber auch Bottega Veneta, Miu Miu oder Comme des Garçons.

219 [I9] **Dr. Martens Retail Store,** 17–19 Neal Street, U: Covent Garden, www.drmar tens.com/uk, Mo–Mi 10–19, Do–Sa 10–20, So 11–18 Uhr. Original „Doc Martens“.

🛍**220** [H9] **Hackett,** 193–197 Regent Street, U: Piccadilly Circus, Tel. 74944917, www.hackett.com, Mo–Sa 10–21, So 12–18 Uhr. Schicke Anzüge und Freizeitkleidung für Männer.

🛍**221** [H8] **Next,** 120 Oxford Street, U: Oxford Circus, Tel. 03330055123, www.next.co.uk, Mo–Fr 9–21.30, Sa 9–21, So 11.30–18 Uhr. Unkomplizierte Trendmode für Frauen und Männer.

🛍**222** [I9] **Paul Smith,** 40 Floral Street, U: Covent Garden, Tel. 73797133, www.paulsmith.com, So–Mi 10.30–18, Do–Sa 10.30–18.30 Uhr. Klassische britische Mode mit modernem Einschlag für Männer und Frauen. Witzige Accessoires wie gemusterte Trilby-Hüte.

🛍**223** [G12] **Philip Treacy,** 69 Elizabeth St, Tel. 77303992, www.philiptreacy.co.uk. Mo–Fr 10–18, Sa 11–17 Uhr. Ausgefallene Hutmodelle, nicht nur für Royal Ascot, dazu Handtaschen und Acessoires.

🛍**224** [H9] **Russell & Bromley,** 126 Regent Street, Mayfair, U: Oxford Circus, Tel. 77346991, www.russellandbromley.co.uk, Mo–Sa 10–20, So 11–18 Uhr. Große Auswahl an Qualitätsschuhen im neuesten Design – leider nicht ganz billig.

🛍**225** [G9] **Selfridges,** 400 Oxford Street, U: Bond Street, Marble Arch oder Oxford Circus. Seit 1909 größte Konkurrenz von Harrods mit annähernd dem gleichen Angebot.

🛍**226** [H10] **Stella McCartney,** 23 Old Bond Street, Mayfair, U: Green Park, Tel. 0800 3763705, www.stellamccartney.com, geöffnet: Mo–Sa 10–18.30, So 12–18 Uhr. Die Tochter von Paul McCartney designt sehr tragbare Mode, leider in der höheren Preissparte.

🛍**227** [G9] **Superdry,** 360–366 Oxford Street, U: Bond Street, Tel. 31482000, www.superdry.com, Mo–Sa 9–22, So 12–18 Uhr. Das britische Label verkauft Streetwear für Männer und Frauen.

EXTRAINFO

Orientierung in der Oxford Street

Hilfe bei der Orientierung auf der Einkaufsmeile findet man z. B. unter **www.oxfordstreet.co.uk.** Wer sich dennoch im Gewühl verläuft, kann einen **Welcome Ambassador** um Rat fragen. Mitglieder dieser privaten Truppe von Helfern sind mit einer schwarzen Melone behütet. Sie stehen an verschiedenen Punkten der Oxford Street, Bond Street und Regent Street, geben Auskünfte bzw. helfen beim Auffinden von bestimmten Geschäften oder Restaurants. Nicht zuletzt melden sie auch unangenehme Vorkommnisse an die Polizei (www.thewelcomepeople.com/news/index.php/oxford-street-turns-blue).

EXTRATIPP

Shop 'n' Stop

Von der U-Bahn-Station Bond Street sind es nur zwei Minuten in Richtung Westen bis zur James Street. Hier biegt man rechts ein und gelangt bald zum Eingang von **St. Christopher's Place.** Das kleine Viertel besteht aus mehreren Sträßchen und einer Piazza. Zwischen ausgefallenen Boutiquen finden sich hier zahlreiche Restaurants und Cafés, in denen man abseits der hektischen Oxford Street sitzen und sich entspannen kann.

•**228** [G9] **St. Christopher's Place,** www.stchristophersplace.com, U: Bond Street

Shoppingareale

Die wichtigsten Shoppingbereiche der Stadt sind im Kartenmaterial mit einer rötlichen Fläche markiert.

EXTRATIPP

Außergewöhnliche Stücke von Vivienne Westwood

Wer sich ein ganz besonderes Kleidungsstück leisten will, dem seien die Boutiquen der Designerin Vivienne Westwood (1941–2022) empfohlen. Die Looks der einzigartigen Modeschöpferin sind auch heute noch genauso aktuell und frech wie zu Westwoods Anfangszeiten in der Ära des Punk. Alles begann in dem Laden in der King's Road, aus dem auch die mit Sicherheitsnadeln zusammengehaltenen Shirts und Hosen der **Sex Pistols** stammten, die Westwood zusammen mit dem Bandmanager Malcolm McLaren (1946–2010) entwarf. Außergewöhnliche Schnitte und Stoffe bestimmten den Charakter ihrer Mode, die stets eine rebellische Note hatte, aber dennoch durch und durch britisch blieb. Die Designerin setzte sich zudem für **Nachhaltigkeit in der Modeindustrie** ein. Das Unternehmen arbeitet weitgehend mit Rohstoffen, die umweltfreundlich hergestellt wurden, nutzt recycelte Fasern und verarbeitet übriggebliebene Stoffereste zu Unikaten.

233 [H9] **Vivienne Westwood Flagship Store**, 44 Conduit Street, U: Bond Street, www.viviennewestwood.com, Mo–Mi, Fr, Sa 10–18, Do 10–19, So 12–17 Uhr

234 [D14] **Vivienne Westwood Worlds End**, 430 King's Road, U: Fulham Broadway, Tel. 73526551, Mo–Sa 10–18 Uhr

229 [H10] **Victoria Beckham,** 36 Dover Street, U: Green Park, www.victoria beckham.com, Mo–Sa 10–19, So 12–17 Uhr. Victoria Beckham verkauft hier ihre Ready-to-Wear-Kollektion.

Märkte und Flohmärkte

Ein Bummel über Londons Märkte ist nicht nur für Touristen eine beliebte Beschäftigung. Jeder Markt hat sein eigenes Flair: Vom Wochenmarkt über Floh- und Antikmärkte bis hin zu den neusten Kreationen angehender Designer findet sich überall ein buntes Gemisch.

230 [K16] **Brixton Market,** Electric Avenue/ Pope's Road/Brixton Station Road, U: Brixton, http://brixtonmarket.net, Mo, Di, Do–Sa 8–18, Mi 8–15 Uhr, Arkaden Di–So 8–11.30, Mo bis 18 Uhr. Der Wochenmarkt ist von Einwanderern aus der Karibik geprägt und erstreckt sich über drei Straßen. Neben Alltagsgegenständen und exotischen Lebensmitteln gibt es jeden zweiten Samstag im Monat den Maker's Market mit ausgefallenem Kunsthandwerk. Die historischen Arkaden BrixtonVillage (1937), Market Row (1928) und Reliance Arcade (1924) sind heute denkmalgeschützt. Dort findet man Cafés und Restaurants sowie interessante Importwaren aus aller Welt, z. B. bunte Flechtkörbe, aber auch exotische Lebensmittel.

231 [G5] **Camden Lock Market,** Camden Lock Place, U: Camden Town, www.camdenmarket.com, tgl. 10–22 Uhr, Geschäftsöffnungszeiten variieren. Verschiedene Märkte verteilen sich über das Stadtzentrum von Camden Town 85. An den Ständen des Camden Lock Market am Regent's Canal gibt es Mode, Accessoires, Kosmetik und Einrichtungsgegenstände, aber auch leckeres Streetfood.

232 [K6] **Camden Passage Market,** Camden Passage, Islington High Street, Islington, U: Angel, www.camdenpassageislington.co.uk, Mi 9–18, Sa 8–18 Uhr, Do, Fr, So s. aktuelle Hinweise auf der Website. In einer Fußgängergasse hinter dem Islington Green kann man durch einen Antik- und Flohmarkt bummeln. Die Shops und Cafés haben täglich geöffnet.

235 [N6] **Columbia Road Flower Market,** Columbia Road, London Overground Hoxton, https://columbiaroadmarket.co.uk, So 8–15 Uhr. Lebhafter Blumenmarkt an einer Straße mit ausgefallenen Boutiquen und Cafés im East End.

236 [T13] **Greenwich Market,** 55 Greenwich Market, DLR Greenwich, Tel. 82695096, www.greenwichmarket.london, Di–So 10–17.30 Uhr. Mi Wochenmarkt, Di, Do, Fr Antik- und Kunsthandwerksmarkt, Sa, So Wochenmarkt und Kunsthandwerksmarkt.

237 [M9] **Leadenhall Market,** Gracechurch Street, www.leadenhallmarket.co.uk. Markthalle 24 Std. zugänglich, Geschäfte und Restaurants siehe Website. Mitten in der City gelegen, gab es hier bereits im 14. Jh. einen Markt. 1881 entstanden die heutigen Arkaden mit Geschäften und Gastronomie. Sie sind heute bei den Bankern aus der City so beliebt wie eh und je.

238 [N8] **Petticoat Lane Market,** Middlesex Street, U: Aldgate East, Mo–Fr 8–16, So 9–15 Uhr. Dieser Markt erstreckt sich über mehrere Straßen. Neben Alltagsgegenständen findet man preiswerte Kleidung und Accessoires.

239 [B9] **Portobello Road Market,** Portobello Road, U: Notting Hill Gate, Ladbroke Grove oder Westbourne Park, www.portobelloroad.co.uk/themarket, www.portobellofashionmarket.co.uk. Mehrere Kilometer entlang der Portobello Road und der Golborne Road. Obst- und Gemüse, Gebrauchsgegenstände und Design: Mo–Mi 9–18 Uhr, Do bis 13, Fr, Sa bis 19 Uhr. Sondermärkte: Mo–Mi 9–18 Flohmarkt, Do 9–13 Kleidung, Fr 9–19 Green Market mit Mode, Sa 9–19 Uhr Antik-/Flohmarkt, Mode, Design, So Floh- und Vintage-Markt am Nordende der Straße beim Portobello Green.

68 [N8] **Spitalfields Market.** Historische Markthalle im trendigen East End mit mo-

148lo-ln

In den Hallen des Spitalfields Market 68 kann man stundenlang stöbern

149lo-ln

Der Portobello Road Market bietet Antikes und Ausgefallenes

dernem Anbau. Hier gibt es einen Designermarkt (Trader's Market) mit ausgefallener Kleidung und Accessoires und einmal im Monat einen Kunstmarkt.

240 [N7] **Sunday Upmarket,** Elys Yard, Brick Lane, London Overground: Shoreditch High Street, www.sundayupmarket.co.uk, So 10–17 Uhr. Dieser Markt mit multikulturellem Flair in der Truman Brewery bietet Mode, Kunst und Lifestyle-Artikel von Designern und Künstlern, außerdem gibt es auch leckeres Streetfood von karibisch bis asiatisch.

Secondhand, Vintage

› **Beyond Retro,** Unit 79-81, Coal Drops Yard (s. S. 190), www.beyondretro.com, Mo–Sa 11–19, Do 11–20, So 10–17 Uhr

241 [I9] **Oxfam,** 23 Drury Lane, U: Holborn, www.oxfam.org.uk, Mo–Sa 10–18, So 12–17 Uhr. Die Einnahmen aus dem Verkauf gespendeter Kleidung kommen der Hilfsorganisation Oxford Famine zugute.

242 [H9] **Sherry's of London,** 11 Poland St., 1st Floor, Tel. 77345868, www.sherryslondon.com, Mo–Sa 10.30–18.30, So 11.30–17.30 Uhr, U: Oxford Circus. Alles für diejenigen, die sich gern im Stil der 1960er-Jahre-„Mods" einkleiden, Secondhandware und Neues.

Sonstiges

244 [H9] **Hamley's,** 188 Regent Street, U: Oxford Circus, www.hamleys.com, Mo–Sa 10–22, So 12–18 Uhr. Riesiger Spielzeugladen mit allem, was sich Kinder wünschen.

Erholung am See mit Panoramablick im St. James's Park [I10/11]

London zum Durchatmen

Für eine 9,5-Millionenstadt ist London ungewöhnlich grün. Fast jeder Stadtteil hat eigene Parkanlagen und grüne Plätze wie die Garden Squares (s. S. 117) zum Ausruhen. Die großen Parks im Zentrum, **St. James's Park** [I10/11], **Green Park** [G/H10], **Hyde Park** (87) und **Kensington Gardens** [D10/11], gehen fast nahtlos ineinander über, sodass man hier kilometerweit spazieren kann. Beim Hyde Park bietet der **Serpentine Lake** die Möglichkeit zum Bootfahren und sogar zum Schwimmen. In Kensington lockt der kleinere **Holland Park** (90) mit verwunschenen Ecken. Die **Jubilee Gardens** unterhalb des London Eye (39) bieten Platz zum Ausruhen und eine tolle Aussicht.

Von der Nordostseite des Hyde Park, bei Speaker's Corner, fahren Busse in ca. 10 Minuten nach Marylebone bis zum **Regent's Park** (83), wo man den Spaziergang fortsetzen kann. Wer noch nicht genug hat, findet im Westen der Stadt die **Kew Gardens** (113): Der Botanische Garten Londons bietet Unterhaltung für einen ganzen Tag. Auf dem ausgedehnten Areal findet man eine ganze Reihe von Gewächshäusern aus viktorianischer Zeit mit Pflanzen aus allen Klimazonen der Erde. Daneben gibt es einen Treetop Walk, d. h. Hängebrücken, die sich durch Baumwipfel schlängeln, und einen See mit Booten.

Im Osten der Stadt, in Stratford, lockt der **Queen Elizabeth Olympic Park** (72) auf dem ehemaligen Olympiagelände. Hier kann man sich entspannen oder sportlich betätigen: Das Schwimmstadion und das Velodrome sind für Besucher geöffnet. Das Olympiagelände grenzt an den weitläufigen **Lee Valley Country**

082lo-kw

Park, einen Landschaftspark entlang des Lee River mit Fahrradwegen und Vogelschutzgebieten, aber auch einem Wildwasserpark, der sich bis außerhalb der Stadtgrenzen erstreckt.

Schön spazierengehen und in natürlichen Seen schwimmen kann man zudem im Norden der Stadt, in **Hampstead Heath** 112. Und auch die **Wasserwege** Londons laden zur Entspannung ein. Bei einer Fahrt auf der Themse kann man auf der ganzen Länge des Flusses die Aussicht auf die Stadt genießen.

Wer die Menschenmengen zurücklassen möchte, findet von der Tower Bridge 52 bis nach Limehouse 60 entlang des Thames Path durch die Docklands viele Gelegenheiten zum Pausieren. Hier kann man direkt am Wasser das tolle Panorama genießen. Ein Ausflug auf dem von Hausbooten gesäumten **Regent's Canal** (s. S. 124) eröffnet einen Ausblick auf Parkanlagen und verträumte Gärten.

› www.royalparks.org.uk
› www.nationaltrail.co.uk/thames-path
› Lee Valley Country Park, www.visitleevalley.org.uk
› **Themsefähren:** Uber Boat by Thamseclippers (s. S. 258)

London mit Kindern

Großbritannien ist ein kinderfreundliches Land und die meisten Sehenswürdigkeiten und Museen in London bieten speziell auf Kinder ausgerichtete Aktivitäten an. Für zwei Erwachsene und bis zu zwei Kinder kann man bei vielen Sehenswürdigkeiten ein verbilligtes Familienticket bekommen und auch mit dem London Pass (s. S. 237) kann man erheblich sparen. Für Kinder bis 5 Jahre ist der Eintritt meistens frei.

Wenn Kinder während des anstrengenden Großstadtbesuchs eine Pause vom Sightseeing brauchen, bieten sich zahlreiche Aktivitäten an. Bei einem Besuch in einem der vielen Parks kann man Ballspielen und Herumtollen. In den Kensington Gardens [D10/11] und im Holland Park 90 stehen gut ausgestattete **Abenteuerspielplätze** zur Verfügung. Im Regent's Park bietet der **London Zoo** 83 Unterhaltung für einen ganzen Tag und bei einer Bootsfahrt bekommen auch Eltern die Möglichkeit, die Beine auszustrecken: In London kann man nicht nur auf der Themse, sondern auch auf den Seen im **Hyde Park** 87 und **Regent's Park** 83 Boote mieten. Entlang des Regent's Canal gibt es zudem Ausflugsboote, die von **Little Venice bis Camden** fahren (s. S. 124). Im **Olympic Park** 72 stehen neben Grünflächen auch viele Sporteinrichtungen zur Verfügung und ein Fahrradausflug entlang des Themseufers bietet sich für ältere Kinder an.

Zahlreiche **Museen** bieten auf Kinder bzw. Familien ausgerichtete, interaktive Unterhaltung, nicht zuletzt die Erlebnismuseen der Stadt (s. S. 164). In Kensington wartet das **Natural History Muse-**

200lo-ln

um 97 mit Saurierskeletten auf und man kann Insekten „auf die Pelle rücken". Im benachbarten **Science Museum** 96 arbeitet man sich anhand von Spielen und Rätseln durch die wissenschaftliche Ausstellung. Im **London Transport Museum** (s. S. 163) dürfen Kinder Bus- und U-Bahn-Fahrer spielen. Kostüme aus verschiedenen Jahrhunderten kann man im **Victoria & Albert Museum** 95 anprobieren. Noch besser ist ein Besuch im **Young V&A:** In dem modernen Spielmuseum können Kinder und Eltern kreativ werden. Außerdem gibt es kindgerechte Ausstellungen, z. B. von Comiczeichnern.

Auf der **Golden Hinde II** 46 können Kinder das Leben der Piraten kostümiert nachspielen und im Wachsfigurenkabinett von **Madame Tussauds** 82 kann man sich mit den momentan angesagten Popstars fotografieren lassen.

In Greenwich lernen Kinder im **National Maritime Museum** 109 etwas über die Seefahrtsgeschichte und können im Planetarium des **Royal Observatory** 110 den Sternenhimmel bestaunen.

Für Kinder ohne Höhenangst ist eine Fahrt auf dem **Riesenrad London Eye** 39 oder mit dem **Sessellift IFS Cloud Cable Car** (s. S. 106) unvergesslich. Einen Tagesaufenthalt in den Docklands könnte man auch mit einem Besuch auf der **Mudchute Farm** (s. S. 198) beenden, einer echten Naturoase mitten auf der Isle of Dogs.

Bootsfahrt auf dem Serpentine Lake (s. S. 131)

EXTRATIPP

Kinderfreundliche Restaurants

Mit Kindern entspannt einkehren kann man auch in London. Die meisten Restaurant-Ketten sind familienfreundlich und bieten Kindermenüs an. Besonders zu empfehlen sind hier z. B. das farbenfroh ausgestatte **Giraffe** mit Klassikern wie Lasagne, Hamburgern etc., daneben gibt es z. B. Buntstifte und Papier am Tisch. Die Kette **Leon** serviert „gesundes Fast Food" in bunten Pappcontainern. Das **Rainforest Cafe** bietet eine von Disney World inspirierte Atmosphäre mit Wasserfällen, animierten Elefanten etc.

› **Giraffe** £, www.giraffe.net, Filialen z. B. Southbank Centre 40, King's Cross 79, Holland Park 90
› **Leon** £, http://leon.co, Filialen z. B. am Strand, Spitalfields Market 68, More London Place und King's Cross

245 [I9] **Rainforest Cafe** ££, 20 Shaftesbury Avenue, Soho, U: Piccadilly, Tel. 74343111, www.therainforestcafe.co.uk, Mo–Mi 12–22, Do, Fr 12–20.30, Sa 11.30–20.30, So 11.30–22 Uhr

Ein **Theaterbesuch** empfiehlt sich der Sprache halber vor allem in den Londoner Puppentheatern, aber auch Musicals sind leicht zugänglich. In Little Venice ist die **Puppet Theatre Barge** auf einem umgebauten Boot untergebracht. In Islington lohnt ein Besuch des **Little Angel Theatre** mit einfallsreichen, selbstgefertigten Puppen. Es ist Londons einziges permanent bespieltes Puppentheater. Die Vorstellungen finden jeweils kindgerecht am nachmittag oder oder am frühen Abend statt. Das ganze Jahr über finden auf den öffentlichen Plätzen der Stadt Veranstaltungen statt, die auch für Kinder Unterhaltung bieten. Zu empfehlen ist z. B. das **Punch & Judy Festival** (s. S. 199) mit seinen Kasperlevorführungen.

Wer aus der Stadt heraus möchte, kann einen Tagesausflug zu **The Making of Harry Potter** (s. S. 164) in den Warner Bros. Studios in Leavesden unternehmen. Hier wurden die Originalkulissen, Kostüme etc. aus den Filmen in Szene gesetzt. Inzwischen werden auch im Stadtbereich geführte Touren angeboten, die sich auf die Spuren Harry Potters in London begeben.

•**246** [B11] **Abenteuerspielplatz Holland Park,** Ilchester Place, Kensington, U: Holland Park, tgl. 7.30–30 Minuten vor Dämmerung

•**247** [C10] **Abenteuerspielplatz Kensington Gardens,** Diana Memorial Playground, Kensington, U: Lancaster Gate, Mai–Aug. 10–19.45, April/Sept. 10–18.45 Uhr

248 [K5] **Little Angel Theatre,** 14 Dagmar Passage/Cross Street, Tel. 72261787, www.littleangeltheatre.com, U: Angel

•**249** [T12] **Mudchute Park and Farm,** Pier Street, Docklands, Isle of Dogs, DRL: Crossharbour, Tel. 75155901, tgl. 9–17 Uhr, Eintritt frei, Spende erbeten. Auf einem Gelände, das durch die Trockenlegung des Millwall Dock entstand. Seit 1977 gibt es hier einen Bauernhof mit Kühen, Schafen und anderen Tieren, einem Reitstall und einem Café-Restaurant.

250 [D8] **Puppet Theatre Barge,** 35 Blomfield Road, U: Warwick Avenue, Tel. 72496876, www.puppetbarge.com, Kartenverkauf 9–21 Uhr, Aufführungen Sa, So, in den Ferien täglich

251 [P6] **Young V&A,** Cambridge Heath Road, East End, U: Bethnal Green, tgl. 10–17.45 Uhr, Eintritt frei, außer Sonderausstellungen

Zur richtigen Zeit am richtigen Ort

In London finden das ganze Jahr über Festivals und Events statt, jedes Jahr kommen neue hinzu. Viele davon sind zu einem festen Termin im Kalender der Londoner geworden. Andere wiederum finden nur einmalig statt. Veranstaltungsorte und Daten können sich von Jahr zu Jahr ändern.

Die aktuellen Informationen kann man im Internet unter www.visitlondon.com oder auf den im Folgenden angegebenen Websites vor dem Besuch der Events abrufen.

Januar/Februar

› **Chinese New Year Festival:** Mitte Februar feiern die Londoner Chinesen rund um die Gerrard Street in Soho mit Feuerwerk und Paraden das Neujahrsfest. Alle Straßen sind dann mit Laternen geschmückt.

› **London Fashion Week:** Jeweils Mitte Februar und Mitte September stellen britische und internationale Designer ihre Kollektionen im Sommerset House vor (www.londonfashionweek.co.uk).

› **BFI Flare Festival London:** Das alternative Filmfestival legt den Schwerpunkt auf die LGBT-Szene und zeigt kritische Beiträge zum Thema Gender (https://whatson.bfi.org.uk/flare/Online/default.asp).

März/April

› **St. Patrick's Day Parade & Festival:** Die Iren Londons feiern ihren Nationalheiligen am 17. März mit Paraden im Stadtteil Kilburn und mit einer Feier auf dem Trafalgar Square.

- **Feast of St. George:** Auch die Engländer feiern ihren Nationalheiligen im April mit einem Event am Trafalgar Square.
- **Oxford and Cambridge Boat Race:** Ende März/Anfang April wird die Themse zum Austragungsort des Bootsrennens zwischen den Achtern der Eliteuniversitäten Oxford und Cambrigde. Die Fahrt beginnt bei der Putney Bridge und endet in Mortlake (U: Putney Bridge, http://theboatraces.org).
- **TCS London Marathon:** Mitte April feuern Tausende von Zuschauern über 35.000 Teilnehmer des Marathons an. Der Lauf beginnt im Greenwich Park und führt entlang der Themse über die Isle of Dogs wieder in die Innenstadt (www.tcslondonmarathon.com).

Zuschauer beim London Marathon

Mai/Juni

- **Punch & Judy Festival:** Am 9. Mai 1662 notierte der Stadtchronist Samuel Pepys in seinem Tagebuch zum ersten Mal eine Kasperlevorführung. Am 2. Sonntag im Mai feiert daher das englische Kasperle Punch alljährlich seinen „Geburtstag" mit satirischen Shows für die ganze Familie (St. Paul's Covent Garden Church, www.coventgarden.london).
- **Chelsea Flower Show:** Die bekannteste Gartenschau Großbritanniens, veranstaltet von der Royal Horticultural Society (RHS), findet alljährlich Ende Mai beim Royal Hospital 101 in Chelsea statt (www.rhs.org.uk/shows-events/rhs-chelsea-flower-show). Neben vielen Prominenten sind auch die „Royals" zu Gast.
- **London Festival of Architecture:** Das Festival beschäftigt sich mit der wandelbaren Architektur Londons. Es gibt von Anfang Juni bis Anfang September thematische Führungen, Workshops und Events (www.londonfestivalofarchitecture.org).

- **Trooping the Colour** (www.royal.uk/trooping-colour): Auch nach dem Tod von Queen Elizabeth II. soll der „offizielle" Geburtstag des nun regierenden Monarchen Charles III. am 17. Juni zelebriert werden (Charles' Geburtstag ist eigentlich der 14. November). Teil der Feierlichkeiten sind der Aufmarsch und die Parade der berittenen Horse Guards mit ihren Flaggen (Trooping the Colour). Während des Events treten außerdem die königlichen Leibwachen Household Cavalry und Guard Division an zwei Abenden zum Trommelkonzert (Beating Retreat) an.
- **Royal Academy of Arts Summer Exhibition:** Seit 1769 dürfen hier von Juni bis August unabhängige und etablierte Künstler sowie Studenten der Royal Academy of Arts ihre Werke ausstellen und verkaufen. Zudem werden lukrative Förderpreise vergeben (www.royalacademy.org.uk).
- **Wimbledon Lawn & Tennis Festival:** Von Ende Juni bis Mitte Juli treten die internationalen Tennisstars auf dem Rasen von Wimbledon gegeneinander an (www.wimbledon.com). Wer nicht rechtzeitig bucht, muss teils tagelang auf dem Gelände campieren, um Restkarten zu ergattern.
- **City of London Festival:** Das Festival, das von Ende Juni bis Mitte Juli dauert, bietet Konzerte, Kabarett, Zirkusveranstaltungen und Workshops (www.colf.org).
- **Taste Festival:** Im Regent's Park (83) geben Mitte Juni Starköche Kochdemonstrationen und es gibt viele Leckereien zu probieren. Im November findet ein weiteres Event in den Docklands statt (www.london.tastefestivals.com).
- **Pride London Festival:** Das zweiwöchige LBGT-Festival in der Stadt wird Ende Juni mit einer bunten Parade abgeschlossen, die von der Baker Street via Oxford und Regent Street führt und am Trafalgar Square endet (https://prideinlondon.org).
- **Boishakhi Mela (Pohela Boishakh):** Die bengalischen Londoner begehen ihr Neujahrsfest im Juni mit einem bunten Festival im Mile End Stadium im East End (www.boishakhimelaredbridge.co.uk/boishakhi_mela).
- **Royal Ascot:** Für einen Tagesausflug geeignet. Pferderennen Ende Juni für die Royals, den Hochadel, die Reichen und alle, die Tickets ergattern können. Die ausgefallensten Hüte sieht man am „Ladies Day" (www.ascot.co.uk, s. S. 160).
- **Greenwich & Dockland International Festival:** Umsonst und draußen – an verschiedenen Orten in den Docklands werden Ende

150lo©timjryephoto, stock.adobe.com

Juni eine Woche lang Theatervorstellungen, Konzerte und andere Freiluftveranstaltungen geboten (https:// festival.org/gdif).

- **Hampton Court Flower Show:** Ende Juni bis Anfang Juli veranstaltet die Royal Horticultural Society in diesem beliebten Tudorpalast an der Themse eine weitere Gartenschau (www.rhs.org.uk/shows-events/rhs-hampton-court-palace-garden-festival)
- **River Stage Weekends:** Ab Anfang/Mitte Juni veranstaltet das National Theatre 41 Konzerte und Open-Air-Theater an der Themse (www.nationaltheatre.org.uk/your-visit/things-to-do/river-stage).

Juli

- **BBC Henry Wood Promenade Concerts – Proms:** Die von Henry Wood ins Leben gerufenen „Proms“ bringen in der Royal Albert Hall 98 bereits seit 1895 klassische Musik von Weltklassekünstlern vor ein breites Publikum. Von Mitte Juli bis Mitte September kann man für wenig Geld vielfältigen Konzerten beiwohnen. Die letzte Nacht (Last Night of the Proms) wird auf Bildschirmen im Hyde Park und in der ganzen Welt im Fernsehen übertragen (www.bbc.co.uk/proms).
- **Wireless Festival:** Bei dem dreitägigen Musikfestival Anfang Juli treten im Queen Elizabeth Olympic Parc R'n'B-, Hip-Hop- und Popstars auf (https://wirelessfestival.co.uk).
- **Barclaycard British Summer Time at Hyde Park (BST Hyde Park):** Zweiwöchiges Musikfestival Anfang Juli im Hyde Park 87. Dazu gibt es Film, Musik, Literatur und Sportveranstaltungen (www.bst-hydepark.com).

- **Kew the Music:** Im Botanischen Garten Kew Gardens 113 treten Mitte Juli ausgewählte bekannte Künstler auf (www.kewthemusic.org).

August

- **Notting Hill Carnival:** Diese an den Karneval von Rio erinnernde Parade der karibischen Einwohner Londons entstand als Mittel zur Völkerverständigung bereits in den 1950er-Jahren. Ende August geht es zwei Tage lang im Stadtteil Notting Hill hoch her, wenn über eine Mio. Besucher die Straßen flankieren (https://nhcarnival.org).

September

- **Open City London:** Der von der Organisation Open City veranstaltete Tag der offenen Tür ermöglicht die Besichtigung vieler Gebäude, die sonst für die Öffentlichkeit verschlossen sind. Der Eintritt in viele Museen ist an diesem Tag zudem kostenfrei (https://open-city.org.uk).

Beim Pferderennen Royal Ascot gibt sich die britische „Upper Class“ die Klinke in die Hand (s. S. 160)

Die Royal Albert Hall 98 ist u. a. Veranstaltungsort der BBC Proms

- **London Fashion Week:** die zweite Laufstegshow des Jahres Mitte September (s. S. 198)
- **London Design Festival:** Die Veranstaltungen während des alljährlichen Festivals finden von Mitte bis Ende September an verschiedenen Orten statt und rangieren von Workshops bis zur Ausstellung neuer Objekte (www.londondesignfestival.com).
- **Mayor's Thames Festival:** Den ganzen September über findet entlang der Themse eine große Vielfalt an Veranstaltungen rund um das Leben am Fluss statt (www.thamesfestivaltrust.org).

Oktober

- **London Literature Festival:** Auf verschiedenen Bühnen finden im Southbank Centre Mitte Oktober Lesungen bekannter Autoren statt, daneben gibt es kurze Theaterstücke, Musik und Diskussionen (www.southbankcentre.co.uk).
- **London Film Festival:** Schauspieler und Regisseure aus aller Welt präsentieren ihre Arbeiten im BFI South Bank und im BFI IMAX (www.lff.org.uk).
- **Diwali:** Das viertägige Fest, das von Hindus, Sikhs und Jains Ende Oktober/Anfang November gefeiert wird, bringt ein Stück Asien nach London. Auf dem Trafalgar Square 7 finden dann Konzerte und Tanzaufführungen statt (www.diwaliinlondon.com).

November

- **Bonfire Night:** Die Vereitelung des Attentats des Katholiken Guy Fawkes auf den protestantischen König James I. wird mit großen Lagerfeuern und vor allem einem tollen Feuerwerk gefeiert.
- **Lord Mayor's Show:** Der jedes Jahr neu gewählte Lord Mayor of London, der Bürgermeister der City, präsentiert sich der Königin. Das Ganze wird von einer bunten Parade begleitet (www.lordmayorsshow.org).
- **Remembrance Day:** Am Sonntag vor oder nach dem 11. November wird in einer Trauerfeier am Cenotaph (s. S. 30) der Gefallenen in den Kriegen dieser Welt gedacht. Außerdem wird am 11. November um 11.11 Uhr im ganzen Land eine Schweigeminute abgehalten.

Dezember

- **Christmas Markets:** Weihnachtsmärkte finden jedes Jahr an verschiedenen Orten statt, z. B. rund um das Southbank Centre 40 (www.londontown.com/London/Christmas-Markets-and-Fairs).
- **New Year's Eve Celebration:** Die Silvesternacht wird in London traditionell auf dem Trafalgar Square gefeiert.

Feiertage

Wenn Feiertage auf ein Wochenende fallen, wird jeweils der darauffolgende Montag zum Feiertag.

- **New Year's Day:** 1. Januar
- **Good Friday:** Karfreitag
- **Easter Monday:** Ostermontag
- **Early May Bank Holiday:** Maifeiertag, erster Montag im Mai
- **Spring Bank Holiday:** letzter Montag im Mai
- **Summer Bank Holiday:** letzter Montag im August
- **Christmas Day:** 1. Weihnachtstag
- **Boxing Day:** 2. Weihnachtstag

LONDON VERSTEHEN

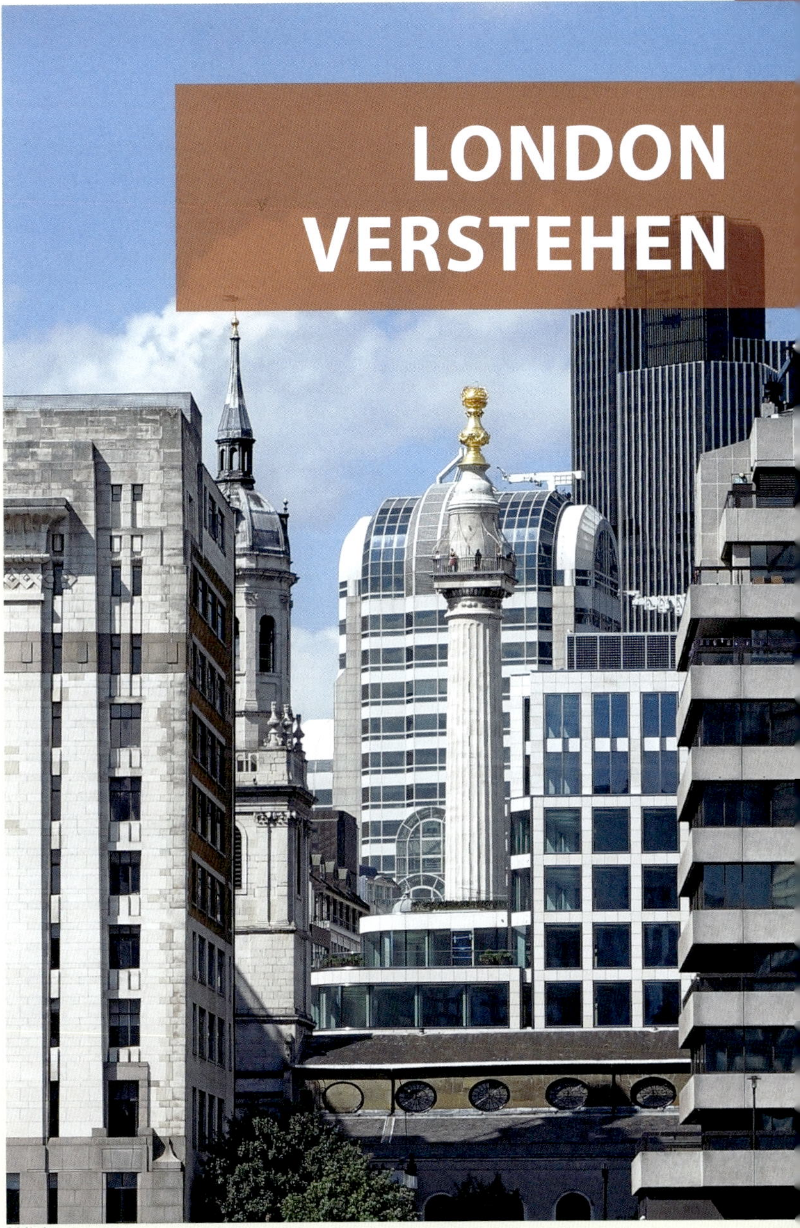

004lo-kw

London – ein Porträt

London, die **Hauptstadt des Vereinigten Königreichs von Großbritannien und Nordirland**, ist eine der meistbesuchten Großstädte der Welt. Durch die Stadt ergießt sich ein beständiger Strom von internationalen Geschäftsleuten, Besuchern, Pendlern und Anwohnern. Im Zentrum der Metropole geht es zwar den ganzen Tag hektisch zu, abseits der touristischen Pfade hat die Stadt aber auch viele ruhige und verträumte Ecken zu bieten, nicht zuletzt die Grünflächen der weitläufigen Parks.

Die **Themse**, die sich durch London zieht, ist bis heute die Lebensader der Stadt. An ihrem Nordufer befinden sich das Regierungszentrum, das juristische Zentrum und die Finanzzentren. Am Südufer haben die Stadtverwaltung und zahlreiche kulturelle Institutionen ihern Sitz.

Als globaler **Wirtschaftsstandort** ist London seit langem das wirtschaftliche Zentrum des Landes. Die wichtigsten Medienanstalten haben hier ebenso ihren Sitz wie viele der bedeutendsten kulturellen Einrichtungen. Der zunehmenden Zentralisierung will man nun allerdings entgegenwirken: Medien- und Kulturanstalten wie die BBC verlagern Studios und Büros in nördliche Großstädte wie Birmingham, Leeds oder Manchester.

In London wohnten von jeher auch die **Monarchen**, früher im Tower und im Whitehall Palace an der Themse, heute im Buckingham Palace. Der **Erzbischof der anglikanischen Kirche** (Archbishop of Canterbury) residiert im Lambeth Palace gleich gegenüber dem Parlament.

Der Stadtbezirk von London wird von der Umgehungsautobahn M25 eingegrenzt. In diesem Bereich leben ca. 9,5 Mio. Menschen. Zusammen mit den Einwohnern der Metropolregion sind

◁ *Vorseite: Mitten in der City of London erinnert die Steinsäule The Monument* (37) *an den Großen Brand von 1666*

125lo©rabbit75_fot, stock.adobe.com

es insgesamt 14,37 Mio. Die Stadt gliedert sich **in 32 Verwaltungsbezirke** *(Boroughs)*, von denen 12 zu **Inner London** gehören und 20 zu **Outer London.** Hinzu kommt die **City of London**, die als eigenständiger Bezirk Stadtstatus besitzt. Die City ist der am längsten besiedelte Teil der Stadt. Die einstigen Stadtmauern umfassten ein 2,9 km² großes Gebiet. Heute befindet sich in dieser sogenannten „Square Mile" (Quadratmeile) das moderne **Geschäftszentrum** mit der Börse, in das Tag für Tag fast 500.000 Arbeitnehmer strömen. Permanent leben hier jedoch nur noch etwa 9800 Menschen und abends sind die Straßen oft wie leergefegt. In der **Canary Wharf** in den Docklands hat sich ein weiteres Banken- und Businesszentrum etabliert.

Der Bezirk der City of London fällt aus historischen Gründen etwas aus dem Rahmen, denn er hat einen eigenen, wenn auch nur repräsentativ agierenden Bürgermeister, den **Lord Mayor of London.** Zu der Zeit, als die City noch den Kern der Stadt bildete, hatte das Amt eine wichtige Bedeutung. Heute wird London von der **Greater London Authority (GLA)** verwaltet (www.london.gov.uk). An ihrer Spitze steht der **Mayor of London** (Oberbürgermeister). Momentan hat **Sadiq Khan** das Amt inne, ein muslimi-

London in Zahlen

- **Gegründet:** 50 n. Chr.
- **Einwohner:** Inner/Outer London 9,5 Mio., Metropolregion 14,37 Mio.
- **Fläche:** Inner London 319 km², Outer London 1253 km²
- **Höhe ü.M.:** 15 m (Durchschnitt)

Die Themse ist die Lebensader der Stadt und an ihren Ufern finden sich die Sitze vieler wichtiger Institutionen

scher Labour-Politiker, der sich immer wieder gegen den **Brexit** ausgesprochen hat, da er für London weitreichende negative Folgen voraussah. Tatsächlich haben viele der in Großbritannien basierten Banken und anderen Finanzunternehmen Büros und Belegschaft in die EU verlagert, vor allem nach Dublin, Luxemburg und Paris. Teilweise haben jedoch die globalen Finanzgeschäfte die Lücke geschlossen: Banken schätzen die Infrastruktur Londons, wo alle Zulieferindustrien nahe beieinander sind. Die Folgen des Brexits für die wirtschaftliche Zukunft Londons sind noch nicht völlig abzusehen.

Sadiq Khan hat sich einige **ambitionierte Ziele** auf die Fahnen geschrieben: So möchte er mehr erschwinglichen Wohnraum bauen, die öffentlichen Verkehrsmittel günstiger machen, die Luftqualität verbessern, aber auch die Stadt als Wirtschaftsstandort fördern. In seiner zweiten Amtsperiode hat er bereits einige umstrittene Neuerungen eingeführt, so zum Beispiel die **Ausweitung der Umweltzone (Ultra Low Emission Zone, ULEZ)** auf den gesamten Stadtbereich innerhalb der M25. Ab Ende August 2023 müssen alle Einwohner und Besucher, die kein emissionsarmes Auto fahren, jeden Tag eine Umweltgebühr entrichten (s. S. 234).

Während der Coronapandemie ließ er die Stadtverwaltung aus dem repräsentativen, aber sündhaft teuren Rathaus bei der Tower Bridge in ein energieeffizientes Gebäude in den Royal Docks umziehen (**City Hall** 65).

Wichtige wirtschaftliche Standbeine Londons sind die Finanzindustrie und das Dienstleistungsgewerbe. Die Stadt ist aber auch ein Zentrum der **kreativen Gewerbe:** Ca. 23 % aller Designer Großbritanniens – Mode, Webdesign und Software (darunter vor allem Computerspiele) – sind in London beschäftigt. Nicht zuletzt erwirtschaften auch die britische **Filmindustrie** und die digitale Filmbearbeitung, deren Zentrum sich in London befindet, Milliardengewinne.

London besitzt **sechs Flughäfen**, die 60 % des Passagieraufkommens in Großbritannien bewältigen. Allein London Heathrow fertigt über 80 Mio. Passagiere pro Jahr ab. Der Bau von weiteren Startbahnen bzw. eines weiteren Flughafens außerhalb der Stadt bei der Themsemündung wird diskutiert.

Der **Eurostar**, der von St. Pancras durch den Eurotunnel fährt, hat in Großbritannien bisher die einzige Hochgeschwindigkeitstrasse. Eine weitere Trasse vom Bahnhof Euston in den Norden des Landes (HS2 – High Speed 2) ist bereits im Bau. Sie soll insbesondere die großen Städte des Nordens besser anbinden, allerdings schreiten die Arbeiten am ersten Abschnitt von London Euston bis Birmingham nur langsam voran. Von dort aus sollen später die nördlichen Großstädte Manchester, Liverpool, Nottingham, Sheffield und Leeds angebunden und schließlich soll die Strecke bis hinauf nach Schottland weitergeführt werden.

Hunderttausende Pendler und Touristen stellen täglich hohe Anforderungen an den Öffentlichen Nahverkehr. Innerstädtisch ist die Behörde **Transport for London** (TfL) für die öffentlichen Verkehrsmittel zuständig. In den letzten Jahrzehnten wurden Milliarden in die Überholung und den Neubau des Schienennetzes, der U-Bahn und des Busnetzes investiert. Auf Intitiative des ehemaligen Bürgermeisters Boris Johnson kam eine moderne Version der alten roten

Doppeldeckerbusse, genannt „Routemaster“, hinzu.

Die als **Tube** (Röhre) bezeichnete **London Underground** (U-Bahn) ist neben den Bussen das meistgenutzte Verkehrsmittel der Stadt. Das älteste U-Bahn-Netz der Welt wurde 2023 160 Jahre alt. Die Londoner verbindet eine Hassliebe mit ihrer Tube, denn sie bleibt zwar hin und wieder stecken, bietet aber die beste und schnellste Anbindung in alle Stadtbezirke.

Die größte Baumaßnahme im Innenstadtbezirk war die neue Bahnstrecke **Elizabeth Line.** Sie durchschneidet die Stadt von Westen nach Osten, verläuft im Stadtbezirk unterirdisch und kommt nicht zuletzt Pendlern zugute, denn die Trasse verbindet auf 100 km Länge Reading im Westen (Berkshire), Shenfield im Osten (Essex), Abbey Wood im Süden und den Flughafen Heathrow mit dem Zentrum, ohne dass man umsteigen muss.

Eine der wichtigsten **Umweltinitiativen,** die noch vom ehemaligen Bürgermeister Boris Johnson angestoßen wurde, ist die Verbesserung der **Infrastruktur für Fahrräder** in der Stadt. Johnson führte die ersten Leihfahrräder ein, die zunächst nach ihm als „Boris Bikes“ bezeichnet wurden. Sie sollten Pendlern ermöglichen, sich autofrei in der Innenstadt zu bewegen – ein Konzept, das aufgegangen ist, denn viele Tausende Menschen nutzen das Fahrradangebot. Gleichzeitig wurde das Netz an Fahrradwegen ausgeweitet. Dies hat in den letzten Jahren bereits Erfolge gezeigt, denn der Autoverkehr innerhalb der Stadt ist rückläufig.

Ein Problem war bisher noch die Sicherheit für Radfahrer im Verkehr. Nun werden neue Fahrradstraßen, sogenannte **Cycleways**, ausgebaut. Man möchte die bestehenden Routen zusammenführen und optimieren. Ganz wichtig ist dabei die Abgrenzung der Strecken zum Autoverkehr. Die Fahrradstraßen verlaufen zwar parallel zu bestehenden Straßen, sind aber durch Barrieren getrennt und erlauben Fahrten in beide Richtungen (https://tfl.gov.uk/modes/cycling/routes-and-maps/cycleways).

Londons Stadtteile haben ein sehr unterschiedliches Gesicht und sind nicht zuletzt durch die **verschiedenen Kulturen und Gesellschaftsschichten** ihrer Einwohner beeinflusst. Weit außerhalb liegende Stadtteile scheinen oft gar nicht mehr zu London zu gehören, sondern sind kleine autonome Städtchen mit eigenem Lebensrhythmus.

Auch architektonisch bietet die Stadt eine einzigartige Zusammensetzung von Stilen. Die homogensten Straßenzüge findet man z. B. in Belgravia, wo im 18. Jh. neue Wohnviertel im klassizistischen Baustil entstanden. Aufgrund der

EXTRAINFO

Verwaltungsbezirke

- **Inner London:** Camden, Hackney, Hammersmith & Fulham, Haringey, Islington, Kensington & Chelsea, Lambeth, Lewisham, Newham, Southwark, Tower Hamlets, Wandsworth, Westminster
- **Outer London:** Barking & Dagenham, Barnet, Bromley, Bexley, Brent, Croydon, Ealing, Enfield, Greenwich, Harrow, Havering, Hillingdon, Hounslow, Kingston upon Thames, Merton, Redbridge, Richmond upon Thames, Sutton, Waltham Forest

Postcodes als Statussymbol

Die Londoner sind mit ihren Postcodes bestens vertraut. Fragt man jemanden, wo er wohnt, gibt er oft nur den ersten Teil des Postcodes an. Unter Londonern enthält dieser Teil die wichtigsten Informationen, denn sie erkennen daran, ob es sich um ein wohlhabendes oder weniger angesehenes Viertel handelt. In der Weltstadt strebt man stets danach, innerhalb eines „angesagten" Postcodes zu leben und zwar nicht nur aus Statusgründen: Man kann inzwischen davon ausgehen, dass in Stadtteilen mit „unattraktiven" Postcodes die Infrastruktur stark zu wünschen übrig lässt. Schulen und ärztliche Versorgung etc. sind dort schlechter und die Kriminalitätsrate ist höher als anderswo, da Bessergestellte diese Viertel grundsätzlich meiden und auf diese Weise eine Ghettoisierung entsteht.

Ein „guter" Postcode bedeutet jedoch automatisch höhere Miet- und Häuserpreise. Durch den andauernden Preisanstieg ist der Wohnraum nördlich der Themse in den Bereichen der Innenstadt und von Nordlondon für Normalbürger längst unerschwinglich geworden. Wenn die Gentrifizierung in benachteiligten Vierteln einsetzt, hat dies also nicht nur Vorteile, denn wenn ein Postcode im Ansehen steigt, weil die Gegend sich verbessert hat, steigen die Preise und Niedrigverdiener werden noch weiter in die Randbezirke verdrängt.

⟩ *Henry VIII. leitete die Reformation ein*

wachsenden Einwohnerzahl breitet sich das Stadtgebiet immer weiter aus. **Neuer Baugrund** wird z. B. auf sogenanntem „Brownfield"-Land erschlossen. Dies sind unbebaute oder marode Gebiete, die nicht zum geschützten Grüngürtel gehören.

Da der Platz meist begrenzt ist, baut man heute vor allem in die Höhe. Entlang der Themse sprießen daher in Richtung Osten und Westen mehr und mehr **hypermoderne Apartmentblocks** aus dem Boden. Die Planung für die neuen Lebensräume muss allerdings immer auch erschwingliche Immobilien, Grünflächen und Infrastruktur mit einschließen, sodass in Zukunft ganz neue Stadtviertel gebaut werden, so bereits geschehen im östlichen Stratford, wo auf dem ehemaligen Olympiagelände neue, ökologisch angelegte Siedlungen entstanden. Neue Planstädte entstehen z. B. in Nine Elms, auf der Isle of Dogs und in Thamesmead.

Stadtbezirke und Postcodes

Britische **Postleitzahlen (Postcodes)** sind fünf- bis siebenstellig. Die erste Hälfte gibt die Stadt bzw. den Kreis an. Da das Gebiet von **Inner London** sehr groß ist, wurde der Stadtbereich der Orientierung halber in Himmelsrichtungen unterteilt: **N (Northern), NW (Northwestern), SW (Southwestern), SE (Southeastern), W (Western), WC (Western Central), E (Eastern), EC (Eastern Central).** Auf diese Buchstaben folgt jeweils die Nummer des entsprechenden Stadtteils, also z. B. W14 – West Kensington, SW7 – South Kensington, E8 – Hackney etc. Die zweite Hälfte des Codes grenzt dann den Bereich auf die Straße bzw. 1 bis 15 Hausnummern ein.

Von den Anfängen bis zur Gegenwart

43 n. Chr.–50 n. Chr.: Unter Kaiser Claudius wird Britannien Teil des Römischen Reiches. Auf dem Gebiet der heutigen City of London entsteht aus einer Befestigung die Stadt Londinium. Die Römer bauen die erste Holzbrücke über die Themse.

410–510 n. Chr.: Angeln, Sachsen und Jüten aus Südskandinavien und Nordgermanien besiedeln die südlichen und südöstlichen provinzen Englands.

7. Jh.: Das angelsächsische Lundenwic, auf dem Gebiet des heutigen Covent Garden, erhält seinen ersten Bischof und wird Teil des Königreichs Essex.

9. Jh.: Nach langem Kampf gegen die Besatzungsmacht der Dänen gewinnt Lundenburh unter Alfred dem Großen wieder an Bedeutung. Man siedelt wieder innerhalb der römischen Stadtmauern. Lundenwic, das außerhalb liegt, wird später zu Ealdwic (heute: Aldwych).

084lo

1042–1066: Edward the Confessor initiiert den Bau der Westminster Abbey und eines neuen Palastes als Regierungssitz in der Nachbarschaft.

1066: In der Schlacht bei Hastings siegt der Normanne William the Conqueror gegen Edwards Nachfolger Harold Godwinson und lässt sich in der Westminster Abbey zum König krönen. 1078 lässt er den White Tower errichten, der heute das Kernstück des Tower of London bildet. London wird zur Hauptstadt des Landes.

1176–1209: Die erste Steinbrücke (London Bridge) über die Themse entsteht. 600 Jahre bleibt sie der einzige Übergang.

1215: Unter dem Druck seiner adeligen Barone unterzeichnet König John die Magna Carta Libertatum. Sie schränkt die Macht des Monarchen ein und ist die früheste Erklärung von Bürgerrechten überhaupt.

1245–1269: Henry III. lässt die Westminster Abbey im gotischen Stil ausbauen.

1265: Unter Simon de Monfort wird das erste englische Parlament ohne Anwesenheit des Königs einberufen.

1295: Das Model Parliament aus Adel, Kirche und Bürgervertretern, hervorgegangen aus dem Great Council, tritt zum ersten Mal in Westminster zusammen.

1307: Der Templerorden wird enteignet und in der Temple Church entsteht eine Rechtsgelehrtenschule, der Vorläufer der Inns of Court.

1337: Unter Eward III. wird das Parlament zu einer festen Institution.

1341: Von nun an tagt das House of Commons (Unterhaus) unabhängig von König und Adel, die sich im House of Lords (Oberhaus) versammeln.

1485: Während der Rosenkriege kämpfte das Haus Lancaster (Rote Rose) gegen das Haus

York (Weiße Rose). In der Schlacht bei Bosworth, die den Rosenkrieg beendet, geht die Macht auf Henry Tudor VII. über. Der Beginn der Tudorperiode wird als das Ende des englischen Mittelalters gesehen.

1509–1547: Henry VIII. sagt sich von der katholischen Kirche los, da der Papst nicht in die Scheidung von seiner Frau Katharina von Aragon einwilligt. Mit dem Act of Supremacy ernennt er sich selbst zum Oberhaupt der neuen anglikanischen Kirche, die bis heute die Staatskirche ist. Damit leitet er die Reformation ein.

1553–1558: Henrys Tochter, Mary I. (Bloody Mary), eine fanatische Katholikin, versucht, die Reformation rückgängig zu machen. Auf den Hinrichtungsfeldern, u. a in Smithfield, lässt sie 300 Protestanten umbringen.

Angeblich half Charles II. bei der Bekämpfung des Großen Feuers von 1666 selbst tatkräftig mit

1558–1603: Unter Henrys Tochter Elizabeth I. blühen Wirtschaft, Wissenschaft und Kultur wieder auf. Die Periode wird auch „goldenes Zeitalter“ genannt.

1577–80: Francis Drake bricht mit sechs Schiffen zu einer Weltumsegelung auf. Nur die „Golden Hinde“ kehrt zurück.

1588: Unter dem Kommando von Lord Admiral Howard of Effingham und Kapitänen wie Francis Drake und Martin Frobisher wird eine versuchte Invasion der spanischen Armada unter König Felipe II. vor der englischen Südküste vereitelt.

1576–1599: Die ersten Freilichtbühnen Londons entstehen im heutigen Shoreditch. Als Theaterstücke dort verboten werden, zieht man nach Southwark. Während der Zeit der Theaterkompanie „Lord Chamberlain’s Men“, zu der auch William Shakespeare gehört, entsteht das Globe Theatre.

1605: Katholiken unter der Führung von Guy Fawkes versuchen am 5. November 1605, das Parlament und König James I. in die Luft zu sprengen („Gunpowder Plot“). Die Verschwörer werden verraten und hingerichtet.

1642–1658: Nachdem Charles I. versucht, das Parlament aufzulösen, um absolutistisch zu regieren, kommt es zum Bürgerkrieg (Civil War). Die Nation spaltet sich in Anhänger des Parlaments (Roundheads) und der Royalisten. Charles I. wird 1649 von den Roundheads hingerichtet und Oliver Cromwell regiert von 1653 bis 1658 als Lord Protector.

1660: Während der Restauration etabliert Charles II. erneut das Haus Stuart. London hat mehr als 500.000 Einwohner, d. h. etwa 10 % aller Engländer leben in der Hauptstadt.

1666: Das Große Feuer von London legt vier Fünftel der mittelalterlichen Altstadt in Schutt und Asche. Der Architekt Christopher Wren wird mit dem Wiederaufbau betraut.

1681–1710: Nachdem Charles II. den Hugenotten religiöses Asyl gewährt, ziehen diese in großer Anzahl nach London. Ca. 50.000 Hugenotten siedeln sich in Soho und Spitalfields an.

1685–89: Der absolutistische katholische James II. wird in der „Glorious Revolution" von 1688 vom Thron verjagt. Das Parlament setzt stattdessen seine Tochter Mary und ihren Mann William III. of Orange als Monarchen ein. 1689 wird die „Bill of Rights" formuliert. Sie legt die Rechte und Pflichten des konstitutionellen Monarchen endgültig fest und verbietet fortan einen katholischen Monarchen auf dem Thron (diese Regelung ist bis heute gültig).

1694: Gründung der Bank of England durch William III. mit dem Ziel, Kriege gegen Frankreich zu finanzieren.

1707: Während der Regentschaft von Queen Anne werden 1707 im Act of Union England und Schottland zu einer Nation vereint.

1714: Der Deutsche George I. wird zum ersten Herrscher des Hauses Hannover. Sir Robert Walpole, der erste Premierminister, zieht 1735 in die Downing Street Nr. 10 ein.

1799–1828: Der Londoner Hafen wird ausgebaut, erhält eine Anzahl neuer Docks und avanciert zum größten Hafen des Landes.

1805: Lord Admiral Nelson besiegt Napoleon in der Schlacht von Trafalgar.

1836: Zwischen der London Bridge und Greenwich verkehrt der erste Londoner Eisenbahnzug.

1837–1901: Unter Königin Victoria beginnen die Glanzzeiten des British Empire. In den Außenbezirken der Stadt entstehen Vororte, die mit der City durch neue Eisenbahnlinien verbunden sind.

1843–1852: Nach einem Brand werden die Houses of Parliament von Augustus Pugin im neugotischen Stil neu gebaut.

1858: „The Great Stink". Die verschmutzte Themse wird zur Kloake und gärt in den heißen Sommertemperaturen. Dies führt zur Planung neuer Abwassersysteme *(Thames Sewers)* durch den Ingenieur Joseph Bazalgette.

1863: Die erste „U-Bahn", damals noch ein Dampfzug, fährt unterirdisch zwischen Paddington und Farringdon.

1886–1894: Die Tower Bridge wird gebaut.

1914–1918: Deutsche Luftangriffe richten im Ersten Weltkrieg großen Schaden an und fordern Tausende von Opfern.

1936: Auf der Flucht vor dem Antisemitismus in Europa ziehen viele Juden nach Großbritannien. Sie siedeln sich vornehmlich im East End an. 1936 kommt es zu einer Straßenschlacht (Battle of Cable Street), in der eine antisemitische Demonstration britischer Faschisten unter Oswald Mosley durch Anwohner des East End vereitelt wird.

1939–1945: Während des Zweiten Weltkriegs kommt es ab 1940 zu Massenbombardierungen (genannt „The Blitz"), bei denen ca. 30.000 Menschen ihr Leben lassen müssen. Viele Exilregierungen der von den Nazis besetzten Länder (z. B. die von Polen), aber auch Politiker wie Charles de Gaulle suchen in London Schutz.

1951–1952: Im Rahmen des Festival of Britain wird in den durch Bomben entstandenen Baulücken das Southbank Centre errichtet – als Zeichen für den Wiederaufbau der durch den Krieg zerstörten Stadt. Vom 5. bis 9. Dez. 1952 herrscht aufgrund der Luftverschmutzung durch Kohleheizungen Smogalarm („The Great Smog"). Viele Menschen und Tiere sterben.

1952: Elizabeth II. tritt die Thronnachfolge an. Ihre Krönung in der Westminster Abbey wird zum ersten englischen TV-Medienereignis des 20. Jh.

1956: Der erste Routemaster-Bus fährt durch die Straßen Londons.

1949–1960: Die britischen Kolonien werden unabhängig und die britische Regierung wirbt um Gastarbeiter. Einwanderer aus den karibischen Inseln siedeln sich in Notting Hill und Brixton an. Sie werden heute als Windrush Generation bezeichnet.

1960–1969: London wird zum Mittelpunkt des europäischen Pop- und Modegeschehens, die Zeit der Beatles und des Minirocks von Mary Quant geht als „Swinging Sixties" in die Geschichte ein.

1970–1979: Durch die Ölkrise kommt es zu wirtschaftlichen Problemen. Hinzu kommt die Angst vor verstärkten Attentaten durch die IRA (Irish Republican Army).

1977: Silbernes Thronjubiläum von Queen Elizabeth II. Eine Livedarbietung des Songs „God Save the Queen" der Punkband Sex Pistols auf einem Ausflugsboot auf der Themse führt zur Verhaftung der Bandmitglieder.

1979–1990 Die Konservativen regieren unter der „Eisernen Lady" Margaret Thatcher. Eine Privatisierungswelle setzt ein und die

111lo-amo

1980er-Jahre sind von Streiks und Protesten gegen die Regierung gekennzeichnet. Durch den „Big Bang", die Deregulierung der Banken und der Börse, kommt es zu einem wirtschaftlichen Aufschwung in der City. London wird zu einem globalen Wirtschaftsstandort.

1991: Nach einem Anschlag der IRA auf Downing Street No. 10 wird der Regierungssitz großflächig abgeriegelt.

1990–1996: Der Londoner Physiker Tim Berners-Lee entwickelt die Programmierungssprache HTML, auf der das World Wide Web basiert.

1994: Der Eurotunnel (Channel Tunnel) wird eröffnet.

1997: Unter Tony Blair gelangt die Labour-Partei an die Macht. Prinzessin Diana stirbt im August 1997 bei einem Autounfall in Paris, was eine ungeahnte Trauerwelle auslöst.

2005: Bei einem Attentat von Islamisten auf die Londoner U-Bahn und auf Nahverkehrsbusse werden am 7. Juli 50 Menschen getötet und viele Hundert verletzt. Ein Denkmal im Hyde Park erinnert an das Ereignis. Die Sperrstunde (bis dato 23 Uhr) wird abgeschafft.

2008: Der konservative Boris Johnson tritt das Bürgermeisteramt an. Der Bankenkollaps in der City of London löst eine nationale Wirtschaftskrise (Credit Crunch) aus.

2010: Labour verliert die Nationalwahlen und die konservativen Tories bilden mit den Liberaldemokraten eine Regierungskoalition.

2011: Am 29. April heiratet der Enkel der Queen und älteste Sohn von Prinz Charles, William, die Bürgerliche Kate Middleton. Seit dem Tod von Queen Elizabeth II. tragen beide die Titel Prince und Princess of Wales.

2012: Die Queen feiert mit 60 Jahren im Amt ihr diamantenes Thronjubiläum. Die Sommerolympiade wird in London ausgetragen. Boris Johnson wird als Bürgermeister wiedergewählt. Die Stadt zelebriert den 200. Geburtstag von Charles Dickens.

2013: Die Aussichtsplattform von The Shard, dem höchsten Gebäude Londons, wird eröffnet.

2014: Seit dem 13. März 2014 ist das neue Gay Marriage Law in Kraft. Gleichgeschlechtliche Paare können nun eine zivile Ehe schließen.

2015: Die Priesterin Libby Lane wird zur ersten weiblichen Bischöfin der anglikanischen Kirche in England geweiht. Anlässlich des 800. Geburtstags der Magna Carta feiert die Nation ihre lange demokratische Tradition. Die europafeindliche Organisation UKIP gewinnt angesichts der europäischen Flüchtlingskrise mehr und mehr Zulauf. Zusammen mit dem rechten Flügel der Tories drängt sie zu einem Austritt aus der EU, dem sogenannten Brexit.

2016: Die Stadt zelebriert mit vielen Events den 400. Geburtstag von William Shakespeare. Der muslimische Labour-Politiker Sadiq Khan wird Bürgermeister. Beim Brexit-Referendum im Juni stimmen 51,9 % der Briten für den Austritt aus der EU. Die Londoner hatten sich mit 59,9 % für den Verbleib ausgesprochen. Premier David Cameron tritt zurück.

2017: Theresa May, die Camerons Nachfolge antritt, initiiert den Austrittsprozess aus der EU. Ab dem 21. August verstummen die Glocken des Elizabeth Tower (Big Ben) wegen Renovierungsarbeiten für vier Jahre.

2018: Prinz Harry heiratet die amerikanische Schauspielerin Meghan Markle. Das Paar trägt die Titel Duke und Duchess of Sussex.

‹ 2012 entstand der Queen Elizabeth Olympic Park 72 mit dem ArcelorMittal-Orbit, von dem man auf die Canary Wharf 61 blickt

Englische und britische Königshäuser

Haus Wessex (871–1066)
Alfred the Great 871–899
Edward the Elder 899–924
Æthelstan 924–939
Edmund I. 939–946
Eadred (Edred) 946–955
Eadwig 955–959
Edgar 959–975
Edward the Martyr 975–978
Æthelred 978–1013, wieder eingesetzt 1014–1016
Edmund Ironside (Eisenseite) 14. Apr.–30. Nov. 1016
Edward the Confessor 1042–1066
Harold II. Godwinson 6. Jan.–14. Okt. 1066

Haus Dänemark (1013–1014, 1016–1042)
Sweyn Forkbeard (Swegen) 1013–1014
Cnut (Knut der Große) 1016–1035
Harold I. 1035–1040
Harthacnut (Harthaknut) 1040–1042

Normannische Könige (1066–1154)
William the Conqueror 1066–1087
William II. Rufus 1087–1100
Henry I. Beauclerc 1100–1135
Stephen of Blois 1135–1154
Empress Matilda 7. Apr. 1141–1. Nov. 1141

Haus Anjou-Plantagenet (1154–1359)
Henry II. Curtmantle 1154–1189
Richard the Lionheart 1189–1199
John (Johann Ohneland) 1199–1216
Henry III. 1216–1272
Edward I. 1272–1307
Edward II. 1307–1327
Edward III. 1327–1377
Richard II. 1377–1399

Haus Lancaster (1399–1461/1470–1471)
Henry IV. 1399–1413
Henry V. 1413–1422
Henry VI. 1422–1461, wieder eingesetzt 1470–1471

Haus York (1461–1485)
Edward IV. 1461–1470, 1471–1483
Edward V. 1483
Richard III. 1483–1485

Haus Tudor (1485–1603)
Henry VII. 1485–1509
Henry VIII. 1509–1547
Edward VI. 1547–1553
Mary I. („Bloody Mary") 1553–1558
Elizabeth I. 1558–1603

Haus Stuart (1603–1649/1660–1714)
James I. 1603–1625 (Die Kronen von Schottland und England werden vereint, Großbritannien entsteht.)
Charles I. 1625–1649
Charles II. 1660–1685

James II. 1685–1688
William of Orange 1689–1694
(1689–1702 zusammen mit Mary II.)
Anne 1702–1714
(1707: Vereinigtes Königreich von Großbritannien und Irland)

Commonwealth und Protektorat (1653–1659)
Oliver Cromwell, Lord Protector 1653–1658
Richard Cromwell, Lord Protector 1658–1659

Haus Hannover (1714–1901)
George I. 1714–1727
George II. 1727–1760
George III. 1760–1820
George IV. 1820–1830
William IV. 1830–1837
Victoria 1837–1901

Haus Sachsen-Coburg Gotha (1901–1910)
Edward VI. 1901–1910

Haus Windsor (1910 bis heute)
George V. 1910–1936
(1922: Vereinigtes Königreich von Großbritannien und Nordirland)
Edward VIII. June 1936
George VI. 1936–1952
Elizabeth II. 1952–2022
Charles III. seit September 2022

2019: Der Brexit spaltet Bevölkerung und Politik, denn es gibt Befürworter und Gegner in allen Lagern. Nachdem das mit der EU ausgehandelte Papier zum Austritt mehrmals im Parlament abgelehnt wird, tritt Boris Johnson am 24. Juli Theresa Mays Nachfolge als Premierminister an. Bei vorgezogenen Neuwahlen am 12. Dezember erlangen die Tories unter Johnson einen Erdrutschsieg und damit eine Bestätigung, den Brexit endgültig durchzuführen.

2020: Am 31. Januar tritt Großbritannien offiziell aus der EU aus. Prinz Harry und seine Frau Meghan erklären ihren Rückzug aus allen hochrangigen königlichen Ämtern. Beide verlieren daraufhin ihre Titel als „Königliche Hoheit". Während der Coronapandemie befindet sich das Land im strengen Lockdown.

2021: Am 4. Januar wird der erste Patient mit dem in Oxford von AstraZeneca entwickelten Coronaimpfstoff geimpft. Prinz Philip, der Mann von Queen Elizabeth II., stirbt am 9. April. Wegen der Pandemie sind die Trauerfeierlichkeiten eingeschränkt.

2022: Großbritannien unterstützt ebenso wie die USA und die EU die Ukraine bei der Verteidigung gegen den Angriffskrieg durch Russland. Die „Partygate"-Affäre bringt ans Licht, dass Boris Johnson und sein Kabinett während des Lockdowns Partys feierten. Johnson muss zurücktreten und wird am 5. September von Liz Truss abgelöst, die allerdings bereits am 25. Oktober durch Rishi Sunak ersetzt wird. Im Mai feiert Queen Elizabeth II. ihr Platin-Jubiläum nach 70 Jahren im Amt. Sie eröffnet am 17. Mai die neue, nach ihr benannte Eisenbahnstrecke Elizabeth Line, die quer durch London verläuft. Am 8. September verstirbt die Queen im Alter von 96 Jahren. Die Trauerfeierlichkeiten dauern 10 Tage an. Sie wird in der George's Chapel in Windsor beigesetzt.

2023: Am 6. Mai wird Elizabeths ältester Sohn als Charles III. zum neuen König gekrönt.

Britische Monarchie im Wandel

Ab Anfang der 2010er-Jahre befand sich die britische Monarchie in einem Aufwärtstrend. **Medienereignisse** wie die Hochzeit von Prinz William und Kate Middleton im Jahr 2011, die Geburten ihrer Kinder sowie die Hochzeit von Prinz Harry mit der amerikanischen Schauspielerin Meghan Markle im Jahr 2018 hatten eine positive Auswirkung auf die Haltung der Öffentlichkeit. Doch nicht erst seit dem **Tod von Queen Elizabeth II.** am 8. September 2022 (ihr Mann Prinz Philip war bereits am 9. April 2021 verstorben) zeichnet sich ab, dass in den nächsten Jahren große Änderungen bei den Royals anstehen.

Der älteste Sohn der Queen wurde am 6. Mai 2023 zum **König Charles III.** gekrönt. Schon jetzt hat er bekanntgegeben, dass er die Monarchie „abspecken" will. Charles hat erkannt, dass die Institution mit der Zeit gehen muss, um noch relevant zu bleiben. Zu den Kritikpunkten der Monarchiegegner gehören nicht zuletzt die **hohen Kosten für den Erhalt der Staatsform**, zum Beispiel für die Instandhaltung der Schlösser und die Unterhaltskosten des Hofstaats. Im Rahmen der Krönungsfeierlichkeiten wurde deutliche Kritik an den Kosten für das wenig zeitgemäß erscheinende Ritual der aufwendigen Krönungszeremonie laut: Die dafür veranschlagten 200 Mio. Pfund hätte man im vom Brexit und der Coronapandemie gebeutelten Land in viele lohnendere Projekte investieren können, war zu hören.

Tatsächlich ist fraglich, ob die Erben der Krone in Zukunft noch an solchen Zeremonien festhalten werden, aber immerhin konnte die Tourismusindustrie durch die Teilnahme ausländischer Besucher an dem Event Einnahmen in zweistelliger Millionenhöhe verbuchen. Dies

Großereignisse wie die Krönung von Charles III. locken viele Touristen in die Stadt

ist auch eines der Hauptargumente für die Monarchie, nämlich dass die Royals mit publikumswirksamen Veranstaltungen für erhebliche **Einnahmen durch den Tourismus** sorgen.

Hauptsächlich engagieren sich die „aktiven" Mitglieder der königlichen Familie jedoch für wohltätige Organisationen und nehmen an repräsentativen Terminen im In- und Ausland teil, die auch als Öffentlichkeitsarbeit für das Vereinigte Königreich gesehen werden können. Die Einkünfte der königlichen Familie stammen großenteils aus dem **Crown Estate**, d. h. den Ländereien der Familie Windsor. Der erwirtschaftete Wert wird auf £312 Millionen pro Jahr geschätzt. Nach Abzug der Ausgaben gehen die Profite an den Staat. Dieser zahlt der Krone hieraus den sogenannten **Sovereign Grant**, einen Unterhalt in Höhe von ca. 15 %.

Den Hofstaat will Charles in den kommenden Jahren erheblich verschlanken, viele Bedienstete mussten bereits gehen. Auch wollen er und seine Frau, Queen Consort Camilla, nicht in den Buckingham Palace ⓫ umziehen, sondern zunächst im Clarence House ⓾ wohnen bleiben.

Schon in der Vergangenheit kam es zu „Krisen" der Monarchie, die Diskussionen darüber auslösten, ob die Institution noch zeitgemäß sei. Dem Ansehen der Monarchie schadete z. B. die Abdankung von **Edward VIII.** im Jahr 1936. In seiner nur zehn Monate dauernden Amtszeit zog Edward den Unwillen des Parlamentes und der Regierungen der Commonwealth-Staaten auf sich. Er schien sein Staatsamt wenig ernst zu nehmen und sprach sich mehrfach offen, aber unqualifiziert gegen die Regierungspolitik aus. Seine geplante Heirat mit der geschiedenen, bürgerlichen Amerikanerin Wallis Simpson führte zuhause ebenso wie im Commonwealth zu Widerstand. Hierbei ging es weniger darum, das Wallis eine Bürgerliche war. Ihr schillerndes Liebesleben in den Klatschspalten qualifizierte sie je-

In der Westminster Abbey ❸ finden Hochzeiten und Krönungen statt

doch kaum für das Staatsamt einer Königin. Zudem wurden ihr Verbindungen mit den Nazis nachgesagt (u.a. ein intimes Verhältnis mit Joachim von Ribbentrop). Edward bestand auf der Verbindung und versuchte den Alleingang gegen das Parlament. Dies kostete ihn schließlich das Amt und er mußte abdanken.

Seitdem die konstitutionelle Monarchie 1688 während der „Glorious Revolution" erstritten wurde, bevorzugen die Briten einen Monarchen, der sich dezent im Hintergrund hält und sich nicht in politische Angelegenheiten einmischt. Dem Monarchen kommt vielmehr eine **repräsentative und diplomatische Rolle** zu, eine Aufgabe, die Queen **Elizabeth II.** bis zu ihrem Tod mit Brillanz erfüllte. Ihre Krönung im Jahr 1953 hätte kein besseres Jahr treffen können, da man nach den Entbehrungen der Kriegszeit ein erstarktes Selbstbewusstsein hatte und die Lebensqualität so hoch war wie nie zuvor. Ihre Regentschaft wurde direkt mit der ihrer Namensvetterin Elizabeth I. verglichen und man sprach von einem neuen „Goldenen Zeitalter" unter Elizabeth II. Sie führte im Kern weiter, was ihr Vater George VI. begonnen hatte: die „populäre Monarchie".

Als Prince of Wales war **Charles III.** oft weniger diplomatisch als seine Mutter und gab oft seine Meinung zum Besten. So war er schon immer ein Verfechter des Klimaschutzes und führte auf seinen eigenen Ländereien in Cornwall bereits vor Jahrzehnten die biologische Landwirtschaft ein. Seine Meinung tat er jedoch auch in Belangen wie dem Bildungswesen, der Religion und Architektur kund. Der Prinz sprach sich oft gegen moderne Architektur aus, was ihm verständlicherweise nicht nur Wohlwollen beschert. Unter seiner Schirmherrschaft sind z. B. im südenglischen Poundbury, in Dorset, Musterstädte entstanden, deren Architektur das 18. Jh. wieder aufleben lassen. In seiner Rolle als Monarch des Vereinigten Königreichs ist er jedoch zu absoluter Neutralität verpflichtet.

In den Jahrhunderten seines Bestehens hat das Königshaus viele Skandale überstanden. Auch jetzt scheint es eher unwahrscheinlich, dass die Briten sich in naher Zukunft gegen die Monarchie und für die Alternative einer Republik entscheiden: Nur 15 % der Bevölkerung befürworten die Einsetzung eines gewählten Repräsentanten aus den Reihen der Politiker. Denn gegen Politiker hegen die Briten ein weit größeres Misstrauen als gegenüber den Royals.

Trotz Kritik an der Monarchie wurde bei der Krönung von Charles III. kräftig gefeiert

Das Bankenzentrum in der Canary Wharf 61

087lo-ln

Leben in der Stadt

London ist bei Weitem die größte Stadt des Vereinigten Königreichs und der Hauptarbeitgeber des Landes. Der Ballungsraum von Greater London im Südosten ist der am dichtesten besiedelte und insgesamt wohlhabendste Teil der Britischen Inseln.

Millionenstadt und Zentralisierung

Die Londoner Bevölkerung ist sehr jung, 63 % sind unter 44 Jahre (der Landesdurchschnitt liegt bei 53 %). Im inneren Stadtbereich Londons leben momentan über 9,5 Mio. Menschen – so viele wie nie zuvor. Dem Zuwachs liegt ein beständiger Strom an **Einwanderern** zugrunde, ebenso **ansteigende Geburtsraten**. Im Januar 2014 überschritt London damit zum ersten Mal die bisherige Höchstmarke von 8615 Mio. Einwohnern aus dem Jahr 1939. Damals setzte der Zweite Weltkrieg dem Aufschwung ein jähes Ende und in den Folgejahren kam es aufgrund der immensen Zerstörung von Wohnraum zu einer Umsiedelung in weiter außerhalb liegende Bezirke. Noch heute erstreckt sich der Einzugsbereich des Großraums von London in die sogenannten **Home Counties** (Essex, Hertfordshire, Buckinghamshire, Berkshire, Surrey und Kent), die außerhalb der Ringautobahn M25 an London angrenzen. Dort leben noch einmal ca. 7 Mio. Menschen, von denen viele Tausende täglich zur Arbeit in die Hauptstadt pendeln.

Wenn der bisherige Trend anhält, würde die Einwohnerzahl bis ins Jahr 2050 auf 11 Mio. anwachen. Addiert man die Pendler-Bezirke hinzu, dann wird London schon bald zur **größten Metropolregion**

auf dem europäischen Kontinent. Dies stellt die Stadtplaner schon jetzt vor **logistische Probleme** wie die zukünftige Energie-, Wasser- und Abwasserversorgung. Die Kapazität der öffentlichen Verkehrsmittel muss in den kommenden Dekaden erweitert werden und es müssen jedes Jahr Hunderttausende von neuen Wohngebäuden gebaut werden, ganz zu schweigen von der dazugehörigen Infrastruktur wie Schulen, Krankenhäuser etc. Bürgermeister Sadiq Khan hat daher die Baubestimmungen in den 13 Außenbezirken gelockert. Londonweit sollen bis 2029 um die 650.000 neue Wohnungen entstehen.

Außerhalb von London werden Beschwerden laut, dass der Südosten des Landes bevorzugt wird, während andere Regionen hinterherhinken. Man kritisiert, dass die Lebensrealität der Briten im Rest des Landes anders aussieht als das, was Londonern (einschließlich den regierenden Politikern) als Maßstab gilt.

Tatsächlich denkt man in Westminster schon länger über eine **Dezentralisierung** der in London ansässigen Institutionen nach. Die Tatsache, dass London 22 % des Wirtschaftswachstums erarbeitet, hat nämlich auch Nachteile: Der Einbruch des Bankensystems in der City of London im Jahr 2008 hatte eine nationale Wirtschaftskrise *(Credit Crunch)* zur Folge.

Um nicht weiter ausschließlich vom Wirtschaftsstandort London abhängig zu sein, werden seit einiger Zeit die Metropolen des Nordens gefördert. Die geplante Schnellzugtrasse HS2 in den Norden ist ein Schritt auf dem Weg dahin (s. S. 206). Auch der Umzug einiger BBC- und ITV-Nachrichten- und Unterhaltungsprogramme in die hypermoderne MediaCityUK in Salford bei Manchester leitete eine Umorientierung ein. Andere Unternehmen werden sicherlich folgen.

Grünflächen wie hier im Battersea Park werden von Londonern gern und ausgiebig genutzt

Multikulturalismus

London ist eine wahrhaft multikulturelle Stadt. **Mehr als 270 verschiedene Nationalitäten** vermischen sich in diesem Schmelztiegel und es werden über 300 Sprachen gesprochen. Die unterschiedlichen Kulturen haben das moderne Erscheinungsbild Londons wesentlich mitgeprägt und sind im täglichen Leben präsent.

Die tolerante Welt- und Handelsstadt war schon von jeher ein Anziehungspunkt für **Einwanderer** aus den entlegendsten Ecken der Erde: Im 17. Jh. waren es die Hugenotten auf der Flucht vor religiöser Verfolgung, im 18. Jh. die Iren auf der Flucht vor der Hungersnot und im 19. und 20. Jh. die Juden auf der Flucht vor dem Antisemitismus in Europa. In den 1950er- und 1960er-Jahren, nachdem die ehemaligen Kolonien in Afrika, China, der Karibik und Indien zu unabhängigen Mitgliedern des Commonwealth wurden, warb die britische Regierung in diesen Ländern um Gastarbeiter. Die Eingliederung der zahlreichen ethnischen Minderheiten verläuft natürlich nicht immer ganz ohne Probleme. In Bezirken mit hohem Anteil an Einwanderern wie Brixton, Croydon und Peckham dauert der Integrationsprozess bis heute an.

Um den Anforderungen des Multikulturalismus gerecht zu werden, baut man auf Verständnis und Toleranz. Die Belange von Minderheiten werden ernst genommen und es gibt ein System für **Gleichberechtigungsquoten** (Equal Opportunities), dem sich Arbeitgeber, Schulen und andere Einrichtungen nicht entziehen können.

Insgesamt 38 % aller Einwanderer, die nach Großbritannien kommen, lassen sich in London und dem Südosten nieder. So wurde etwa ein Drittel aller Einwohner Londons außerhalb von Großbritannien geboren. Unter den ethnischen Minderheiten gehören Menschen afrikanischen und asiatischen Ursprungs zu den am stärksten vertretenen Gruppen.

Zwar stellt sich Großbritannien den Anforderungen, aber die starke Einwanderung aus den osteuropäischen Ländern nach der Erweiterung der EU und die Auswirkungen der Flüchtlingskrise 2015 zählten zu den Hauptthemen der Brexit-Befürworter.

Kultur und Bildung

London hat mehr **Weltklassemuseen** zu bieten als kaum eine andere Stadt und alle **Kunstrichtungen** sind hier vertreten. Von klassischen **Konzerten** weltberühmter Interpreten und Orchester bis zu den neuesten Musiktrends und Theaterpremieren mit internationalen Schauspielern ist auf den Bühnen alles zu sehen. London geht nie schlafen und auch Nachtschwärmer kommen voll auf ihre Kosten. Hier finden internationale **Filmpremieren** statt, die neueste **Mode** und Musik sowie ausgefallenes **Design** und Kunst werden kreiert.

Nicht zuletzt ist London aber auch eine **Universitätsstadt** mit ca. 400.000 Studenten. Es gibt insgesamt 40 verschiedene Universitäten bzw. Colleges, die die unterschiedlichsten Ausbildungen anbieten. Darunter befinden sich auch Akademien für Theater, Musik und Tanz, wie die Royal Academy of Dramatic Art (RADA). Die University of London wurde 1836 gegründet und besteht aus mehreren autonomen Colleges wie der London School of Economics und der School of

Oriental and African Studies. Drei der herausragendsten Lehranstalten sind das Imperial College, das University College London (UCL) und das King's College.

Mode und Musik in London

London ist von jeher ein Ort, an dem neue Musiktrends kreiert werden – das multikulturelle Klima sorgt für kreativen Input. Musik, Kunst und Design sind in London nicht zuletzt seit den Swinging Sixties eng miteinander verbunden. Kreative Ausbildungsstätten wie die von der Musikindustrie gesponsorte **BritSchool** fördern Talente durch frühe Spezialisierung (zu den Absolventen gehört z.B. die Sängerin Adele). In der Kunstuniversität **Central St. Martins** gaben die Sex Pistols im November 1975 ihr erstes Konzert. In den 1980er-Jahren war hier der Treffpunkt für die Post-Punk-Szene.

Soho

Soho wird bereits seit Anfang des 20. Jh. mit der Londoner Musikszene in Verbindung gebracht. Nach dem Zweiten Weltkrieg war es berühmt-berüchtigt für seine Jazzclubs und Bars, wo die Beatniks ein- und ausgingen. Ein Überbleibsel aus dieser Zeit ist das Lokal **Ronnie Scott's** (s. S. 185), das bereits seit 1959 existiert. Bis in die späten 1980er-Jahre hatten hier wichtige Studios und Clubs ihren Sitz.

In der **Denmark Street** [I9] gab es in den 1950er-Jahren so viele Aufnahmestudios und Musikläden, die Noten und Instrumente verkauften, dass die Straße den Spitznamen **Tin Pan Alley** (Schlagerindustrie-Allee) erhielt. Fast alle bekannten Bands aus den 1960er-und 1970er-Jahren verkehrten in den Studios der Hausnummern 4 und 6, wo die Rolling Stones, die Kinks und Elton John Platten aufnahmen. Später hausten die Sex Pistols im ersten Stock über dem Studio in Nr. 6. Die Hausnummer 9 beherbergte das Gioconda Café, das von Musikern wie David Bowie, Jimi Hendrix und den Small Faces frequentiert wurde. Hier erinnert heute eine blaue Plakette an die fast hundertjährige Musiktradition der Straße. 2025 soll im Queen Elizabeth Olympic Park 72 ein neues Museum entstehen, das **David Bowie** gewidmet ist. Die Ausstellungsstücke stammen aus dem Fundus des V&A 95.

Im legendären **Marquee Club** (90 Wardour Street, später Charing Cross Road) spielten u.a. Jimi Hendrix, The Who, Led Zeppelin, The Police, The Cure und Rod Stewart. Das Video „I'm your man“ von Wham! wurde u.a. hier gefilmt. Im **UFO Club** (Nr. 31 Tottenham Court Road) fanden die ersten Konzerte von Pink Floyd statt. Ein wichtiger Ort für die Punkszene war z.B. das **Roxy** (41–43 Neal Street). In dem engen Club spielten zur Eröffnung am 1. Januar 1977 The Clash.

In den 1980er-Jahren wurde der **Wag Club** (33–37 Wardour Street) zur angesagten Adresse, wo die Bands der Post-Punk-Szene wie Siouxsie and the Banshees und Adam Ant auftraten. Auch die ersten Hip-Hop-Stars bekamen hier ihre Chance. Bereits 1942 öffnete der Jazzclub Feldman Swing Club seine Türen, später umbenannt in **100 Club** (s. S. 185). Er hat die Jahrzehnte überdauert, da er ein breitgefächertes Programm bietet. Hin und wieder treten sogar noch Punk-Veteranen auf.

Die Mode der Designerin Mary Quant war prägend für die Swinging Sixties

Chelsea

Was heute als **Swinging Sixties** bezeichnet wird, war ein Zusammenspiel von Mode und Musik im London der 1960er-Jahre. Die Mode der Modernists (Mods) wurde zum trendigen Outfit, der Soundtrack dazu stammte von Bands wie The Who und den Small Faces. „Hippe“ junge Menschen versammelten sich damals vor allem in der **Carnaby Street** [H9] in Soho und in der **King's Road** 100 in Chelsea vor den schrill dekorierten Boutiquen.

Mary Quant (1930–2023), die Erfinderin des Minirocks, eröffnete bereits 1955 ihre erste Boutique „Bazaar“ an der Adresse 138a King's Road (Ecke Markham Street, Chelsea). Eine der bekanntesten Café-Bars war das Fantaisie (128a King's Road, heute eine Filiale von Starbucks). Gleich um die Ecke, am Cheyne Walk 103, lebten zwei Mitglieder der Rolling Stones: Keith Richards in der Nr. 3 und Mick Jagger in der Nr. 48. Die King's Road blieb noch bis in die 1980er-Jahre der Treffpunkt für die Musik- und Modeszene. Im November 1971 eröffneten **Vivienne Westwood** (1941–2022) und **Malcolm McLaren** (1946–2010) dort die Boutique „Let it Rock“, die sich ab 1973 in „Too fast to live, too young to die“ umbenannte. 1974 erhielt der Laden den provokativeren Namen „Sex“ und ab sofort wurden dort Leder-, Fetisch- und Nietenklamotten sowie Westwoods eigene Kreationen verkauft. Unter den coolen Kids, die in dem Laden herumlungerten, befanden sich auch die späteren Mitglieder der **Sex Pistols.** Dem Musikproduzenten Bernie Rhodes fiel John Lydon auf und er wurde als „Johnny Rotten“ der Frontman der neuen Band. Die Outfits entstanden in Zusammenarbeit mit Vivienne Westwood und das neue Jugendphänomen **Punk** war geboren. Vivienne Westwood, später zur international angesehenen Designerin aufgestiegen, betrieb die Boutique in der King's Road, die heute unter dem Namen „Worlds End“ (s. S. 192) firmiert, bis zu ihrem Tod.

203lo-ln

Camden

In Camden 85, wo es mehr Musikclubs gibt als anderswo in London, haben noch viele der legendären Clubs überlebt. Bereits 1966 fand im **Roundhouse** (s. S. 185) ein legendäres Konzert der Band Pink Floyd statt. Fast alle großen Rockbands der 1960er-Jahre traten hier auf, später Glamrocker und Punks. 1973 öffnete **Dingwalls** seine Pforten und 1978 folgte der **Electric Ballroom** (s. S. 185). Hier spielen heute namhafte Bands der Indieszene. Camden wird vor allem auch als der Geburtsort des „Britpop" der 1990er-Jahre gesehen, Bands wie Blur erlangten hier zum ersten Mal Aufmerksamkeit. Die Sängerin **Amy Winehouse** lebte in einer Wohnung am Camden Square, wo sie 2011 an einer Alkoholvergiftung verstarb. Ihr ist eine Bronzestatue gewidmet, die inmitten des Camden Stables Market aufgestellt wurde.

› **Führungen:** www.londonrocktour.com, https://britmusictours.com

Die Beatles

Natürlich muss an dieser Stelle auch die erfolgreichste britische Band aller Zeiten erwähnt werden: die **Beatles.** Obwohl nicht aus London stammend, findet man an vielen Stellen der Stadt Spuren der Band und es werden zahlreiche Führungen zum Thema angeboten. Diese schließen z. B. die **Abbey Road Studios** (3 Abbey Road, www.abbeyroad.com) in St. John's Wood ein, wo auf einem Zebrastreifen das Coverfoto für das Album „Abbey Road" aufgenommen wurde und noch heute viele erfolgreiche Bands produziert werden. Die eigene Produktionsfirma der Band, Apple Records (heute Apple Corps), befand sich bei der Adresse 3 Savile Row. Auf dem Dach des Hauses spielte die Band ihr letztes Konzert, das im Film „Let It Be" verewigt wurde. Paul McCartney hat noch heute ein Haus in London: Er erwarb das dreistöckige Regency Townhouse in der Cavendish Avenue Nr. 7, ganz in der Nähe der Abbey Road Studios, im Jahr 1965.

› **Führungen auf den Spuren der Beatles:** www.beatlestourslondon.com

090lo-sh

Zu den Büros in der Canary Wharf 61 sind inzwischen viele moderne Apartmentblocks hinzugekommen

City Banker beim Plausch

Die Londoner und ihr Alltag

092lo-ln

Nicht nur Pendler von außerhalb benötigen im Londoner Alltag viel Durchhaltevermögen. Oft nehmen auch Einwohner im inneren Stadtbereich viele Stunden Fahrzeit pro Tag in Kauf. Um die öffentlichen Verkehrsmittel, die zu Spitzenzeiten mehr als ausgelastet sind, kommt man nicht herum. Angst vor Tuchfühlung darf man hier nicht haben. Aufgrund der **Congestion Charge** bzw. der **ULEZ Charge** (s. S. 234) käme aber niemand auf die Idee, mit dem Auto in die City zu fahren. Vielfach wird stattdessen das Fahrrad als das Verkehrsmittel der Zukunft angesehen, und zwar nicht nur aufgrund seiner Umweltfreundlichkeit, sondern auch wegen des Ausbaus der Infrastruktur für den Radverkehr. Allerdings ist dies nicht ganz ungefährlich, denn im Londoner Straßenverkehr kommen immer wieder Fahrradfahrer ums Leben.

Leben und arbeiten in London ist teurer als in den meisten anderen Städten der Welt. Eines der größten Probleme sind die rasant ansteigenden **Mieten und Immobilienpreise,** die schon jetzt mehr als doppelt so hoch sind wie in anderen Teilen des Landes. Das „wohlhabende London" wächst aus dem Zentrum heraus an. Wo die Gentrifizierung einsetzt, wie z. B. im stadtnahen East End, werden weniger wohlhabende Einwohner schnell in weiter außerhalb liegende Ortschaften verdrängt. Dies betrifft durchaus nicht nur Einwanderer. Die Mieten in den Innenstadtbereichen sind zu hoch für Dienstleister wie Krankenschwestern oder städtische Angestellte, Studenten oder Berufsanfänger. Selbst Besserverdienende, die sich eine Eigentumswohnung oder ein Haus zulegen möchten, müssen in Innenstadtnähe mit Preisen in Millionenhöhe rechnen und haben daher oft keine andere Wahl, als von außerhalb in die Stadt zu pendeln.

In innerstädtischen Bereichen wie der City of London leben bis heute neben Millionären paradoxerweise fast ausschließlich Sozialhilfeempfänger, deren Mieten von der Stadt gezahlt werden. In den letzten Jahren hat sich daher der Druck auf die Stadtplaner verstärkt, mehr erschwinglichen Wohnraum *(affordable housing)* in Stadtnähe zu schaffen und dem **Spekulantentum** Einhalt zu gebieten, von dem oft nur Investoren aus China, Russland und dem Mittleren Osten profitieren, die selbst gar nicht in London leben. Statistiken der National Housing Federation zeigen, dass die Gewinne, die einige Londoner Immobilien jährlich ausschütten doppelt so hoch sind, wie der Durchschnittsverdienst eines Lehrers oder einer Krankenschwester (ca. £ 37.000).

London als Filmstadt

London ist nicht nur ein Ort, an dem Filme produziert werden, die Stadt ist auch oft einer der Stars vor der Kamera. Es werden zahlreiche Stadttouren zu den Schauplätzen bekannter Filme angeboten, bei denen man sich auf die Spuren von Filmhelden begeben kann (s. S. 246). Aufgrund von Steuervorteilen werden vor Ort und in den hiesigen Studios heute auch viele Hollywood-Blockbuster produziert.

James Bond in London

Eine wilde Verfolgungsjagd in einem Schnellboot auf der Themse, bei der man sich selbst einmal wie James Bond fühlen darf? Dieses Erlebnis wird gleich von mehreren Veranstaltern angeboten. Der Filmheld rast nämlich mit Vorliebe nicht nur in Autos herum, sondern auch in Schnellbooten auf dem Wasser – nicht selten auf der Themse.

Da viele Sehenswürdigkeiten Londons direkt an der Themse liegen, führen die **Verfolungsjagden auf dem Fluss** oft an markanten Ansichten vorbei, z. B. den **Houses of Parliament** 1, der **Tower Bridge** 52 oder den **Docklands.** Oft zu sehen ist auch das **Hauptquartier des britischen Geheimdienstes MI6** auf der Südseite der Themse in Vauxhall, wo Bond sich mit „M" trifft. Es steht schräg gegenüber der **Tate Britain** 106 und ist auch im richtigen Leben der Sitz der Organisation.

Der Film **„Skyfall"** (2012) wurde fast ausschließlich in London gedreht, denn der britische Regisseur Sam Mendes holte den Helden, der normalerweise exotischere Destinationen bevorzugt, wieder

EXTRATIPP

Schnellbootfahrten über die Themse

- **London Speed Boat,** Tower Bridge Quay, St. Katherine's Way, www.thamestigers.com, Erw. £ 49, Kinder £ 35
- **Thames RIB Experience,** Embankment Pier, Victoria Embankment, Tel. 36132329, www.thamesribexperience.com, Erw. £ 48, Kinder bis 15 Jahre £ 37

nach Hause. Damit startete Mendes einen Trend, denn auch in den nachfolgenden Filmen, in denen Daniel Craig den Spion verkörpert, wie **„Spectre"** (2015) oder **„Keine Zeit zu sterben"** (2021) wurde erneut viel an Londoner Schauplätzen gefilmt.

Im Film „Skyfall" sind sogar die Innenräume der **National Gallery** 8 zu sehen, wo Bond und sein Quartermaster „Q", (gespielt von Ben Whishaw) gemeinsam das Bild „The Fighting Temeraire" des Malers J.W. Turner betrachten. Das Bild wurde nicht zufällig gewählt, denn es zeigt eines der Schiffe, die 1805 an der Schlacht von Trafalgar beteiligt waren, wo die Engländer Napoleon besiegten. Unterschwellig oder offenkundig: Die Bond-Filme sind durch und durch britisch und vermitteln Nationalstolz.

London Locations

London hat viele markante Punkte und historische Ansichten, die immer wieder gern von Regisseuren bei Film- und Fernsehproduktionen in Szene gesetzt werden. Hierzu gehören auch U-Bahn-Stationen wie die stillgelegte **Aldwych Station,** die im Film„Luther" (2023) mit Idris Elba vorkam, oder auch die futuristische, von Norman Foster entworfene Station Canary Wharf in „Star Wars: Rogue One" (2016).

Für historische Produktionen wie „Elizabeth" (1998) mit Cate Blanchett oder den Thriller „The Da Vinci Code" (2006) mit Tom Hanks nutzte man die **Temple Church** 23. Die älteste Kirche Londons, **St. Bartholomew the Great** (s. S. 68), taucht ebenfalls immer wieder auf, z. B. in „Robin Hood – Prince of Thieves" (1991) mit Kevin Costner oder „Sherlock Holmes" (2009) mit Robert Downey Jr. Das benachbarte Krankenhaus **St. Bartholomews** wurde als Drehort für die BBC-Serie „Sherlock" (2010–2017) mit Benedict Cumberbatch genutzt.

Auch die Seitensträßchen des **Borough Market** 48 sind beliebte Filmkulissen. Über dem Globe Pub in der Bedale Street wohnte z. B. „Bridget Jones" (2003) und in der Stoney Street diente ein Blumenladen als Eingang zum Pub Leaky Cauldron („Zum Tropfenden Kessel") in den Harry-Potter-Filmen.

Oft ist man sich als Betrachter gar nicht bewusst, dass man auf London schaut, denn es wird auch an unkenntlichen oder sogar häßlichen Stellen gefilmt. So suchten sich die Macher von „Fast & Furious 6" (2013) z. B. ein verlassenes Parkhaus in den Docklands in **Canary Wharf** 61. Für den Film „The Young Victoria" (2009) wurde das **Ham House** 114 in Richmond kurzerhand zum Kensington Palace umfunktioniert. Das **Somerset House** 22 wiederum wurde im Bond-Film „Goldeneye" zur

◁ MI6, das Hauptquartier des britischen Geheimdienstes, ist in vielen James-Bond-Filmen zu sehen

Eremitage in St. Petersburg. Das zur University of London gehörige **Senate House** (s. S. 119) und seine Umgebung stand gleich in zwei Batman-Filmen: „Gotham City": „Batman Begins" (2005) und „The Dark Knight Rises" (2012). Für „The Dark Knight" (2008) nutzte man auch die damals noch verfallene **Battersea Power Station** (104) als unheimlichen Hintergrund.

Fast unglaublich ist es dagegen, wie die Macher des Science-Fiction-Films „Edge of Tomorrow" (2014) mit Tom Cruise es schafften, auf einem völlig menschenleeren **Trafalgar Square** (7) zu filmen.

Studios und Produktion

Die Filmindustrie, darunter nicht nur Spielfilm-, sondern auch berühmte TV-Produktionen wie „Game of Thrones", generieren alljährlich Gewinne in Milliardenhöhe. Die internationalen Produktionsfirmen nutzen aber nicht nur Locations vor Ort, sondern auch Londoner Studios, wo sich in punkto Filmtechnik in den letzten Jahrzehnten einiges getan hat.

London besaß schon in der Vergangenheit zahlreiche Filmstudios. Zu den bekanntesten gehören die **Hammer Studios** im Stadtteil Hammersmith, die in den 1960er- und 1970er-Jahren Gruselklassiker wie „Frankenstein" und „Dracula" fast wie vom Fließband produzierten. 2007 von dem Holländer Jon de Mol aufgekauft, produziert man nun wieder Horrorschinken.

In den **Ealing Studios** wurden in den Jahren nach dem Zweiten Weltkrieg viele Komödien verfilmt, darunter z. B. „Ladykillers" mit Alec Guiness (1955). Heute entstehen hier vor allem Independentfilme, d. h. britische Produktionen mit kleinerem Budget, aber auch Teile von Fernsehserien wie „Downton Abbey".

Zu den erfolgreichsten und größten Londoner Studios gehört **Pinewood** (in Buckinghamshire). Es ist die Heimat von James Bond, der hier 1962 seine Filmkarriere begann. Bis heute werden die Innenaufnahmen für die Filme auf dem dortigen „Albert R. Broccoli 007 Set" gedreht. Bereits 1934 entstanden unter den Industriemagnaten Charles Boot und Arthur J. Rank die Studios, die in Anlehnung an Hollywood im großen Stil angelegt wurden. Später entstand daraus die globale **Rank Organisation.** In den 1990er-Jahren wurde die Firma verkauft und ist heute ein Konglomerat aus verschiedenen Studios in der ganzen Welt, darunter auch die Teddington Studios und die Shepperton Studios in Surrey. Außerdem gibt es eine „Roger Moore Stage" und einen riesigen Tank für Unterwasseraufnahmen. Insgesamt können Filmschaffende in Pinewood und Shepperton 24 Hallen und drei TV-Studios benutzen. Ab 2014 wurden die neuen Filme der Star-Wars-Reihe (Episode VII bis Episode VIX) fast ausschließlich dort produziert.

› **Pinewood Studios,** https://pinewoodgroup.com/studios/pinewood-studios

Große Erfolge in der digitalen Filmtechnik (CGI) erzielte das Londoner Studio **Framestore** in Soho. Für den Science-Fiction-Film „Gravity" (2013) erhielt das Studio gleich mehrere Oscars, u. a. für „Cinematography" („Beste Kamera"), Schnitt, visuelle Effekte und Tonschnitt, und auch für „Blade Runner 2049" (2018) gab es einen Oscar für visuelle Effekte. Das Studio wurde damit zu einer der ersten Anlaufstellen für CGI und arbeitete z. B. an Filmen über die Marvel-Superhelden „Avengers" und „Guardians of the Galaxy", den „Harry Potter"-Verfilmungen oder „Top Gun: Maverick" mit.

Unterhaltungsparks im Stil der Universal Studios in Los Angeles gibt es in London allerdings nicht. Das einzige Studio, in dem man hinter die Kulissen schauen darf, sind die **Warner Bros. in Leavesden**, wo von 2001 bis 2011 die Harry-Potter-Filme gedreht wurden. Neben der interaktiven Harry-Potter-Ausstellung (s. S. 164), wo man in Originalkulissen Szenen aus den Filmen nachleben kann, ist ein großer Teil der Studios weiterhin aktiv in der Filmproduktion.

Den größten Zuwachs erfährt die Industrie momentan durch **Direktinvestitionen aus dem Ausland.** Viele internationale Filme entstehen in Großbritannien, darunter Blockbuster von Warner Bros. und Disney. Ein hoher Anteil an US- und anderen internationalen Produktionen wird inzwischen an Drehorten in London gedreht und produziert. Darunter gehören auch solche der Streaming-Anbieter Netflix und Amazon Prime.

Der Grund, warum mehr und mehr ausländische Filme in London produziert werden, sind nicht zuletzt die niedrigeren Kosten. Die britische Regierung fördert die Filmindustrie z. B. durch **Steuererleichterungen.**

Nicht zu verkennen ist jedoch auch der Beitrag, den Filmschaffende in Großbritannien leisten. Die **unabhängig produzierten britischen Produktionen** sind oft sehr erfolgreich und räumen Oscars ab, so z. B. „The King's Speech" (2011). In den letzten Jahren ist die Investition in heimische Filme jedoch leicht zurückgegangen. Es werden zwar weiterhin Filme produziert, aber die Filmemacher begnügen sich oft mit einem Bruchteil der Kosten von Hollywood-Produktionen. Häufig gibt es Koproduktionen, vielfach mit den USA oder europäischen Ländern, bei denen z. B. der Drehbuchautor, der Regisseur und/oder die Schauspieler britisch sind.

Das **British Film Institute – BFI** (s. S. 76) vergibt und koordiniert die Fördermittel für britische Filmproduktionen. Es verwaltet auch das Nationalarchiv des britischen Films in der **Reuben Library** im **BFI Southbank** und veranstaltet das London Film Festival. In den Kinos an der Southbank kann man interessante Archivfilme anschauen. Dort werden aber auch Retrospektiven und thematische Filmschauen veranstaltet. Das **Cinema Museum** (s. S. 230) erlaubt einen Blick in die Anfangsjahre der britischen Filmindustrie.

Chaplin und Hitchcock

Zu den großen Talenten, die von London aus nach Hollywood emigrierten, gehören so bekannte Namen wie Charlie Chaplin und Alfred Hitchcock. **Charlie Chaplin** (1889–1977) wuchs in Südlondon auf und lebte z. B. in der Methley Street Nr. 39 in Kennington, Vauxhall. In der East Street in Walworth, wo er geboren wurde, erinnert eine blaue Plakette an sein Geburtshaus.

Der junge Chaplin, dessen Vater Alkoholiker war und dessen Mutter den Großteil ihres Lebens in einer psychiatrischen Klinik verbrachte, stand schon im Alter von 14 Jahren auf der Bühne, um sich und seinen Bruder zu ernähren. Er trat in Vaudeville Shows auf, die in den damals populären Music Halls stattfanden. Zwischendurch kamen er und sein kleiner Bruder dennoch mehrfach in Armenhäu-

165lo

sern wie dem Lambeth Workhouse unter. In dem historischen Gebäude ist heute das **Cinema Museum** untergebracht, wo man Memorabilien aus der Glanzzeit des Kinos begutachten und alte Filme anschauen kann. Für bestimmte Events und Festivals arbeitet man auch mit anderen Kinos wie dem BFI (s. S. 76) zusammen.

Alfred Hitchcock (1899–1980) wurde in Leytonstone nordwestlich von Stratford geboren und verewigte London in vielen seiner Filme. In der Salmon Lane in **Limehouse** 60 wohnte die Familie zwischen 1907 und 1915. Seine Eltern führten dort nämlich einen Fish and Chips Shop.

In **Hoxton** 70 an einem einsamen Stück des Regent's Canal befanden sich im frühen 20. Jh. die Gainsborough Studios bzw. die Islington Studios, wo Hitchcock einige seiner frühen Werke produzierte, wie z. B. „The Lady Vanishes" (1938). Dort ist Hitchcock (vor dem heutigen Apartmentblock) mit einer Büste verewigt.

1956 kehrte der Regisseur von Hollywood nach London zurück, um den Film „The Man Who Knew Too Much" mit James Stewart und Doris Day zu filmen. Unter anderem wurden Straßenszenen in der Plender Street in Camden gedreht. Das spektakuläre vereitelte Attentat auf den ausländischen Premierminister filmte man damals in der **Royal Albert Hall** 98.

252 [K12] **Cinema Museum,** The Master's House, 2 Dugard Way, off Renfrew Rd., Tel. 078402200, www.cinemamuseum.org.uk, Besichtigung mit Führung nach Voranmeldung per Telefon oder E-Mail (info@cinemamuseum.org.uk), Eintritt: Erw. £ 10, erm./Kinder £ 7

Alfred Hitchcock verewigte London u. a. in „The Man Who Knew Too Much"

PRAKTISCHE REISETIPPS

096lo-ln

An- und Rückreise

Mit dem Flugzeug

Auf den Flughäfen Londons verkehren alle namhaften Fluggesellschaften. **Heathrow** (www.heathrowairport.com) im Westen ist mit fünf Terminals der größte Flughafen mit dem höchsten Passagieraufkommen. **Gatwick** (www.gatwickairport.com) im Süden ist der zweitgrößte und Anlaufstelle für viele Charterflüge. Die Billigflieger Ryanair, easyJet und Germanwings verkehren meist von **Stansted** (www.stanstedairport.com) im Norden. Der kleinere **Luton Airport** im Nordwesten wird ausschließlich von Billigfliegern bedient (www.london-luton.co.uk). Der **London City Airport** (www.londoncityairport.com) in den ehemaligen Docklands ist dagegen auf Geschäftsleute ausgerichtet und wird auch von Lufthansa, British Airways und Swiss Airlines angeflogen. Außerdem im Londoner Einzugsgebiet sind der Flughafen **London Southend** und der **Bristol Airport.**

◁ Vorseite: Der Westminster Pier ist einer der Anleger für Ausflugsboote und den River Bus

Vom Flughafen in die Stadt

Die großen Flughäfen Londons sind direkt an das **Bahn- und U-Bahn-Netz** der Stadt angeschlossen und bieten außerdem **Expresszüge.** Bei Onlinebuchung dieser Schnellzüge vor der Reise kann man einiges einsparen, sollte jedoch eventuelle Flugverspätungen in seinen Zeitplan einrechnen. An den kleineren Flughäfen verkehren **Shuttlebusse,** die Reisende bis zum nächsten Bahnhof oder U-Bahnhof bringen.

Für den **innerstädtischen Nahverkehr** empfiehlt sich der Kauf einer Tageskarte (Day Travelcard) oder einer (Visitor) Oyster Card (s. S. 256).

› www.tfl.gov.uk

Der Flughafen **Heathrow** ist über die Bahn und die U-Bahn an die Stadt angebunden. Der **Heathrow Express** fährt vom Terminal alle 15 Minuten bis Paddington Station 92 und benötigt nur 15 Minuten Fahrtzeit (bei Onlinebuchung einfache Fahrt Erw. ab £25, Kinder unter 16 Jahren kostenlos).

Kostengünstiger ist die U-Bahn-Linie **Piccadilly Line,** die bis zum Piccadilly Circus 45 Min. braucht. Eine direkte Verbindung von Heathrow bis in den Os-

204lo©Skórzewiak, stock.adobe.com

ten Londons bietet zudem die **Elizabeth Line**.

› **Heathrow Express** (Heathrow – Paddington Station), www.heathrowexpress.com, je nach Terminal erster Zug ca. 5.12, letzter Zug ca. 23.53 Uhr
› **Piccadilly Line/Elizabeth Line**, je nach Terminal erster Zug ca. 5.02, letzter Zug ca. 23.48 Uhr

Auch von **Gatwick** aus gibt es zusätzlich zu den normalen Zügen eine schnelle Zugverbindung, den Gatwick Express, der alle 30 Min. fährt und bis zur Victoria Station [H12] 30 Min. benötigt (bei Onlinebuchung einfache Fahrt Erw. £ 18,50, Kinder £ 9,25).

› Gatwick Express (Gatwick – London Victoria), www.gatwickexpress.com, tgl., erster Zug 5.51, letzter Zug 23.09 Uhr

Von **Stansted** verkehrt alle 15 Min. der Stansted Express zur Liverpool Street Station [M8], Fahrtzeit ca. 47 Min.

› Stansted Express, www.stanstedexpress.com, je nach Wochentag erster Zug ca. 5.30, letzter Zug ca. 1.21 Uhr, einfache Fahrt Erw. £ 20,70, Kinder (5–15 Jahre) £ 10,35

Vom Flughafen **Luton** verkehrt zwischen 5 und 24 Uhr alle 10 Min. ein Shuttlebus zum Bahnhof Luton Airport Parkway. Von dort hat man Anschluss an East Midland Trains, die mehrere Bahnhöfe in London bedienen. Eine Fahrt bis zum Bahnhof St. Pancras 79 dauert je nach Verbindung ca. 23–42 Min. (Preise gestaffelt, ab ca. £ 18,49 außerhalb der Stoßzeiten).

› www.london-luton.co.uk

Vom **London City Airport** fährt die Docklands Light Railway (DLR) bis zur U-Bahn-Station Bank ([M9], Fahrtzeit ca. 22 Min.), wo man in andere Linien umsteigen kann (einfache Fahrt Erw. £ 9, Tageskarte Zone 1–4: £ 14,40).

› www.londoncityairport.com

Eine weitere Alternative, um vom Flughafen in die Stadt zu kommen, bietet der **Easybus**. Er fährt von Heathrow zur Paddington Station 92 (£ 25) und von Gatwick (£ 11), Luton (£ 13) und Stansted (£ 16) zum Busbahnhof Victoria [G12].

› www.easybus.com

Mit dem Zug

Der Hochgeschwindigkeitszug **Eurostar** fährt von Gare du Nord in Paris und Bruxelles-Midi in Brüssel bis zum Londoner Bahnhof **St. Pancras** [I6], wobei die Verbindung über Brüssel schneller und günstiger ist. Anschluss an Paris und Brüssel erhält man entweder mit Zügen der Bahn oder dem Thalys. Die Deutsche Bahn bietet für diese Verbindungen den günstigen Tarif „Europa-Spezial“ an, der für beide Städte zu haben ist.

Seit dem Brexit kann man den Eurostar nicht mehr als Anschlusszug buchen bzw. wird mit horrenden Tarifen konfrontiert. Daher bucht man beide Verbindungen am besten separat.

› www.bahn.de, www.eurostar.com

Mit dem Auto

Für die Anreise mit dem Pkw gibt es von Nordfrankreich aus **Fährverbindungen** mit verschiedenen Anbietern. Die schnellste Route ist die vom französischen **Calais bis nach Dover** (Fahrtzeit ca. 90 Min.). Seit dem Brexit bilden sich an den Zufahrtsstraßen nach Dover und Calais allerdings lange Staus durch Lkw, daher können Wartezeiten entstehen. Die Strecke **Dunkerque–Dover (DFDS)** ist weniger überlaufen (Fahrtzeit ca. 2 Std.).

Eine weitere Möglichkeit ist die Fahrt auf dem Autozug **Le Shuttle** des **Eurostar** durch den Kanaltunnel von Calais bis Folkestone. Die Preise sind etwa doppelt so hoch wie die Fährtarife.

› **P&O Ferries,** www.poferries.com
› **DFDS Ferries,** www.dfdsseaways.co.uk
› **Le Shuttle,** www.eurotunnel.com

Autofahren

In Großbritannien herrscht **Linksverkehr.** Auf Schnellstraßen und der Autobahn befindet sich die Überholspur rechts. Das kann besonders verwirrend sein, wenn man gerade die Fähre verlassen hat und sich in dichtem Verkehr befindet. Zusätzlich sind die **Entfernungsangaben in Meilen** angegeben. Auf der Autobahn gilt ein **Tempolimit** von 70 mi/h (112 km/h), in Ortschaften dagegen 30 mi/h (48 km/h).

Von einer Anreise mit dem Auto in die Londoner Innenstadt ist abzuraten. Man sollte lieber auf das ausgezeichnete Angebot an öffentlichen Verkehrsmitteln zurückgreifen (s. S. 254), denn mit dem Auto muss auf allen Einfallsstraßen und im Innenstadtbereich **mit extrem viel Verkehr** und langen Staus gerechnet werden.

Um das Verkehrsaufkommen zu mindern, wird im **Innenstadtbereich** von London von Mo bis Fr zwischen 8 und 18 sowie Sa, So, Fei von 12 bis 18 Uhr die **Congestion Charge** erhoben, eine Gebühr in Höhe von £ 15 pro Tag, die im Voraus online entrichtet werden muss. Dies gilt für alle Fahrzeuge mit Verbrennermotoren, auch für Hybridantriebe. Lediglich reine Elektrofahrzeuge sind bis 2025 ausgenommen.

Zusätzlich gilt für **Greater London** die **Low Emission Zone (LEZ)** für größere Dieselfahrzeuge, darunter auch Kleinbusse oder Wohnmobile über 3 Tonnen. Fahrer müssen £ 100 pro Tag entrichten, wenn ihre Fahrzeuge nicht der Schadstoffklasse Euro 3 entsprechen. Die Gebühren gelten zusätzlich zur Congestion Charge.

Ab dem 29. August 2023 wird der gebührenpflichtige Bereich noch ausgeweitet. Dann findet zusätzlich zu den anderen Regelungen in allen Bereichen Londons bis zur Ringautobahn M25 die **Ultra Low Emission Zone (ULEZ)** Anwendung, deren Befahrung £ 12,50 pro Tag kostet. Von der Gebühr ausgenommen sind Motorräder der Schadstoffklasse Euro 3, Elektroautos, Pkw der Schadstoffklasse Euro 4 und Dieselfahrzeuge unter 3,5 Tonnen mit Schadstoffklasse Euro 6.

Die Ringautobahn M25 und die Umgehungsstraßen North Circular Road (A406) sowie South Circular Road (A205) sind von der Gebührenpflicht ausgeschlossen. Wer London nur auf einer dieser Umgehungen umfährt, muss nicht bezahlen.

Die Gebühr wird mittels eines **Scans der Nummernschilder** ermittelt. Allerdings funktionieren diese Scanner nur für in Großbritannien zugelassene Fahrzeuge – diese haben nämlich das Jahr der Zulassung im Nummerncode. Oft erhalten daher Fahrer von ausländischen Fahrzeugen, obwohl sie der Norm entsprechen, nach der Reise Mahnungen, weil das Kennzeichen nicht erkannt wurde. Man sollte deshalb sein Fahrzeug auf jeden Fall vorher **online registrieren,** damit man gegen unrechtmäßige Mahnungen Einspruch erheben kann.

Informationen darüber, wo die Zonen liegen, wo man sich registrieren und die Gebühr bezahlen kann, findet man auf der Website von Transport for London.

› https://tfl.gov.uk/modes/driving/, https://tfl.gov.uk/modes/driving/ultra-low-emission-zone/ulez-where-and-when

Parken

Informationen zu Parkplätzen innerhalb der City gibt es online bei **Parkopedia.**

› http://en.parkopedia.co.uk/parking/london

Barrierefreies Reisen

Menschen mit einer Behinderung, die in London unterwegs sind, sollten zuvor auf der Website von **Transport for London** Informationen über Möglichkeiten des barrierefreien Reisens im öffentlichen Personennahverkehr einholen (https://tfl.gov.uk/transport-accessibility). Hier wird eine ganze Reihe an hilfreichen Broschüren und Karten zu verschiedenen Themen angeboten, z. B. zum stufenfreien Umsteigen. Man kann auch vor der Reise Hilfestellung beim Ein- und Aussteigen durch das Personal beantragen (https://tfl.gov.uk/info-for/taxis-and-private-hire/passengers-and-accessibility).

In der Regel gilt, dass die Londoner Stadtbusse besser auf Rollstuhlfahrer eingestellt sind als die U-Bahn: Sie haben ausfahrbare Rampen. Da einige der U-Bahn-Stationen zum Teil über 100 Jahre alt sind, arbeitet man noch daran, diese nach und nach umzurüsten. Die barrierefreien Stationen sind auf den Tube-Plänen mit dem Rollstuhlsymbol gekennzeichnet.

Als **Rollstuhlfahrer** sollte man jedoch auch bedenken, dass beim Umsteigen innerhalb der U-Bahn oft lange Wege zurückgelegt werden müssen (inkl. mehrere Liftfahrten) und dass in den Gängen und auf den Bahnsteigen oft Gedränge herrscht. Zu Stoßzeiten sind die Waggons übervoll und die Türen der Tube schließen gnadenlos schnell. Wesentlich angenehmer ist eine Fahrt mit der überirdischen London Overground oder der Docklands Light Railway.

Für Besucher mit einer **Sehbehinderung** wird im Straßenverkehr und in den öffentlichen Verkehrsmitteln ebenfalls Hilfestellung angeboten. So arbeiten Ampeln beispielsweise mit Tonsignalen und im Bus und an vielen anderen Stellen sind Hinweise und Bedienungsknöpfe mit **Blindenschrift** versehen. In zahlreichen Museen werden außerdem zu bestimmten Terminen Audioführungen veranstaltet.

Hilfreiche Hinweise findet man auch auf der Website von **Visit London** (www.visitlondon.com) unter dem Stichpunkt „Accessible London".

› **Access in London,** www.accessinlondon.org. Diese Organisation bietet auf ihrer Website vielseitige Informationen, die für barrierefreies Reisen in London wichtig sind.
› **Royal National Institute for the Blind,** Tel. 0303 1239999, www.rnib.org.uk, Mo–Fr 8–20, Sa 9–13 Uhr. Hier erhält man hilfreiche Tipps und Adressen.
› **Transport for London,** www.tfl.gov.uk/transport-accessibility
› **Tourism for all UK,** www.tourismforall.org.uk. Bei Tourism for all UK erhält man eine Auflistung von behindertengerechten Hotels und kann auch gleich Buchungen vornehmen.

Diplomatische Vertretungen

- •253 [G11] **Deutsche Botschaft,** 23 Belgrave Square, Tel. 020 78241300, https://uk.diplo.de/uk-en
- •254 [G11] **Österreichische Botschaft,** 18 Belgrave Mews West, Tel. 020 73443250, www.bmeia.gv.at/botschaft/london.html
- •255 [F8] **Schweizer Botschaft,** 16–18 Montagu Place, Tel. 020 76166000, www.eda.admin.ch/london

Einreisebestimmungen

Seit dem Austritt Großbritanniens aus der EU ist das Land kein Schengenstaat mehr. Reisende aus Europa benötigen zur Einreise nun einen **Reisepass,** der für die Gesamtdauer des Aufenthalts gültig sein muss (man sollte aber nicht zu knapp kalkulieren). EU-Bürger und Schweizer Staatsangehörige dürfen sich bis zu **sechs Monate ohne zusätzliches Visum** in Großbritannien aufhalten. Wer einen längeren Aufenthalt plant, muss eine Aufenthaltsgenehmigung beantragen.

› **Weitere Informationen** zu allen Voraussetzungen für eine problemlose Einreise findet man unter www.gov.uk/guidance/visiting-the-uk-as-an-eu-eea-or-swiss-citizen.

› Informationen zu den **Zollfreigrenzen** bei der Rückreise finden sich online unter www.zoll.de, www.bmf.gv.at/themen/zoll/reise bzw. www.bazg.admin.ch.

Reisen Kinder nur mit einem Elternteil, kann eine Einverständniserklärung des anderen Elternteils erforderlich sein. Detailinfos erhält man beim Auswärtigen Amt und beim zuständigen Konsulat.

Elektrizität

In Großbritannien können Deutsche, Österreicher und Schweizer ihre elektrischen Geräte bei gleicher Stromstärke benutzen. Es ist allerdings ein **Adapter** notwendig, da die britischen **„3-Pin"-Stecker** anders geformt sind. In Bädern befinden sich häufig Steckdosen, in die deutsche Flachstecker hineinpassen. Die Stromstärke reicht aus, um einen Rasierapparat zu benutzen oder das Handy aufzuladen, ist jedoch ungenügend für einen Haarfön oder andere Geräte.

Geldfragen

Das **Englische Pfund** (Pound, abgekürzt £) hat 100 Pence (abgekürzt „p").

Mit der **Debitkarte** oder **Kreditkarte** kann man an Geldautomaten (ATM) Bargeld abheben und auch fast überall bezahlen. Viele Banken sperren die Debitkarten (auch Girocard genannt) allerdings aus Sicherheitsgründen für den Einsatz im Nicht-EU-Ausland. Außerdem statten einige deutsche Banken ihre Debitkarten mit der Bezahlfunktion **V PAY** aus, die in Großbritannien oft nicht funktioniert. Wer im Ausland mit seiner Debitkarte bezahlen oder Bargeld abheben möchte, sollte sich im Vorfeld bei seiner Bank erkundigen und die Karte gegebenenfalls für das Reiseland freischalten lassen.

Die in Großbritannien gängigsten Kreditkarten sind Visa und Mastercard. Sie werden von Hotels und Gästehäusern, Restaurants, Geschäften, Tankstellen und Autovermietungen akzeptiert. Bezüglich der eventuell anfallenden Gebühren sollte man sich vorher bei seiner

London preiswert

Bei London handelt es sich wie bei anderen Weltmetropolen auch um ein ***teures Pflaster.*** *Wenn man den ganzen Tag unterwegs ist, summieren sich die Kosten für Fahrkarten, Eintrittspreise und Verpflegung. Doch auch in der britischen Hauptstadt gibt es viele Dinge, die man preisgünstig erleben kann. So fahren beispielsweise die* ***Buslinien 9, 11, 15, 38 und 159*** *an fast allen Sehenswürdigkeiten vorbei und man bekommt auf preiswerte Art eine Stadtrundfahrt - wenn auch ohne Erläuterungen. Mit der* ***Visitor Oyster Card*** *(s. S. 256) erhält man bei jeder Fahrt den günstigsten Tarif und bekommt Ermäßigungen beim Linienservice und den Ausflugsbooten auf der Themse.*

Staatliche Weltklassemuseen *wie das British Museum 73, die Tate Modern 42, die National Gallery 8 oder das V&A 95 erheben keinen Eintrittspreis. Sollte man andere Sehenswürdigkeiten besuchen wollen, lohnt sich der Kauf eines* ***London Pass*** *(www.londonpass.com), mit dem man Eintritt zu über 50 Sehenswürdigkeiten erhält. Er kostet für Erwachsene/Kinder für sechs Tage £164/109, drei Tage £124/79, zwei Tage £114/69 und für einen Tag £84/54. Noch günstiger ist es, wenn man den London Pass als Kombiticket inkl. freier Fahrt mit dem öffentlichen Nahverkehr kauft. Dafür bucht man beim Check-out die Visitor Oyster Card einfach dazu. Diese ist mit einem Guthaben aufgeladen, z. B. 1 Tag/£10, 6 Tage/£50. Jeder muss selbst entscheiden, ob sich der Pass lohnt, je nachdem wie man den Tag gestalten will. Die Eintrittspreise für Museen liegen bei ca. £25 bis 35, eine Tageskarte für die Verkehrsmittel (Day Travelcard) kostet für die Zonen 1 bis 3 £9,60.*

Für manche Sehenswürdigkeiten werden ***Kombitickets*** *angeboten, z. B. für das London Eye 39 in Kombination mit Madame Tussauds 82 oder dem Sealife London Aquarium (s. S. 164). Wesentlich günstigere Tarife bekommt man auch bei* ***Onlinebuchung im Voraus,*** *so z. B. im London Zoo 83. Man sollte sicherstellen, dass man nicht aus Versehen die* ***„Gift Aid“*** *mitbezahlt, eine freiwillige Spende, die viele Museen inzwischen auf ihren Preis aufschlagen.*

Günstige ***Angebote für Restaurants*** *erhält man z. B. bei Registrierung mit www.opentable.com, teure Restaurants bieten meist preiswerte Lunch-Menüs an.*

Bei ***Theatern*** *oder* ***Konzerthallen*** *gibt es bis zu einem Alter von 25/30 Jahren oft Ermäßigungen (z. B. Southbank Centre 40).*

In vielen guten ***Restaurants*** *gibt es vergünstigte 2- oder 3-gängige „Pre Theatre“- oder „Post Theatre“-Menüs (vor oder nach dem Theaterbesuch) und nicht zuletzt findet man im Internet Coupons für Angebote aller Art, zum Beispiel unter www.hotdinners.com/Offers/Competitions, www.opentable.co.uk. oder auch bei www.visitlondon.com. Auch mit dem London Pass gibt es in einigen Restaurants Vergünstigungen.*

London hat viele Grünflächen, die sich für ein ***Picknick*** *eignen: Im Supermarkt kann man sich dafür mit Sandwiches, Obst oder Salaten eindecken.*

Wechselkurse
(Stand: Sommer 2023)

£1	1,17 €/1,14 SFr
1 €	£0,86
1 SFr	£0,88

Bank erkundigen. Zudem muss man seine **PIN** wissen, da eine Zahlung mit Unterschrift nicht mehr gängig ist.

Banken haben werktags zwischen 9 und 17.30 Uhr geöffnet, größere Filialen sind auch am Samstagmorgen von 9 bis 14 Uhr offen. An Bahnhöfen und in Reisebüros findet man meist auch **Wechselstuben.** Hier sind jedoch die Umrechnungskurse schlechter und es fallen zusätzliche Gebühren an.

Umrechnungskurs am Geldautomaten

Beim Abheben von Bargeld in Landeswährung wird manchmal angeboten, dass die Abrechnung mit dem eigenen Konto in Euro erfolgen kann. Das Verfahren ist als **Dynamic Currency Conversion** (DCC) bekannt. Wählt man diese Option, die ja sicherer erscheint, wird aber ein ungünstiger Wechselkurs zugrundegelegt, der erhebliche Kosten verursachen kann.Deshalb sollte man Abhebungen immer in der Landeswährung vom eigenen Konto abbuchen lassen. Dann legt die eigene Bank den offiziellen Devisenkurs zugrunde.

In der TKTS Half Price Ticket Booth kann man günstig Restkarten kaufen

Informationsquellen

Infostellen zu Hause

Auf den Websites von **Visit Britain** und **Visit London** findet man schon vor der Reise viele praktische Hinweise, kann Hotels buchen, Tickets für Theater oder den Nahverkehr erwerben und seine Anreise bis ins kleinste Detail planen. Bei **London Town** erhält man ebenfalls Hilfe bei Hotelbuchungen, Ticketkäufen und der Planung von Stadttouren.

- **www.visitbritain.com**
- **www.visitlondon.com**
- **www.londontown.com,** Tel. 74374370, Mo–Fr 8–22, Sa 9–18, So 10–19 Uhr

Infostellen in der Stadt

Touristenbüros gibt es am Flughafen Heathrow, in den Bahnhöfen Victoria [H12], Liverpool Street [M8] und St. Pancras, ebenso wie an den U-Bahn-Haltestellen King's Cross [I6] und Liverpool Street sowie in Greenwich (Old Royal Naval College 108). Ein **Reisezentrum** gibt es in der U-Bahn-Haltestelle Piccadilly Circus 16.

Veranstaltungs- und Kartenservice

Wer sich bei einem Aufenthalt in London eine bestimmte Show ansehen möchte, sollte im Voraus buchen. Vor Ort erhält man Karten am Box Office der jeweiligen Theater. Verbilligte Karten und Restkarten erhält man z. B. bei der **TKTS Half Price Ticket Booth.** Hier bekommt man auch noch Tickets für denselben Tag (zuzüglich £3 Bearbeitungsgebühr). Preiswerter und oft noch zu haben sind Matinees, also Nachmittagsvorstellungen.

Unsere Literaturtipps

Die Metropole London hat schon seit Jahrhunderten Schriftsteller fasziniert. Der Chronist ***Samuel Pepys*** *hielt subjektive Ansichten der Stadt in seinem „Diary" fest („Die geheimen Tagebücher", Eichborn Verlag, 2004).*

Charles Dickens *verbrachte einen Großteil seines Lebens hier und beschrieb wie kein Zweiter die Lebensbedingungen im viktorianischen London („Klein Dorrit", Europäischer Literaturverlag, 2014; „Oliver Twist", Anaconda, 2012).*

Virginia Woolf *Schlüsselfigur der Bloomsbury Group, beschreibt in vielen ihrer Romane das Leben in London zu Anfang des 20. Jh. („Mrs. Dalloway", Anaconda, 2012).*

Die Literaturnobelpreisträgerin ***Doris Lessing,*** *Londonerin von 1949 bis zu ihrem Tod 2013, hielt etliche Momente in der Geschichte der Stadt fest („Der Preis der Wahrheit: London Stories", Hoffmann und Campe, 1991).*

Die Atmosphäre des Nachkriegslondon und die seelischen Nöte seiner Bewohner bringt ***Graham Greene*** *zu Papier („Das Ende einer Affäre", dtv, 2000).*

Die aufkeimende Jugendkultur der 1950er-Jahre greift ***Colin MacInnes*** *in seinem 1959 erschienenen Roman „Absolute Beginners" auf (Metrolit, 2013). Das Buch wurde in den 1980er-Jahren mit David Bowie als Musical verfilmt.*

Die humorvollen Romane von ***Nick Hornby*** *geben einen Einblick in das Leben der Londoner in den frühen 1990er-Jahren („High Fidelity", Droemer Knaur, 1999). Er ist auch einer der wenigen, die die Szene der Londoner Fußballfans beschreiben („Fever Pitch: Ballfieber – die Geschichte eines Fans", Kiwi Taschenbuch, 2013).*

Die Halbjamaikanerin ***Zadie Smith*** *beleuchtet die Aspekte des Lebens von Einwandererfamilien aus ihrem Kulturkreis („Zähne zeigen", Kiwi Taschenbuch, 2010). Das Leben einer Muslima aus Bangladesh in London beschreibt* ***Monica Ali*** *(„Brick Lane", Knaur, 2005).*

205lo-ln

- www.london-musical-karten.de
- www.londonboxoffice.co.uk
- www.londontheatredirect.com
- **TKTS Half Price Ticket Booth,** Leicester Square 19, https://officiallondon theatre.com/tkts, Mo–Sa 10–19, So 11–16.30 Uhr

Fundbüros (Lost Property)

Wer im Londoner Nahverkehr Gegenstände verliert, findet online unter https://tfl.gov.uk/help-and-contact/lost-property Hilfe. Wenn man etwas in Bussen, Taxis, DLR, Victoria Coach Station, IFS Cloud Cable Car oder der London Overground vergessen hat, muss man ein Online-Formular ausfüllen (https://notlostenquiry.com/tfl). Es kann dann allerdings bis zu 10 Tage dauern, bis man Nachricht erhält.

Websites

- **www.london.gov.uk:** die offizielle Website der Stadt
- **www.visitlondon.com:** alle wichtigen Infos und Veranstaltungskalender
- **www.tfl.gov.uk:** Infos über den ÖPNV
- **www.london.de:** deutschsprachige Seite mit Tipps und Ticketverkauf aller Art
- **http://londonist.com:** Veranstaltungsmagazin mit aktuellen Tipps für den Tag

London-Apps

- **TfL Go** (kostenlos für Android und iOS): Infos zum ÖPNV und Routenplaner
- **Free Now:** Mit dieser App kann man sich eines der schwarzen Londoner Taxis rufen (kostenlos für Android und iOS).
- **London Architecture Guide:** Die App bietet Informationen zu 1100 markanten Gebäuden in der Stadt (kostenlos für Android und iOS).
- **Bloomberg connects:** Mit der App kann man Infoguides bzw. Audioguides für verschiedene Londoner Museen herunterladen, z. B. die Courtauld Gallery 22, das Design Museum 90 und die Hayward Gallery (kostenlos für Android und iOS).

Publikationen und Medien

Kostenlose **Stadtpläne** gibt es bei www.visitlondon.com zum Download. Man erhält sie aber auch in den Fremdenverkehrsbüros oder in Hotels. Detaillierteres Kartenmaterial gibt es in allen Buchläden, hierbei empfehlen sich die Karten des **AA** (englische Variante des ADAC), von **Ordnance Survey** und der **A–Z London.**

Das **Stadtmagazin Time Out** hat seine Printausgabe eingestellt, bietet aber online alle wichtigen Infos zur Stadt und zu Veranstaltungen (www.timeout.com/london).

Das Blättchen **Evening Standard** wird an Bahn- und U-Bahn-Stationen kostenlos verteilt. Hier liest man den neuesten Klatsch über aktuelle Belange und erhält Veranstaltungstipps (www.standard.co.uk).

Zu den **Tageszeitungen** mit gehobenerem Standard gehören die konservative **Times** (www.thetimes.co.uk) bzw. die **Sunday Times, The Telegraph** (www.telegraph.co.uk) und der linksgerichtete **Guardian** (www.theguardian.com). Daneben gibt es noch die **Daily Mail** und den **Daily Express,** die leichtere Kost bieten. **Deutsche Zeitungen und Magazine** wie FAZ, Süddeutsche, Spiegel oder Stern sind an den großen Bahnhöfen erhältlich.

Internet

In London kann man sich an **Bahnstationen** und in der **U-Bahn** kostenlos ins WLAN einloggen. Unter www.sky.com/wifi kann man eine App (kostenlos für Android und iOS) herunterladen, die die Verbindung zu den Hotspots automatisch herstellt (weitere Infos unter https://tfl.gov.uk/campaign/station-wifi). Auch innerhalb der **City of London** gibt es zahlreiche Hotspots, an denen man sich kostenlos einloggen kann. Auf der Website des Bezirks kann man unter dem Suchwort „Wifi" ein PDF mit den Hotspots herunterladen: www.cityoflondon.gov.uk. Die meisten **Restaurants**, **Museen** und andere Institutionen bieten ihr eigenes WLAN an.

LGBT+

Das Stadtmagazin **Time Out** bietet online einen LGBT London Guide an (www.timeout.com/london/lgbt). Ende März/Anfang April veranstaltet das British Film Institute das **„BFI Flare: London LGBTQ+ Film Festival"** (www.bfi.org.uk/flare) und im Sommer findet jedes Jahr das **Pride London Festival** statt (https://prideinlondon.org).

Eine große Ansammlung von alteingesessenen **Clubs** und **Cafés** für die LGBT-Gemeinschaft findet man rund um die Old Compton Street [I9] in Soho. Weitere Clubs befinden sich in Vauxhall am südwestlichen Themseufer und im East End.

› **London Friend,** www.londonfriend.org.uk, Tel. 78331674. London Friend ist eine Organisation, in der Freiwillige sich um alle Belange von Homo-, Trans- und Bisexuellen kümmern.

256 [M3] **Dalston Superstore,** 117 Kingsland High Street, Tel. 72542273, http://dalstonsuperstore.com, London Overground: Dalston Junction. Dieser coole Nachtclub hat eine künstlerische Note und bietet Ausstellungen und Performances. Gemischte Szene.

257 [H9] **Freedom Bar,** National House, 60–66 Wardour Street, Tel. 77340071, www.freedombarsoho.com. Bar und Nachtclub mit toleranter Atmosphäre für Angehörige aller sexuellen Strömungen. Neben thematischen Clubnächten gibt es auch Kabarett.

258 [I10] **Heaven,** Under The Arches, Villiers Street, Tel. 79302020, https://g-a-yandheaven.co.uk, U: Charing Cross. Partyatmosphäre und Livebands auf drei Stockwerken. Gemischte Szene (samstags Gay Night).

259 [J13] **Royal Vauxhall Tavern,** 372 Kennington Lane, Vauxhall, www.vauxhalltavern.com. Treffpunkt der LGBT-Szene mit Clubnächten, z. B. „Bar Wotever".

Maße und Gewichte

Das **metrische System** ist in Großbritannien weit verbreitet. Dennoch wird bei bestimmten Maßeinheiten noch das imperiale System verwendet: Meile (1,61 km), Pint (0,57 l), Inch (2,45 cm), Yard (0,91m), Stone (6,3 kg).

Medizinische Versorgung

Der **National Health Service** (NHS, www.nhs.uk) ist der staatliche Gesundheitsdienst. Mit einer **Europäischen Krankenversicherungskarte** (EHIC, normalerweise auf der Rückseite der Krankenkassenkarte zu finden) kann man in Notfällen in den ambulanten Notfallstationen der Krankenhäuser *(Emergency Department)* bzw. beim Arzt für Allgemeinmedizin *(General Practioner, GP)* behandelt werden. Der Großteil der Leistungen, da-

Konfektionsgrößen

D	GB
Damenbekleidung	
36	10
38	12
40	14
42	16
44	18
46	20
48	22
Herrenbekleidung	
46	36
48	38
50	40
52	42
54	44
56	46
Schuhe	
36	3-3,5
37	4-4,5
38	5-5,5
39	5,5-6
40	6,5-7
41	7-7,5
42	7,5-8
43	8,5-9
44	9,5-10
45	10-10,5
46	11-11,5

runter vor allem auch **zahnärztliche Behandlungen**, ist allerdings nicht kostenfrei. Man sollte vorher mit seiner Krankenkasse klären, welche Leistungen hinterher erstattet werden können (Quittungen aufbewahren!).

Bei Zahnproblemen empfiehlt sich der Besuch von privaten Praxen, da man bei NHS-Praxen lange auf Termine warten muss und der Standard dort nicht dem in Deutschland entspricht.

Apotheken heißen *pharmacy*. Gängige Medikamente erhält man in großen Ketten wie Boots und Lloyds auch ohne Rezept. Schmerz- und Erkältungsmittel werden oft auch im Supermarkt verkauft.

- ✚**260** [M10] **Guy's Hospital,** Great Maze Pond, Tel. 71888801, www.guysandstthomas.nhs.uk, U: London Bridge Station
- ✚**261** [O8] **Royal London Hospital,** Whitechapel Road, Tel. 73777000, www.bartshealth.nhs.uk, U: Whitechapel
- ✚**262** [J11] **St. Thomas Hospital,** Westminster Bridge Road, Tel. 71887188, www.guysandstthomas.nhs.uk, U: Westminster (District/Circle/Jubilee Line)
- › Website des NHS für medizinische und zahnmedizinische Notfälle: https://111.nhs.uk

Notfälle

Bei **dringenden Notfällen** (Notarzt, Polizei, Feuerwehr, Küstenwache) erhält man Hilfe unter **Tel. 999.** Wenn man **medizinische Versorgung** braucht, aber keine Lebensgefahr besteht, wählt man dagegen **Tel. 111.**

Kartensperrung

Bei **Verlust der Debit-/Giro-, Kredit-** oder **SIM-Karte** gibt es für Kartensperrungen eine **deutsche Zentralnummer** (unbedingt vor der Reise klären, ob die eigene Bank bzw. der jeweilige Mobilfunkanbieter diesem Notrufsystem angeschlossen ist). **Aber Achtung:** Mit der telefonischen Sperrung sind die Bezahlkarten zwar für die Bezahlung/Geldabhebung mit der PIN gesperrt, nicht jedoch für das **Last-**

schriftverfahren mit Unterschrift. Man sollte daher auf jeden Fall den Verlust zusätzlich **bei der Polizei zur Anzeige bringen,** um gegebenenfalls auftretende Ansprüche zurückweisen zu können.

In **Österreich** und der **Schweiz** gibt es keine zentrale Sperrnummer, daher sollten sich Besitzer von in diesen Ländern ausgestellten Debit- oder Kreditkarten vor der Abreise bei ihrem Kreditinstitut über den zuständigen Sperrnotruf informieren.

Generell sollte man sich immer die **wichtigsten Daten** wie Kartennummer und Ausstellungsdatum **separat notieren,** da diese unter Umständen abgefragt werden.

› **Deutscher Sperrnotruf:** Tel. +49 116116 oder Tel. +49 3040504050
› **Weitere Infos:** www.kartensicherheit.de, www.sperr-notruf.de

Öffnungszeiten

› **Ämter und Firmen:** Mo–Fr 9–17 Uhr
› **Banken:** Mo–Fr 9–17.30 Uhr, große Filialen Sa bis 14 Uhr
› **Geschäfte:** Mo–Sa 10–17.30/18 Uhr oder länger, So nach eigener Wahl zwischen 10 und 17 Uhr. Große Kaufhäuser und Lebensmittelläden haben oft auch bis 22 Uhr geöffnet.
› **Museen:** in der Regel 10–17/18 Uhr, einmal die Woche länger
› **Pubs:** wochentags 10/11–23 Uhr, So bis 22.30 Uhr. Wirte mit einer gesonderten Lizenz können ihre Kneipen auch bedeutend länger öffnen.
› **Restaurants:** Schicke Restaurants servieren Lunch und Dinner zu bestimmten Tageszeiten. In Bistros, Ketten und Pubs sind die Regeln weniger streng gefasst. Es gelten jeweils die ausgeschriebenen Zeiten.

Post

Briefmarken bekommt man in Postämtern und Zeitschriftenläden *(newsagents)* sowie in vielen anderen Geschäften. Die meisten Postfilialen sind heute in kleineren Läden untergebracht (Kernzeiten Mo–Fr 9–17.30, Sa 9–12 Uhr).

Für **Postkarten** benötigt man eine First Class Stamp zu £ 1,85. Das Porto für **Briefe** wird nach Gewicht und Größe berechnet (max. 100 g, bis 5 mm Dicke), z. B. 20 g = £ 1,85 (International Standard).

✉263 [H10] **Post Office,** 11 Regent Street, St. James's, Mo–Fr 9–18, Sa 9.30–17 Uhr
› Für generelle Postauskünfte siehe www.postoffice.co.uk.

Radfahren

Die **Leihfahrräder** der Stadt London sind nach ihrem Sponsor, der Bank Santander, benannt und tragen deren Logo. Fahrraddepots befinden sich in der Nähe aller wichtigen Sehenswürdigkeiten, meist unweit von Bahnhöfen oder U-Bahn-Stationen. An den Mietstationen kann man mit **Bank-** oder **Kreditkarte** (VISA, Visa Electron, Mastercard, JCB oder Amex) bezahlen (PIN notwendig) und erhält dann einen Nummerncode, mit dem man das Rad entnehmen kann. Die Preise sind je nach Nutzungsdauer gestaffelt. Es fällt eine einmalige Leihgebühr von £ 1,65 für die ersten 30 Min. an, danach kostet jede angefangene halbe Stunde weitere £ 1,65. Innerhalb von 24 Std. kann man beliebig oft ein Fahrrad ausleihen.

Nach der Benutzung muss man das Fahrrad wieder in einem der Depots ab-

152lo-ln

stellen. Wer sich länger in London aufhält, kann sich für die Dauernutzung registrieren lassen und erhält dann eine Schlüsselkarte (Key Card). Die Jahresleihgebühr für die Key Card beträgt £ 90.

› **Santander Cycles,** Tel. 0800 3827000, www.tfl.gov.uk/modes/cycling/santander-cycles

Die roten Leihfahrräder werden von der Bank Santander gesponsert

Das Wembley Stadium (s. S. 246) ist auch für Konzerte eine gefragte Adresse

Geführte Radtouren

Wer Fahrräder über einen **längeren Zeitraum** mieten möchte, erhält bei zahlreichen Anbietern günstige Tarife. Oft werden dort auch gleichzeitig geführte Radtouren angeboten.

› **London Bicyle,** www.londonbicycle.com
› **Brakeaway Bike Tours,** www.biketouroflondon.com
› **On Your Bike,** www.onyourbike.com

Fahrradcafés

Wer mit dem Fahrrad steckenbleibt und eine Reparatur benötigt oder auch einfach nur verschnaufen will, kann in einem **Cycle Cafe** einkehren. Hier hat man nicht nur Zugang zu Erfrischungen, sondern auch gleich zur Werkstatt nebenan, wo man Zubehör kaufen kann bzw. wo Sofort-Reparaturen angeboten werden.

264 [K5] **MiCycle,** 47 Barnsbury Street, Islington, www.micycle.org.uk, Mo, Mi, Fr 8.30–15.30, Di 11.30–18.30, Do 8.30–18.30, Sa 10–17 Uhr

265 Pearson, 232 Upper Richmond Road West, East Sheen/Richmond, www.pearsoncycles.co.uk/sheen-shop, Mo–Sa 8.30–18, So 10–16 Uhr

Sicherheit

Wie in allen Weltmetropolen gibt es auch in London eine relativ hohe Kriminalitätsrate. Touristen werden hiervon jedoch kaum etwas merken, denn sofern man sich nicht in ausgesprochenes „Gangland" in Vierteln wie Lewisham oder Peckham begibt, ist man im alltäglichen Leben sicher. Wie überall auf der Welt gibt es im Londoner Straßengewühl allerdings die

Gefahr des **Taschendiebstahls.** Man sollte also im Gedränge Handtasche, Geldbörse oder Kamera nicht unbeaufsichtigt lassen. Ansonsten gelten die **üblichen Vorsichtsmaßnahmen:** Nachts sollte man nicht allein durch die Parks spazieren und am besten in den U-Bahn-Waggon direkt hinter dem Fahrer einsteigen.

Seit dem Terroranschlag auf die Londoner U-Bahn am 7. Juli 2005, der 52 Menschenleben kostete, hat man die Sicherheitsmaßnahmen in der Stadt verschärft. In der U-Bahn wird man z. B. ständig darauf hingewiesen, auf unbeaufsichtigte Pakete zu achten oder ungewöhnliche Ereignisse dem Bahnpersonal zu melden etc. Die **Polizei** erreicht man unter der zentralen **Telefonnummer 101.** Informationen über alle Polizeidienststellen findet man unter www.cityoflondon.police.uk.

266 [I9] **Charing Cross Police Station,** Agar Street, U: Covent Garden

267 [C12] **Kensington Police Station,** 72 Earl's Court Road, U: High Street Kensington

Sportstadien

Die großen Sportstadien Londons (siehe auch Queen Elizabeth Olympic Park 72) lohnen nicht nur während der Veranstaltungen einen Besuch. Die meisten bieten regelmäßige Führungen durch die heiligen Hallen an, in denen bekannte Teams und Sportgrößen Siege feierten oder Verluste erleiden mussten.

In Wimbledon, Wembley, dem Lords Cricket Ground und dem Twickham Rugby Stadion gibt es zudem sehenswerte Museen.

S268 [E7] **Lord's Cricket Ground,** St. John's Wood Road, Tel. 76168595, https://tours.lords.org/booking/default.htm. Touren müssen im Voraus gebucht werden, £30, erm. £24, Kinder £20.

S269 **Wembley Stadium,** Wembley, U: Wembley Park Station (Jubilee and Metropolitan Lines), Wembley Central Station (Bakerloo Line/London Overground), Touren und Buchung: https://bookings.wembleytours.com/stadiumtours/home.htm, geführte Touren (etwa stündlich) tgl. 10–16 Uhr, Erw. £24, erm. £17, Kinder £17

S270 **Wimbledon Lawn Tennis Museum,** All England Lawn Tennis and Croquet Club, Church Road, Tel. 8946-6131, www.wimbledon.com/en_GB/museum_and_tours/index.html. Man muss ein Ticket für einen bestimmten Termin im Voraus buchen, Eintritt Museum: £13, erm. £11, Kinder £8, mit geführter Tour £25, erm. £21, Kinder £15.

S271 **World Rugby Museum,** Whitton Road, Twickenham, Tel. 88928877, www.worldrugbymuseum.com, geführte Touren: Di–Fr 10.30, 12.30, 14.30, Sa 10.30, 12, 13, 14.30, So 11.30, 13, 14.30 Uhr, Erw. £25, erm. £20, Kinder (5–16 Jahre) £15

Sprache

Als Besucher kommt man mit seinem **Schulenglisch** in London gut zurecht. An den Rezeptionen der Hotels sprechen viele Mitarbeiter außerdem deutsch und französisch und dasselbe gilt für die Mitarbeiter der Touristeninformationen. Im Anhang dieses Führers gibt es zusätzlich eine kleine Sprachhilfe (s. S. 260) und der Kauderwelsch-Sprachführer „Englisch – Wort für Wort" aus dem Reise Know-How Verlag vermittelt schnell und einfach Grundkenntnisse.

Stadttouren

Guided Walks

Thematische Stadtführungen, z. B. zu Jack the Ripper, den Beatles oder verschiedenen Aspekten der Stadtgeschichte, werden von verschiedenen Veranstaltern angeboten. Die Treffpunkte für die Touren sind auf den Websites angegeben und bei fast allen muss man im Voraus online buchen.

- **London Walks,** Tel. 76243978, www.walks.com
- **Secret London Walks,** Tel. 84450159, www.secretlondonwalks.co.uk
- **London Walking Tours,** Tel. 85308443, www.london-walking-tours.co.uk
- **Touren in deutscher Sprache:** www.londontoursaufdeutsch.com, www.goldentours.com
- **BritMovieTours,** http://britmovietours.com. Diese Firma bietet Spaziergänge zu den Schauplätzen von Filmen in London an. So wandelt man z. B. auf den Spuren von James Bond oder Harry Potter.

Stadtrundfahrten

Das Angebot an Stadtrundfahrten in London ist riesig. In der Zeit von 10 bis 17 Uhr fahren **Sightseeingbusse** (Hop-on-hop-off) im regelmäßigen Turnus an den großen Plätzen der Innenstadt wie Trafalgar Square 7, Piccadilly Circus 16 und der Westminster Abbey 3 ab. Die Rundfahrten gibt es entweder mit oder ohne Kommentar (in verschiedenen Sprachen). Zu den Hauptveranstaltern gehören:

- **Big Bus Tours,** Tel. 78086753, www.bigbustours.com, Erw. £37, Kinder £19,80
- **Tootbus,** www.tootbus.com/en/london/home, Erw. online ab £32,30, Kinder

£ 18,70 (inkl. Bus- und Bootstour). Auch Kindertouren und Spezialtouren wie „London bei Nacht“ sind möglich.

- **Sightseeing Tours,** www.sightseeingtours.co.uk. Hier werden unterschiedliche Rundfahrten angeboten, Preis je nach Tour.

Telefonieren

Die **Vorwahl** von **Großbritannien** ist die **0044**, die nachfolgende 0 der Ortsvorwahl entfällt. Die **Londoner Ortsvorwahl** ist **020** und muss innerhalb des Stadtgebiets von Festnetzanschlüssen aus nicht mitgewählt werden. Wer mit dem Smartphone innerhalb Großbritanniens telefoniert, muss die Landesvorwahl und die Ortsvorwahl mitwählen, allerdings lässt man dann die erste 0 der Ortsvorwahl weg.

Seit Großbritannien aus der EU ausgetreten ist, gilt beim **Roaming** eine Übergangsphase. Momentan sind noch nicht bei allen Anbietern die Kosten angestiegen, allerdings könnte sich das Ende 2023 ändern. Man sollte sich daher vor der Reise bei seinem Anbieter über die genauen Tarife informieren.

Wer über ein SIM-lock-freies Mobiltelefon verfügt, kann sich auch eine örtliche **Prepaidkarte** besorgen. In diesem Fall ändert sich natürlich die Telefonnummer.

Vorwahlen

- **Deutschland:** 0049
- **Österreich:** 0043
- **Schweiz:** 0041
- **England:** 0044
- **London:** 020

Uhrzeit

In Großbritannien gilt die **Greenwich Mean Time (GMT)**, die der mitteleuropäischen Zeit um eine Stunde „hinterherhinkt“, und zwar egal ob Sommer oder Winterzeit. Die Uhrzeiten werden mit a.m. und p.m. angegeben:

- 10 a.m. = 10 Uhr morgens
- 10 p.m. = 22 Uhr abends

Unterkunft

London bietet eine große Auswahl an Unterkünften, allerdings liegen die **Preise** oft über der europäischen Norm. Im Stadtzentrum sind Preise für Hotels der gehobenen Mittelklasse ab £ 200 pro Nacht für ein Doppelzimmer normal. Auch in B&Bs muss man mit ca. £ 80 pro Nacht rechnen. Die Tarife für Londoner Hotels hängen von der Reisezeit und der Auslastung ab und können stark schwanken. Flexible Tarife, bei denen man vor der Reise umbuchen kann, sind teurer als fest gebuchte. Es gibt jedoch auch gebündelte Wochenendpakete, die günstiger sind als ein für einzelne Nächte gebuchtes Hotel. Generell gilt: Wer lange im Voraus bucht, kann erheblich sparen.

In den meisten Hotels ist WLAN kostenfrei, oft muss man allerdings für das Frühstück extra bezahlen.

Bei der Auswahl des Hotels ist natürlich auch die **Lage** wichtig. Preiswerte Unterkünfte, z. B. empfehlenswerte B&Bs, liegen oft recht weit außerhalb des Zentrums und man muss eine längere Anfahrt ins Zentrum in Kauf nehmen. Vor der Buchung sollte man sicherstellen, dass eine gute Anbindung an das U-Bahn- oder Bahnnetz besteht. Wer die

Anfahrt nicht scheut, kann sich auch in den Orten des umliegenden Pendlergürtels einquartieren, die alle gut angebunden sind.

Am günstigsten sind **Jugendherbergen** *(Youth Hostels)* und private Hostels, danach folgen Pensionen (**Bed and Breakfast** oder auch **Guest Houses**), wo das Frühstück meist mit eingeschlossen ist. Eine preiswerte Alternative, insbesondere wenn man mit der Familie oder in einer Gruppe reist, ist die Anmietung einer **Ferienwohnung** (*Self Catering Accommodation*, z.B. unter www.accommodation london.net). Es gibt auch preiswerte Hotelketten, sogenannte **Budget Hotels**, die einen einheitlichen Standard zu vernünftigen Preisen bieten.

In den höheren Preislagen gibt es eine große Auswahl. Neben klassischen Luxushotels gibt es viele moderne Konkurrenten, die zeitgenössischen Luxus bieten. Diese **Boutiquehotels** befinden sich meist in Stadthäusern *(townhouses)* und verbinden historisches Flair mit modernem Komfort. Wer Wert auf hypermodernes Design legt, hat in London die Qual der Wahl, denn es gibt zahlreiche elegante **Designhotels**, die teilweise sehr ausgefallene Konzepte bieten. Dafür bezahlt man dann auch den entsprechenden Preis. **Businesshotels** (z.B. Apex Hotels, www.apexhotels.co.uk), die hauptsächlich von Geschäftsleuten frequentiert werden, bieten oft preiswerte Wochenendtarife, da sie am Wochenende unterbelegt sind.

In den meisten Hotelzimmern gibt es Wasserkocher mit einer Auswahl an Tee und Kaffee. Das **Trinkwasser** ist bedenkenlos genießbar.

Hotelkategorien

Die Preiskategorien beziehen sich auf eine Nacht im Doppelzimmer für zwei Personen, das Frühstück ist nicht überall inklusive.

£	unter 90 £
££	90–120 £
£££	120–210 £
££££	über 210 £

Ausgefallene Konzepte

- **272** [N9] **Citizen M** £££, 40 Trinity Square, Tower Hill, U: Towerrhill, Tel. 35191680, www.citizenm.com. **Kompakt und modern:** In diesem Designhotel wurden unnötige Extras weggelassen, dafür gibt es preiswertere Tarife und günstige Sonntags- und Wochenendraten.
- **273** [M7] **Hoxton Hotel** ££££, 81 Great Eastern Street, Hoxton, U: Old Street, https://the hoxton.com/london/shoreditch/hotels, Tel. 75501000. **Trendig:** Hotel im modernen East-End-Trend mit weitläufigem Café-Restaurant im Erdgeschoss und modernen Räumen. Preiswerte Sonntagsraten.
- **274** [J7] **Point A Hotels** ££, 324 Grays Inn Road, Tel. 77130428, U: King's Cross/St. Pancras, www.pointahotels.com. **Aufs Wesentliche reduziert:** Budget-Kette mit fünf weiteren Filialen u.a. in Westminster und an der Liverpool Street.
- **275** **Sunborn Yacht Hotel** £££-££££, Royal Victoria Dock, DLR: Royal Victoria Dock, Tel. 0203 714 8111, www.sunbornhotels.com/london. **Übernachten auf einer Jacht:** mit Blick auf das Royal Victoria Dock. Es gibt große Fenster und sogar Balkons.

Die Hotels von Citizen M punkten mit ihrer zentralen Lage und einem modernen Konzept

Besonders gut gelegen

🏨**276** [I6] **European Hotel** £££, 11–15 Argyle Square, U: King's Cross, Tel. 72783408, www.europeanhotellondon.com. **Zweckmäßig, aber sehr zentral:** Budgethotel in Fußnähe zum Bahnhof und den Sehenswürdigkeiten rund um King's Cross.

🏨**277** [C9] **Garden Court Hotel** ££££, 30 Kensington, Garden Square, Tel. 72292553, www.gardencourthotel.co.uk, U: Bayswater oder Queensway. **Historisches Townhouse:** kleines Hotel mit modern eingerichteten Zimmern mit und ohne Bad und einem geschützten Garten.

🏨**278** [D12] **K Hotel Kensington** £££, 131–137 Cromwell Road, Kensington, U: Gloucester Road (Piccadilly, District, Circle Line), Tel. 78352969, www.k-hotel.co.uk. **Funktional:** zentral gelegenes, modernes Viersternehotel mit gehobenem Standard.

🏨**279** **Richmond Hill Hotel** £££, 144–150 Richmond Hill, Richmond-upon-Thames, Surrey, U: Richmond (District Line), Tel. 8940 2247, www.richmondhill-hotel.co.uk. **An der Themse:** Im grünen Vorort Richmond direkt an der Themse sind in diesem Hotel auch Kinder jeden Alters willkommen (Zimmer mit Kühlschrank verfügbar). Der angegliederte Cedars Health and Leisure Club hat verschiedene Saunen, ein Schwimmbad und Sonnenliegen im Garten.

🏨**280** [I7] **The Judd Hotel** ££-£££, 46 Cartwright Gardens, Bloomsbury, U: Russell Square, www.juddhotelbloomsbury.com, Tel. 73839210. **Historisches Townhouse:** einfaches Budget-Hotel im hübschen Bloomsbury.

🏨**281** [C12] **Twenty Nevern Square** £££, Earls Court, U: Earls Court, Tel. 75659555, www.20nevernsquare.com. **Im Grünen:** feines Boutiquehotel mit exzellentem Standard. Schöner Ausblick auf eine Gartenanlage.

Bed and Breakfast

Eine große Auswahl an B&Bs wird von der deutschen Agentur London Bed & Breakfast (www.bed-breakfast.de) angeboten.

EXTRAINFOS

Buchungsportale

Neben Buchungsportalen für **Hotels** (z. B. www.booking.com, www.hrs.de oder www.trivago.de) bzw. für **Hostels** (z. B. www.hostelworld.com) gibt es auch Anbieter, bei denen man **Privatunterkünfte** buchen kann. Portale wie www.airbnb.de oder www.wimdu.de vermitteln Wohnungen, Zimmer oder auch nur einen Schlafplatz auf einer Couch. Diese oft recht günstigen Übernachtungsmöglichkeiten sind nicht unumstritten, weil manchmal normale Wohnungen gewerblich missbraucht werden. Einige Städte greifen deshalb regulierend ein.

Hier können Studenten oder Geschäftsleute auch Langzeitunterkünfte mieten.

- **282** [E12] **Aster House** £££, 3 Summer Place, Tel. 75815888, https://asterhouse.com, U: High Street Kensington. **Very british:** Das mehrfach preisgekrönte B&B bietet geräumige Zimmer und einen palmenbewachsenen Wintergarten im englischen Landhausstil.
- **283** [G12] **B & B Belgravia** ££–£££, 64 Ebury Street, Tel. 72598570, www.bb-belgravia.com, U: Victoria. **Modern und edel:** Bed & Breakfast im schicken Belgravia für Liebhaber individuell gestalteter Unterkünfte. Es gibt eine kleine Gartenterrasse.
- **284** [H12] **Cherry Court Hotel** ££, 23 Hugh Street, Victoria, U: Victoria, Tel. 78282840, www.cherrycourthotel.co.uk. **Einfach, aber gut:** B&B mit ausreichendem Komfort in einem schönen *townhouse*.

Wohlfühlen und genießen

- **285** [E15] **Rafayel Hotel & Spa** ££££, 34 Lombard Road, Battersea, Tel. 78013600, www.hotelrafayel.com. **Purer Luxus:** Mit Blick auf die Themse und Westminster Bridge bietet dieses Spa-Hotel ein Fitnessstudio, einen Hydrotherapie-Pool und Dampfbäder.
- **286** [N7] **Shoreditch Rooms** £££, Ebor Street, Shoreditch, U: Shoreditch High Street, www.shoreditchhouse.com. **Exklusiver Privatclub:** Das Shoreditch House ist ein Club und hat mehrere Dependancen in London. Auch als Hotelgast darf man aber den Swimmingpool auf dem Dach, die Bars und Restaurants nutzen. Die kleinsten Zimmer (Tiny Rooms) sind schon günstiger zu haben. Im angegliederten Wellnessbereich Cowshed Spa (Mo–Fr 9–21, Sa 9–20 und So 10–19 Uhr) werden verschiedene Massagen angeboten.

Für die ganze Familie

Für größere Familien sind **Ferienwohnungen** oft am günstigsten und bieten den meisten Freiraum. Neben einer voll ausgestatteten Küche und mehreren Schlafräumen gibt es hier oft auch mehrere Bäder. Auch **Jugendherbergen** und **Hostels** bieten sich an. Die Mehrbettzimmer haben zwar meist Stockbetten, aber es gibt günstige Familienraten.

Budget-Hotels sind ebenfalls alle kinderfreundlich und unkompliziert. Bei Travellodge (www.travelodge.co.uk) profitieren Kinder z. B. von einem kostenlosen Frühstücksbuffet.

Ferienwohnungen (Apartments und Self-Catering)

- › **Allstay Serviced Apartments,** www.allstay.co.uk. Allstay bietet über die Stadt verteilt Apartments mit moderner Ausstattung und WLAN in unterschiedlichen Preisklassen an.
- **287** [L11] **Marlin Apartments Empire Square,** 5–8 Empire Square South, 34 Long

Lane, London Bridge, Tel. 207 3782100, www.marlin.com. **700 moderne Apartments im Osten Londons:** Marlin Apartments bietet eine große Auswahl. Eine weitere „Filiale" befindet sich in Limehouse:

288 [Q9] **Marlin Apartments Limehouse,** Mission Court, 577 Commercial Road, Limehouse, DLR: Limehouse, Tel. 77802100, www.marlin.com. **Ruhig am Limehouse Basin gelegen:** komfortable Einzel- und Doppelzimmer und gut an die Docklands angebunden.

289 [T10] **River Thames Apartment,** 43 Galleons View, 1 Stewart Street, Docklands, DLR und U: Canary Wharf, www.secondcasa.com/en/vacationappartment-United-Kingdom-England/id643124. **Schicker Apartmentblock:** Hier wohnt man in den Docklands und hat einen tollen Ausblick auf die Themse. Aufgrund der Lage ist die Übernachtung etwas teurer, aber der Preis pro Nacht reduziert sich, wenn man länger bleibt.

EXTRATIPP

Budget-Ketten

Zu den empfehlenswerten Budget-Ketten, die zahlreiche Filialen in London haben, gehören z. B. **Premier Inn** (www.premierinn.com), **Travelodge** (www.travelodge.co.uk), **Ibis** (www.ibis.com), **Holiday Inn Express** (www.ihg.com/holidayinnexpress) und **Motel One** (www.motel-one.de). Alle bieten einen zeitgemäßen Standard (3 Sterne) mit gleichbleibender Qualität. Die Filialen in Citynähe sind etwas teurer, aber die Preise variieren auch je nach Auslastung. Auf den Websites gibt es übersichtliche Tabellen mit den günstigsten Tarifen für die entsprechenden Filialen. Wer vor der Anreise verbindlich bucht, sichert sich den günstigsten Preis.

Youth Hostels

London hat sieben **Youth Hostels,** für deren Benutzung man einen internationalen Jugendherbergsausweis der International Youth Hostel Federation (IYHF) benötigt (die Unterkunftspreise werden sonst mit £2 mehr berechnet). Den Ausweis bekommt man in jeder Jugendherberge oder direkt beim Deutschen Jugendherbergswerk (DJH) unter www.jugendherberge.de (7 €, wenn man unter 26 Jahre ist, sonst 22,50 €). Im Ausland muss jeder Reisende einen Jugendherbergsausweis vorlegen. Bei Familien muss aber nur ein Elternteil zahlen, die anderen Pässe werden kostenlos ausgestellt.

Alle Jugendherbergen in London bieten Einzelbetten im Schlafraum, aber auch Doppel- und Familienzimmer an. Eine Café-Bar versorgt Gäste mit Snacks und Getränken und in den öffentlichen Räumen gibt es kostenloses WLAN.

› www.yha.org.uk/places-to-stay/london

290 [H8] **YHA London Central,** 104 Bolsover Street, Tel. 0345 3719154, U: Great Portland Street, 294 Betten.

291 [C13] **YHA London Earl's Court,** 38 Boltons's Garden, Tel. 0345 3719114, U: Earl's Court, 186 Betten. Es gibt ein Café und eine Außenterrasse.

292 **YHA London Lee Valley,** Windmill Lane, Cheshunt, Hertfordshire, Tel. 03453719057, Overground: Cheshunt. Tolle ruhige Lage nahe dem Freizeitgebiet Lee Valley Park.

293 [H9] **YHA London Oxford Street,** 14 Noel Street, Tel. 0345 3719133, U: Oxford Circus oder Tottenham Court Road, 75 Betten. Mitten in Soho und immer geschäftig.

294 [I6] **YHA London St. Pancras,** 79 Euston Road, Tel. 0345 3719344, U: King's Cross,

152 Betten. Freundlich gestaltete Zimmer, leider an einer lauten Straße.

295 [L9] **YHA London St Paul's,** 36 Carter Lane, Tel. 0345 3719012, U: St. Paul's oder Blackfriars, 190 Betten. Tolle Lage direkt bei der Kathedrale.

296 [Q10] **YHA London Thameside,** 20 Salter Road, Tel. 0345 3719756, U: Rotherhithe, 320 Betten. Großes Haus an der Themse.

Aktiv und sportlich

297 **Ibis London Excel Docklands** ££, 9 Western Gateway, Royal Victoria Dock, DLR: Royal Victoria, Tel. 70552300, www.accorhotels.com. **Toller Blick:** Das fahrradfreundliche Hotel mit sicherem Abstellplatz für Bikes liegt direkt am Royal Victoria Dock. Mit der DLR hat man Anschluss an den Thames Path oder kann die Docklands im Osten auch mit dem Fahrrad näher erkunden.

298 [U5] **The Westbridge Hotel** £££, 335–337 High Street, Stratford, DLR: Stratford High Street, Tel. 33274969, www.thewestbridge.com. **Am Olympiapark:** Dieses Hotel in Stratford liegt zudem nahe dem Queen Elizabeth Olympic Park mit seinen Sportstadien und dem Lee Valley Country Park.

Gayfreundlich und offen

299 **Chiswick Rooms** ££, 407 Goldhawk Road, Chiswick, U: Stamford Brook (District Line), Tel. 33070400, www.chiswickrooms.co.uk. **Im „townhouse":** modernes Hotel mit allen Extras im angesagten Vorstadtbezirk Chiswick.

300 [I9] **Z Soho** ££, 17 Moor Street, Soho, U: Leicester Square (Northern, Piccadilly Line), Tel. 35513701, www.thezhotels.com/hotels/soho/. **Mitten im trendigen Shoreditch:** Alle Zimmer sind modern und komfortabel. Wer sich mit einem sehr kompakten Zimmer begnügt, kann erheblich sparen. Die anderen Z-Hotels-Filialen in der Stadt sind etwas teurer.

Gut und günstig

Private Hostels

Für privat betriebene **Hostels** benötigt man keinen Jugendherbergsausweis und sie sind in der Ausstattung mit Jugendherbergen vergleichbar. Die meisten Hostels betreiben auch ein Café-Restaurant bzw. eine Bar, sodass für das leibliche Wohl und die Abendunterhaltung gesorgt ist. Der Nachteil ist, dass es weniger ruhig ist als z. B. in den etwas strenger geführten Jugendherbergen.

301 [D11] **Astor Hyde Park Hostel,** 191 Queen's Gate, www.astorhostels.com, Tel. 75810103, South Kensington, U: Gloucester Road. **Backpacker Hostel:** Astor Hostels betreibt insgesamt vier Hostels in London, die anderen drei befinden sich in Notting Hill, in Bloomsbury und beim Victoria-Bahnhof.

302 [J7] **Clink 261,** 261–265 Gray's Inn Road, Tel. 71839400, www.clinkhostels.com/london/clink261. **Unkompliziert mit großem Frühstücksbüfett:** unweit des Bahnhofs King's Cross und in Fußnähe zu mehreren Sehenswürdigkeiten.

303 [I7] **Generator Hostel,** 37 Tavistock Place, Russell Square, Tel. 73887666, https://staygenerator.com, Bloomsbury, U: Russell Square. **Groß und in guter Lage:** Dieses professionell geführte Haus punktet mit hervorragendem Service. Die Privatzimmer haben Stockbetten, bieten Platz für bis zu sechs Personen und sind damit auch für kleine Gruppen empfehlenswert. Es gibt auch Schlafsäle nur für Frauen. In der hauseigenen Bar wird Abendunterhaltung geboten.

🏠**304** [B11] **Safestay Holland Park Hostel,** Holland Walk, Tel. 78709629, www.safestay.com/london-kensington-holland-park, U: Holland Park. **Wer etwas mehr Ruhe sucht, ist hier richtig:** Hostel im alten Herrenhaus des ruhigen Holland Park, mit Gartenanlage.

Studentenwohnheime (Halls of Residence)

- **Bankside House,** Sumner Street, South Bank, U: Southwark, Tel. 71075750, www.lsevacations.co.uk. Die Zimmervermittlung der London School of Economics (LSE) bietet auch zahlreiche weitere Unterkünfte, z. B. an der Butler's Wharf, in Covent Garden (Grosvenor House) oder am Trafalgar Square (Northumberland House). Alle Wohnungen sind modern und komfortabel.
- **Great Dover Street Apartments,** 165 Great Dover Street, South Bank, U: Waterloo, Tel. 78486004, www.kcl.ac.uk/visit/great-dover-street-apartments-location. Zimmervermietung in den Wohnheimen des King's College London (nur im Sommer). Weitere Unterkünfte gibt es z. B. in Hampstead.

Zeltplätze, Womo-Stellplätze

⚠**305** **Abbey Wood Caravan and Motorhome Club Campsite,** Federation Road, www.caravanclub.co.uk, Tel. 83117708, Bahn: Abbey Wood (Elizabeth Line). Ganzjährig geöffneter, gut ausgestatteter Camping- und Caravanpark im Südosten der Metropole.

⚠**306** **Lee Valley Camping & Caravan Park,** Meridian Way, Edmonton, Bahn: Ponders End/Overground: Edmonton, Tel. 0300 0030625, www.visitleevalley.org.uk. Im Norden der Metropole, direkt an einem Wasserreservoir im Grünen gelegener, ruhiger Platz mit vielen Extras und Möglichkeiten für Aktivitäten.

Verhaltenstipps

In Großbritannien steht man **auf der Rolltreppe rechts** und blockiert möglichst nicht die linke Seite der Treppe. So können andere Rolltreppenbenutzer, die es eilig haben, ungehindert vorbeigehen.

Da in Großbritannien **Linksverkehr** herrscht, schaut man beim Wechseln der Straße entgegen unserer Gewohnheit nach rechts und nicht nach links. Grundsätzlich gilt auch, dass man als Fußgänger nicht bei roter Ampel die Straße überqueren sollte (auch wenn die Londoner dies gern tun), denn Autofahrer halten nicht immer automatisch an. An Bushaltestellen, Kiosken, Ticketschaltern, etc. reihen sich die Briten ordentlich in eine **Schlange** *(queue)* ein und werden sehr ärgerlich, wenn sich jemand vordrängelt.

Das **Rauchen** in öffentlichen Räumen (auch in der Gastronomie) ist verboten. In englischen **Pubs** bestellt man Getränke und Essen am Bartresen. Für das Essen erhält man eine Nummer und es wird an den Tisch gebracht. Auch jede weitere Bestellung wird am Tresen vorgenommen.

Die Gabe von **Trinkgeld** ist in England nicht eindeutig geregelt. Da den Angestellten in der Gastronomie ein Mindestlohn gezahlt werden muss, sind Trinkgelder nicht die Haupteinnahmequelle und auch beim Taxifahren sind sie eher unüblich. Das soll aber nicht heißen, dass Taxifahrer (ebenso wie anderes Servicepersonal) sich nicht über eine Zuwendung freuen und man hat sich in London den internationalen Konventionen angepasst. In Restaurants sind 10 bis 15 % Trinkgeld üblich. Bei Kartenzahlungen gibt man es in bar. In Pubs, wo es keinen Tischservice gibt, gibt es meist eine Gemeinschafts-Trinkgeldbox an der Theke.

Verkehrsmittel

U-Bahn

Die Londoner **Tube** ist die älteste U-Bahn der Welt. Der erste Zug der heutigen Metropolitan Line fuhr am 10. Januar 1863 und wurde noch von einer Dampflokomotive gezogen. Von der Bezeichnung „Metropolitan" leitet sich weltweit der Name „Metro" ab. In Großbritannien sprach man jedoch schon Ende des 19. Jh. von der **Underground.** Die Londoner kürzten dies zu Tube ab, da die halbkreisförmigen U-Bahn-Tunnel an Röhren erinnern. Außerhalb des Zentrums fährt die Bahn überirdisch, die Linien der **Docklands Light Railway (DLR)** und der **London Overground** verlaufen sogar größtenteils über der Erde.

Eine Besonderheit stellt die 2022 eröffnete **Elizabeth Line** dar: Der Pendlerzug wurde so konzipiert, dass man vom Heimatbahnhof außerhalb Londons ohne Umsteigen bis in die City kommt. Er stellt eine durchgehende Verbindung von Buckinghamshire, Berkshire und Essex mit London dar. Die Bahntrasse durchschneidet London im Stadtgebiet unterirdisch von Westen nach Osten. Außerhalb des Stadtgebiets verläuft sie oberirdisch. Eine weitere „Pendlerachse" von Norden nach Süden ist in Planung.

Im Schnitt befördert die Tube an Spitzentagen bis zu 3,5 Mio. Menschen und verbraucht soviel Energie wie eine kleine Stadt. Das U-Bahn-Netz des Innenstadtbereichs ist in **sechs Tarifzonen** eingeteilt (darüber hinaus gibt es noch die Zonen 7, 8 und 9 für weiter außerhalb liegende Stadtteile). Die ersten Bahnen fahren ab ca. 5 Uhr morgens (sonntags einige Linien erst ab 7 Uhr), die letzten verlassen das Stadtgebiet zwischen

Die U-Bahn-Station Canary Wharf stammt von Sir Norman Foster

23.30 und 24 Uhr. Die Züge fahren im **Minutentakt.**

Um seine Fahrt zu planen oder Infos zu Verspätungen und Ausfällen zu erhalten, konsultiert man am besten die von Transport for London betriebene Website (**www.tfl.gov.uk**) oder die **TfL Go App** (kostenlos für iOS und Android).

Freitag- und samstagnachts verkehrt auf den Linien Central Line, Jubilee Line, Northern Line, Piccadilly Line und Victoria Line rund um die Uhr die **Night Tube.**

Genaue Auskunft über Umsteigemöglichkeiten erhält man meist durch Durchsagen auf den Bahnsteigen. An den größeren Bahnhöfen gibt es vereinzelt kleine Faltpläne mit dem U-Bahn-Netz, die man am besten immer griffbereit haben sollte. Auf der Website von Transport for London können auch PDFs heruntergeladen werden.

Beim Umsteigen richtet man sich nicht nur nach dem Namen der U-Bahn-Linie, sondern auch nach der **Fahrtrichtung** bzw. der **Endhaltestelle,** also z. B. „Victoria Line, southbound, Brixton". Bei der Orientierung helfen zudem die **Farben** der Linien.

Ein- und Ausgänge der U-Bahn-Stationen sind durch **automatische Sperren** vor Schwarzfahrern geschützt. Um zum Bahnsteig zu gelangen, muss man die Travelcard in den Schlitz stecken bzw. die Oyster Card über eine gelb markierte Fläche streichen. Auf die gleiche Weise verlässt man am Zielbahnhof die Station. Man muss die **Fahrkarten also immer griffbereit halten** und darf sie nicht vor dem Verlassen des Bahnhofs wegschmeißen.

⊻ *Auch nachts kommt man in London per Bus von A nach B*

135lo ©Delphimages, stock.adobe.com

Busse

Im innerstädtischen Bereich verkehren die berühmten **roten Doppeldeckerbusse** Mo bis Sa von ca. 6 bis 24 Uhr und So von 7.30 bis 23.30 Uhr. Die exakten Zeiten sind an den meisten Bushaltestellen *(bus stop)* angeschlagen. Die U-Bahn ist zwar schneller, aber bei einer Busfahrt sieht man mehr von der Stadt.

Haltestellenschilder mit dem Zusatz „**Request**" weisen den Fahrgast darauf hin, dass er beim Nahen eines Busses heftig zu winken hat, ansonsten hält der Fahrer nicht an. **Einzelfahrscheine** für Busse erwirbt man beim Fahrer, die **Travelcard** muss man nur vorzeigen, die **Oyster Card** wird auf ein gelbes Feld gehalten.

Nachtbusse fahren im Schnitt alle 60 Minuten von verschiedenen Stationen im Zentrum (Aldwych, Barbican, Elephant and Castle, Hammersmith, Islington, King's Cross, Liverpool Street, Marble Arch, Notting Hill Gate, Piccadilly Circus, Tottenham Court Road, Victoria Station, Waterloo) zu den städtischen Randgebieten. Alle Busse kreuzen dabei grundsätzlich Trafalgar Square 7. Nachtbusse haben ein „N" vor der Routennummer, die Haltestellen kennzeichnen blaue und gelbe Ziffern.

Fahrkarten

Die Website des **Transport for London** (www.tfl.gov.uk) informiert ausführlich über alle Londoner Verkehrsmittel, die verschiedenen Fahrkarten und Tarife.

Der Kauf von Einzelfahrscheinen lohnt sich kaum. Interessanter sind **Travelcards** (Tagestickets). Sie sind auf ein bestimmtes Datum festgelegt und kosten für die Zonen 1–4 £ 15,20 und für die Zonen 1–6 (inkl. Heathrow) £ 21,50. Wenn das eigene Hotel etwas weiter außerhalb liegt, muss man darauf achten, welche Zonen man durchfährt. Man zeigt das Ticket im Bus beim Einsteigen dem Fahrer bzw. schiebt es an U-Bahn-Stationen etc. durch die Schlitze, um die Sperre am Zugang/Ausgang zu öffnen. Travel Cards gelten nicht im River Bus (s. S. 258).

Die **Visitor Oyster Card** ist eine Prepaidkarte. Sie ist für alle Zonen gültig, kostet eine einmalige Gebühr von £ 5 und wird mit einem Guthaben aufgeladen. Am Anfang und Ende jeder Fahrt (in Bussen nur beim Einsteigen) muss die Karte über ein gelb markiertes Feld gestrichen werden. Wenn man mit dem Zug unterwegs ist, streicht man die Karte über ein pinkfarbenes Feld. Die Preise der Einzelfahrten werden von der Prepaidkarte abgebucht, man zahlt also immer nur so viel, wie man tatsächlich gefahren ist, zudem sind die Kosten gedeckelt, sodass man nicht über den Preis eines Tagestickets hinauskommt. Wenn das **Guthaben** auf der Karte aufgebraucht ist, kann man sie an den Bahnhöfen wieder aufladen. An den Automaten kann man sich auch sein aktuelles Guthaben anzeigen lassen. Wichtig ist, dass man ausreichend Geld auf der Karte hat, wenn man in weiter entfernt liegende Zonen fährt. Überschüssiges Guthaben kann man sich am Ende der Reise als Rückzahlung auf eine Visakarte auszahlen lassen (bis £ 10 am Automaten, bis £ 20 an den Infoschaltern der Tube-Stationen King's Cross & St. Pancras, Liverpool Street und Piccadilly Circus sowie im Bahnhof Victoria).

Man erhält Travelcards an jedem Automaten und die Visitor Oyster Card an allen Bahnhöfen, den großen U-Bahn-

Haltestellen, in Touristeninformationen (s. S. 238) oder online (www.visitlondon.com bzw. www.tfl.gov.uk). Wer möchte, kann sie sich auch vor der Reise nach Hause schicken lassen, allerdings kommen dann noch Portokosten dazu.

Neben der Visitor Oyster Card gibt es die normale **Oyster Card**, die nicht vorbestellbar ist. Sie kostet einmalig £ 7 und hat den Vorteil, dass man ein Onlinekonto erstellen kann, in dem man seine Kreditkarte registriert. Die Oyster Card wird dann automatisch aufgeladen, sobald das Guthaben unter £ 10 fällt, ohne dass man sich zum Schalter begeben muss.

Über die **TfL Oyster and Contactless App** (kostenlos für iOS und Android) kann man sein Oyster-Card-Konto verwalten und Guthaben ergänzen, aber auch Travelcards kaufen etc.

Taxi und Fahrdienste

In London hält man Taxis **per Handzeichen** auf der Straße an. Ein freies Taxi erkennt man an einem beleuchteten Schild mit der Aufschrift „For Hire". Kurze Strecken sind relativ preiswert (Waterloo bis Shoreditch ca. £ 12), nachts erhöhen sich allerdings die Preise. Ein **Trinkgeld** für Taxifahrer ist in Großbritannien nicht obligatorisch.

Alle Londoner Taxis können **telefonisch** bei der Zentrale oder über die **App** Free Now (s. S. 240) bestellt werden. **Gett London Taxis** (https://gett.com/uk/city/london) oder **Dial-a-Cab** (Tel. 72535000, Kreditkartenbuchung unter Tel. 74263420) haben einen 24-Stunden-Service.

Privat betriebene Mini Cabs sind günstiger als die Black Cabs, vor allem nachts und an Wochenenden. Eine der größten und seriöseren Firmen ist Addison Lee (Tel. 73878888, www.addisonlee.com), deren Fahrer Kunden in allen Stadtteilen Londons abholen. Einen **Taxiservice für Frauen** bekommt man bei London Lady Chauffeurs (Tel. 88787777, www.londonladychauffeurs.co.uk). Hier sind nur Fahrerinnen beschäftigt.

Auch **Uber** (www.uber.com) und **Bolt** (https://bolt.eu) bieten in London ihre Dienste an.

Die Londoner Taxis sind für ihr Design bekannt und beliebt – sie sind aber auch sehr geräumig

212lo-ln

Mit dem Linienservice des River Bus gelangt man zu zahlreichen Zielen an der Themse

Linien- und Ausflugsboote

- **River Bus,** Uber Boat by Thames Clippers, www.thamesclippers.com. Die Preise variieren je nach Zone. Man kann mit der Oyster Card bezahlen, aber nicht mit der Travelcard. Mit einem „River Roamer"-Ticket (online Erw. £ 18,90, Kinder £ 9,45) kann man den ganzen Tag fahren. Der Linienservice ist immer abhängig vom Verkehr auf der Themse. Es kann zu Verzögerungen kommen oder Anlegestellen werden nicht angefahren.
- **Thames River Boats,** Westminster Passenger Service Association, Tel. 79302062, www.wpsa.co.uk. Mit den Thames River Boats kann man längere Touren zu den grünen Vororten und Palästen an der westlichen Themse unternehmen. Täglicher Service vom Westminster Pier bis nach Hampton Court über Kew und Richmond.
- Das **London Eye** 39 bietet ebenfalls Bootsfahrten an, genauso einige **Bustourveranstalter** (s. S. 246).

Wetter und Reisezeit

London ist ein **das ganze Jahr über ein gutes Reiseziel.** Der Großraum London befindet sich im Südosten Großbritanniens, der zu den regenärmsten Gebieten des Landes zählt und selbst im Winter misst man selten unter 8 °C. Schneefall ist in der Haupstadt eine Seltenheit. Im Sommer liegt die Durchschnittstemperatur bei 22 °C. Eine besonders angenehme Wetterlage weist der Juni auf, der zu den wärmsten und regenärmsten Monaten des Jahres zählt.

Durchschnitt	Wetter in London											
Maximale Temperatur	6°	7°	10°	13°	17°	20°	22°	21°	19°	14°	10°	7°
Minimale Temperatur	2°	2°	3°	6°	8°	12°	14°	13°	11°	8°	5°	4°
Regentage	15	13	11	12	12	11	12	11	13	13	15	15
	Jan	Febr	März	Apr	Mai	Juni	Juli	Aug	Sept	Okt	Nov	Dez

130lo-©Mark Martin, stock.adobe.com

Kleine Sprachhilfe

Die folgenden Wörter und Redewendungen wurden dem Reisesprachführer „Englisch – Wort für Wort" (Kauderwelsch-Band 64) aus dem REISE KNOW-HOW Verlag entnommen.

Häufig gebrauchte Wörter und Redewendungen

Die wichtigsten Fragewörter

who?	(huh)	wer?
what?	(wott)	was?
where?	(wäèr)	wo?/wohin?
why?	(wei)	warum?
how?	(hau)	wie?
how much?	(hau matsch)	wie viel? (Menge)
how many?	(hau männih)	wie viele? (Anzahl)
when?	(wänn)	wann?
how long?	(hau long)	wie lange?

Zahlen

1	(wann)	*one*
2	(tuh)	*two*
3	(ðrih)	*three*
4	(fohr)	*four*
5	(feiw)	*five*
6	(ßikß)	*six*
7	(ßäwèn)	*seven*
8	(äit)	*eight*
9	(nein)	*nine*
10	(tänn)	*ten*
11	(ihläwèn)	*eleven*
12	(twälw)	*twelve*
13	(ðörtihn)	*thirteen*
14	(fohrtihn)	*fourteen*
15	(fifftihn)	*fifteen*
16	(ßikßtihn)	*sixteen*
17	(ßäwèntihn)	*seventeen*
18	(äitihn)	*eighteen*
19	(neintihn)	*nineteen*
20	(twänntih)	*twenty*
30	(ðörtih)	*thirty*
40	(fohrtih)	*forty*
50	(fifftih)	*fifty*
60	(ßikßtih)	*sixty*
70	(ßäwèntih)	*seventy*
80	(äitih)	*eighty*
90	(neintih)	*ninety*
100	(hanndrid)	*hundred*
1000	(ðauzänd)	*thousand*

Die wichtigsten Zeitangaben

yesterday	(jäßtèrdäi)	gestern
today	(tuhdäi)	heute
tomorrow	(tuhmohrrou)	morgen
last week	(lahßt wihk)	letzte Woche
every day	(äwwrih dä)	täglich
in the morning	(in ðè mohrning)	morgens
in the afternoon	(in ðih_ ahftèrnuhn)	nachmittags
in the evening	(in ðih_ ihwèning)	abends
early	(öhrlih)	früh
late	(läit)	spät
on time	(on teim)	pünktlich
now	(nau)	jetzt
soon	(suhn)	bald
never	(näwwèr)	nie
Monday	(manndäi)	Montag
Tuesday	(tjuusdäi)	Dienstag
Wednesday	(wennsdäi)	Mittwoch
Thursday	(thöösdäi)	Donnerstag
Friday	(fraidäi)	Freitag
Saturday	(ßättedäi)	Samstag
Sunday	(ßanndäi)	Sonntag

+++++ Die wichtigsten Wörter mit dem Bonus-Audiotrack des Kauderwelsch

Die wichtigsten Richtungsangaben

on the right	(on ðè reit)	rechts
on the left	(on ðè läfft)	links
to the right	(tuh ðè reit)	nach rechts
to the left	(tuh ðè läfft)	nach links
turn right	(törn reit)	rechts abbiegen
turn left	(törn läfft)	links abbiegen
straight on	(ßträjt on)	geradeaus
in front of	(in front_off)	gegenüber
outside	(autseid)	außerhalb
inside	(inseid)	innerhalb
here	(hi-èr)	hier
there	(ðäèr)	dort
up there	(ap ðäèr)	da oben
down there	(daun ðäèr)	da unten
nearby	(nihrbei)	nah, in der Nähe
far away	(fahr èwäi)	weit weg
round the corner	(raund ðè kohrnèr)	um die Ecke

Die wichtigsten Floskeln und Redewendungen

yes	(jäß)	ja
no	(nou)	nein
thank you	(ðänk_juh)	danke
please	(plihs)	bitte
Good morning!	(gudd mohrning)	Guten Morgen!
Good evening!	(gudd ihwèning)	Guten Abend!
Hello! / Hi!	(hällou / hei)	Hallo!
Fine, thank you.	(fein ðänk_juh)	Danke gut.
Good bye!	(gudd bei)	Auf Wiedersehen!
Have a good day!	(häw_è gudd däi)	Einen schönen Tag!
I don't know.	(ei dount nou)	Ich weiß nicht.
Cheers!	(tschihrs)	Prost! Danke!
The bill, please!	(ðè bill plihs)	Die Rechnung, bitte!
Congratulations!	(kongrätuläischènß)	Glückwunsch!
Excuse me!	(ikßkjuhs mih)	Entschuldigung!
I'm sorry.	(eim ßorrih)	Tut mir leid!
It doesn't matter.	(itt dahsnt mättèr)	Das macht nichts.
What a pity!	(wott_è pittih)	Wie schade!

Die wichtigsten Fragen

Is there a/an ... ?	(is ðäèr è/ènn ...)	Gibt es ...?
Do you have ... ?	(duh juh häw ...)	Haben Sie/ Hast du ...?
Where is/are ... ?	(wäèr is/ah ...)	Wo ist/sind ... ?
Where can I ... ?	(wäèr kähn_ei)	Wo kann ich ... ?
How much is it?	(hau matsch is_itt)	Wie viel kostet das?
What time?	(wott teim)	Um wie viel Uhr?

Can you help me?	(kähn juh hällp mih)	Können Sie mir helfen?
Is there a bus to ... ?	(is ðäèr è_baß tuh ...)	Gibt es einen Bus nach ...?
How are you?	(hau ah juh)	Wie geht es dir/ Ihnen?
What's your name?	(wotts juhr näim)	Wie heißt du/ heißen Sie?
How old are you?	(hau ould ah juh)	Wie alt bist du/ sind Sie?
Where do you come from?	(wär duh juh kamm fromm)	Woher kommen Sie?
Excuse me?	(ikßkjuhs mih)	Wie bitte?

Nichts verstanden? – Weiterlernen!

I don't speak English.	(ei dount spihk in-glisch)	Ich spreche kein Englisch.
Pardon?	(pahdèn?)	Wie bitte?
I don't understand.	(ei dount andèrständ)	Ich habe nicht verstanden.
Do you speak German?	(duh juh spihk dschörmèn?)	Sprechen Sie Deutsch?
How do you say that in English?	(hau duh juh säi ðät in in-glisch?)	Wie heißt das auf Englisch?
What does it mean?	(wott dahs_itt mihn?)	Was bedeutet das?

Kleine Vokabelliste rund ums Essen

starters	Vorspeisen
mains	Hauptgerichte
deserts	Nachspeisen
cheese	Käse
spicy	scharf
sour/sweet	sauer/süß
well done	durchgebraten
rare	roh
cooked breakfast	englisches Frühstück (Eier, Speck, Wurst, Tomate)
continental breakfast	Brötchen, Croissant, Marmelade

Fleisch (meat)

sausage/bangers	Bratwurst
gammon	Kasseler
lamb chops	Lammkotelett
beef	Rind
pork chops	Schweinekotelett
game	Wild

Beilagen (side orders)

baked/jacket potato	Folienkartoffel
potato mash	Kartoffelbrei

pasta	Nudeln
noodles	Suppennudeln
chips	Pommes frites
rice	Reis

Geflügel (poultry)

duck	Ente
chicken	Huhn
turkey	Pute
quail	Wachtel

Gemüse (vegetables)

cauliflower	Blumenkohl
peas	Erbsen
carrots	Karotten
cabbage	Kohl
courgette	Zucchini
tomatoes	Tomaten
mushrooms	Pilze
garlic	Knoblauch
rocket	Rucola

Fisch (fish)

trout	Forelle
crayfish	Flusskrebs
cod	Kabeljau
salmon	Lachs
haddock	Schellfisch
seabass	Seebarsch
dover sole	Seezunge
turbot	Steinbutt
crab	Taschenkrebs

Meeresfrüchte (seafood)

oysters	Austern
prawns	Garnelen
lobster	Hummer
scallops	Jakobsmuscheln
mussels	Muscheln

London mit PC, Smartphone & Co.

QR-Code auf dem Umschlag scannen oder **www.reise-know-how.de/citytrip-plus/london23** eingeben und die **kostenlose Web-App** aufrufen (Internetverbindung zur Nutzung nötig)!

★**Anzeige der Lage und Satellitenansichten aller** Sehenswürdigkeiten und wichtigen Orte
★**Routenführung** vom aktuellen Standort zum gewünschten Ziel
★**Exakter Verlauf** der Stadtspaziergänge
★**Audiotrainer** der wichtigsten Wörter und Redewendungen
★**Aktuelle Infos** nach Redaktionsschluss

GPS-Daten zum Download

Die GPS-Daten aller Ortsmarken und Spaziergänge stehen auf der Produktseite des Titels auf www.reise-know-how.de zum Download zur Verfügung.

Stadtplan für mobile Geräte

Um den Stadtplan auf mobilen Geräten nutzen zu können, empfehlen wir die App „Avenza Maps" von Avenza™. Über die Funktion „Store" kann die „Citymap London PLUS 2023" kostenlos geladen werden.

Die Information über und die Bereitstellung von digitalen Zusatzinhalten (z. B. Web-App, Links, GPS-Tracks o. Ä.) ist eine freiwillige Zusatzleistung des Verlages, auf die kein Anspruch besteht und für deren Richtigkeit aufgrund der Veränderlichkeit solcher Informationen auch nicht gehaftet werden kann. Insbesondere behält sich der Verlag deshalb vor, die Bereitstellung und die Zugriffsmöglichkeit zeitlich zu befristen und den Zugriff hierauf auch vorfristig abzuschalten.

Zugspitze, Foto: Aneta Niemitz

Register

Die Autoren

Lilly Nielitz-Hart hat Amerikanistik und Kulturwissenschaft studiert und schreibt als freie Journalistin für Verlage und Tageszeitungen. Sie stammt aus dem Rhein-Main-Gebiet und hat viele Jahre in Südengland gelebt, unter anderem auch in London.

Simon Hart, geboren im nordenglischen Leeds, hat Geschichte und Archäologie studiert und war unter anderem für die University of British Columbia (Kanada) als Lehrkraft für Archäologie tätig.

Großbritannien gehört für beide Autoren zur zweiten Heimat, in die sie regelmäßig pendeln. Für den Reise Know-How Verlag haben sie auch die CityTrips London, Edinburgh und Bologna, den InselTrip Orkney und den Reiseführer Rhein-Main-Region geschrieben.

Schreiben Sie uns

Dieses Buch ist gespickt mit Adressen, Preisen, Tipps und Daten. Unsere Autoren recherchieren unentwegt und erstellen alle zwei Jahre eine komplette Aktualisierung, aber auf die Mithilfe von Reisenden können sie nicht verzichten. Darum: Teilen Sie uns bitte mit, was sich geändert hat oder was Sie neu entdeckt haben. Gut verwertbare Informationen belohnt der Verlag mit einem Sprachführer Ihrer Wahl aus der Reihe „Kauderwelsch".

Kommentare übermitteln Sie am einfachsten, indem Sie die Web-App zum Buch aufrufen (siehe Umschlag hinten) und die Kommentarfunktion bei den einzelnen auf der Karte angezeigten Örtlichkeiten oder den Link zu generellen Kommentaren nutzen. Wenn sich Ihre Informationen auf eine konkrete Stelle im Buch beziehen, würde die Seitenangabe uns die Arbeit sehr erleichtern. Unsere generellen Kontaktdaten siehe Impressum.

Impressum

Lilly Nielitz-Hart, Simon Hart

CityTrip PLUS London

© Reise Know-How Verlag
Peter Rump GmbH
3., neu bearbeitete und aktualisierte Auflage 2023

ISBN 978-3-8317-3774-1

Printed in Germany

Druck und Bindung:
mediaprint solutions GmbH, Paderborn

Herausgeber: Klaus Werner
Layout: amundo media GmbH (Umschlag, Inhalt), Wayan Rump (Umschlag)
Lektorat: amundo media GmbH
Karten: Ingenieurbüro K. Wendler, amundo media GmbH
Anzeigenvertrieb: KV Kommunalverlag GmbH & Co. KG, Alte Landstraße 23, 85521 Ottobrunn, Tel. 089 928096-0, info@kommunal-verlag.de
Kontakt: Osnabrücker Str. 79, 33649 Bielefeld, info@reise-know-how.de

Bildnachweis
Umschlagvorderseite: ©Iakov Kalinin, stock.adobe.com | Umschlagrückseite: ©QQ7, stock.adobe.com | Umschlagklappe rechts: © Daisy Daisy, stock.adobe.com
Soweit ihre Namen nicht vollständig am Bild vermerkt sind, stehen die Kürzel an den Abbildungen für die folgenden Fotografen, Firmen und Einrichtungen. Lilly Nielitz-Hart: ln | Simon Hart: sh | Wolfram Schwieder: ws | Klaus Werner: kw | Meike Wanning: mw | London Helicopter Centre: lhc | ArcelorMittal Orbit: amo | britainonview.com: br

CITYATLAS

108lo-kw

1 cm = 7,5 km
10 km

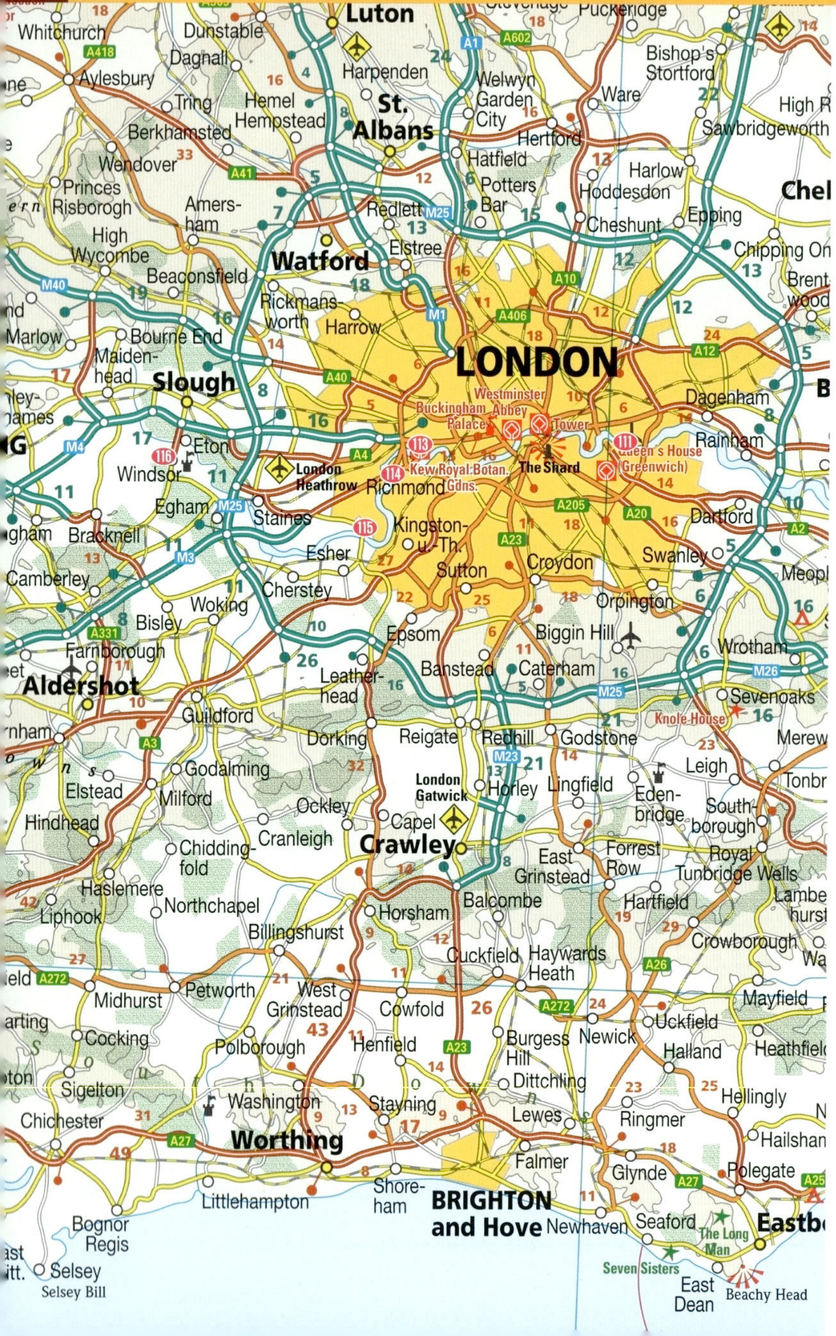

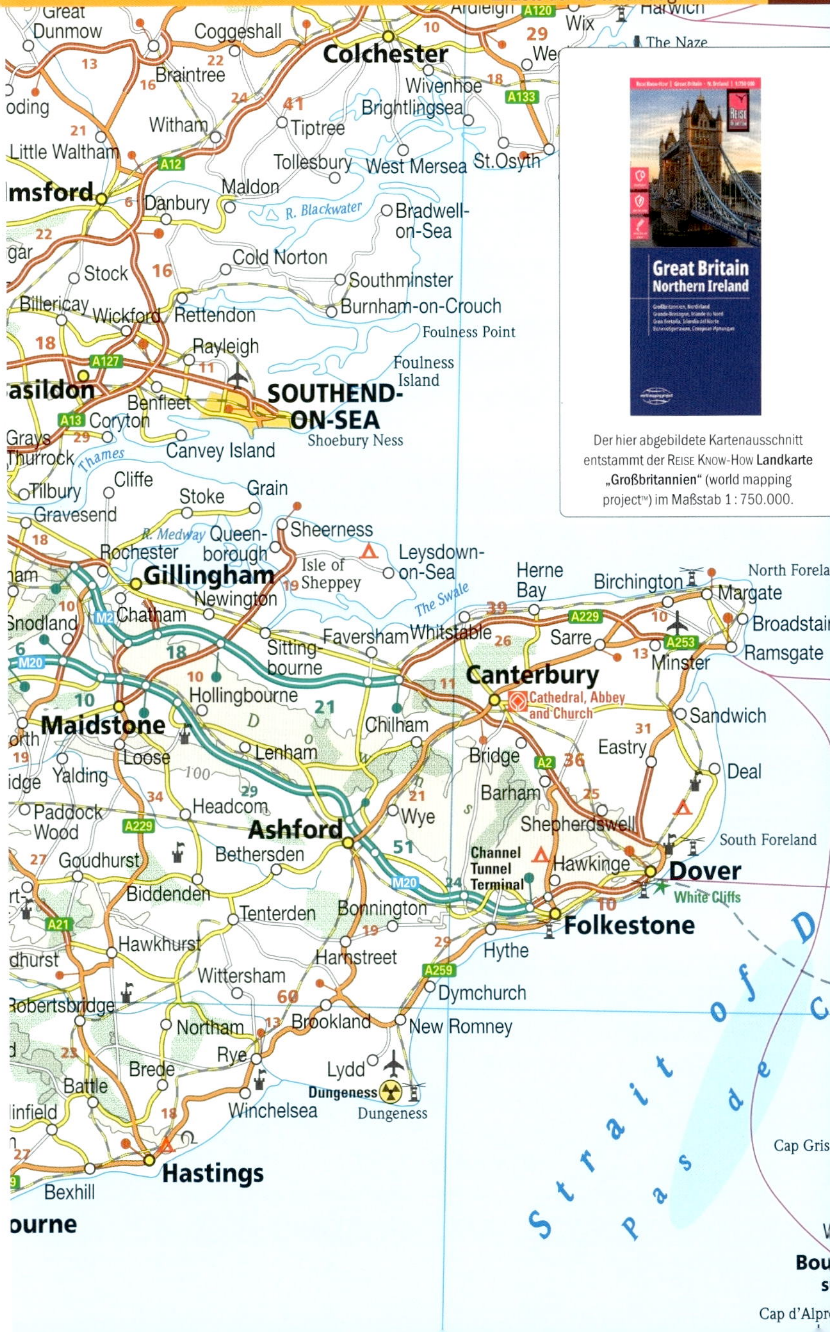

Der hier abgebildete Kartenausschnitt entstammt der Reise Know-How Landkarte „Großbritannien" (world mapping project™) im Maßstab 1 : 750.000.

1 cm = 150 m — 200 m

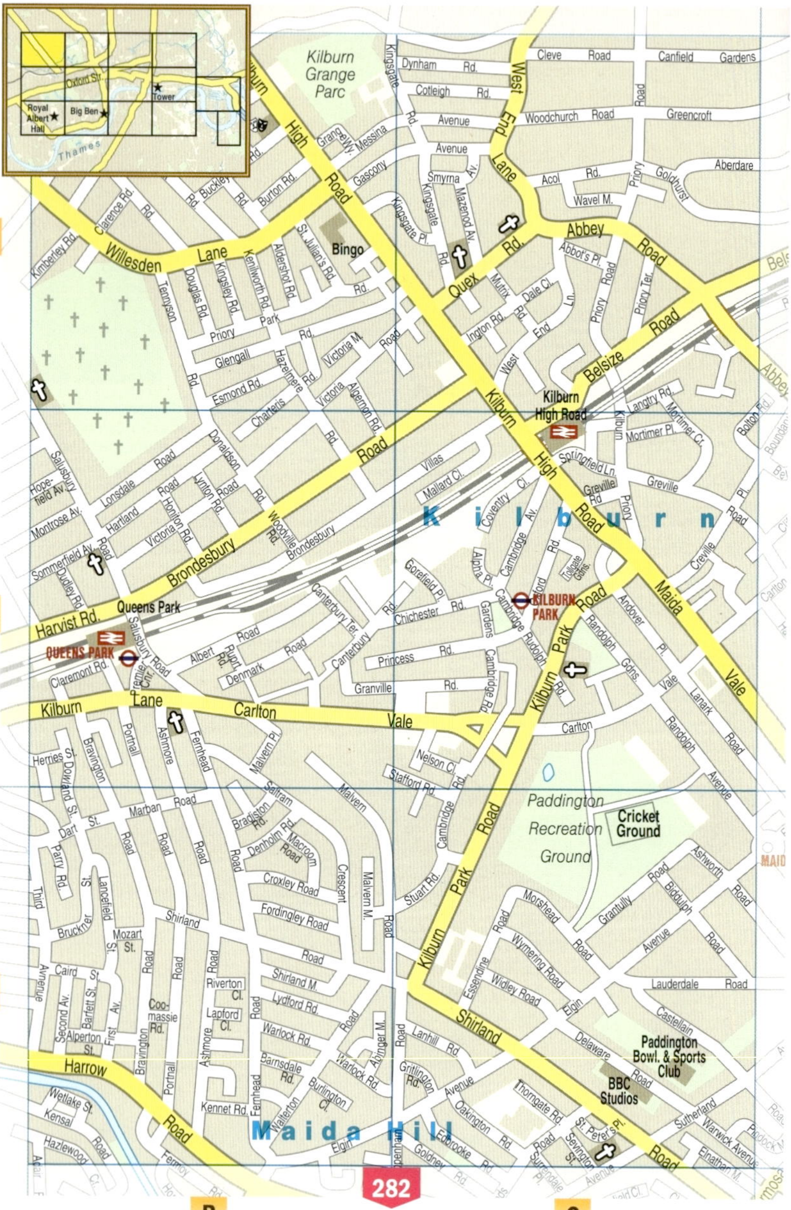

5

6

7

B

C

282

☐ Liste der Karteneinträge Seite 301

1 cm = 150 m 200 m

5
6
7
275
284
F
G

Camden Town
Somers Town
Regent's Park
St. Pancras
Camden Road
Camden Town
CAMDEN TOWN
MORINGTON CRES.
Coal Drops Yard
Central St. Martins
St.Pancras Hospital
London Wildlife Trust
Granary Square
Battle Bridge Place
King's Cross
St. Pancras International
St. Pancras und King's Cross
KING'S CROSS
ST. PANCRAS
British Library
Euston
EUSTON
St. James Gardens
St. Pancras New Church
Wellcome Institute
EUSTON SQUARE
University of London
WARREN STREET
Petrie Mus.
Jewish Museum
RUSSELL SQUARE
PORTLAND
Kentish Town Road
Royal College St.
Pancras Way
St. Pancras Way
Camden St.
Bayham St.
Pratt St.
Crowndale Road
Oakley Square
Eversholt Street
Hampstead Road
Pancras Road
Midland Road
York Way
Goods Way
Euston Road
Upper Woburn Pl.
Tavistock Sq.
Woburn Pl.
Judd Street
Hunter St.
Brunswick Sq.
Bernard Street
Gower St.
Tottenham Court Road
Agar Grove
Camley St.
Copenhagen
Wharfdale
Caledonian St.
Cardington St.
Drummond St.
Argyle Square
Gordon Square
Bedford Way
Cartwright Gdns.
Harrington Sq.
Lidlington Pl.
Polygon Rd.
Ossulston St.
Chalton St.
Phoenix Rd.
Goldington Cr.
Pratt M.
Plender St.
Mornington Cr.
Cumberland Market
Varndell St.
Stanhope St.
Robert St.
Clarence Gdns.
Netley St.
William Rd.
Munster Sq.
Osnaburgh St.
Warren St.
Grafton Way
Euston Sq.
Endsleigh Gdns.
Tavistock Pl.
Marchmont St.
Leigh St.
Handel St.
Coram St.
Guilford St.
Colonnade
5
6
7
H
I
278
285
70
71
74
76
125
127
175
182
184
202
205
210
276
280
294
303
69
77
78
79
85
161

1 cm = 150 m 200 m

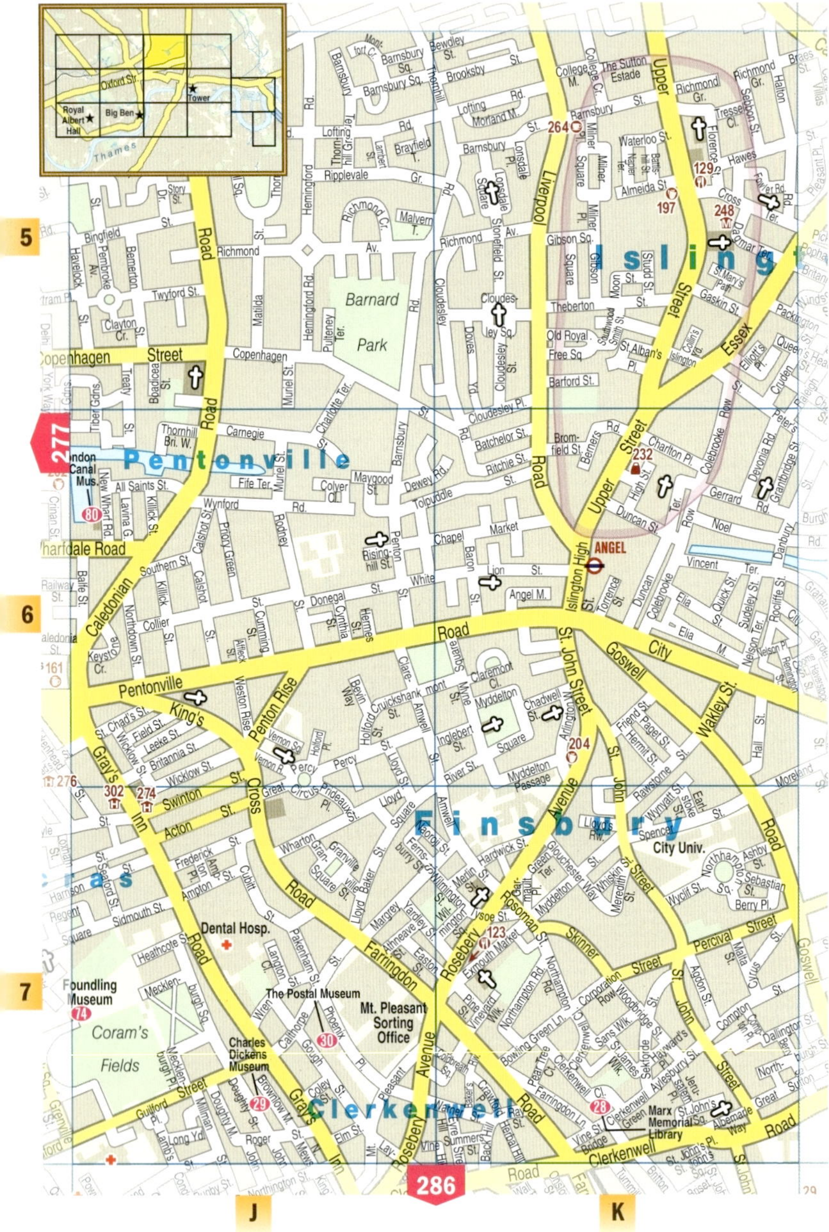

De Beauvoir Town
Hoxton
Shoreditch
St Luke's
Essex Road
Canonbury Road
Essex Road
New North Road
Regent's Canal
Wenlock Basin
City Road Basin
Kingsland Basin
Shoreditch Park
Britannia Centre
De Beauvoir Square
Downham Road
Balmes Rd.
Canal Wlk.
Southgate Rd.
De Beauvoir Rd.
Hertford Rd.
Northchurch Rd.
Shepperton Rd.
Baring St.
Eagle Wharf Road
Shepherdess Walk
Wenlock St.
Murray Grove
Mintern St.
Pitfield Street
Hoxton St.
Old Street
OLD STREET
City Road
East Road
Great Eastern Street
Curtain Road
Goswell Road
Lever Street
Bath Street
Bunhill Row
Featherstone St.
Leonard St.
Epworth St.
Worship St.
Tabernacle St.
Central St.
Hoxton Square
Charles Square
Shoreditch, Hoxton und Dalston
5
6
7
L
M
280
287

1 cm = 150 m

200 m

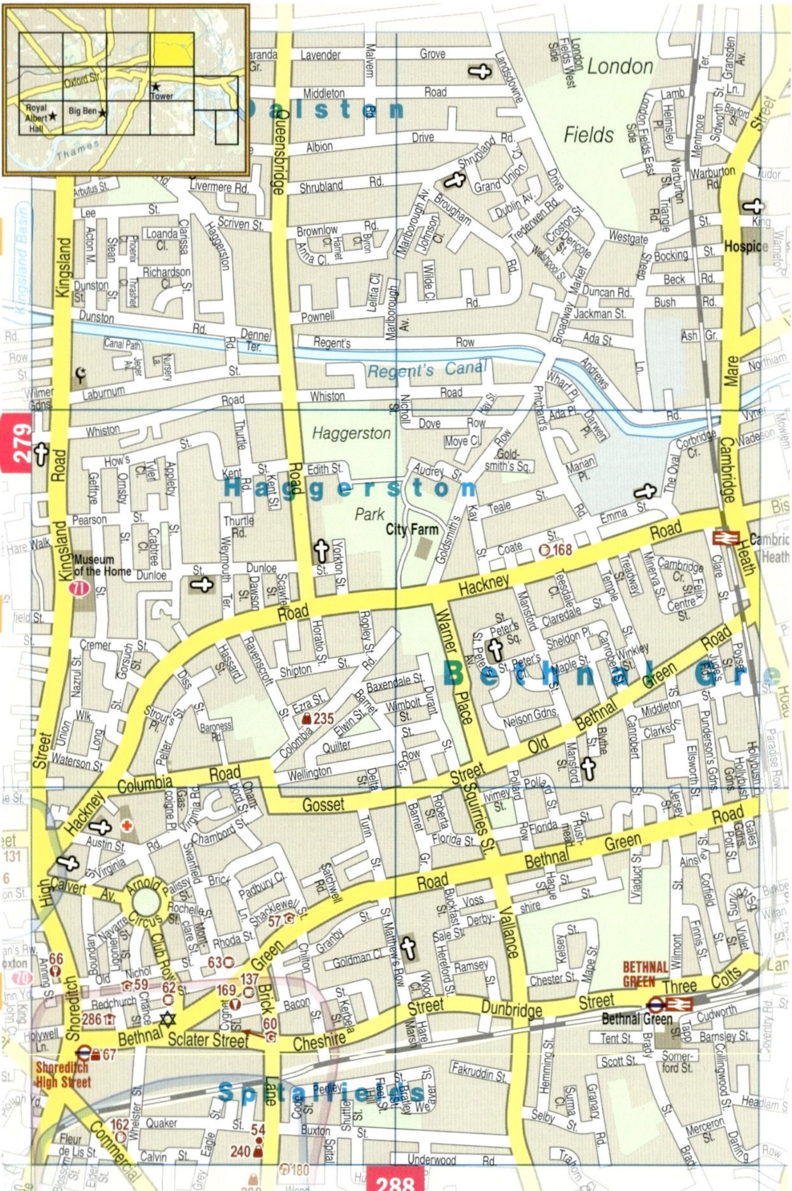

5

6

7

N

O

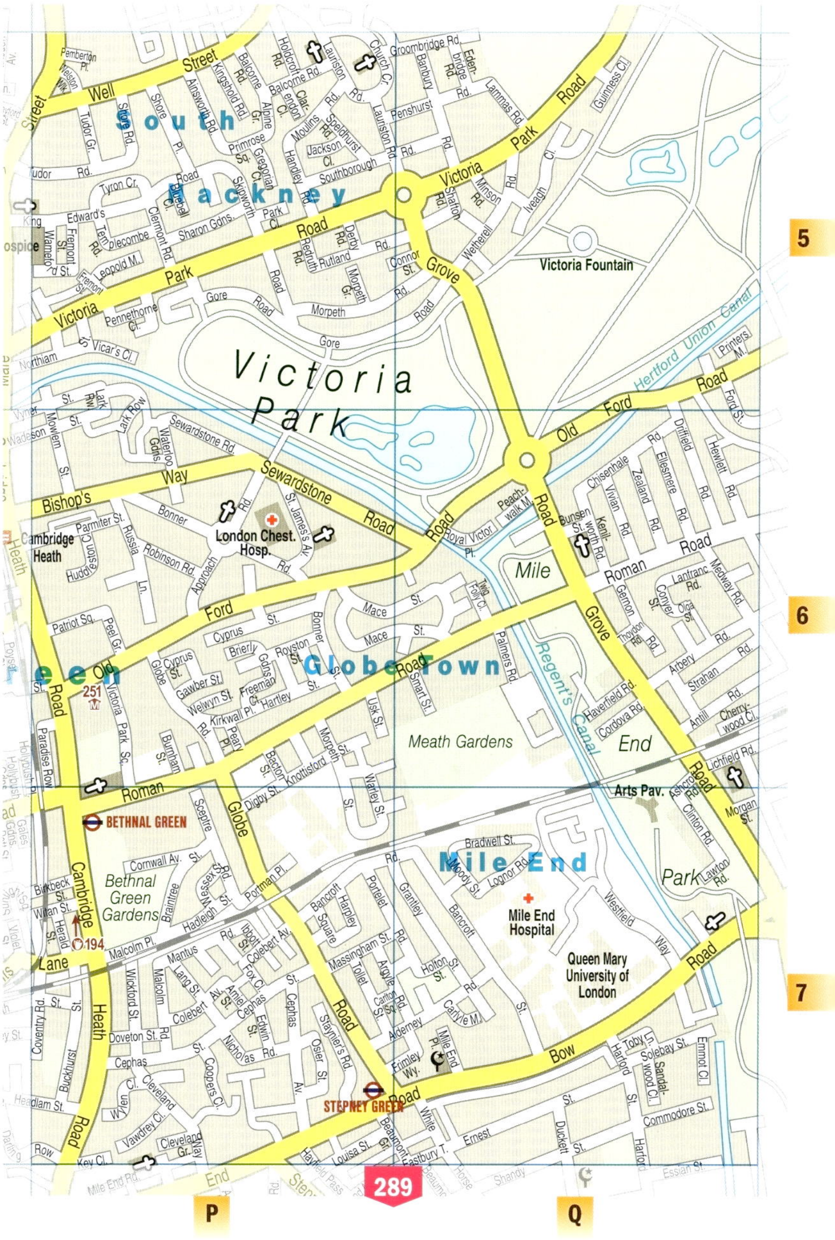
South Hackney
Victoria Park
Victoria Fountain
Hertford Union Canal
Regent's Canal
London Chest. Hosp.
Cambridge Heath
Globe Town
Mile End
Meath Gardens
Mile End Park
Arts Pav.
Mile End Hospital
Queen Mary University of London
Bethnal Green Gardens
BETHNAL GREEN
STEPNEY GREEN
Well Street
Victoria Park Road
Grove Road
Old Ford Road
Bishop's Way
Sewardstone Road
Roman Road
Globe Road
Cambridge Heath Road
Bow Road
Mile End Road
Victoria Park Sq.
Portman Pl.
Malcolm Pl.
Cornwall Av.
Bancroft Rd.
Westfield Way
Lichfield Rd.
Morgan St.
Wetherell Rd.
Gore Road
Morpeth Rd.
Lauriston Rd.
Royal Victor Pl.
251
194
289
5
6
7
P
Q

1 cm = 150 m

200 m

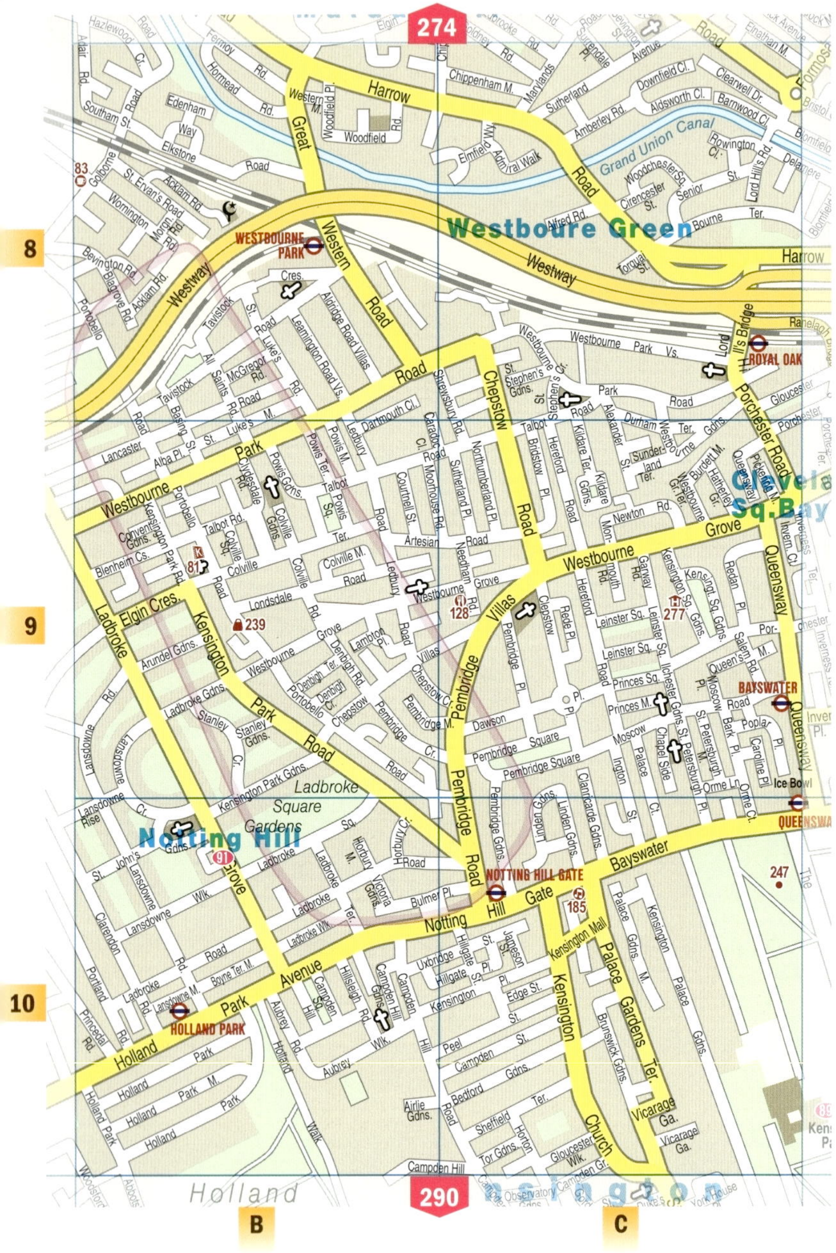

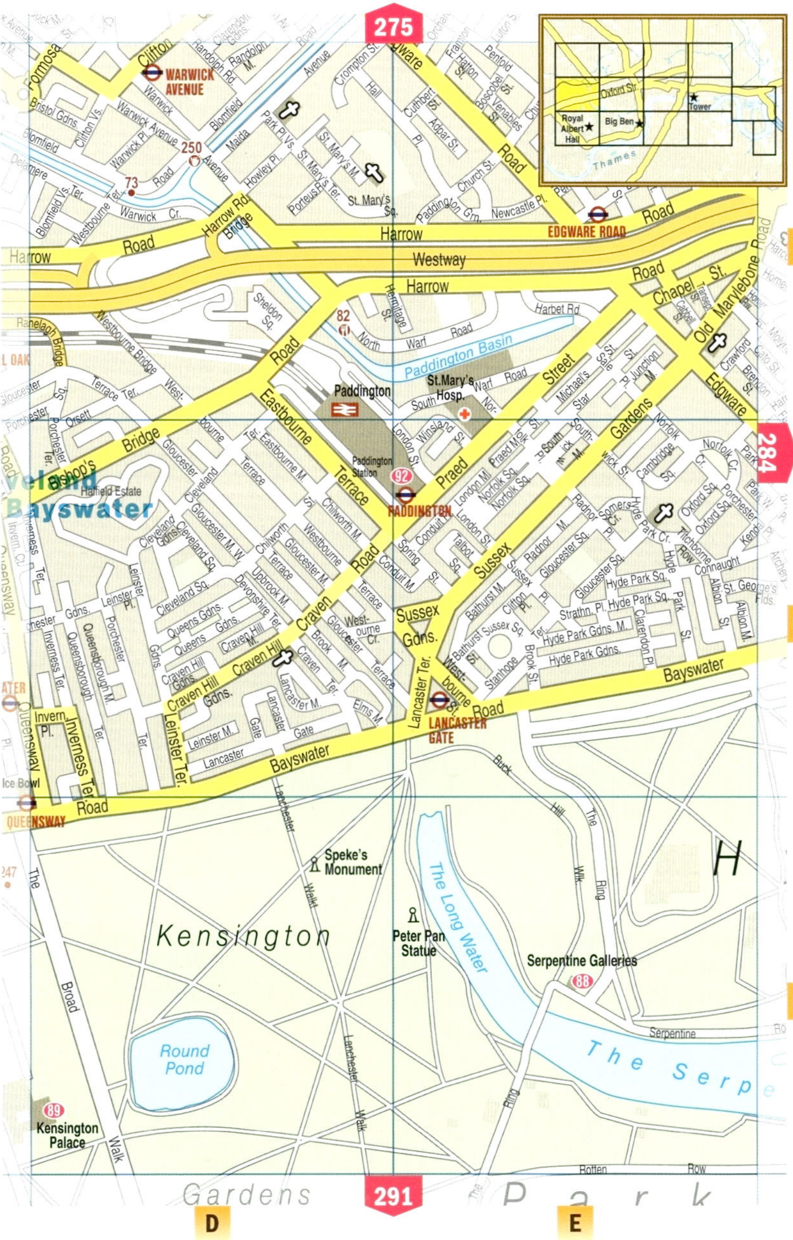
275
284
291
8
9
10
D
E
Royal Albert Hall
Big Ben
Tower
Oxford St.
Thames
WARWICK AVENUE
EDGWARE ROAD
PADDINGTON
LANCASTER GATE
QUEENSWAY
Paddington
Paddington Station
St. Mary's Hosp.
Paddington Basin
Westway
Harrow Road
Edgware Road
Praed Street
Sussex Gardens
Eastbourne Terrace
Bishop's Bridge Road
Craven Road
Bayswater Road
Old Marylebone Road
Bayswater
Kensington
Kensington Gardens
Hyde Park
Round Pond
Kensington Palace
Speke's Monument
Peter Pan Statue
The Long Water
Serpentine Galleries
The Serpentine
Broad Walk
Lancaster Walk
Rotten Row
82
88
89
92
250
73
247

1 cm = 150 m 200 m

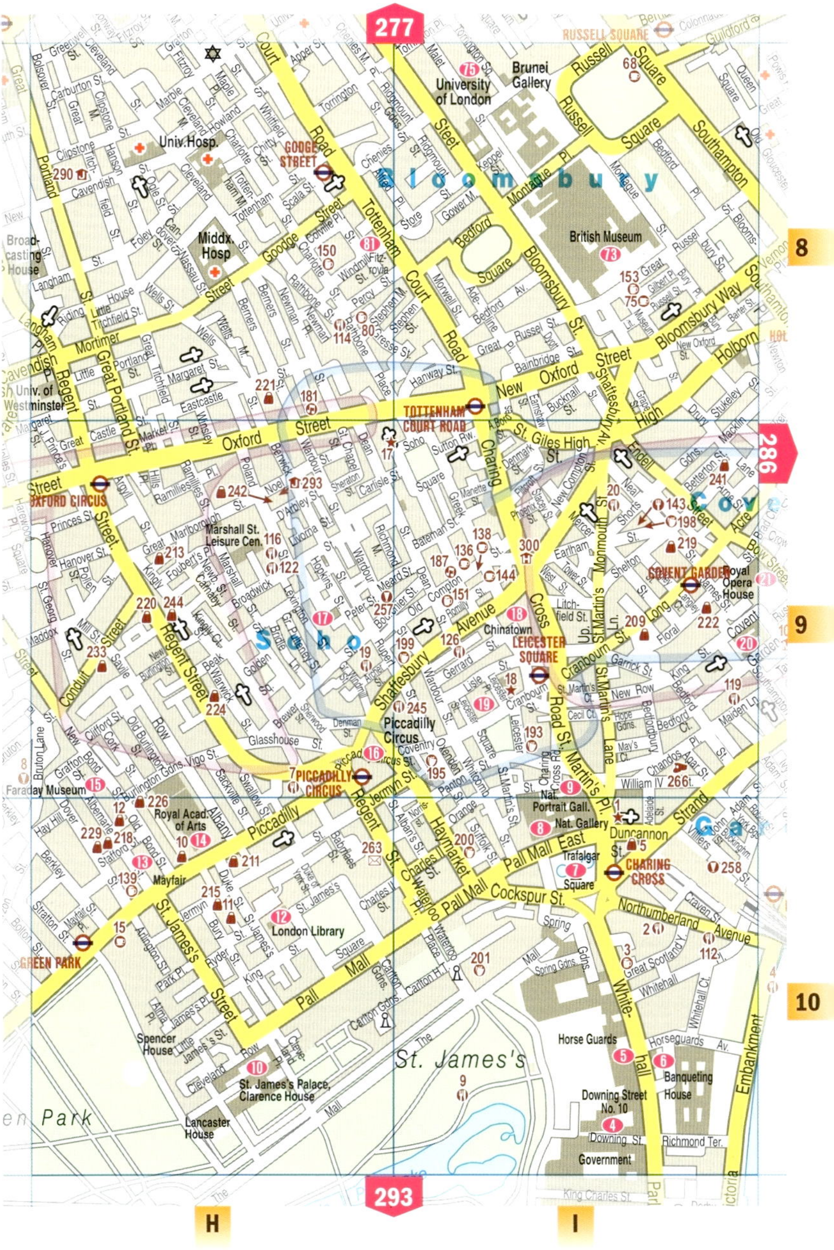
277
286
293
8
9
10
H
I
Bloomsbury
Soho
Covent
Russell Square
University of London
Brunei Gallery
British Museum
Univ.Hosp.
Middx. Hosp
Broad-casting House
Univ. of Westminster
Goodge Street
Tottenham Court Road
Oxford Circus
Covent Garden
Royal Opera House
Marshall St. Leisure Cen.
Chinatown
Leicester Square
Piccadilly Circus
Faraday Museum
Royal Acad. of Arts
Mayfair
London Library
Nat. Portrait Gall.
Nat. Gallery
Trafalgar Square
Charing Cross
Green Park
Spencer House
St. James's Palace, Clarence House
Lancaster House
Horse Guards
Banqueting House
Downing Street No. 10
Government
St. James's
Park
Oxford Street
New Oxford Street
Regent Street
Shaftesbury Avenue
Charing Cross Road
Tottenham Court Road
Piccadilly
Pall Mall
Haymarket
Strand
Whitehall
Northumberland Avenue
Embankment
Long Acre
High Holborn
Bloomsbury Way

1 cm = 150 m 200 m

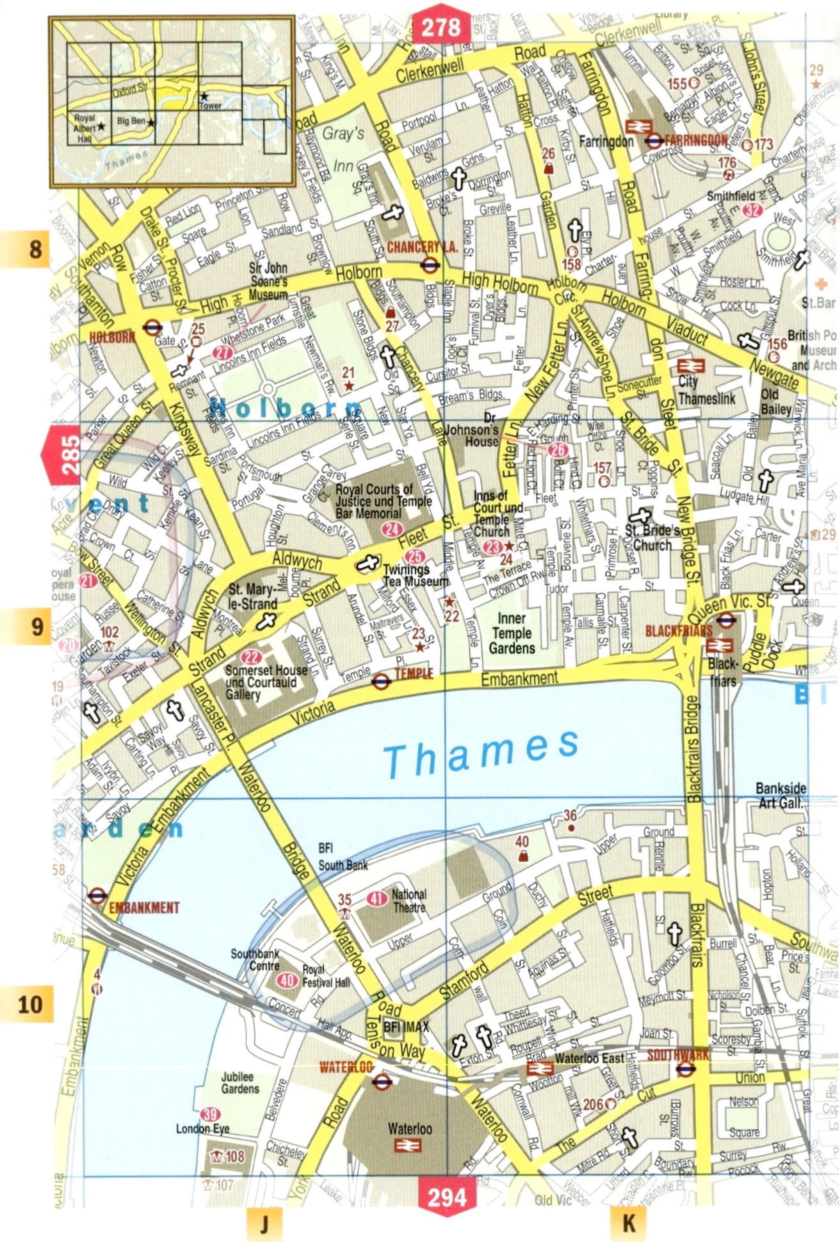

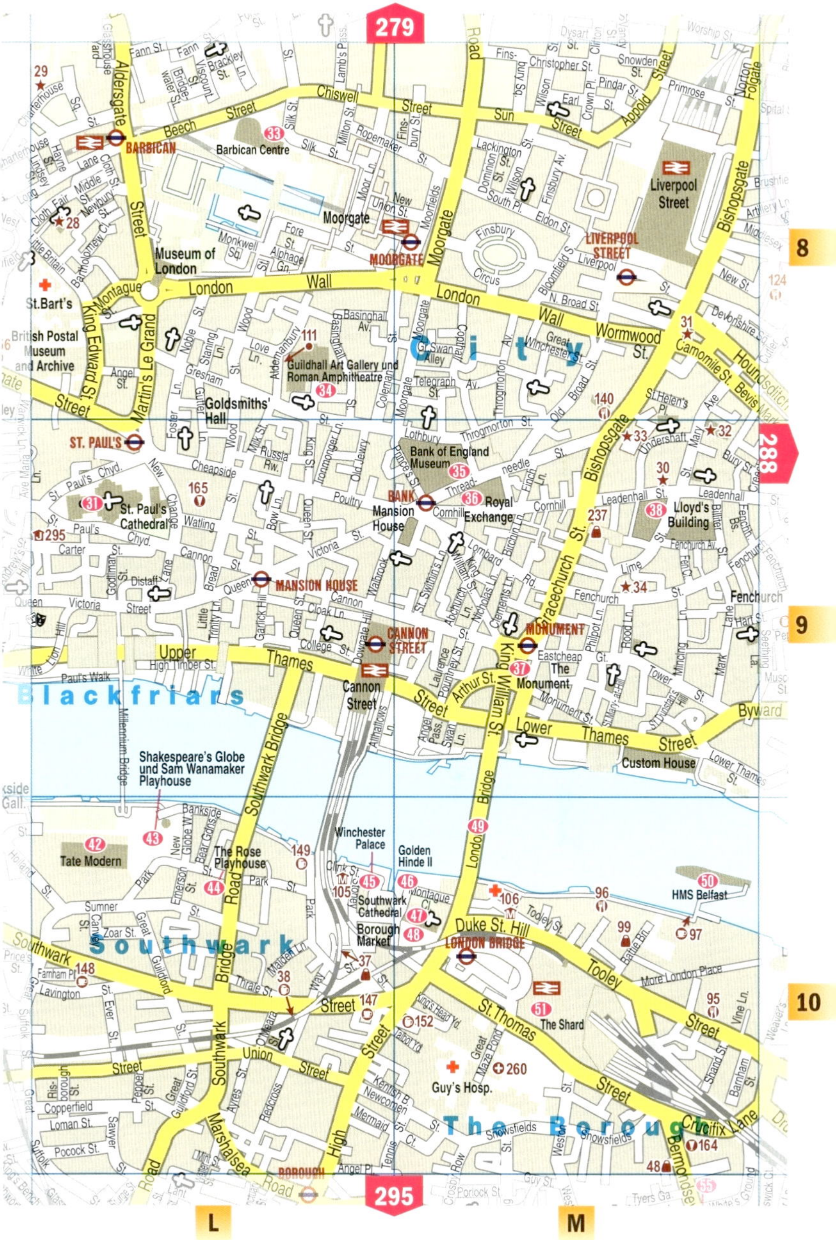
279
288
295
8
9
10
L
M
Barbican
Barbican Centre
Museum of London
Moorgate
Liverpool Street
St.Bart's
British Postal Museum and Archive
Guildhall Art Gallery und Roman Amphitheatre
Goldsmiths' Hall
St. Paul's
St. Paul's Cathedral
Bank of England Museum
Bank
Mansion House
Royal Exchange
Lloyd's Building
City
Mansion House
Cannon Street
Monument
The Monument
Custom House
Blackfriars
Shakespeare's Globe und Sam Wanamaker Playhouse
Tate Modern
The Rose Playhouse
Winchester Palace
Golden Hinde II
Southwark Cathedral
Borough Market
London Bridge
HMS Belfast
The Shard
Guy's Hosp.
Southwark
The Borough
Borough
Upper Thames Street
Lower Thames Street
London Wall
Cheapside
Southwark Bridge
London Bridge
Tooley Street
St. Thomas Street
Union Street
Southwark Street
Bishopsgate
Gracechurch St.
King William St.

1 cm = 150 m

200 m

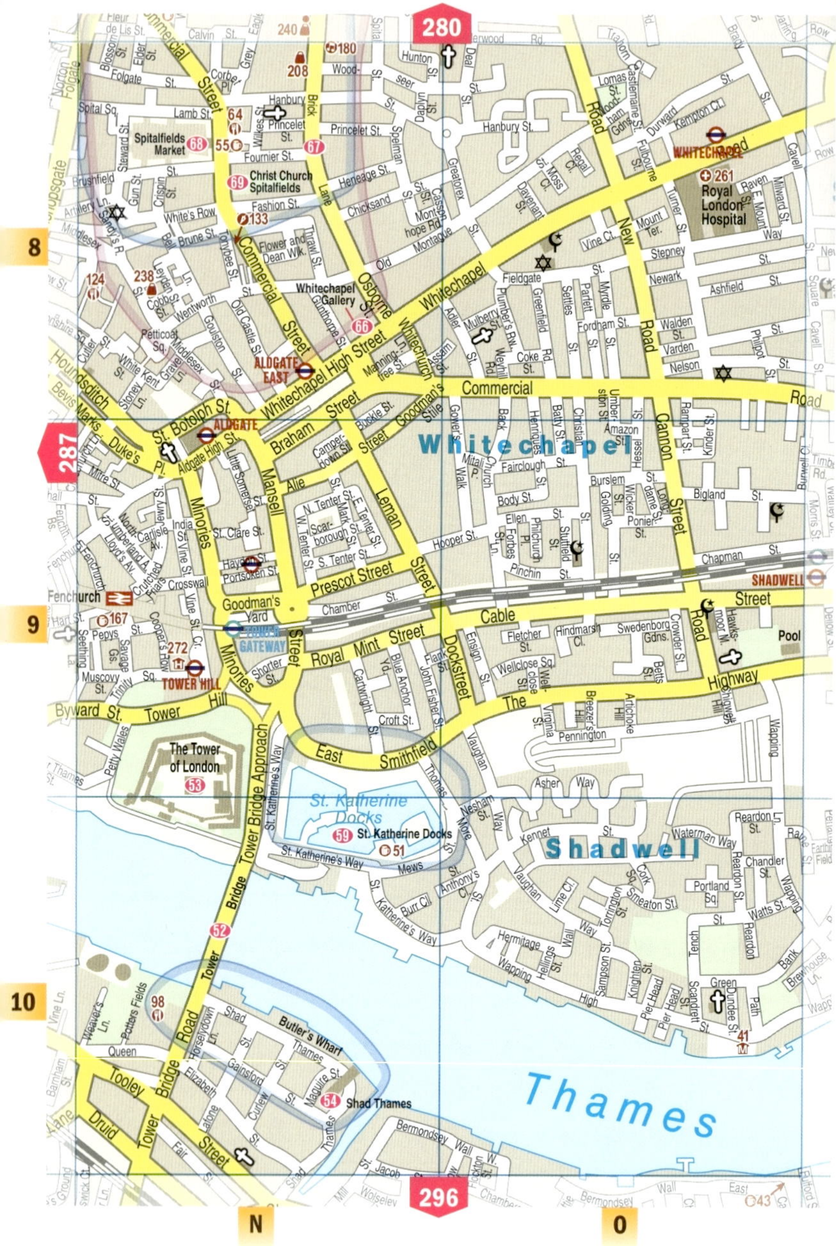

☐ Liste der Karteneinträge Seite 301

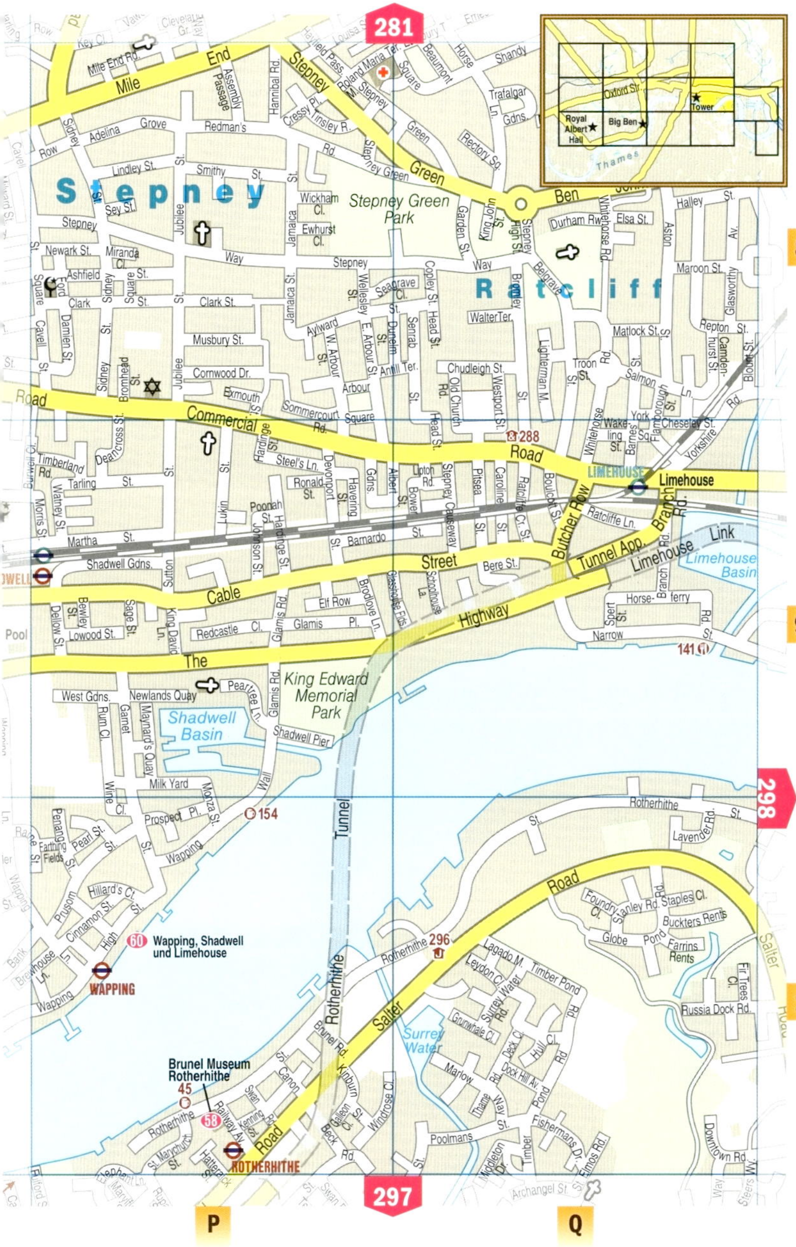

1 cm = 150 m — 200 m

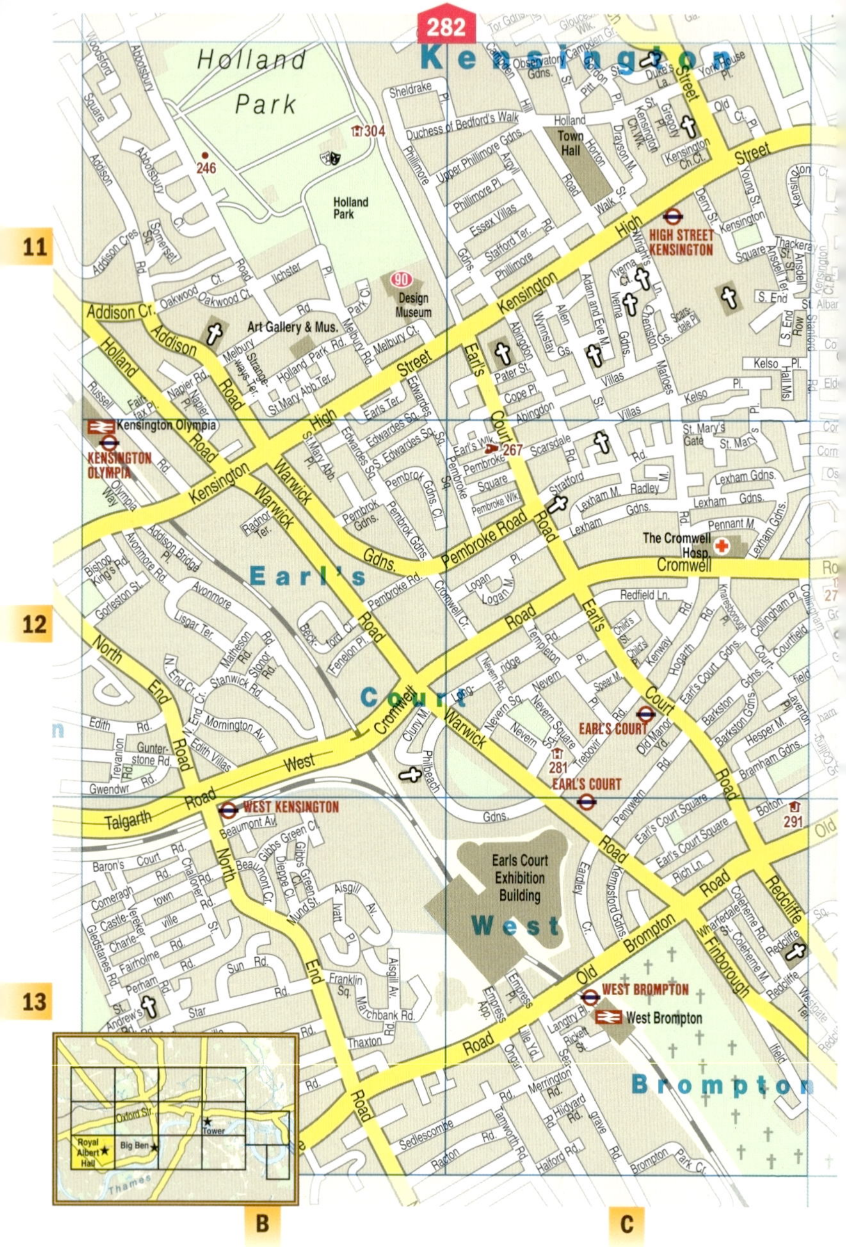

☐ Liste der Karteneinträge Seite 301

1 cm = 150 m

200 m

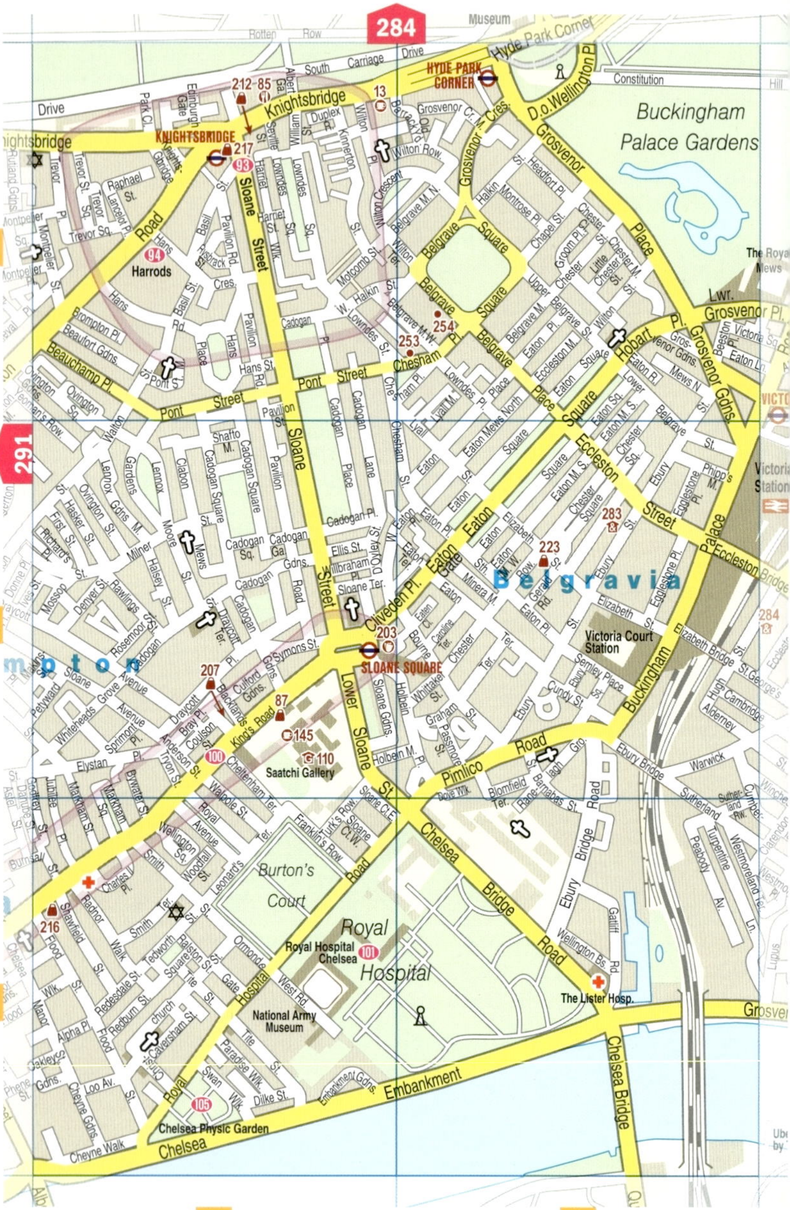

11

12

13

F

G

285
294
11
12
13
H
I
St. James's Park
Buckingham Palace 11
Queen Victoria Memorial
The Royal Mews
Churchill Museum 100
Government Offices
King Charles St.
Parliament St.
WESTMINSTER
Big Ben
Houses of Parliament 1
Westminster Abbey 3
Middlesex Guildhall
Parliament Square
Great George St.
Bridge St.
Broad Sanctuary
ST. JAMES'S PARK
New Scotland Yard
Victoria Street
VICTORIA
Victoria Station
Buckingham Gate
Buckingham Ga.
Bressenden Pl.
Vauxhall Bridge Road
Belgrave Road
Wilton Road
Great Smith St.
Marsham Street
Horseferry Road
Millbank
Old Palace Yd.
Abingdon St.
Tate Britain 106
Millbank Pier
Atterbury St.
John Islip Street
Bessborough Gdns.
Gordon Hosp.
121
West-minster
Pimlico
Vincent Square
Lupus St.
Grosvenor Road
Thames
Uber Boat by Thamse Clippers
104 Battersea Power Station
VAUXHALL
Nine Elms
284
Churchill Gardens
St. George's Square
Lambeth Bridge
Oxford St.
Tower
Royal Albert Hall
Big Ben

1 cm = 150 m

200 m

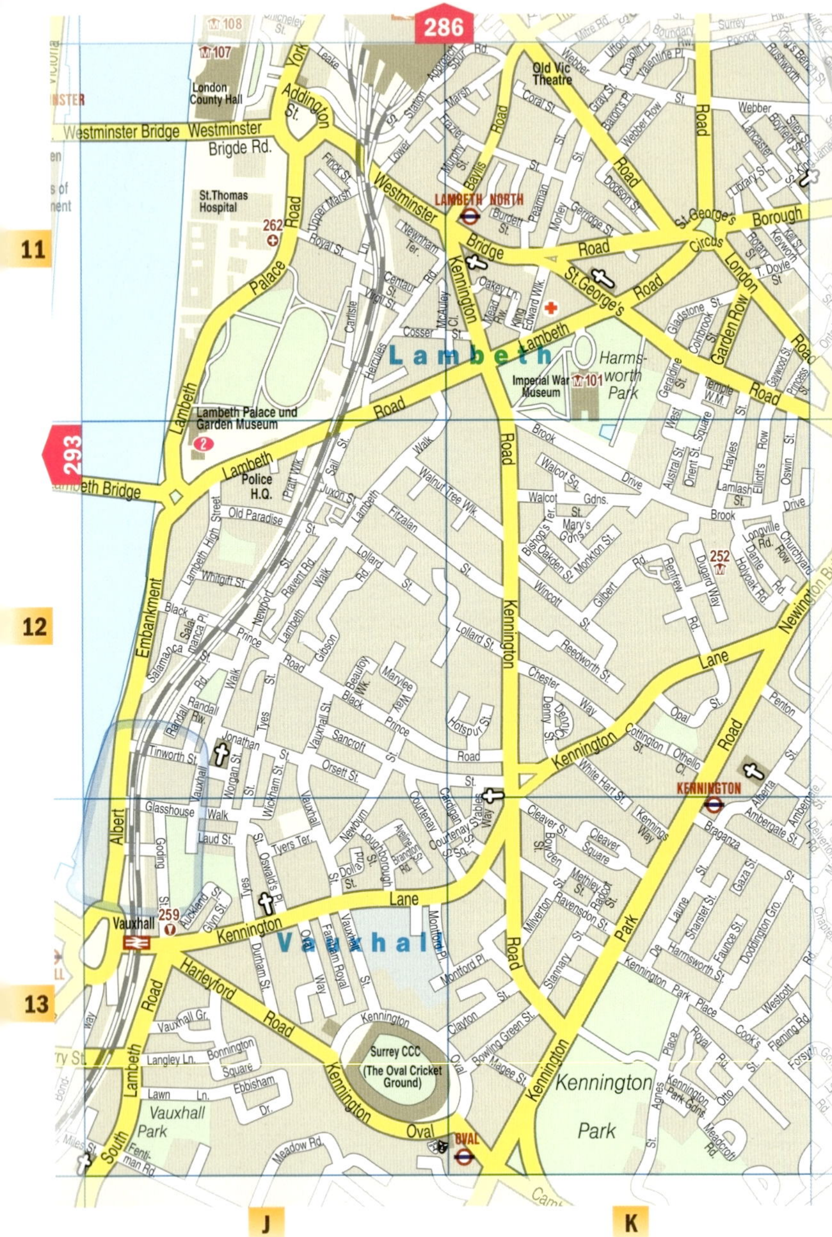

287
296
11
12
13
L
M
Newington
Walworth
Elephant & Castle
Elephant & Castle
Borough
Fashion and Textile Museum
White Cube
St. Mary Magdalene Church
Burgess Park
Royal Albert Hall
Big Ben
Tower
Oxford St.
Thames
Borough Road
Southwark Bridge Road
Borough High St.
Great Dover Street
Long Lane
Bermondsey Street
Tower Bridge Road
New Kent Road
Old Kent Road
Newington Causeway
Newington Butts
Walworth Road
Camberwell Road
Albany Road
Harper Road
East St.
Deacon Way
Rodney Road
Munton Rd.
Searles Rd.
Mandela
Brandon St.
Heygate St.
Manor Pl.
Penton Pl.
Penrose St.
Liverpool Gr.
Portland St.
Dean's Buildings
East St.
Thurlow St.
Aylesbury Rd.
Beaconsfield Rd.
Inville Rd.
Hopwood Rd.
Boyson Rd.
Boundary Ln
Kinglake St.
Surrey Gr.
Bagshot St.
Lorrimore Square
Lorrimore Rd.
Olney Rd.
Hillingdon St.
Grosvenor Ter.
Urlwin St.
Ruskin
John Ruskin St.
Fielding St.
Langdale Cl.
Sutherland Square
Sutherland Walk
Macleod St.
Carter St.
Chapter Rd.
Pocock St.
Guy St.
Porlock St.
Weston St.
Tyers Ga.
Leathermarket St.
Morocco St.
Lamb Wk.
Royal Oak Yd.
Newham's Rw.
Decima St.
Cluny Pl.
Wild's Rents
Law St.
Pardoner St.
Tabard St.
Pilgrimage St.
Sterry St.
Trinity St.
Trinity Church Sq.
Merrick Sq.
Falmouth Rd.
Bath Ter.
Rockingham St.
Tiverton St.
Gaunt St.
County St.
Balfour St.
Chatham St.
Townsend St.
Congreve St.
Massinger St.
Mason St.
Darwin St.
Flint St.
Orb St.
Wadding St.
Stead St.
Larcom St.
Wansey St.
Hampton St.
Steedman St.
Robert Dashwood Wy.
Crampton St.
Peacock St.
Iliffe St.
Amelia St.
Occupation Rd.
Date St.
Bronti Cl.
Cadiz St.
Merrow St.
Queen's Row
Lytham St.
Sondes St.
Phelp St.
Villa St.
Trafalgar St.
Sandford Row
Wooler St.
Burton Gr.
Alvey St.
Alsace Rd.
Freemantle St.
Aldbridge St.
Sedan Way
Beckway St.
Catesby St.
Elsted St.
Tisdall Pl.
Guinness Sq.
Page's Walk
Leroy St.
Mead Row
Rothsay St.
Alice St.
Green Wlk.
Priorest
Potier St.
Spurgeon St.
Burbage Cl.
Deverell St.
Bartholomew St.
Theobald St.
Searles Rd.
Victory Pl.
Elba Pl.
John Maurice Cl.
Henshaw St.
Content St.
Charleston St.
Cotham St.
Morecambe St.
King and Queen St.
Townley St.
Colworth Gr.
Browning St.
Turquand St.
Walworth Pl.
Penrose Gr.
Pasley Cl.
Sturgeon Rd.
Tarver Rd.
Delverton Rd.
Empress St.
Dartford St.
Peller St.
Gateway
Arnside St.
Horsley St.
Bradenham Cl.
Westmoreland Rd.
Draco St.
Heiron St.
Ontario St.
Arch St.
Meadow Rw.
Dickens Sq.
Brockham St.
Swan St.
Trio Pl.
Cole St.
Staple St.
Manciple St.
Hankey Pl.
Kipling St.
Crosby Row
Great Suffolk St.
Stones End St.
Lant St.
Toulmin St.
Sanctuary St.
Surrey Ter.
Sturge St.
Glasshill St.
King James St.
Burgess Park
Kart

1 cm = 150 m   200 m

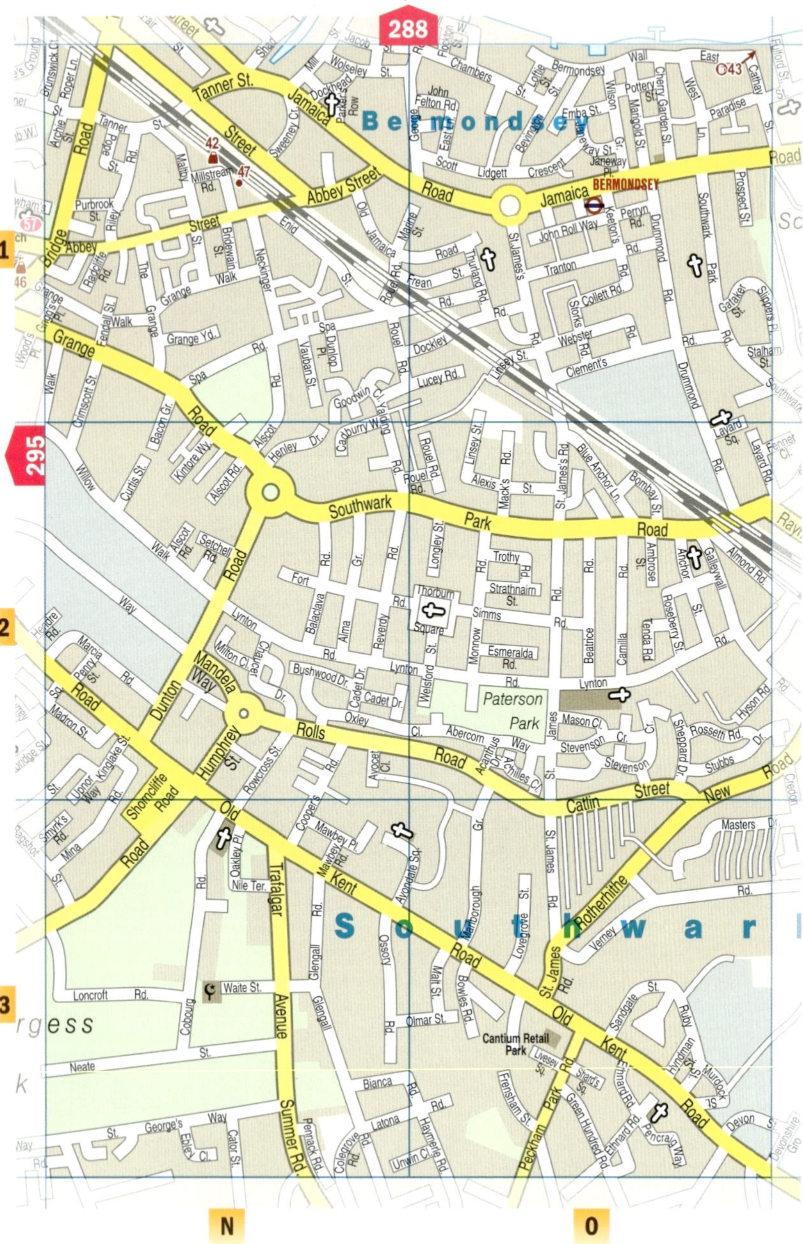

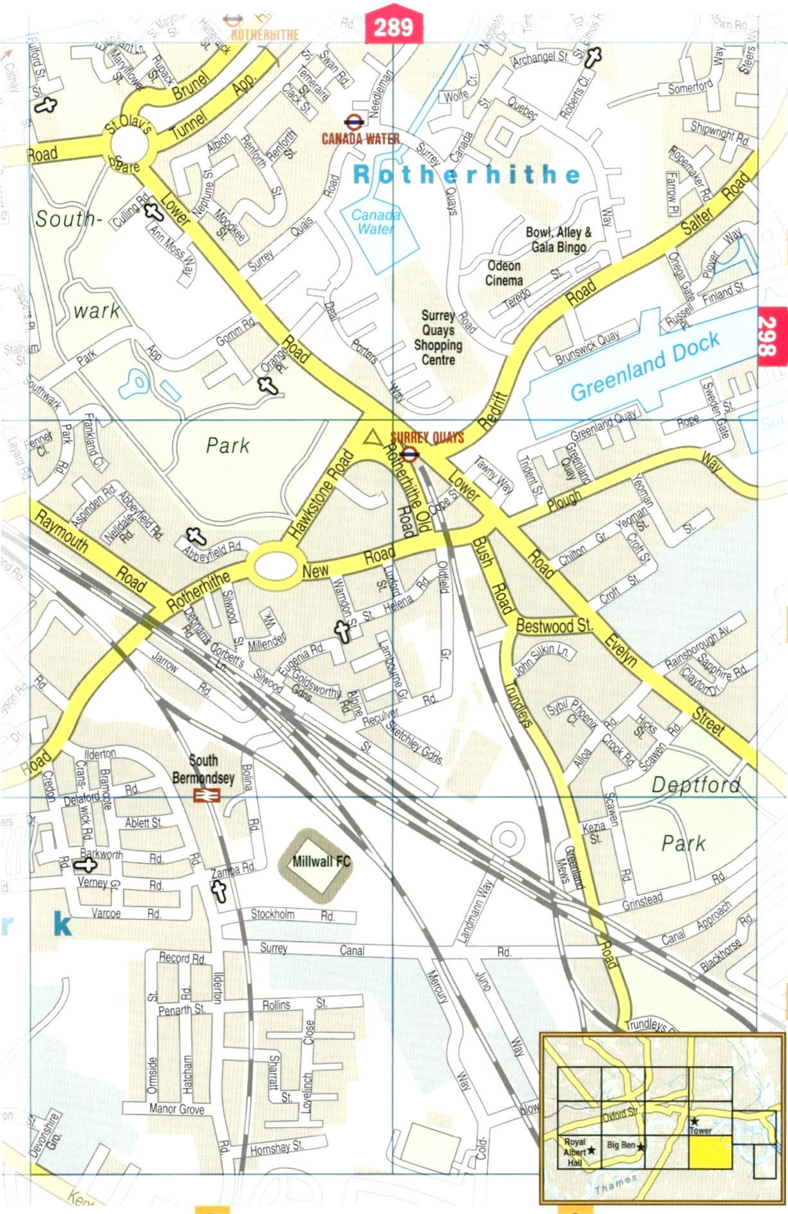
289
298
11
12
13
P
Q
Rotherhithe
Canada Water
CANADA WATER
SURREY QUAYS
ROTHERHITHE
Surrey Quays Shopping Centre
Bowl, Alley & Gala Bingo
Odeon Cinema
Greenland Dock
Southwark Park
South Bermondsey
Millwall FC
Deptford Park
Lower Road
Salter Road
Redriff Road
Evelyn Street
Plough Way
Bush Road
Trundleys Road
Rotherhithe New Road
Rotherhithe Old Road
Hawkstone Road
Raymouth Road
Brunel Road
Tunnel App.
St. Olav's Square
Surrey Canal Rd.
Oxford St.
Royal Albert Hall
Big Ben
Tower
Thames

1 cm = 150 m 200 m

9
289
10
11
297
R
S

East India Dock Road
Road
Cotton Street
South Bromley
Way
Aspen Way
City Hall 65
Royal Docks 64
Lower Lea
63
Trinity Buoy Wharf
EAST INDIA
Leamouth
BLACKWALL
Way
The New Blackwall Tunnel
The Old Blackwall Tunnel
Trafalgar Way
Road
Preston's
Coldharbour
53
Harbour Quai
O2 Arena
„The O2“
NORTH GREENWICH
Green Pl
289
Marsh Wall
Tunnel Ave
Millenium Way
Edmund Halley Way
Limeharbour
Roffey St
Ferry Rd
Stewart St
Manchester Road
E
Plevna St
Galbraith St
Glengall Grove
Marshfield St
Amsterdam Rd
CROSSHARBOUR
Cubitt Town
Rd
Blac
9
10
11
T
U

300

1 cm = 150 m

200 m

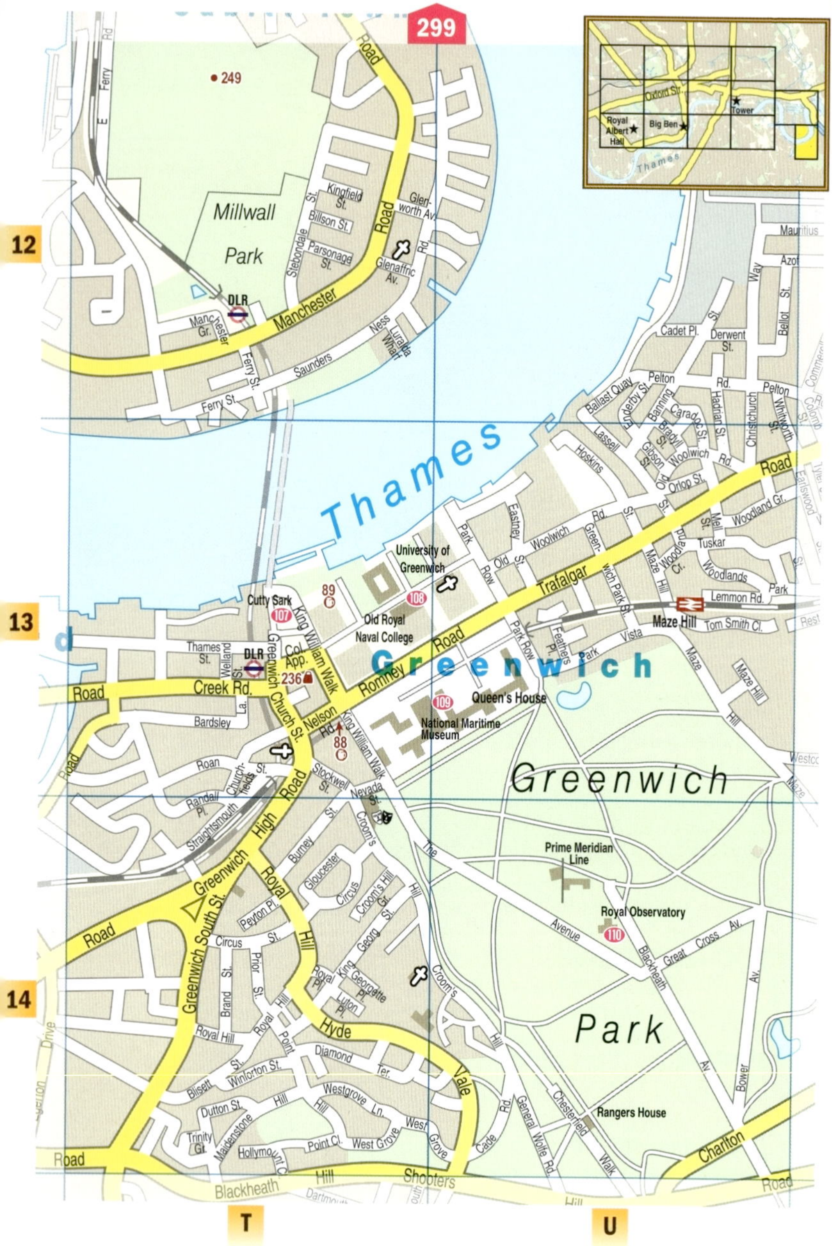

Liste der Karteneinträge

Blick über die Themse mit der Tower Bridge 52 (Foto: 213lo©Alfeeee, stock.adobe.com)

Hier nicht aufgeführte Nummern liegen außerhalb der abgebildeten Karten. Ihre Lage kann aber wie die von allen Ortsmarken im Buch mithilfe der kostenlosen Web-App angezeigt werden (s. S. 263).

Zeichenerklärung

- Hauptsehenswürdigkeit
- Arzt, Apotheke, Krankenhaus
- Bar, Bistro, Treffpunkt
- Bed and Breakfast
- Café, Eiscafé
- Denkmal
- Friedhof
- Galerie
- Geschäft, Kaufhaus, Markt
- Hotel, Unterkunft
- Imbiss
- Informationsstelle
- Jugendherberge, Hostel
- Kino
- Kirche
- Moschee
- Museum
- Musikszene, Club, Disco
- Polizei
- Post
- Pub, Kneipe
- Restaurant
- Sehenswürdigkeit
- Sonstiges
- Sporteinrichtung
- Synagoge
- Theater, Zirkus
- Vegetarisches Restaurant
- Weinlokal

- Railway-Station
- Underground-Station (U-Bahn)
- Stadtspaziergang
- Shoppingareale
- Gastro- und Nightlife-Areale

U-Bahn-Plan London

High Barnet
Woodside Park
West Finchley
Mill Hill East
Finchley Central
East Finchley
Highgate
Archway
Upper Holloway
Tufnell Park
Kentish Town
Kentish Town West
Camden Road
King's Cross & St. Pancras International
Angel
Cockfosters
Oakwood
Southgate
Arnos Grove
Bounds Green
Wood Green
Turnpike Lane
Manor House
Finsbury Park
Arsenal
Holloway Road
Caledonian Road
Caledonian Road & Barnsbury
Highbury & Islington
Crouch Hill
Harringay Green Lanes
Seven Sisters
Stamford Hill
Stoke Newington
Enfield Town
Bush Hill Park
Theobalds Grove
Cheshunt
Turkey Street
Southbury
Edmonton Green
Silver Street
White Hart Lane
Bruce Grove
South Tottenham
Tottenham Hale
Blackhorse Road
Walthamstow Central
Walthamstow Queens Road
Chingford
Highams Park
Wood Street
Rectory Road
Dalston Kingsland
Canonbury
Dalston Junction
Haggerston
Hoxton
St. James Street
Clapton
Hackney Downs
Hackney Central
Homerton
Hackney Wick
London Fields
Cambridge Heath
Bethnal Green
Epping
Theydon Bois
Debden
Loughton
Buckhurst Hill
Roding Valley
Chigwell
Woodford
South Woodford
Snaresbrook
Grange Hill
Hainault
Fairlop
Barkingside
Newbury Park
Redbridge
Gants Hill
Wanstead
Leytonstone
Leyton Midland Road
Leytonstone High Road
Leyton
Stratford International
Stratford
Maryland
Wanstead Park
Forest Gate
Woodgrange Park
Manor Park
Ilford
Seven Kings
Goodmayes
Chadwell Heath
Romford
Gidea Park
Harold Wood
Brentwood
Shenfield
Emerson Park
Upminster
Upminster Bridge
Hornchurch
Elm Park
Dagenham East
Dagenham Heathway
Becontree
Upney
Barking
East Ham
Upton Park
Plaistow
West Ham
Barking Riverside
Stratford High Street
Abbey Road
Pudding Mill Lane
Bow Church
Bow Road
Bromley-by-Bow
Star Lane
Devons Road
Langdon Park
All Saints
Poplar
East India
Blackwall
Canning Town
Royal Victoria
IFS Cloud Royal Docks
Custom House
Prince Regent
Royal Albert
Beckton Park
Cyprus
Gallions Reach
Beckton
West Silvertown
Pontoon Dock
London City Airport
King George V
Woolwich Arsenal
Woolwich
Abbey Wood
Themse
North Greenwich
IFS Cloud Greenwich Peninsula
Liverpool Street
Old Street
Farringdon
Barbican
Moorgate
Euston Square
Chancery Lane
Holborn
St. Paul's
Bank
Covent Garden
Cannon Street
Monument
Mansion House
Blackfriars
Temple
Embankment
Aldgate
Aldgate East
Tower Hill
Tower Gateway
Shoreditch High Street
Bethnal Green
Mile End
Stepney Green
Whitechapel
Shadwell
Limehouse
Westferry
Wapping
Rotherhithe
West India Quay
Canary Wharf
Heron Quays
South Quay
Crossharbour
Mudchute
Island Gardens
Cutty Sark for Maritime Greenwich
Greenwich
Deptford Bridge
Elverson Road
Lewisham
London Bridge
Bermondsey
Canada Water
Surrey Quays
Southwark
Borough
Elephant & Castle
Queens Road Peckham
Peckham Rye
Denmark Hill
New Cross Gate
New Cross
Brockley
Honor Oak Park
Forest Hill
Sydenham
Crystal Palace
Penge West
Anerley
Norwood Junction
Birkbeck
Beckenham Road
Beckenham Junction
Avenue Road
Harrington Road
Elmers End
Arena
Woodside
Blackhorse Lane
Addiscombe
Lloyd Park
Coombe Lane
Gravel Hill
Addington Village
Fieldway
King Henry's Drive
New Addington
Sandilands
Lebanon Road
East Croydon
Wellesley Road
West Croydon
Centrale
George Street
Church Street
Reeves Corner
Waddon Marsh
Wandle Park
Therapia Lane
Piccadilly
Victoria
Waterloo & City
London Overground
DLR
Elisabeth Line
London Trams
Ersatzbusse
Haltestellen mehrerer Linien

London, Übersicht

0 1 km
© Reise Know-How 2023
Green Lanes
Lea Bridge Road
Orient Way
Stoke Newington Road
189
256
192
186
Mare Street
East Cross Route
135
Queen Elizabeth Olympic Park
72
Essex Road
S. 280
61
196
298
High Street
Victoria Park
Hackney Road
Spitalfields
Bow Road
Devons Road
S. 288
City
St. Paul's Cathedral
31
Whitechapel
S. 298
Tower of London
53
Aspen Way
49
42
Tate Modern
O2-Arena
Thames
Salter Road
Westferry Road
Southwark
S. 296
Bermondsey
Docklands
S. 300
Evelyn Street
Royal Greenwich
Peckham Road

8
9
10
11
J
K
Clerkenwell Road
Theobald's Road
Gray's Inn Sq.
Farringdon
FARRINGDON
BARB
Smithfield
CHANCERY LA.
Holborn
High Holborn
Holborn Circ.
Holborn Viaduct
HOLBORN
Sir John Soane's Museum
Lincolns Inn Fields
Kingsway
Newgate Street
St.Bart's
British Postal Museum and Archive
City Thameslink
Old Bailey
ST. PAUL'S
St. Paul's Cathedral
Dr Johnson's House
Royal Courts of Justice und Temple Bar Memorial
Inns of Court und Temple Church
Fleet St.
Aldwych
Strand
St. Mary-le-Strand
Twinings Tea Museum
Inner Temple Gardens
St. Bride's Church
New Bridge St.
Queen Vic. St.
BLACKFRIARS
Blackfriars
Somerset House und Courtauld Gallery
TEMPLE
Victoria Embankment
Covent Garden
Thames
Waterloo Bridge
Blackfriars Bridge
Bankside Art Gall.
Tate Modern
Millennium Bridge
BFI South Bank
National Theatre
Southbank Centre
Royal Festival Hall
EMBANKMENT
Stamford Street
Southwark Street
BFI IMAX
WATERLOO
Waterloo
Waterloo East
SOUTHWARK
Union Street
The Cut
Jubilee Gardens
London Eye
London County Hall
Old Vic Theatre
Westminster Bridge Road
St.Thomas Hospital
LAMBETH NORTH
Kennington Road
St. George's Circus
Borough Road
London Road
St. George's Road
Southwark Bridge Road
Blackfriars Road